GEORG WILHELM FRIEDRICH HEGEL

Grundlinien der Philosophie des Rechts

Auf der Grundlage der Edition
des Textes in den
Gesammelten Werken Band 14

herausgegeben von
KLAUS GROTSCH

FELIX MEINER VERLAG
HAMBURG

PHILOSOPHISCHE BIBLIOTHEK BAND 700

Diese Neuausgabe bietet den Text nach Maßgabe der kritischen Edition *G.W.F. Hegel, Gesammelte Werke,* Band 14, hrsg. von Klaus Grotsch und Elisabeth Weisser-Lohmann, Hamburg 2009.

Textredaktion der Studienausgabe:
Marcel Simon-Gadhof

Bibliographische Information der Deutschen Nationalbibliothek

Die Deutsche Nationalbibliothek verzeichnet diese Publikation in der Deutschen Nationalbibliographie; detaillierte bibliographische Daten sind im Internet über ‹http://portal.dnb.de› abrufbar.
ISBN 978-3-7873-2972-4
ISBN eBook: 978-3-7873-2974-8

www.meiner.de

© Felix Meiner Verlag Hamburg 2017. Alle Rechte vorbehalten. Dies gilt auch für Vervielfältigungen, Übertragungen, Mikroverfilmungen und die Einspeicherung und Verarbeitung in elektronischen Systemen, soweit es nicht §§ 53 und 54 URG ausdrücklich gestatten. Satz: Type & Buch Kusel, Hamburg. Druck und Bindung: C.H. Beck, Nördlingen. Werkdruckpapier: alterungsbeständig nach ANSI-Norm resp. DIN-ISO 9706, hergestellt aus 100% chlorfrei gebleichtem Zellstoff. Printed in Germany.

INHALT

Zu dieser Ausgabe. Von Klaus Grotsch IX

Georg Wilhelm Friedrich Hegel
Grundlinien der Philosophie
des Rechts

Vorrede	7
Inhaltsverzeichnis	23
Einleitung. Begriff der Philosophie des Rechts, des Willens, der Freiheit und des Rechts. §1–32	27
Einteilung. §33	58

ERSTER TEIL
DAS ABSTRAKTE RECHT
§34–104   61

Erster Abschnitt. Das Eigentum. §41–71	66
A. Besitznahme. §54–58	75
B. Gebrauch der Sache. §59–64	79
C. Entäußerung des Eigentums. §65–70	84
Übergang vom Eigentum zum Vertrag. §71 . . .	91
Zweiter Abschnitt. Der Vertrag. §72–81	92
Dritter Abschnitt. Das Unrecht. §82–104	101
A. Unbefangenes Unrecht. §84–86	102
B. Betrug. §87–89	103

C. Zwang und Verbrechen. § 90–103 104
Übergang vom Recht zur Moralität. § 104 ... 114

ZWEITER TEIL
DIE MORALITÄT
§ 105–141   117

Erster Abschnitt. Der Vorsatz und die Schuld.
§ 115–118 123

Zweiter Abschnitt. Die Absicht und das Wohl.
§ 119–128. 126

Dritter Abschnitt. Das Gute und das Gewissen.
§ 129–141 134
Moralische Formen des Bösen. Heuchelei,
Probabilismus, gute Absicht, Überzeugung, Ironie
Anm. zu § 140. Übergang der Moralität zur
Sittlichkeit. § 141

DRITTER TEIL
DIE SITTLICHKEIT
§ 142–360   161

Erster Abschnitt. Die Familie. § 158–181 170
A. Die Ehe. § 161–169 171
B. Das Vermögen der Familie. § 170–172 178
C. Die Erziehung der Kinder und die Auflösung
der Familie. § 173–180 180
Übergang der Familie in die bürgerliche
Gesellschaft. § 181 187

Zweiter Abschnitt. Die bürgerliche Gesellschaft.
§ 182–256 188
  A. Das System der Bedürfnisse. § 189–208 194
    a) Die Art des Bedürfnisses und der Befriedigung.
      § 190–195 195
    b) Die Art der Arbeit. § 196–198 197
    c) Das Vermögen. § 199–208 199
  B. Die Rechtspflege. § 209–229 206
    a) Das Recht als Gesetz. § 211–214 207
    b) Das Dasein des Gesetzes. § 215–218 212
    c) Das Gericht. § 219–229 215
  C. Die Polizei und Korporation. § 230–256 223
    a) Die Polizei. § 231–249 223
    b) Die Korporation. § 250–256 232

Dritter Abschnitt. Der Staat. § 257–360 237
  A. Das innere Staatsrecht. § 260–329 245
    I. Innere Verfassung für sich. § 272–320 265
      a) Die fürstliche Gewalt. § 275–286 272
      b) Die Regierungsgewalt. § 287–297 286
      c) Die gesetzgebende Gewalt. § 298–320 293
    II. Die Souveränetät gegen Außen. § 321–329 315
  B. Das äußere Staatsrecht. § 330–340 322
  C. Die Weltgeschichte. § 341–360 328
    1) Das Orientalische Reich 334
    2) Das Griechische Reich 335
    3) Das Römische Reich 336
    4) Das Germanische Reich 336

Anmerkungen 339
Personenverzeichnis 429

ZU DIESER AUSGABE

Hegels *Grundlinien der Philosophie des Rechts* – eigentlich nach dem Haupttitel: *Naturrecht und Staatswissenschaft im Grundrisse* – ist zunächst als Kompendium »Zum Gebrauch für seine Vorlesungen« (als Hand-out für die Studierenden) verfaßt und publiziert worden und so auf das engste mit seiner Vorlesungstätigkeit verbunden. Bereits in Jena hatte Hegel in mehreren Semestern Vorlesungen über »ius naturae et civitatis« angekündigt[1] und als Nürnberger Gymnasialprofessor war er durch den Lehrplan darauf verpflichtet gewesen, Kurse über »Rechts- Pflichten und Religions-Lehre« zu halten[2]. In Heidelberg begann er dann im Wintersemester 1817/18 mit der in Berlin (1818/19, 1819/20, 1821/22, 1822/23 und 1824/25) fortgesetzten engen Folge von Vorlesungen zur Rechtphilosophie, an die sich 1830/31 ein wegen »Unpäßlichkeit«[3] abgesagtes und 1831/32

---

[1] *Siehe* Briefe von und an Hegel. Herausgegeben von Johannes Hoffmeister. Vier Bände. Felix Meiner Verlag Hamburg 1977. · Briefe von und an Hegel. Band IV, Teil 1. Dokumente und Materialien zur Biographie. Herausgegeben von Friedhelm Nicolin. Felix Meiner Verlag Hamburg 1977. (Philosophische Bibliothek Band 238a Dritte, völlig neubearbeitete Auflage 1977) *80f, 83f.*

[2] *Siehe* Georg Wilhelm Friedrich Hegel: Gesammelte Werke in Verbindung mit der Deutschen Forschungsgemeinschaft herausgegeben von der Nordrhein-Westfälischen Akademie der Wissenschaften. Band 10 in zwei Teilbänden. Felix Meiner Verlag Hamburg. · Georg Wilhelm Friedrich Hegel: Nürnberger Gymnasialkurse und Gymnasialreden (1808–1816) herausgegeben von Klaus Grotsch. Band 10,1 Gymnasialkurse und Gymnasialreden. · Band 10,2 Beilagen und Anhang. Felix Meiner Verlag Hamburg *2006. Bd 10,1. 369–420; Bd 10,2. 982–984. (die Bände der Gesammelten Werke sind im folgenden abgekürzt: GW)*

[3] *Siehe* Georg Wilhelm Friedrich Hegel: Sämtliche Werke. Neue kritische Ausgabe. Herausgegeben von Johannes Hoffmeister. Band XI. Berliner Schriften. Verlag von Felix Meiner in Hamburg 1956. · Georg Wilhelm Friedrich Hegel. Berliner Schriften 1818–1831. Herausgegeben von Johan-

ein durch Hegels frühen Tod nach wenigen Stunden abgebrochenes Kolleg anschließen sollten.[4] In seinen beiden ersten Kursen hatte er seinen Studenten die Paragraphen noch diktiert und an das Diktat jeweils erläuternde Ausführungen angeschlossen, vom Winter 1819/20 an trug er ohne zu diktieren vor, in diesem ersten Semester wohl nach Manuskriptvorlagen, die ihm während dieser Zeit zugleich als Material für die Ausarbeitung seines Handbuchs dienten, das gegen Ende des Jahres 1820 erschien und das er im folgenden Wintersemester erstmals seiner Vorlesung zugrunde legen konnte. Wirkung und Verbreitung erlangten die *Grundlinien* aber nicht allein durch Hegels eigene Vorlesungen (für die Rechtsphilosophievorlesung hatten sich in Berlin jeweils 62, 53, 56, 20, 57 Hörer eingeschrieben)[5],

---

nes Hoffmeister. Verlag von Felix Meiner in Hamburg 1956. *(Der Philosophischen Bibliothek Band 240)* 749.

4 *Für die kritische Edition der Nachschriften aller Kollegien siehe jetzt* Georg Wilhelm Friedrich Hegel: Gesammelte Werke in Verbindung mit der Deutschen Forschungsgemeinschaft herausgegeben von der Nordrhein-Westfälischen Akademie der Wissenschaften und der Künste. Band 26 in drei Teilbänden. Felix Meiner Verlag Hamburg. · Georg Wilhelm Friedrich Hegel: Vorlesungen über die Philosophie des Rechts. Herausgegeben von Dirk Felgenhauer. Band 26,1 Nachschriften zu den Kollegien der Jahre 1817/18, 1818/19 und 1819/20. Felix Meiner Verlag Hamburg *2013*. – Georg Wilhelm Friedrich Hegel: Gesammelte Werke in Verbindung mit der Deutschen Forschungsgemeinschaft herausgegeben von der Nordrhein-Westfälischen Akademie der Wissenschaften und der Künste. Band 26 in vier Teilbänden. Felix Meiner Verlag Hamburg. · Georg Wilhelm Friedrich Hegel: Vorlesungen über die Philosophie des Rechts. Herausgegeben von Klaus Grotsch. Band 26,2 Nachschriften zu den Kollegien der Jahre 1821/22 und 1822/23. Felix Meiner Verlag Hamburg *2015*. – Georg Wilhelm Friedrich Hegel: Gesammelte Werke in Verbindung mit der Deutschen Forschungsgemeinschaft herausgegeben von der Nordrhein-Westfälischen Akademie der Wissenschaften und der Künste. Band 26 in vier Teilbänden. Felix Meiner Verlag Hamburg. · Georg Wilhelm Friedrich Hegel: Vorlesungen über die Philosophie des Rechts. Herausgegeben von Klaus Grotsch. Band 26,3 Nachschriften zu den Kollegien der Jahre 1824/25 und 1831. Felix Meiner Verlag Hamburg *2015. (Der abschließende Anhangsband 26,4 wird 2017 erscheinen.)*

5 *Siehe ebenda 743–746.*

sondern auch dadurch, daß Leopold von Henning seit dem Sommer 1823 und weiterhin 1824, 1825, 1825/26, 1827, 1828 und 1830 Rechtsphilosophie nach den *Grundlinien* las, ebenso Karl Ludwig Michelet 1826/27, 1829, 1830, 1831, der auch 1830/31 Hegels ausgefallenes Kolleg übernahm. In enger Anlehnung an Hegel trug Eduard Gans an der juristischen Fakultät 1827/28, 1828/29, 1829/30 und 1831/32 über »Ius naturae seu philosophiam iuris una cum historia iuris universalis« vor;[6] 1833 gab er die *Grundlinien* im Rahmen der ersten Werke-Ausgabe Hegels in erweiterter Form neu heraus[7].

Mit der Publikation seiner *Grundlinien* zielte Hegel jedoch keineswegs nur auf Resonanz im Studienbetrieb und im akademischen Bereich. Seit frühestem hatte er sich mit staatsrechtlichen, rechtspolitischen, kirchenstaatsrechtlichen, politökonomischen und natürlich rechtsphilosophischen Themen und Problemen beschäftigt und publizistisch Stellung bezogen, auch zu tagespolitischen Fragen, wie im Falle des württembergischen

---

[6] *Siehe* Georg Wilhelm Friedrich Hegel: Gesammelte Werke in Verbindung mit der Deutschen Forschungsgemeinschaft herausgegeben von der Nordrhein-Westfälischen Akademie der Wissenschaften und der Künste. Band 14 in drei Teilbänden. Felix Meiner Verlag Hamburg. · Georg Wilhelm Friedrich Hegel: Grundlinien der Philosophie des Rechts. Herausgegeben von Klaus Grotsch und Elisabeth Weisser-Lohmann. Verfasser des Anhangs Klaus Grotsch. Band 14,3 Anhang. Felix Meiner Verlag Hamburg *2011. 858–860.*

[7] Georg Wilhelm Friedrich Hegel's Grundlinien der Philosophie des Rechts, oder Naturrecht und Staatswissenschaft im Grundrisse. Herausgegeben von Dr. Eduard Gans. Mit Königl. Württembergischem, Großherzogl. Hessischem und der freien Stadt Frankfurt Privilegium gegen den Nachdruck und Nachdrucks-Verkauf. Berlin 1833. *[linkes Titelblatt; rechtes Titelblatt:]* Georg Wilhelm Friedrich Hegel's Werke. Vollständige Ausgabe durch einen Verein von Freunden des Verewigten: D. Ph. Marheineke, D. J. Schulze, D. Ed. Gans, D. Lp. v. Henning, D. H. Hotho, D. K. Michelet, D. F. Förster. *[Motto:]* Τἀληθὲς ἀεὶ πλεῖστον ἰσχύει λόγου. Sophocles. Achter Band. Mit Königl. Württembergischem, Großherzogl. Hessischem und der freien Stadt Frankfurt Privilegium gegen den Nachdruck und Nachdrucks-Verkauf. Berlin 1833.

Verfassungsstreits.[8] Beschäftigung mit Tagespolitik oder gar politischer Agitation gehört freilich nicht zum Programm von Hegels Rechtsphilosophie, das macht er in der ›Vorrede‹ genugsam deutlich. Ebenso bestimmt grenzt er seine Philosophie ab von Strömungen und Haltungen, die einerseits im lockeren Anschluß an Kants Erkenntniskritik eine Wahrheitsskepsis vertreten, anderseits eine Gefühlsphilosophie und Gesinnungsethik pflegen (mit welchen grundiert sich Feste feiern lassen, bei denen Bücher in effigie verbrannt werden oder ein politisch motivierter Mord mit Verständnis rechnen kann). Mit gleicher Schärfe polemisiert er sowohl gegen radikal-revolutionäre Vorstellungen, nach denen eine (Staats-)Theorie nur dann gelungen ist, wenn sie ihren Gegenstand so wie er ist dekonstruiert und in ganz neuer Form rekonstruiert hat, wie auch gegen reaktionär-restaurative paternalistisch-patriarchalisch ausgerichtete, noch einmal das Gottesgnadentum feiernde Theorien. Hegel reklamiert für seine Philosophie (und die Philosophie überhaupt) Wissenschaftlichkeit, und das bedeutet, wie im Falle der zeitgleich in einem bemerkenswerten Aufschwung befindlichen Naturwissenschaften, Beschäftigung mit der Wirklichkeit, nicht mit der Wirklichkeit der Natur, sondern mit der des Geistes, d. i. im Falle der Staatswissenschaft und Rechtsphilosophie die Wirklichkeit des objektiven Geistes, unter welchen

---

[8] *Siehe dazu ausführlich GW 14,3. 837–839; dem Verfassungsstreit gewidmet ist:* Verhandlungen in der Versammlung der Landstände des Königreichs Würtemberg, im Jahr 1815 und 1816. XXXIII Abtheilungen. 1815. 1816. [Rez.] In: Heidelbergische Jahrbücher der Litteratur. Zehnter Jahrgang. Zweyte Hälfte. July bis December. *Heidelberg 1817. Nr 66. [1041]–1056; Nr 67. [1057]–1072; Nr 68. [1073]–1088; Nr 73. [1153]–1168; Nr 74. [1169]–1184; Nr 75. [1185]–1200; Nr 76. [1201]–1216; Nr 77. [127]–1232;* Georg Wilhelm Friedrich Hegel: Gesammelte Werke in Verbindung mit der Deutschen Forschungsgemeinschaft herausgegeben von der Nordrhein-Westfälischen Akademie der Wissenschaften. Band 15. Felix Meiner Verlag Hamburg. · Georg Wilhelm Friedrich Hegel: Schriften und Entwürfe I (1817–1825). Herausgegeben von Friedrich Hogemann und Christoph Jamme. Felix Meiner Verlag Hamburg *1990. 30–125.*

Begriff Hegel seit der *Enzyklopädie* von 1817[9] die Sphären von Recht, Moralität und Sittlichkeit als die Formen jener geistigen Welt zusammenfaßt, in der der subjektive Geist, und in diesem Zusammenhang genauer der Wille, objektiv, d.h. sich gegenständlich wird und ohne die Kultur, gesellschaftliches Leben überhaupt nicht zustande kämen, nicht zu denken wären. Die Gestalten des objektiven Geistes sind die Formen der Wirklichkeit des freien Willens, jede ist eine eigene »Bestimmung und Dasein der Freiheit« (55); das Dasein des freien Willens ist das Recht, jeder der Sphären kommt ihr spezielles Recht zu, zu jeder gehören besondere Rechtsverhältnisse, im Rahmen derer die Rechtsträger das Zusammenleben und -wirken regeln (müssen).

Die erste Gestalt ist die des abstrakten oder formellen Rechts, wo der Wille unmittelbar als Persönlichkeit ist und die Person »sich eine äußere Sphäre ihrer Freiheit geben« (66) muß in einer äußeren Sache, und dies ist das Eigentum. Mit dem Eigentum, genauer mit seiner Entäußerung ist die Rechtsform des Vertrags verbunden, aus dem in der Gemeinsamkeit der Willen die Allgemeinheit des Willens und des Rechts erwächst. Unrecht ist das Geltendmachen einer Rechtsauffassung gegenüber anderen Vertragsinterpretationen oder eines partikularen Rechts gegenüber allgemeinem geltenden Recht. Eingebettet in die Behandlung des Unrechts ist Hegels Auseinandersetzung mit gängigen, relative Strafzwecke vertretenden Straftheorien,

---

[9] Encyklopädie der philosophischen Wissenschaften im Grundrisse. Zum Gebrauch seiner Vorlesungen von D. Georg Wilhelm Friedrich Hegel, Professor der Philosophie an der Universität zu Heidelberg. Heidelberg, in August Oßwald's Universitätsbuchhandlung. 1817. *In kritischer Edition jetzt in* Georg Wilhelm Friedrich Hegel: Gesammelte Werke in Verbindung mit der Deutschen Forschungsgemeinschaft herausgegeben von der Nordrhein-Westfälischen Akademie der Wissenschaften. Band 13. Felix Meiner Verlag Hamburg. · Georg Wilhelm Friedrich Hegel: Enzyklopädie der philosophischen Wissenschaften im Grundrisse. (1817) Unter Mitarbeit von Hans-Christian Lucas † und Udo Rameil herausgegeben von Wolfgang Bonsiepen und Klaus Grotsch. Felix Meiner Verlag Hamburg 2000.

denen er einen absoluten Strafzweck, die Wiederherstellung des verletzten Rechts, entgegenstellt.

Die zweite Gestalt ist die der Entwicklung des Rechts des subjektiven Willens, jene Sphäre also, in die das zweckbestimmte Handeln und die handlungsorientierte Selbstreflexion des Subjekts fallen, in der die Zwecke und Motive analysiert und bewertet und die Limitationen des subjektiven Willens nach innen und nach außen ausgelotet werden. Es ist im modernen Sinne eine Handlungstheorie, die Hegel hier unter dem Titel ›Moralität‹ entwirft. In diesem Zusammenhang befaßt er sich mit der handlungs- und rechtstheoretischen Problematik der Zurechnung, weiterhin dem Recht des Individuums, im Einklang mit sich selbst und am eigenen Wohl orientiert zu handeln, wie auch damit, dass in einem moralischen Argumentationszusammenhang eine Bestimmung des Pflichtbegriffs, als verbindlich für das aufs persönliche und allgemeine Gute und Wohl gerichtete Handeln, lediglich in abstrakter und formeller Weise, nicht mit Inhalt erfüllt, möglich ist. Demgegenüber fällt es durchaus in das Recht des subjektiven Selbstbewußtseins, aus Eigenem, Innerem wissen zu wollen, was Recht und Pflicht, das Gute und die Wahrheit sei, also nach subjektiver Gesinnung und der Stimme des Gewissens folgend zu handeln, doch wird dies mit dem objektiven Recht in Konflikt geraten, wenn es das, was allgemeinverbindlich gilt, mißachtet. Indem der subjektive innerliche Wille seine Besonderheit über das Allgemeine stellt und zum Prinzip seines Handelns macht, wird er böse. Beides, das Gute und das Böse, hat seinen Ursprung in der Subjektivität. In einer langen Anmerkung zum Paragraphen 140 beschreibt Hegel Formen entgrenzter Subjektivität, in denen der Unterschied von Gut und Böse verwischt oder das eine in das andere übergegangen ist.

In der dritten Gestalt entfaltet sich das gesellschaftliche und politische Zusammenlebens, in den Sphären von Familie, bürgerlicher Gesellschaft und Staat, die sämtlich das ausmachen, was Hegel in Anlehnung an antike griechische Begrifflichkeit (ἔθος, ἤθος) als Sittlichkeit bezeichnet: die Beziehungen, Verhältnisse, Strukturen, die für das Individuum in einer staatlich verfaßten Gemeinschaft immer schon vorgängig und bestimmend sind, wie ein natürlich Gegebenes. Das sind sie aber nicht, sie sind nicht von Natur, ihr Herkommen ist auch nicht ein Jenseits, ein Außen oder Oben, sondern sie sind hervorgegangen aus dem Willen, aus Freiheit: Die Sittlichkeit ist die Wirklichkeit der Idee der Freiheit. In seinen Darlegungen zu Ehe und Familie akzentuiert Hegel seine Ablehnung einer einseitig kontraktualistischen oder naturalistisch-naturrechtlichen Ansicht der Ehe, hebt aber zugleich die Notwendigkeit vermögens- und erbrechtlicher Regelungen für die materielle Absicherung der Familienmitglieder hervor, und wenn er sich auch für eine gesetzliche Regelung der Ehescheidung einsetzt, so bleibt sein Verständnis von den Rollen von Frau und Mann als Ehepartner und im sozialen und politischen Umfeld doch traditionellen und zeittypischen Vorstellungen verhaftet. Mit der Analyse und der Darstellung der bürgerlichen Gesellschaft schafft Hegel äußerst wirkungsvolle theoretische und begriffliche Neuerungen, vor allem mit der begrifflichen Scheidung von Staat und Gesellschaft, wobei diese nach der Differenz von Citoyen und Bourgeois als ›bürgerliche‹ benannt ist, die Sphäre des Privat- und Erwerbslebens, mitsamt der diese Lebenswelt regulierenden Rechtsordnung. Hegel betrachtet zunächst, was er »System der Bedürfnisse« (194) nennt und das denjenigen Bereich strukturiert, in dem das Individuum als Besonderheit, als »Mensch« (195) die Befriedigung seiner Bedürfnisse besorgt. Die Untersuchung dieses Systems ist angereichert und gekennzeichnet durch die Rezeption der Nationalökonomie. Ein zweites System der Selbstorganisation der bürgerlichen Gesellschaft ist die Rechtspflege, die sozioökonomischen Strukturen und Beziehungen sind die Sphäre, in der das Recht allgemein anerkannt, gewußt und gewollt wird und so objektive Wirklichkeit hat. Voraussetzung ist die Kodifikation des vorhandenen vernünftigen Rechts in einer sprachlich verständlichen Form, dessen Veröffentlichung und Anwendung in öffentlicher Rechtspflege, d. h. durch öffentlich tagende Gerichte, all dies zu Hegels Zeit nicht einmal selbstverständliche Forderungen. In den letzten Bereich gesellschaftlicher Selbstorganisation gruppiert Hegel zum einen Elemente, die der Aufrechterhaltung oder Wiederherstellung der öffentlichen Ordnung im weiteren Sinne dienen, aus den (nach heutigem Sprachgebrauch) Rechtsgebieten des Gewerberechts, des Polizei- und Ordnungsrechts, zum Teil des öffentlichen Rechts, aber auch aus dem, was heutzutage der Sozialgesetzgebung zugehörte, denn er nimmt hier die von einer nicht regulierten Ökonomie verursachten sozialen Schäden durchaus scharf in den Blick; zum anderen konzipiert er mit den – nicht zum wenigsten auch zur Milderung sozialer Härten gedachten – ständischen Korporationen Interessensgemeinschaften und -verbände, oder genauer: Institutionen, die der drohenden Fragmentierung der Gesellschaft in sozial bindungslose Individuen entgegenwirken sollen.

Die dritte Gestalt der Sittlichkeit ist der Staat, »die Wirklichkeit der sittlichen Idee« (237). Hegel entwickelt hier seine Theorie des modernen Staates, mit besonderem Blick auf die postrevolutionäre europäische Staatenentwicklung. Zweck des Staates ist es nicht, lediglich den Schutz von Partikularinteressen zu garantieren, denn da er objektiver Geist ist, »so hat das Individuum selbst nur Objektivität, Wahrheit und Sittlichkeit, als es ein Glied desselben ist«, und »der wahrhafte Inhalt und Zweck« ist vielmehr die »Vereinigung als solche«, die »Vernünftigkeit« des Staates »besteht, abstrakt betrachtet, überhaupt in der sich durchdringenden Einheit der Allgemeinheit und der Einzelnheit« (238). Die Konstituierung eines Staates ist weder möglich auf der Grundlage abstrakter Prinzipien, das belegen die gescheiterten postrevolutionären französischen Verfassungen, noch läßt er sich als zufälliges Agglomerat, zusammengehalten durch ein patriarchalisch-paternalistisches Prinzip, wie nach der reaktionären Theorie von Hallers, konzipieren. Der Staat ist ein selbstreflexives System, ein »Organismus« (242), konstituiert in einer Verfassung und ihren konkreten Institutionen. Der Ausführung seiner Staatslehre sind zwei Betrachtungen vorgeschaltet, eine zum Begriff der politischen Gesinnung, des Patriotismus, den er aus der positiven Beziehung zu den Verfassungsinstitutionen herleitet, die andere, recht ausführliche, zum Verhältnis von Staat und Religion, das er nur dann für konfliktfrei annimmt, wenn diese sich in institutionalisierter Form, als Kirche, in den Staat integriert. Die Entfaltung von Hegels Staats- bzw. Verfassungstheorie orientiert sich am Prinzip der Gewaltenteilung, bei ihm die legislative, die exekutive und die fürstliche Gewalt, der die Staatsform, die konstitutionelle Monarchie, entspricht. Durch die Rechte der Geburt und der erblichen Thronfolge legitimiert, ist der Monarch in seiner Funktion lediglich formeller Entscheider, im Zusammenspiel mit der Regierungsgewalt, der von den Ministern und Staatsbeamten, die die in der Hierarchie emporgereichten Entscheidungsvorlagen liefern, repräsentierten und ausgeübten Exekutive. Zum Schutz gegen mögliche Mißbräuche und Übergriffe entwirft Hegel bildungs- und organisationssoziologisch ausgerichtete Institute der Selbstkontrolle und Optimierung des Beamtenwesens. Da Hegel ein Verfassungsmodell, in dem die Gewalten sich einander vollkommen ausschließend gegenüberstehen, ablehnt, greifen bei ihm fürstliche und Regierungsgewalt auch in den Bereich der gesetzgebenden Gewalt über. Deren Organ ist die repräsentative Ständeversammlung. Die Darstellung der Rekrutierungs- und Wirkungsweise dieser Verfassungsinstitution ist als zeitgeschichtliches Zeugnis zu lesen: die Verfassungsentwicklung in den europäischen Staaten war über irgendeine Form ständischer Repräsentanz noch nicht hinausgelangt, das Wahlrecht hing von einem Wahlzensus ab, politische Parteien gab es nicht. Als einzelner individueller steht jeder Staat in bestimmter Beziehung zu anderen Staaten, und Hegel, wohl in Reminiszenz vor allem an die Zeit zwischen 1792 und 1815, beleuchtet näher den kriegerischen Konflikt. Die zwischenstaatlichen Beziehungen regelt das Völkerrecht, doch da es über den Staaten keine Instanz gibt, die das Recht garantieren und durchsetzen könnte, ist im Konfliktfall der Krieg die einzige Umgangsform. Als besondere Individuen sind die einzelnen Staaten eingelassen in die Geschichte der Staaten und Völker. Deren Schicksale, Wirken und Zukunft ist Gegenstand eines geschichtsphilosophischen Überblicks über die Weltgeschichte, mit dem das Buch schließt.

In der ›Vorrede‹ hatte Hegel die Wirklichkeit (des Geistes) als Gegenstand einer wissenschaftlichen Philosophie des Staates und des Rechts reklamiert, nicht in Form einer Beschreibung des empirischen »Reichtum*[s]* von Formen, Erscheinungen und Gestaltungen« (19), sondern als Analyse und Darstellung der zugrundeliegenden Strukturen und Gesetzmäßigkeiten, als der vernünftigen Wirklichkeit. Diesen etwas tiefer gelegten Begriff von Wirklichkeit sollte die Gnome von der Vernünftigkeit des Wirklichen (18) schlagkräftig zum Ausdruck bringen, doch wurde sie allzu häufig der Anstoß für weitreichende Mißverständnisse bei hermeneutisch ungefestigten Interpreten.[10]

*

In der ›Philosophischen Bibliothek‹ erschienen die *Grundlinien* zum ersten Mal 1911, herausgegeben von Georg Lasson als Band 6 der geplanten Reihe ›Sämtliche*[r]* Werke‹ Hegels[11]. Von dieser Ausgabe erschien 1921 eine zweite und 1930 eine geringfügig neugestaltete und um einen Anhang erweiterte dritte Auflage[12]. Der Anhang enthält Hegels Notizen aus seinem

[10] *Eine ausführliche Dokumentation der unmittelbaren Rezeption der* Grundlinien *und ihrer Rezeptionsgeschichte im 19. Jahrhundert ist* Materialien zu Hegels Rechtsphilosophie. Band 1. Herausgegeben von Manfred Riedel. Suhrkamp. *Frankfurt am Main 1975. 2. Auflage 2016.*

[11] *[Umschlagtitel:]* Philosophische Bibliothek Band 124. Grundlinien der Philosophie des Rechts. Von Georg Wilhelm Friedrich Hegel. Mit den von Gans redigierten Zusätzen aus Hegels Vorlesungen neu herausgegeben von Georg Lasson, Pastor an St. Bartholomäus, Berlin. Leipzig 1911. Verlag von Felix Meiner. *[linkes Titelblatt:]* Georg Wilhelm Friedrich Hegel: Sämtliche Werke. Unter Mitwirkung von Dr. Otto Weiß herausgegeben von Georg Lasson. Band VI: Grundlinien der Philosophie des Rechts. Leipzig Verlag von Felix Meiner. *[rechtes Titelblatt:]* Philosophische Bibliothek Band 124. Grundlinien der Philosophie des Rechts. Von D. Georg Wilhelm Friedrich Hegel, Ordentl. Professor der Philosophie an der Königl. Universität zu Berlin. Berlin, 1821. In der Nicolai'schen Buchhandlung. Mit den von Gans redigierten Zusätzen aus Hegels Vorlesungen neu herausgegeben von Georg Lasson, Pastor an St. Bartholomäus, Berlin. Leipzig 1911. Verlag von Felix Meiner.

[12] Georg Wilhelm Friedrich Hegel: Sämtliche Werke herausgegeben von

Handexemplar der *Grundlinien*.[13] Im Rahmen der neukonzipierten ›Sämtliche Werke. Neue kritische Ausgabe‹ publizierte Johannes Hoffmeister als neuer Herausgeber die *Grundlinien* 1955 in vierter Auflage, nunmehr ohne die ›Zusätze‹[14], aber

Georg Lasson. Band VI: Grundlinien der Philosophie des Rechts mit den von Gans redigierten Zusätzen aus Hegels Vorlesungen. Im Anhang Hegels Zusätze in seinem Handexemplar. Verlag von Felix Meiner in Leipzig. · Georg Wilhelm Friedrich Hegel: Grundlinien der Philosophie des Rechts. Mit den von Gans redigierten Zusätzen aus Hegels Vorlesungen neu herausgegeben von Georg Lasson. Dritte Auflage. Der Philosophischen Bibliothek Band 124a. Leipzig 1930. Verlag von Felix Meiner. *Der Anhang ist separat paginiert und besitzt ein Zwischentitelblatt:* Georg Wilhelm Friedrich Hegel: Eigenhändige Randbemerkungen zu seiner Rechtsphilosophie. Aus der Handschrift herausgegeben von Georg Lasson. Der Philosophischen Bibliothek Band 124b. Leipzig 1930. Verlag von Felix Meiner.

[13] *Hegel hat sich ein Exemplar seines Kompendiums mit Schreibpapier durchschießen und binden lassen und darin Dispositionen, Argumentationsschemata, Stichwörter, kurze Bemerkungen und gelegentlich auch längere Ausführungen notiert, zum Teil auch aus anderen älteren Manuskripten übertragen. Erhalten geblieben ist nur ein Band mit der ersten Hälfte der* Grundlinien, *bis § 180, aber es wird zweifellos auch einen Band mit der zweiten Hälfte gegeben haben; zur Sache vgl. GW 14,3. 865–889. Für die Notizen siehe jetzt* Georg Wilhelm Friedrich Hegel: Gesammelte Werke in Verbindung mit der Deutschen Forschungsgemeinschaft herausgegeben von der Nordrhein-Westfälischen Akademie der Wissenschaften und der Künste. Band 14 in drei Teilbänden. Felix Meiner Verlag Hamburg. · Georg Wilhelm Friedrich Hegel: Grundlinien der Philosophie des Rechts. Herausgegeben von Klaus Grotsch und Elisabeth Weisser-Lohmann. Band 14,2 Beilagen. Felix Meiner Verlag Hamburg *2010. 292–773.*

[14] *Eduard Gans hatte in seine Neuausgabe der* Grundlinien *innerhalb der sogenannten ›Freundesvereinsausgabe‹ (vgl. oben die Fußnote 7) Textmaterial aus Vorlesungsnachschriften in den Text der* Grundlinien *eingefügt, um zumindest einen gewissen Eindruck davon zu vermitteln, in welcher Weise und in welchem Maße der Vortrag im Kolleg über das im Kompendium enthaltene hinausreichte. Um den generischen Charakter des Buches nicht zu zerstören, wählte er für die aufzunehmenden Texte die Form von ›Zusätzen‹, die er fast jedem Paragraphen in einer sehr eigenen Textredaktion, bei der er sich aus den Nachschriften von Heinrich Gustav Hotho vom Winter 1822/23 und von Karl Gustav Julius von Griesheim aus dem Winter 1824/25 bediente, beifügte. In der Edition der Nachschriften in GW 26,2 und*

weiterhin mit den Notizen im Anhang.[15] 1995 veröffentlichte der Verlag eine als fünfte Auflage deklarierte, mit einigen Textrevisionen versehene Neuausgabe.[16] Die erste Studienausgabe auf der Grundlage des in den *GW* historisch-kritisch edierten Textes erschien 2013 als Band 638 der Philosophischen Bibliothek, herausgegeben von Horst D. Brandt.

Die vorliegende, vollständig neu erarbeitete Studienausgabe bietet, ebenfalls unter Verzicht auf die Wiedergabe der Apparate, zum ersten Mal den unveränderten Text der kritischen Edition.[17] Bei der Redaktion des Textes wurden lediglich veraltete Schreibweisen (»Daseyn«, »Eigenthum«) an die heutige Schreibung angepaßt. Zusammen- und Getrenntschreibung, Groß- und Kleinschreibung sowie die Zeichensetzung wurden gegenüber der Originalausgabe nicht verändert. Einzige Ausnahme: Kommata vor Klammern sind – wie heute üblich – hinter diese gesetzt, und die Zeichenverwendung in Klammerverweisen ist an den heutigen Gebrauch angepaßt.

GW 26,3 sind die von Gans übernommenen Passagen in einem eigenen Apparat ausgewiesen.

[15] Georg Wilhelm Friedrich Hegel: Sämtliche Werke. Neue kritische Ausgabe. Herausgegeben von Johannes Hoffmeister. Band XII. Grundlinien der Philosophie des Rechts. Verlag von Felix Meiner in Hamburg. · Georg Wilhelm Friedrich Hegel: Grundlinien der Philosophie des Rechts. Mit Hegels eigenhändigen Randbemerkungen in seinem Handexemplar der Rechtsphilosophie. Herausgegeben von Johannes Hoffmeister. Vierte Auflage. Verlag von Felix Meiner in Hamburg. *1955. (*Der Philosophischen Bibliothek Band 124 a*) Von dieser Ausgabe erschien 1962 ein* Unveränderter Abdruck, *allerdings ohne die* Sämtliche Werke-*Titelei.*

[16] *Für eine Übersicht über alle bis zum Jahre 2010 erschienenen (deutschsprachigen) Ausgaben der* Grundlinien *und ihre Charakterisierung siehe GW 14,3. 800–837.*

[17] *Siehe* Georg Wilhelm Friedrich Hegel: Gesammelte Werke in Verbindung mit der Deutschen Forschungsgemeinschaft herausgegeben von der Nordrhein-Westfälischen Akademie der Wissenschaften und der Künste. Band 14 in zwei Teilbänden. Felix Meiner Verlag Hamburg. · Georg Wilhelm Friedrich Hegel: Grundlinien der Philosophie des Rechts. Herausgegeben von Klaus Grotsch und Elisabeth Weisser-Lohmann. Band 14,1 Naturrecht und Staatswissenschaft im Grundrisse · Grundlinien der Philosophie des Rechts. Felix Meiner Verlag Hamburg *2009.*

Die im Kolumnentitel innen mitgeführten Seitenzahlen verweisen auf die Paginierung in *GW 14,1*. Im Text unserer Ausgabe bezeichnen Trennstriche (|) die dortigen Seitenübergänge.

GEORG WILHELM FRIEDRICH HEGEL

GRUNDLINIEN
DER PHILOSOPHIE
DES RECHTS

NATURRECHT

UND

STAATSWISSENSCHAFT

IM GRUNDRISSE.

Zum Gebrauch für seine Vorlesungen

von

D. Georg Wilhelm Friedrich Hegel,

Ordentl. Professor der Philosophie an der Königl. Universität zu Berlin.

Berlin, 1821.

In der Nicolaischen Buchhandlung.

GRUNDLINIEN

DER

PHILOSOPHIE DES RECHTS.

Von

D. Georg Wilhelm Friedrich Hegel,

Ordentl. Professor der Philosophie an der Königl. Universität zu Berlin.

Berlin, 1821.

In der Nicolaischen Buchhandlung.

Naturrecht

und

Staatswissenschaft

im Grundrisse.

———◆———

Zum Gebrauch für seine Vorlesungen

von

D. Georg Wilhelm Friedrich Hegel,

Ordentl. Professor der Philosophie an der Königl. Universität
zu Berlin.

———————————————

Berlin, 1821.
In der Nicolaischen Buchhandlung.

Grundlinien

der

Philosophie des Rechts.

———

Von

D. Georg Wilhelm Friedrich Hegel,

Ordentl. Professor der Philosophie an der Königl. Universität
zu Berlin.

Berlin, 1821.

In der Nicolaischen Buchhandlung.

VORREDE

* Die unmittelbare Veranlassung zur Herausgabe dieses Grundrisses ist das Bedürfnis, meinen Zuhörern einen Leitfaden zu den Vorlesungen in die Hände zu geben, welche ich meinem
* Amte gemäß über die Philosophie des Rechts halte. Dieses Lehrbuch ist eine weitere, insbesondre mehr systematische Ausführung derselben Grundbegriffe, welche über diesen Teil der Philosophie in der von mir sonst für meine Vorlesungen bestimmten Encyklopädie der philosophischen Wissenschaften (Heidelberg 1817) bereits enthalten sind.

Daß dieser Grundriß aber im Druck erscheinen sollte, hiemit auch vor das größere Publikum kommt, wurde die Veranlassung, die Anmerkungen, die zunächst in kurzer Erwähnung die verwandten oder abweichenden Vorstellungen, weitern Folgen und dergleichen andeuten sollten, was in den Vorlesungen seine gehörige Erläuterung erhalten würde, manchmal schon hier weiter auszuführen, um den abstrakteren Inhalt des Textes zuweilen zu verdeutlichen, und auf nahe liegende in dermaliger Zeit gang und gäbe Vorstellungen eine ausgedehntere Rücksicht zu nehmen. So ist eine Anzahl weitläuftigerer Anmerkungen entstanden, als der Zweck und Stil eines Kompendiums sonst mit sich bringt. Ein eigentliches Kompendium jedoch hat den für fertig angesehenen Umkreis einer Wissenschaft zum Gegenstande, und das ihm eigentümliche ist, vielleicht einen kleinen Zusatz hie und da ausgenommen, vornehmlich die Zusammenstellung und Ordnung der wesentlichen Momente eines Inhalts, der längst eben so zugegeben und bekannt ist, als jene Form ihre längst ausgemachten Regeln und Manieren hat. Von einem philosophischen Grundriß erwartet man diesen Zuschnitt schon etwa darum nicht, weil man sich vorstellt, das, was die Philosophie vor sich bringe, sei ein so übernächtiges
* Werk, als das Gewebe der Penelope, das jeden Tag von Vorne angefangen werde.

Allerdings weicht dieser Grundriß zunächst von einem gewöhnlichen Kompendium durch die Methode ab, die darin das Leitende ausmacht. Daß aber die philosophische Art des Fortschreitens von einer Materie zu einer andern und des wissenschaftlichen Beweisens, diese spekulative Erkenntnisweise überhaupt, wesentlich sich von anderer Erkenntnisweise unterscheidet, wird hier vorausgesetzt. Die Einsicht in die Notwendigkeit einer sol | chen Verschiedenheit kann es allein sein, was die Philosophie aus dem schmählichen Verfall, in welchen sie in unsern Zeiten versunken ist, herauszureißen vermögen wird. Man hat wohl die Unzulänglichkeit der Formen und Regeln der vormaligen Logik, des Definierens, Einteilens und Schließens, welche die Regeln der Verstandeserkenntnis enthalten, für die spekulative Wissenschaft erkannt, oder mehr nur gefühlt als erkannt, und dann diese Regeln nur als Fesseln weggeworfen, um aus dem Herzen, der Phantasie, der zufälligen Anschauung willkürlich zu sprechen; und da denn doch auch Reflexion und Gedanken-Verhältnisse eintreten müssen, verfährt man bewußtlos in der verachteten Methode des ganz gewöhnlichen Folgerns und Räsonnements. – Die Natur des spekulativen Wissens habe ich in meiner Wissenschaft der Logik, ausführlich entwickelt; in diesem Grundriß ist darum nur hie und da eine Erläuterung über Fortgang und Methode hinzugefügt worden. Bei der konkreten und in sich so mannigfaltigen Beschaffenheit des Gegenstandes ist es zwar vernachlässigt worden, in allen und jeden Einzelnheiten die logische Fortleitung nachzuweisen und herauszuheben; teils konnte dies, bei vorausgesetzter Bekanntschaft mit der wissenschaftlichen Methode für überflüssig gehalten werden, teils wird aber es von selbst auffallen, daß das Ganze wie die Ausbildung seiner Glieder auf dem logischen Geiste beruht. Von dieser Seite möchte ich auch vornehmlich, daß diese Abhandlung gefaßt und beurteilt würde. Denn das, um was es in derselben zu tun ist, ist die Wissenschaft, und in der Wissenschaft ist der Inhalt wesentlich an die Form gebunden.

Man kann zwar von denen, die es am gründlichsten zu nehmen scheinen, hören, die Form sei etwas Äußeres und für die

Sache Gleichgültiges, es komme nur auf diese an; man kann weiter das Geschäft des Schriftstellers, insbesondere des philosophischen darein setzen, Wahrheiten zu entdecken, Wahrheiten zu sagen, Wahrheiten und richtige Begriffe zu verbreiten. Wenn man nun betrachtet, wie solches Geschäft wirklich betrieben zu werden pflegt, so sieht man einesteils denselben alten Kohl immer wieder aufkochen und nach allen Seiten hin ausgeben – ein Geschäft, das wohl auch sein Verdienst um die Bildung und Erweckung der Gemüter haben wird, wenn es gleich mehr als ein vielgeschäftiger Überfluß angesehen werden könnte – »denn sie haben Mosen und die Propheten, laß sie dieselbigen hören«. Vornehmlich hat man vielfältige Gelegenheit, sich über den Ton und die Prätension, die sich dabei zu erkennen gibt, zu verwundern, nämlich als ob es der Welt nur noch an diesen eifrigen Verbreitern von Wahrheiten gefehlt hätte, und als ob der aufgewärmte Kohl neue und unerhörte Wahrheiten brächte, und vornehmlich immer »in jetziger Zeit« hauptsächlich zu | beherzigen wäre. Andernteils aber sieht man, was von solchen Wahrheiten von der einen Seite her ausgegeben wird, durch eben dergleichen von andern Seiten her ausgespendete Wahrheiten verdrängt und weggeschwemmt werden. Was nun in diesem Gedränge von Wahrheiten weder Altes noch Neues, sondern Bleibendes sei, wie soll dieses aus diesen formlos hin und her gehenden Betrachtungen sich herausheben – wie anders sich unterscheiden und bewähren, als durch die Wissenschaft?

Ohnehin über Recht, Sittlichkeit, Staat ist die Wahrheit eben so sehr alt, als in den öffentlichen Gesetzen, der öffentlichen Moral und Religion offen dargelegt und bekannt. Was bedarf diese Wahrheit weiter, insofern der denkende Geist sie in dieser nächsten Weise zu besitzen nicht zufrieden ist, als sie auch zu begreifen, und dem schon an sich selbst vernünftigen Inhalt auch die vernünftige Form zu gewinnen, damit er für das freie Denken gerechtfertigt erscheine, welches nicht bei dem Gegebenen, es sei durch die äußere positive Autorität des Staats oder der Übereinstimmung der Menschen, oder durch die Autorität des innern Gefühls und Herzens und das unmittelbar beistimmende Zeugnis des Geistes unterstützt, stehen bleibt, sondern von sich ausgeht und eben damit fordert, sich im Innersten mit der Wahrheit geeint zu wissen?

Das einfache Verhalten des unbefangenen Gemütes ist, sich mit zutrauensvoller Überzeugung an die öffentlich bekannte Wahrheit zu halten, und auf diese feste Grundlage seine Handlungsweise und feste Stellung im Leben zu bauen. Gegen dieses einfache Verhalten tut sich etwa schon die vermeinte Schwierigkeit auf, wie aus den unendlich verschiedenen Meinungen sich das, was darin das allgemein Anerkannte und Gültige sei, unterscheiden und herausfinden lasse; und man kann diese Verlegenheit leicht für einen rechten und wahrhaften Ernst um die Sache nehmen. In der Tat sind aber die, welche sich auf diese Verlegenheit etwas zu Gute tun, in dem Falle, den Wald vor den Bäumen nicht zu sehen, und es ist nur die Verlegenheit und Schwierigkeit vorhanden, welche sie selbst veranstalten; ja diese ihre Verlegenheit und Schwierigkeit ist vielmehr der Beweis, daß sie etwas anderes als das allgemein Anerkannte und Geltende, als die Substanz des Rechten und Sittlichen wollen. Denn ist es darum wahrhaft, und nicht um die Eitelkeit und Besonderheit des Meinens und Seins zu tun, so hielten sie sich an das substantielle Rechte, nämlich an die Gebote der Sittlichkeit und des Staats, und richteten ihr Leben darnach ein. – Die weitere Schwierigkeit aber kommt von der Seite, daß der Mensch denkt und im Denken seine Freiheit und den Grund der Sittlichkeit sucht. Dieses Recht, so hoch, so göttlich es ist, wird aber in Unrecht verkehrt, wenn nur dies für Denken gilt und das | Denken nur dann sich frei weiß, insofern es vom Allgemein-Anerkannten und Gültigen abweiche und sich etwas Besonderes zu erfinden gewußt habe.

Am festesten konnte in unserer Zeit die Vorstellung, als ob die Freiheit des Denkens und des Geistes überhaupt sich nur durch die Abweichung, ja Feindschaft gegen das Öffentlich-Anerkannte beweise, in Beziehung auf den Staat eingewurzelt, und hienach absonderlich eine Philosophie über den Staat wesentlich die Aufgabe zu haben scheinen, auch eine

Theorie und eben eine neue und besondere zu erfinden und zu geben. Wenn man diese Vorstellung und das ihr gemäße Treiben sieht, so sollte man meinen, als ob noch kein Staat und Staatsverfassung in der Welt gewesen, noch gegenwärtig vorhanden sei, sondern als ob man jetzt – und dies Jetzt dauert immer fort – ganz von Vorne anzufangen, und die sittliche Welt nur auf ein solches jetziges Ausdenken und Ergründung und Begründen gewartet habe. Von der Natur gibt man zu, daß die Philosophie sie zu erkennen habe, wie sie ist, daß der Stein der Weisen irgendwo aber in der Natur selbst verborgen liege, daß sie in sich vernünftig sei und das Wissen diese in ihr gegenwärtige, wirkliche Vernunft, nicht die auf der Oberfläche sich zeigenden Gestaltungen und Zufälligkeiten, sondern ihre ewige Harmonie, aber als ihr immanentes Gesetz und Wesen zu erforschen und begreifend zu fassen habe. Die sittliche Welt dagegen, der Staat, sie, die Vernunft, wie sie sich im Elemente des Selbstbewußtseins verwirklicht, soll nicht des Glücks genießen, daß es die Vernunft ist, welche in der Tat in diesem Elemente sich zur Kraft und Gewalt gebracht habe, darin behaupte und inwohne. Das geistige Universum soll vielmehr dem Zufall und der Willkür preisgegeben, es soll Gottverlassen sein, so daß nach diesem Atheismus der sittlichen Welt das Wahre sich außer ihr befinde, und zugleich, weil doch auch Vernunft darin sein soll, das Wahre nur ein Problema sei. Hierin aber liege die Berechtigung, ja die Verpflichtung für jedes Denken, auch seinen Anlauf zu nehmen, doch nicht um den Stein der Weisen zu suchen, denn durch das Philosophieren unserer Zeit ist das Suchen erspart und Jeder gewiß, so wie er steht und geht, diesen Stein in seiner Gewalt zu haben. Nun geschieht es freilich, daß diejenigen, welche in dieser Wirklichkeit des Staats leben und ihr Wissen und Wollen darin befriedigt finden, – und deren sind Viele, ja mehr als es meinen und wissen, denn im Grunde sind es Alle, – daß also wenigstens diejenigen, welche mit Bewußtsein ihre Befriedigung im Staate haben, jener Anläufe und Versicherungen lachen und sie für ein bald lustigeres oder ernsteres, ergötzliches oder gefährliches, leeres Spiel nehmen. Jenes unruhige Treiben der Reflexion und Eitelkeit, so wie die Auf|nahme und Begegnung, welche sie erfährt, wäre nun eine Sache für sich, die sich auf ihre Weise in sich entwickelt; aber es ist die Philosophie überhaupt, welche sich durch jenes Getriebe in mannigfaltige Verachtung und Misskredit gesetzt hat. Die schlimmste der Verachtungen ist diese, daß wie gesagt jeder, wie er so steht und geht, über die Philosophie überhaupt Bescheid zu wissen und abzusprechen im Stande zu sein überzeugt ist. Keiner andern Kunst und Wissenschaft wird diese letzte Verachtung bezeigt, zu meinen, daß man sie geradezu innehabe.

In der Tat, was wir von der Philosophie der neuern Zeit mit der größten Prätension über den Staat haben ausgehen sehen, berechtigte wohl jeden, der Lust hatte mitzusprechen, zu dieser Überzeugung, eben solches von sich aus geradezu machen zu können und damit sich den Beweis, im Besitz der Philosophie zu sein, zu geben. Ohnehin hat die sich so nennende Philosophie es ausdrücklich ausgesprochen, daß das Wahre selbst nicht erkannt werden könne, sondern daß dies das Wahre sei, was jeder über die sittlichen Gegenstände, vornehmlich über Staat, Regierung und Verfassung, sich aus seinem Herzen, Gemüt und Begeisterung aufsteigen lasse. Was ist darüber nicht alles der Jugend insbesondere, zum Munde geredet worden? Die Jugend hat es sich denn auch wohl gesagt sein lassen. Den Seinen gibt Er's schlafend, – ist auf die Wissenschaft angewendet worden, und damit hat jeder Schlafende sich zu den Seinen gezählt; was er so im Schlafe der Begriffe bekommen, war denn freilich auch Ware danach. – Ein Heerführer dieser Seichtigkeit, die sich Philosophieren nennt, Herr Fries,[1] hat sich nicht entblödet bei einer feierlichen, berüchtigt gewordenen öffentlichen Gelegenheit in einer Rede, über den Gegenstand von Staat und Staatsverfassung die Vorstellung zu geben: »in dem Volke, in welchem echter Gemeingeist herrsche, würde jedem Geschäft der öffentlichen Angelegenheiten das Leben von unten aus dem Volke

---

[1] Von der Seichtigkeit seiner Wissenschaft habe ich sonst Zeugnis gegeben; s. Wissenschaft der Logik (Nürnberg 1812) Einl. S. XVII. |

kommen, würden jedem einzelnen Werke der Volksbildung und des volkstümlichen Dienstes, sich lebendige Gesellschaften weihen, durch die heilige Kette der Freundschaft unverbrüchlich vereinigt«, und dergleichen. – Dies ist der Hauptsinn der Seichtigkeit, die Wissenschaft statt auf die Entwicklung des Gedankens und Begriffs, vielmehr auf die unmittelbare Wahrnehmung und die zufällige Ein|bildung zu stellen, eben so die reiche Gliederung des Sittlichen in sich, welche der Staat ist, die Architektonik seiner Vernünftigkeit, die durch die bestimmte Unterscheidung der Kreise des öffentlichen Lebens und ihrer Berechtigungen und durch die Strenge des Maßes, in dem sich jeder Pfeiler, Bogen und Strebung hält, die Stärke des Ganzen aus der Harmonie seiner Glieder hervorgehen macht, – diesen gebildeten Bau in den Brei des »Herzens, der Freundschaft und Begeisterung« zusammenfließen zu lassen. Wie nach Epikur die Welt überhaupt, so ist freilich nicht, aber so sollte, die sittliche Welt nach solcher Vorstellung, der subjektiven Zufälligkeit des Meinens und der Willkür übergeben werden. Mit dem einfachen Hausmittel, auf das Gefühl das zu stellen, was die und zwar mehrtausendjährige Arbeit der Vernunft und ihres Verstandes ist, ist freilich alle die Mühe der von dem denkenden Begriffe geleiteten Vernunfteinsicht und Erkenntnis erspart. Mephistopheles bei Goethe, – eine gute Autorität, – sagt darüber ungefähr, was ich auch sonst angeführt:

»Verachte nur Verstand und Wissenschaft
des Menschen allerhöchste Gaben –
so hast dem Teufel dich ergeben
und mußt zu Grunde gehn.«

Unmittelbar nahe liegt es, daß solche Ansicht sich auch die Gestalt der Frömmigkeit annimmt; denn mit was Allem hat dieses Getreibe sich nicht zu autorisieren versucht! Mit der Gottseligkeit und der Bibel aber hat es sich die höchste Berechtigung, die sittliche Ordnung und die Objektivität der Gesetze zu verachten, zu geben vermeint. Denn wohl ist es auch die Frömmigkeit, welche die in der Welt zu einem organischen Reiche auseinander geschlagene Wahrheit zur einfachern Anschauung des Gefühls einwickelt. Aber sofern sie rechter Art ist, gibt sie die Form dieser Region auf, sobald sie aus dem Innern heraus in den Tag der Entfaltung und des geoffenbarten Reichtums der Idee eintritt, und bringt aus ihrem innern Gottesdienst die Verehrung gegen eine an und für sich seiende, über die subjektive Form des Gefühls erhabene, Wahrheit und Gesetze mit.

Die besondere Form des übeln Gewissens, welche sich in der Art der Beredsamkeit, zu der sich jene Seichtigkeit aufspreizt, kund tut, kann hiebei bemerklich gemacht werden; und zwar zunächst, daß sie da, wo sie am geistlosesten ist, am meisten vom Geiste spricht, wo sie am totesten und ledernsten redet, das Wort Leben und ins Leben einführen, wo sie die größte Selbstsucht des leeren Hochmuts kund tut, am meisten das Wort Volk im Munde führt. Das eigentümliche Wahrzeichen aber, das sie an der Stirne trägt, ist der Haß gegen das Gesetz. Daß Recht und Sittlichkeit, und | die wirkliche Welt des Rechts und des Sittlichen sich durch den Gedanken erfaßt, durch Gedanken sich die Form der Vernünftigkeit, nämlich Allgemeinheit und Bestimmtheit gibt, dies, das Gesetz, ist es, was jenes sich das Belieben vorbehaltende Gefühl, jenes das Rechte in die subjektive Überzeugung stellende Gewissen, mit Grund als das sich feindseligste ansieht. Die Form des Rechten als einer Pflicht und als eines Gesetzes wird von ihm als ein toter, kalter Buchstabe und als eine Fessel empfunden; denn es erkennt in ihm nicht sich selbst, sich in ihm somit nicht frei, weil das Gesetz die Vernunft der Sache ist, und diese dem Gefühle nicht verstattet, sich an der eigenen Partikularität zu wärmen. Das Gesetz ist darum, wie im Laufe dieses Lehrbuchs irgendwo angemerkt worden, vornehmlich das Schibboleth, an dem die falschen Brüder und Freunde des sogenannten Volkes sich abscheiden.

Indem nun die Rabulisterei der Willkür sich des Namens der Philosophie bemächtigt und ein großes Publikum in die Meinung zu versetzen vermocht hat, als ob dergleichen Treiben Philosophie sei, so ist es fast gar zur Unehre geworden, über die Natur des Staats noch philosophisch zu sprechen; und es ist rechtlichen Männern nicht zu verargen, wenn sie in Ungeduld geraten, sobald sie von philosophischer Wissenschaft des Staats reden hören. Noch weniger ist sich zu verwundern, wenn die Regierungen auf solches Philosophieren endlich die Aufmerksamkeit gerichtet haben, da ohnehin bei uns die Philosophie nicht wie etwa bei den Griechen, als eine private Kunst exerziert wird, sondern sie eine öffentliche, das Publikum berührende Existenz, vornehmlich oder allein im Staatsdienste, hat. Wenn die Regierungen ihren diesem Fache gewidmeten Gelehrten das Zutrauen bewiesen haben, sich für die Ausbildung und den Gehalt der Philosophie auf sie gänzlich zu verlassen, – wäre es hie und da, wenn man will, nicht so sehr Zutrauen, als Gleichgültigkeit gegen die Wissenschaft selbst gewesen, und das Lehramt derselben nur traditionell beibehalten worden (– wie man denn, soviel mir bekannt ist, in Frankreich die Lehrstühle der Metaphysik wenigstens, hat eingehen lassen –), so ist ihnen vielfältig jenes Zutrauen schlecht vergolten worden, oder wo man, im andern Fall, Gleichgültigkeit sehen wollte, so wäre der Erfolg, das Verkommen gründlicher Erkenntnis, als ein Büßen dieser Gleichgültigkeit anzusehen. Zunächst scheint wohl die Seichtigkeit etwa am allerverträglichsten, wenigstens mit äußerer Ordnung und Ruhe zu sein, weil sie nicht dazu kommt, die Substanz der Sachen zu berühren, ja nur zu ahnen; sie würde somit zunächst wenigstens polizeilich nichts gegen sich haben, wenn nicht der Staat noch das Bedürfnis tieferer Bildung und Einsicht in sich schlösse und die Befriedigung desselben von der Wissen|schaft forderte. Aber die Seichtigkeit führt von selbst in Rücksicht des Sittlichen, des Rechts und der Pflicht überhaupt, auf diejenigen Grundsätze, welche in dieser Sphäre das Seichte ausmachen, auf die Prinzipien der Sophisten, die wir aus Plato so entschieden kennen lernen, – die Prinzipien, welche das, was Recht ist, auf die subjektiven Zwecke und Meinungen, auf das subjektive Gefühl und die partikuläre Überzeugung stellen, – Prinzipien, aus welchen die Zerstörung eben so der innern Sittlichkeit und des rechtschaffenen Gewissens, der Liebe und des Rechts unter den Privatpersonen, als die Zerstörung der öffentlichen Ordnung und der Staatsgesetze folgt. Die Bedeutung, welche dergleichen Erscheinungen für die Regierungen gewinnen müssen, wird sich nicht etwa durch den Titel abweisen lassen, der sich auf das geschenkte Zutrauen selbst und auf die Autorität eines Amtes stützte, um an den Staat zu fordern, daß er das, was die substantielle Quelle von den Taten, die allgemeinen Grundsätze, verdirbt, und sogar dessen Trotz, als ob es sich so gehörte, gewähren und walten lassen solle. We m Gott ein Amt gibt, dem gibt er auch Verstand, – ist ein alter Scherz, den man wohl in unsern Zeiten nicht gar für Ernst wird behaupten wollen.

In der Wichtigkeit der Art und Weise des Philosophierens, welche durch die Umstände bei den Regierungen aufgefrischt worden ist, läßt sich das Moment des Schutzes und Vorschubs nicht verkennen, dessen das Studium der Philosophie nach vielen andern Seiten hin bedürftig geworden zu sein scheint. Denn liest man in so vielen Produktionen aus dem Fache der positiven Wissenschaften, ingleichen der religiösen Erbaulichkeit und anderer unbestimmter Literatur, wie darin nicht nur die vorhin erwähnte Verachtung gegen die Philosophie bezeigt ist, daß solche, die zugleich beweisen, daß sie in der Gedankenbildung völlig zurück sind und Philosophie ihnen etwas ganz fremdes ist, doch sie als etwas bei sich Abgetanes behandeln, – sondern wie daselbst ausdrücklich gegen die Philosophie losgezogen und ihr Inhalt, die begreifende Erkenntnis Gottes und der physischen und geistigen Natur, die Erkenntnis der Wahrheit als für eine törichte, ja sündhafte Anmaßung erklärt, wie die Vernunft, und wieder die Vernunft, und in unendlicher Wiederholung die Vernunft angeklagt, herabgesetzt und verdammt, – oder wie wenigstens zu erkennen gegeben wird, wie unbequem bei einem großen Teile des wissenschaftlich sein sollenden Treibens die doch unabwendbaren Ansprüche des Begriffes fallen, – wenn man, sage ich, dergleichen Erscheinungen vor sich hat, so möchte man beinahe dem Gedanken Raum geben, daß von dieser Seite die Tradition nicht mehr ehrwürdig noch hinreichend wäre, dem philosophischen Studium die Tole | ranz und die öffentliche Existenz zu sichern.[1] –

---

[1] Dergleichen Ansichten fielen mir bei einem Briefe Joh. v. Müllers (Wer-

Die zu unserer Zeit gang und gäben Deklamationen und Anmaßungen gegen die Philosophie bieten das sonderbare Schauspiel dar, daß sie durch jene Seichtigkeit, zu der diese Wissenschaft degradiert worden ist, einerseits ihr Recht haben, und anderseits selbst in diesem Elemente wurzeln, gegen das sie undankbar gerichtet sind. Denn indem jenes sich so nennende Philosophieren die Erkenntnis der Wahrheit für einen törichten Versuch erklärt hat, hat es, wie der Despotismus der Kaiser Roms Adel und Sklaven, Tugend und Laster, Ehre und Unehre, Kenntnis und Unwissenheit gleichgemacht hat, alle Gedanken und alle Stoffe nivelliert, – so daß die Begriffe des Wahren, die Gesetze des Sittlichen auch weiter nichts sind als Meinungen und subjektive Überzeugungen, und die verbrecherischsten Grundsätze als Überzeugungen mit jenen Gesetzen in gleiche Würde gestellt sind, und daß ebenso jede noch so kahle und partikuläre Objekte und noch so stroherne Materien in gleiche Würde gestellt sind mit dem, was das Interesse aller denkenden Menschen und die Bänder der sittlichen Welt ausmacht.

Es ist darum als ein Glück für die Wissenschaft zu achten, – in der Tat ist es, wie bemerkt, die Notwendigkeit der Sache, – daß jenes Philosophieren, das sich als eine Schulweisheit in sich fortspinnen mochte, sich in näheres Verhältnis mit der Wirklichkeit gesetzt hat, in welcher es mit den Grundsätzen der Rechte und der Pflichten Ernst ist, und welche im Tage des Bewußtseins derselben lebt, und daß es somit

ke, Teil VIII. S. 56.) ein, wo es vom Zustande Roms im Jahre 1803, als diese Stadt unter französischer Herrschaft stand, unter anderem heißt; »Befragt, wie es um die öffentlichen Lehranstalten stehe, antwortete ein Professor: On les tolère comme les bordels.« – Die sogenannte Vernunftlehre, nämlich die Logik, kann man wohl sogar noch empfehlen hören, etwa mit der Überzeugung, daß man sich mit ihr als trockner und unfruchtbarer Wissenschaft entweder ohnehin nicht mehr beschäftige, oder wenn dies hin und wieder geschehe, man in ihr nur inhaltslose, also nichtsgebende und nichtsverderbende Formeln erhalte, daß somit die Empfehlung auf keinen Fall schaden, sowie nichts nützen werde. |

zum öffentlichen Bruche gekommen ist. Es ist eben diese Stellung der Philosophie zur Wirklichkeit, welche die Mißverständnisse betreffen, und ich kehre hiemit zu dem zurück, was ich vorhin bemerkt habe, daß die Philosophie, weil sie das Ergründen des Vernünftigen ist, eben damit das Erfassen des Gegenwärtigen und Wirklichen, nicht das Aufstellen eines Jenseitigen ist, das Gott weiß wo sein sollte, – oder von dem man in der Tat wohl zu sagen | weiß, wo es ist, nämlich in dem Irrtum eines einseitigen, leeren Räsonnierens. Im Verlaufe der folgenden Abhandlung habe ich bemerkt, daß selbst die platonische Republik, welche als das Sprichwort eines leeren Ideals gilt, wesentlich nichts aufgefaßt hat, als die Natur der griechischen Sittlichkeit, und daß dann im Bewußtsein des in sie einbrechenden tiefern Prinzips, das an ihr unmittelbar nur als eine noch unbefriedigte Sehnsucht und damit nur als Verderben erscheinen konnte, Plato aus eben der Sehnsucht die Hilfe dagegen hat suchen müssen, aber sie, die aus der Höhe kommen mußte, zunächst nur in einer äußern besondern Form jener Sittlichkeit suchen konnte, durch welche er jenes Verderben zu gewältigen sich ausdachte, und wodurch er ihren tiefern Trieb, die freie unendliche Persönlichkeit, gerade am tiefsten verletzte. Dadurch aber hat er sich als der große Geist bewiesen, daß eben das Prinzip, um welches sich das Unterscheidende seiner Idee dreht, der Angel ist, um welche die bevorstehende Umwälzung der Welt sich gedreht hat.

Was vernünftig ist, das ist wirklich;
und was wirklich ist, das ist vernünftig.

In dieser Überzeugung steht jedes unbefangene Bewußtsein, wie die Philosophie, und hievon geht diese ebenso in Betrachtung des geistigen Universums aus, als des natürlichen. Wenn die Reflexion, das Gefühl oder welche Gestalt das subjektive Bewußtsein habe, die Gegenwart für ein Eitles ansieht, über sie hinaus ist und es besser weiß, so befindet es sich im Eitlen, und weil es Wirklichkeit nur in der Gegenwart hat, ist es so selbst nur Eitelkeit. Wenn umgekehrt die Idee für das gilt, was nur so eine Idee, eine Vorstellung in einem Meinen ist, so gewährt hingegen die Philosophie die Einsicht, daß nichts wirklich ist als die Idee. Darauf kommt es dann an, in dem Scheine des Zeitlichen und Vorübergehenden die Substanz, die immanent, und das Ewige, das gegenwärtig ist, zu erkennen. Denn das Vernünftige, was synonym ist mit der Idee, indem es in seiner Wirklichkeit zugleich in die äußere Existenz tritt, tritt in einem unendlichen Reichtum von Formen, Erscheinungen und Gestaltungen hervor, und umzieht seinen Kern mit der bunten Rinde, in welcher das Bewußtsein zunächst haust, welche der Begriff erst durchdringt, um den innern Puls zu finden und ihn ebenso in den äußern Gestaltungen noch schlagend zu fühlen. Die unendlich mannigfaltigen Verhältnisse aber, die sich in dieser Äußerlichkeit, durch das Scheinen des Wesens in sie, bilden, dieses unendliche Material und seine Regulierung, ist nicht Gegenstand der Philosophie. Sie mischte sich damit in Dinge, die sie | nicht angehen; guten Rat darüber zu erteilen, kann sie sich ersparen; Plato konnte es unterlassen, den Ammen anzuempfehlen, mit den Kindern nie stillezustehen, sie immer auf den Armen zu schaukeln, ebenso Fichte die Vervollkommnung der Paßpolizei bis dahin, wie man es nannte, zu konstruieren, daß von den Verdächtigen nicht nur das Sig-nalement in den Paß gesetzt, sondern das Porträt darin gemalt werden solle. In dergleichen Ausführungen ist von Philosophie keine Spur mehr zu sehen, und sie kann dergleichen Ultraweisheit um so mehr lassen, als sie über diese unendliche Menge von Gegenständen gerade am liberalsten sich zeigen soll. Damit wird die Wissenschaft auch von dem Hasse, den die Eitelkeit des Besserwissens auf eine Menge von Umständen und Institutionen wirft, – ein Haß, in welchem sich die Kleinlichkeit am meisten gefällt, weil sie nur dadurch zu einem Selbstgefühl kommt, – sich am entferntesten zeigen.

So soll denn diese Abhandlung, insofern sie die Staatswissenschaft enthält, nichts anders sein, als der Versuch, den Staat als ein in sich Vernünftiges zu begreifen und darzustellen. Als philosophische Schrift muß sie am entferntesten davon sein, einen Staat, wie er sein soll, konstruieren zu sollen; die Belehrung, die in ihr liegen kann, kann nicht darauf gehen,

den Staat zu belehren, wie er sein soll, sondern vielmehr, wie
er, das sittliche Universum, erkannt werden soll.
 Ἰδοὺ Ῥόδος, ἰδοὺ καὶ τὸ πήδημα.
 Hic Rhodus, hic saltus.
Das was ist zu begreifen, ist die Aufgabe der Philosophie,
denn das was ist, ist die Vernunft. Was das Individuum betrifft,
so ist ohnehin jedes ein Sohn seiner Zeit; so ist auch die
Philosophie, ihre Zeit in Gedanken erfaßt. Es ist eben so
töricht zu wähnen, irgend eine Philosophie gehe über ihre ge-
genwärtige Welt hinaus, als, ein Individuum überspringe seine
Zeit, springe über Rhodus hinaus. Geht seine Theorie in der
Tat drüber hinaus, baut es sich eine Welt, wie sie sein soll, so
existiert sie wohl, aber nur in seinem Meinen, – einem weichen
Elemente, dem sich alles Beliebige einbilden läßt.
 Mit weniger Veränderung würde jene Redensart lauten:
 Hier ist die Rose, hier tanze.
Was zwischen der Vernunft als selbstbewußtem Geiste und
der Vernunft als vorhandener Wirklichkeit liegt, was jene Vernunft von dieser scheidet und in ihr nicht die Befriedigung
finden läßt, ist die Fessel irgend eines Abstraktums, das nicht
zum Begriffe befreit ist. Die Vernunft als die Rose im Kreuze
der | Gegenwart zu erkennen und damit dieser sich zu erfreuen,
diese vernünftige Einsicht ist die Versöhnung mit der Wirklichkeit, welche die Philosophie denen gewährt, an die einmal
die innere Anforderung ergangen ist, zu begreifen, und in
dem, was substantiell ist, ebenso die subjektive Freiheit zu erhalten, so wie mit der subjektiven Freiheit nicht in einem Besondern und Zufälligen, sondern in dem, was an und für sich ist, zu
stehen.
 Dies ist es auch, was den konkretern Sinn dessen ausmacht,
was oben abstrakter als Einheit der Form und des Inhalts bezeichnet worden ist, denn die Form in ihrer konkre-
testen Bedeutung ist die Vernunft als begreifendes Erkennen,
und der Inhalt die Vernunft als das substantielle Wesen der
sittlichen, wie der natürlichen Wirklichkeit; die bewußte Identität von beidem ist die philosophische Idee. – Es ist ein großer Eigensinn, der Eigensinn, der dem Menschen Ehre macht,

nichts in der Gesinnung anerkennen zu wollen, was nicht durch den Gedanken gerechtfertigt ist, – und dieser Eigensinn ist das Charakteristische der neuern Zeit, ohnehin das eigentümliche Prinzip des Protestantismus. Was Luther als Glauben im Gefühl und im Zeugnis des Geistes begonnen, es ist dasselbe, was der weiterhin gereifte Geist im Begriffe zu fassen, und so in der Gegenwart sich zu befreien und dadurch in ihr sich zu finden bestrebt ist. Wie es ein berühmtes Wort geworden ist, daß eine halbe Philosophie von Gott abführe, – und es ist dieselbe Halbheit, die das Erkennen in eine Annäherung zur Wahrheit setzt, – die wahre Philosophie aber zu Gott führe, so ist es dasselbe mit dem Staate. So wie die Vernunft sich nicht mit der Annäherung, als welche weder kalt noch warm ist und darum ausgespien wird, eben so wenig begnügt sie sich mit der kalten Verzweiflung, die zugibt, daß es in dieser Zeitlichkeit wohl schlecht oder höchstens mittelmäßig zugehe, aber eben in ihr nichts besseres zu haben und nur darum Frieden mit der Wirklichkeit zu halten sei; es ist ein wärmerer Friede mit ihr, den die Erkenntnis verschafft.

Um noch über das Belehren, wie die Welt sein soll, ein Wort zu sagen, so kommt dazu ohnehin die Philosophie immer zu spät. Als der Gedanke der Welt erscheint sie erst in der Zeit, nachdem die Wirklichkeit ihren Bildungsprozeß vollendet und sich fertig gemacht hat. Dies, was der Begriff lehrt, zeigt notwendig ebenso die Geschichte, daß erst in der Reife der Wirklichkeit das Ideale dem Realen gegenüber erscheint und jenes sich dieselbe Welt, in ihrer Substanz erfaßt, in Gestalt eines intellektuellen Reichs erbaut. Wenn die Philosophie ihr Grau in Grau malt, dann ist eine Gestalt des Lebens alt geworden, und mit Grau in Grau läßt sie sich nicht verjüngen, sondern nur erkennen; die Eule der Minerva beginnt erst mit der einbrechenden Dämmerung ihren Flug. |

Doch es ist Zeit dieses Vorwort zu schließen; als Vorwort kam ihm ohnehin nur zu, äußerlich und subjektiv von dem Standpunkt der Schrift, der es vorangeschickt ist, zu sprechen. Soll philosophisch von einem Inhalte gesprochen werden, so verträgt er nur eine wissenschaftliche, objektive Behandlung, wie denn auch dem Verfasser Widerrede anderer Art als eine wissenschaftliche Abhandlung der Sache selbst, nur für ein subjektives Nachwort und beliebige Versicherung gelten und ihm gleichgültig sein muß.

Berlin, den 25. Juni 1820. |

INHALTSVERZEICHNIS

Vorrede.
Einleitung. Begriff der Philosophie des Rechts, des Willens, der Freiheit und des Rechts. § 1–32. Einteilung. § 33.

Erster Teil.
Das abstrakte Recht.
§ 34–104.

Erster Abschnitt. Das Eigentum. § 41–71.
  a) Besitznahme. § 54–58.
  b) Gebrauch der Sache. § 59–64.
  c) Entäußerung des Eigentums. § 65–70.
  Übergang vom Eigentum zum Vertrag. § 71.
Zweiter Abschnitt. Der Vertrag. § 72–81.
Dritter Abschnitt. Das Unrecht. § 82–104.
  a) Unbefangenes (Zivil-)Unrecht. § 84–86.
  b) Betrug. § 87–89.
  c) Zwang und Verbrechen. § 90–103.
  Übergang vom Recht zur Moralität. § 104.

Zweiter Teil.
Die Moralität.
§ 105–141.

Erster Abschnitt. Der Vorsatz und die Schuld. § 115–118.
Zweiter Abschnitt. Die Absicht und das Wohl. § 119–128. |
Dritter Abschnitt. Das Gute und das Gewissen. § 129–141.
  Moralische Formen des Bösen. Heuchelei, Probabilismus, gute Absicht, Überzeugung, Ironie Anm. zu § 140. Übergang der Moralität zur Sittlichkeit. § 141. |

Dritter Teil.
Die Sittlichkeit.
§ 142–360.

Erster Abschnitt. Die Familie. § 158–181.
    A. Die Ehe. § 161–169.
    B. Das Vermögen der Familie. § 170–172.
    C. Die Erziehung der Kinder und die Auflösung der Familie. § 173–181.

Zweiter Abschnitt. Die bürgerliche Gesellschaft. § 182–256.
    A. Das System der Bedürfnisse. § 189–208.
        a) Die Art des Bedürfnisses und der Befriedigung. § 190–195.
        b) Die Art der Arbeit. § 196–198.
        c) Das Vermögen und die Stände. § 199–208.
    B. Die Rechtspflege. § 209–229.
        a) Das Recht als Gesetz. § 211–214.
        b) Das Dasein des Gesetzes. § 215–218.
        c) Das Gericht. § 219–229.
    C. Die Polizei und Korporation. § 230–256.
        a) Die Polizei. § 231–249.
        b) Die Korporation. § 250–256.

Dritter Abschnitt. Der Staat. § 257–360.
    A. Das innere Staatsrecht. § 260–329.
        I. Innere Verfassung für sich. § 272–320.
    A. Die fürstliche Gewalt. § 275–286.
    B. Die Regierungs-Gewalt. § 287–297.
    C. Die gesetzgebende Gewalt. § 298–320.
        II. Die Souveränität gegen Außen. § 321–329.
    B. Das äußere Staatsrecht. § 330–340.
    C. Die Weltgeschichte. § 341–360. |

NATURRECHT
UND
STAATSWISSENSCHAFT

EINLEITUNG

§ 1

Die philosophische Rechtswissenschaft hat die Idee des Rechts, den Begriff des Rechts und dessen Verwirklichung zum Gegenstande.

Die Philosophie hat es mit Ideen, und darum nicht mit dem, was man bloße Begriffe zu heißen pflegt, zu tun, sie zeigt vielmehr deren Einseitigkeit und Unwahrheit auf, so wie daß der Begriff (nicht das, was man oft so nennen hört, aber nur eine abstrakte Verstandesbestimmung ist), allein es ist, was Wirklichkeit hat und zwar so, daß er sich diese selbst gibt. Alles, was nicht diese durch den Begriff selbst gesetzte Wirklichkeit ist, ist vorübergehendes Dasein, äußerliche Zufälligkeit, Meinung, wesenlose Erscheinung, Unwahrheit, Täuschung u.s.f. Die Gestaltung, welche sich der Begriff in seiner Verwirklichung gibt, ist zur Erkenntnis des Begriffes selbst, das andere von der Form, nur als Begriff zu sein, unterschiedene wesentliche Moment der Idee.

§ 2

Die Rechtswissenschaft ist ein Teil der Philosophie. Sie hat daher die Idee, als welche die Vernunft eines Gegenstandes ist, aus dem Begriffe zu entwickeln, oder, was dasselbe ist, der eigenen immanenten Entwicklung der Sache selbst zuzusehen. Als Teil hat sie einen bestimmten Anfangspunkt, welcher das Resultat und die Wahrheit von dem ist, was vorhergeht, und was den sogenannten Beweis desselben ausmacht. Der Begriff des Rechts fällt daher seinem Werden nach außerhalb der Wissenschaft des Rechts, seine Deduktion ist hier vorausgesetzt und er ist als gegeben aufzunehmen.

Nach der formellen, nicht philosophischen Methode der
Wissenschaften wird zuerst die Definition, wenigstens
um der äußern wissenschaftlichen Form wegen, gesucht und
verlangt. Der positiven Rechtswissenschaft kann es übrigens
auch darum nicht sehr zu tun sein, da sie vornehmlich darauf
geht, anzugeben was Rechtens ist, d.h. welches die beson-
dern gesetzlichen Bestimmungen sind, weswegen man zur |
Warnung sagte: omnis definitio in jure civili periculosa. Und
in der Tat, je unzusammenhängender und widersprechen-
der in sich die Bestimmungen eines Rechtes sind, desto weniger sind Definitionen in demselben möglich, denn diese
sollen vielmehr allgemeine Bestimmungen enthalten, diese
aber machen unmittelbar das Widersprechende, hier das
Unrechtliche, in seiner Blöße sichtbar. So z.B. wäre für das
römische Recht keine Definition vom Menschen möglich, denn der Sklave ließe sich darunter nicht subsumieren,
in seinem Stand ist jener Begriff vielmehr verletzt; eben so
perikulös würde die Definition von Eigentum und Eigentümer für viele Verhältnisse erscheinen. – Die Deduktion aber
der Definition wird etwa aus der Etymologie, vornehmlich
daraus geführt, daß sie aus den besondern Fällen abstrahiert
und dabei das Gefühl und die Vorstellung der Menschen zum
Grunde gelegt wird. Die Richtigkeit der Definition wird
dann in die Übereinstimmung mit den vorhandenen Vorstellungen gesetzt. Bei dieser Methode wird das, was allein
wissenschaftlich wesentlich ist, in Ansehung des Inhalts, die
Notwendigkeit der Sache an und für sich selbst (hier
des Rechts), in Ansehung der Form aber, die Natur des Begriffs, bei Seite gestellt. Vielmehr ist in der philosophischen
Erkenntnis die Notwendigkeit eines Begriffs die Haupt-
sache, und der Gang, als Resultat, geworden zu sein, sein
Beweis und Deduktion. Indem so sein Inhalt für sich
notwendig ist, so ist das Zweite, sich umzusehen, was in den
Vorstellungen und in der Sprache demselben entspricht. Wie
aber dieser Begriff für sich in seiner Wahrheit und wie er
in der Vorstellung ist, dies kann nicht nur verschieden von
einander, sondern muß es auch der Form und Gestalt nach

sein. Wenn jedoch die Vorstellung nicht auch ihrem Inhalte nach falsch ist, kann wohl der Begriff, als in ihr enthalten und, seinem Wesen nach, in ihr vorhanden aufgezeigt, d.h. die Vorstellung zur Form des Begriffs erhoben werden. Aber sie ist so wenig Maßstab und Kriterium des für sich selbst notwendigen und wahren Begriffs, daß sie vielmehr ihre Wahrheit aus ihm zu nehmen, sich aus ihm zu berichtigen und zu erkennen hat. – Wenn aber jene Weise des Erkennens mit ihren Förmlichkeiten von Definitionen, Schließen, Beweisen und dergleichen, einerseits mehr oder weniger verschwunden ist, so ist es dagegen ein schlimmer Ersatz, den sie durch eine andere Manier erhalten hat, nämlich die Ideen überhaupt, so auch die des Rechts und dessen weiterer Bestimmungen als Tatsachen des Bewußtseins unmittelbar aufzugreifen und zu behaupten, und das natürliche oder ein gesteigertes Gefühl, die eigne Brust und die Begeisterung zur | Quelle des Rechts zu machen. Wenn diese Methode die bequemste unter allen ist, so ist sie zugleich die unphilosophischste, – andere Seiten solcher Ansicht hier nicht zu erwähnen, die nicht bloß auf das Erkennen, sondern unmittelbar auf das Handeln Beziehung hat. Wenn die erste zwar formelle Methode doch noch die Form des Begriffes in der Definition, und im Beweise die Form einer Notwendigkeit des Erkennens fordert, so macht die Manier des unmittelbaren Bewußtseins und Gefühls die Subjektivität, Zufälligkeit und Willkür des Wissens zum Prinzip. – Worin das wissenschaftliche Verfahren der Philosophie bestehe, ist hier aus der philosophischen Logik vorauszusetzen.

§ 3

Das Recht ist positiv überhaupt a) durch die Form, in einem Staate Gültigkeit zu haben, und diese gesetzliche Autorität ist das Prinzip für die Kenntnis desselben, die positive Rechtswissenschaft. b) Dem Inhalte nach erhält dies Recht ein positives Element α) durch den besondern Nationalcharakter eines Volkes, die Stufe seiner geschichtlichen Entwickelung und den Zusammenhang aller der Verhältnisse, die der Naturnotwendigkeit angehören, β) durch die Notwendigkeit, daß ein System eines gesetzlichen Rechts die Anwendung des allgemeinen Begriffes auf die besondere von Außen sich gebende Beschaffenheit der Gegenstände und Fälle enthalten muß, – eine Anwendung, die nicht mehr spekulatives Denken und Entwicklung des Begriffes, sondern Subsumtion des Verstandes ist; γ) durch die für die Entscheidung in der Wirklichkeit erforderlichen letzten Bestimmungen.

Wenn dem positiven Rechte und den Gesetzen das Gefühl des Herzens, Neigung und Willkür entgegengesetzt wird, so kann es wenigstens nicht die Philosophie sein, welche solche Autoritäten anerkennt. – Daß Gewalt und Tyrannei ein Element des positiven Rechts sein kann, ist demselben zufällig und geht seine Natur nicht an. Es wird späterhin § 211–214 die Stelle aufgezeigt werden, wo das Recht positiv werden muß. Hier sind die daselbst sich ergeben werdenden Bestimmungen nur angeführt worden, um die Grenze des philosophischen Rechts zu bezeichnen, und um sogleich die etwaige Vorstellung oder gar Forderung zu beseitigen, als ob durch dessen systematische Entwicklung ein positives Gesetzbuch, d.i. ein solches, wie der wirkliche Staat eines bedarf, herauskommen solle. – Daß das Naturrecht oder das philosophische Recht vom positiven verschieden ist, dies darein zu verkehren, daß | sie einander entgegengesetzt und widerstreitend sind, wäre ein großes Mißverständnis; jenes ist zu diesem vielmehr im Verhältnis von Institutionen zu Pandekten. – In Ansehung des im § zuerst genannten geschichtlichen Elements im positiven Rechte hat Montesquieu die wahrhafte historische Ansicht, den echt philosophischen Standpunkt, angegeben, die Gesetzgebung überhaupt und ihre besondern Bestimmungen nicht isoliert und abstrakt zu betrachten, sondern vielmehr als abhängiges Moment Einer Totalität, im Zusammenhange mit allen übrigen Bestimmungen, welche den Charakter einer Nation und einer Zeit ausmachen; in diesem Zusammenhange erhalten sie ihre wahrhafte Bedeutung, so wie damit ihre Rechtfertigung. – Das in der Zeit erscheinende Hervortreten und Entwickeln von Rechtsbestimmungen zu betrachten, – diese rein geschichtliche Bemühung, so wie die Erkenntnis ihrer verständigen Konsequenz, die aus der Vergleichung derselben mit bereits vorhandenen Rechtsverhältnissen hervorgeht, hat in ihrer eigenen Sphäre ihr Verdienst und ihre Würdigung und steht außer dem Verhältnis mit der philosophischen Betrachtung, insofern nämlich die Entwicklung aus historischen Gründen sich nicht selbst verwechselt mit der Entwicklung aus dem Begriffe, und die geschichtliche Erklärung und Rechtfertigung nicht zur Bedeutung einer an und für sich gültigen Rechtfertigung ausgedehnt wird. Dieser Unterschied, der sehr wichtig und wohl festzuhalten ist, ist zugleich sehr einleuchtend; eine Rechtsbestimmung kann sich aus den Umständen und vorhandenen Rechts-Institutionen als vollkommen gegründet und konsequent zeigen lassen und doch an und für sich unrechtlich und unvernünftig sein, wie eine Menge der Bestimmungen des römischen Privatrechts, die aus solchen Institutionen, als die römische väterliche Gewalt, der römische Ehestand, ganz konsequent flossen. Es seien aber auch die Rechtsbestimmungen rechtlich und vernünftig, so ist es etwas ganz anderes, dies von ihnen aufzuzeigen, was allein durch den Begriff wahrhaftig geschehen kann, und ein anderes, das Geschichtliche ihres Hervortretens darzustellen, die Umstände, Fälle, Bedürfnisse und Begebenheiten, welche ihre Feststellung herbeigeführt haben. Ein solches Aufzeigen und (pragmatisches) Erkennen aus den nähern oder entferntern geschichtlichen Ursachen heißt man häufig: Erklären oder noch lieber Begreifen, in der Meinung, als ob durch dieses Aufzeigen des Geschichtlichen alles oder vielmehr das Wesentliche, worauf es allein ankomme, geschehe, um das Gesetz oder Rechts-Institution zu begreifen; während vielmehr das wahrhaft Wesentliche, der Begriff der Sa|che, dabei gar nicht zur Sprache gekommen ist. – Man pflegt so auch von den römischen, germanischen Rechtsbegriffen, von

Rechtsbegriffen, wie sie in diesem oder jenem Gesetzbuche bestimmt seien, zu sprechen, während dabei nichts von Begriffen, sondern allein allgemeine Rechtsbestimmungen, Verstandessätze, Grundsätze, Gesetze und dergl. vorkommen. – Durch Hintansetzung jenes Unterschiedes gelingt es, den Standpunkt zu verrücken und die Frage nach der wahrhaften Rechtfertigung in eine Rechtfertigung aus Umständen, Konsequenz aus Voraussetzungen, die für sich etwa eben so wenig taugen u.s.f., hinüber zu spielen und überhaupt das Relative an die Stelle des Absoluten, die äußerliche Erscheinung an die Stelle der Natur der Sache zu setzen. Es geschieht der geschichtlichen Rechtfertigung, wenn sie das äußerliche Entstehen mit dem Entstehen aus dem Begriffe verwechselt, daß sie dann bewußtlos das Gegenteil dessen tut, was sie beabsichtigt. Wenn das Entstehen einer Institution unter ihren bestimmten Umständen sich vollkommen zweckmäßig und notwendig erweist und hiemit das geleistet ist, was der historische Standpunkt erfordert, so folgt, wenn dies für eine allgemeine Rechtfertigung der Sache selbst gelten soll, vielmehr das Gegenteil, daß nämlich, weil solche Umstände nicht mehr vorhanden sind, die Institution hiemit vielmehr ihren Sinn und ihr Recht verloren hat. So, wenn z.B. für Aufrechthaltung der Klöster ihr Verdienst um Urbarmachung und Bevölkerung von Wüsteneien, um Erhaltung der Gelehrsamkeit durch Unterricht und Abschreiben u.s.f. geltend gemacht und dies Verdienst als Grund und Bestimmung für ihr Fortbestehen angesehen worden ist, so folgt aus demselben vielmehr, daß sie unter den ganz veränderten Umständen, in so weit wenigstens, überflüssig und unzweckmäßig geworden sind. – Indem nun die geschichtliche Bedeutung, das geschichtliche Aufzeigen und Begreiflichmachen des Entstehens, und die philosophische Ansicht gleichfalls des Entstehens und Begriffes der Sache in verschiedenen Sphären zu Hause sind, so können sie in so fern eine gleichgültige Stellung gegen einander behalten. Indem sie aber, auch im Wissenschaftlichen, diese ruhige Stellung nicht immer behalten, so führe ich noch etwas diese Berührung Betreffendes an, wie es in Herrn Hugo's Lehrbuch | der Geschichte des römischen Rechts erscheint, woraus zugleich eine weitere Erläuterung jener Manier des Gegensatzes hervorgehen kann. Herr Hugo führt daselbst (5te Auflage, § 53) an, »daß Cicero die zwölf Tafeln, mit einem Seitenblicke auf die Philosophen, lobe«, »der Philosoph Phavorinus aber sie ganz eben so behandle, wie seitdem schon mancher große Philosoph das positive Recht behandelt habe«. Herr Hugo spricht ebendaselbst die ein für allemal fertige Erwiderung auf solche Behandlung in dem Grunde aus, »weil Phavorinus die zwölf Tafeln ebensowenig, als diese Philosophen das positive Recht verstanden«. – Was die Zurechtweisung des Philosophen Phavorinus durch den Rechtsgelehrten Sextus Cäcilius bei Gellius noct. Attic. XX. 1. betrifft, so spricht sie zunächst das bleibende und wahrhafte Prinzip der Rechtfertigung des seinem Gehalte nach bloß Positiven aus. Non ignoras, sagt Cäcilius sehr gut zu Phavorinus, legum opportunitates et medelas pro temporum moribus et pro rerum publicarum generibus, ac pro utilitatum praesentium rationibus, proque vitiorum, quibus medendum est, fervoribus, mutari ac flecti, neque uno statu consistere, quin, ut facies coeli et maris, ita rerum atque fortunae tempestatibus *varientur*. Quid salubrius visum est rogatione illa Stolonis etc. quid utilius plebiscito Voconio etc. quid tam necessarium existimatum est, quam lex Licinia etc.? Omnia tamen haec obliterata et operta sunt civitatis opulentia etc. – Diese Gesetze sind in so fern positiv, als sie ihre Bedeutung und Zweckmäßigkeit in den Umständen, somit nur einen historischen Wert überhaupt haben, deswegen sind sie auch vergänglicher Natur. Die Weisheit der Gesetzgeber und Regierungen in dem, was sie für vorhandene Umstände getan und für Zeitverhältnisse festgesetzt haben, ist eine Sache für sich und gehört der Würdigung der Geschichte an, von der sie um so tiefer anerkannt werden wird, je mehr eine solche Würdigung von philosophischen Gesichtspunkten unterstützt ist. – Von den fernern Rechtfer-

tigungen der zwölf Tafeln gegen den Phavorinus aber will
ich ein Beispiel anführen, weil Cäcilius dabei den unsterblichen Betrug der Methode des Verstandes und seines Räsonnierens anbringt, nämlich für eine schlechte Sache einen guten Grund anzugeben und zu meinen, sie damit
gerechtfertigt zu haben. Für das abscheuliche Gesetz, welches dem Gläubiger nach den verlaufenen Fristen das Recht
gab, den Schuldner zu töten oder ihn als Sklaven zu verkaufen, ja wenn der Gläubiger mehrere waren, von ihm sich
Stücke abzuschneiden und ihn so unter sich zu
teilen, und zwar so, daß, wenn einer zu viel oder zu
wenig abgeschnitten hätte, ihm kein | Rechtsnachteil daraus entstehen sollte (eine Klausel, welche
Shakespeare's Shylock, im Kaufmann von Venedig,
zu Gute gekommen und von ihm dankbarst akzeptiert worden wäre), – führt Cäcilius den guten Grund an, daß
Treu und Glauben dadurch um so mehr gesichert und es
eben, um der Abscheulichkeit des Gesetzes willen, nie zur
Anwendung desselben habe kommen sollen. Seiner Gedankenlosigkeit entgeht dabei nicht bloß die Reflexion, daß
eben durch diese Bestimmung jene Absicht, die Sicherung
der Treu und Glaubens, vernichtet wird, sondern daß er selbst
unmittelbar darauf ein Beispiel von der durch seine unmäßige Strafe verfehlten Wirkung des Gesetzes über die falschen Zeugnisse anführt. – Was aber Herr Hugo damit will,
daß Phavorinus das Gesetz nicht verstanden habe, ist nicht
abzusehen; jeder Schulknabe ist wohl fähig, es zu verstehen
und am besten würde der genannte Shylock auch noch die
angeführte für ihn so vorteilhafte Klausel verstanden haben;
– unter Verstehen müßte Herr Hugo nur diejenige Bildung des Verstandes meinen, welche sich bei einem solchen
Gesetze durch einen guten Grund beruhigt. – Ein anderes
ebendaselbst dem Phavorinus vom Cäcilius nachgewiesenes Nichtverstehen kann übrigens ein Philosoph schon,
ohne eben schamrot zu werden, eingestehen, – daß nämlich
jumentum, welches nur »und nicht eine arcera«, nach dem
Gesetze einem Kranken, um ihn als Zeugen vor Gericht zu

bringen, zu leisten sei, nicht nur ein Pferd, sondern auch eine Kutsche oder Wagen bedeutet haben soll. Cäcilius konnte aus dieser gesetzlichen Bestimmung einen weitern Beweis von der Vortrefflichkeit und Genauigkeit der alten Gesetze ziehen, daß sie sich nämlich sogar darauf einließen, für die Sistierung eines kranken Zeugen vor Gericht die Bestimmung nicht bloß bis zum Unterschiede von einem Pferde und einem Wagen, sondern von Wagen und Wagen, einem bedeckten und ausgefütterten, wie Cäcilius erläutert, und einem, der nicht so bequem ist, – zu treiben. Man hätte hiermit die Wahl zwischen der Härte jenes Gesetzes oder zwischen der Unbedeutenheit solcher Bestimmungen, – aber die Unbedeutenheit, von solchen Sachen und vollends von den gelehrten Erläuterungen derselben auszusagen, würde einer der größten Verstöße gegen diese und andere Gelehrsamkeit sein.

Herr Hugo kommt aber auch im angeführten Lehrbuche auf die Vernünftigkeit, in Ansehung des römischen Rechts zu sprechen; was mir davon aufgestoßen ist, ist folgendes. Nachdem derselbe in der Abhandlung des Zeitraums von Entstehung des Staats bis auf die zwölf | Tafeln § 38 und 39 gesagt, »daß man (in Rom) viele Bedürfnisse gehabt und genötigt war, zu arbeiten, wobei man als Gehülfen Zug- und Lasttiere brauchte, wie sie bei uns vorkommen, daß der Boden eine Abwechselung von Hügeln und Tälern war, und die Stadt auf einem Hügel lag« u.s.w. – Anführungen, durch welche vielleicht der Sinn Montesquieu's hat erfüllt sein sollen, wodurch man aber schwerlich seinen Geist getroffen finden wird, – so führt er nun § 40 zwar an, »daß der rechtliche Zustand noch sehr weit davon entfernt war, den höchsten Forderungen der Vernunft ein Genüge zu tun« (ganz richtig; das römische Familienrecht, die Sklaverei u.s.f. tut auch sehr geringen Forderungen der Vernunft kein Genüge), aber bei den folgenden Zeiträumen vergißt Herr Hugo anzugeben, in welchem und ob in irgend einem derselben das römische Recht den höchsten Forderungen der Vernunft Genüge geleistet habe. Jedoch von den juristischen Klassikern, in dem Zeitraume der höchsten

Ausbildung des römischen Rechts, als Wissenschaft, wird § 289 gesagt, »daß man schon lange bemerkt, daß die juristischen Klassiker durch Philosophie gebildet waren«; aber »wenige wissen (durch die vielen Auflagen des Lehrbuchs des Herrn Hugo wissen es nun doch mehrere), daß es keine Art von Schriftstellern gibt, die im konsequenten Schließen aus Grundsätzen so sehr verdienten, den Mathematikern und in einer ganz auffallenden Eigenheit der Entwickelung der Begriffe dem neuern Schöpfer der Metaphysik an die Seite gesetzt zu werden, als gerade die römischen Rechtsgelehrten, letzteres belege der merkwürdige Umstand, daß nirgend so viele Trichotomien vorkommen, als bei den juristischen Klassikern und bei Kant«. – Jene von Leibniz gerühmte Konsequenz ist gewiß eine wesentliche Eigenschaft der Rechtswissenschaft, wie der Mathematik und jeder andern verständigen Wissenschaft; aber mit der Befriedigung der Forderungen der Vernunft und mit der philosophischen Wissenschaft hat diese Verstandes-Konsequenz noch nichts zu tun. Außerdem ist aber wohl die Inkonsequenz der römischen Rechtsgelehrten und der Prätoren als eine ihrer größten Tugenden zu achten, als durch welche sie von ungerechten und abscheulichen Institutionen abwichen, aber sich genötigt sahen, callide leere Wortunterschiede (wie das was doch auch Erbschaft war, eine Bonorum possessio zu nennen), und eine selbst alberne Ausflucht (und Albernheit ist gleichfalls eine Inkonse|quenz) zu ersinnen, um den Buchstaben der Tafeln zu retten, wie durch die fictio, ὑπόκρισις, eine filia sei ein filius: (Heinecc. Antiq. Rom. lib. I. tit. II. § 24). – Possierlich aber ist es, die juristischen Klassiker wegen einiger trichotomischer Einteilungen – vollends nach den daselbst Anmerk. 5 angeführten Beispielen – mit Kant zusammengestellt und so etwas Entwicklung der Begriffe geheißen zu sehen.

§ 4

Der Boden des Rechts ist überhaupt das Geistige, und seine nähere Stelle und Ausgangspunkt der Wille, welcher frei ist, so daß die Freiheit seine Substanz und Bestimmung ausmacht, und das Rechtssystem das Reich der verwirklichten Freiheit, die Welt des Geistes aus ihm selbst hervorgebracht, als eine zweite Natur, ist.

In Ansehung der Freiheit des Willens kann an die vormalige Verfahrungsart des Erkennens erinnert werden. Man setzte nämlich die Vorstellung des Willens voraus und versuchte aus ihr eine Definition desselben heraus zu bringen und festzusetzen; dann wurde nach der Weise der vormaligen empirischen Psychologie aus den verschiedenen Empfindungen und Erscheinungen des gewöhnlichen Bewußtseins, als Reue, Schuld und dergl., als welche sich nur aus dem freien Willen sollen erklären lassen, der sogenannte Beweis geführt, daß der Wille frei sei. Bequemer ist es aber, sich kurzweg daran zu halten, daß die Freiheit als eine Tatsache des Bewußtseins gegeben sei und an sie geglaubt werden müsse. Daß der Wille frei und was Wille und Freiheit ist – die Deduktion hievon kann, wie schon bemerkt ist (§ 2), allein im Zusammenhange des Ganzen Statt finden. Die Grundzüge dieser Prämisse, – daß der Geist zunächst Intelligenz und daß die Bestimmungen, durch welche sie in ihrer Entwicklung fortgeht, vom Gefühl, durch Vorstellen, zum Denken, der Weg sind, sich als Wille hervorzubringen, welcher, als der praktische Geist überhaupt, die nächste Wahrheit der Intelligenz ist, – habe ich in meiner Encyklopädie der philosophischen Wissenschaften (Heidelberg, 1817), § 363–399 dargestellt und hoffe, deren weitere Ausführung dereinst geben zu können. Es ist mir um so mehr Bedürfnis, dadurch, wie ich hoffe, zu gründlicherer Erkenntnis der Natur des Geistes das Meinige beizutragen, da sich, wie daselbst § 367 Anmerk. bemerkt ist, nicht leicht eine | philosophische Wissenschaft in so vernachlässigtem und schlechtem Zustande befindet, als die Lehre vom Geiste, die man gewöhnlich Psychologie nennt. – In Ansehung der in diesem und in den folgenden §§ der Einleitung angegebenen Momente des Begriffes des Willens, welche das Resultat jener Prämisse sind, kann sich übrigens zum Behuf des Vorstellens auf das Selbstbewußtsein eines jeden berufen werden. Jeder wird zunächst in sich finden, von Allem, was es sei, abstrahieren zu können und eben so sich selbst bestimmen, jeden Inhalt durch sich in sich setzen zu können, und ebenso für die weitern Bestimmungen das Beispiel in seinem Selbstbewußtsein haben.

§ 5

Der Wille enthält α) das Element der reinen Unbestimmtheit oder der reinen Reflexion des Ich in sich, in welcher jede Beschränkung, jeder durch die Natur, die Bedürfnisse, Begierden und Triebe unmittelbar vorhandener, oder, wodurch es sei, gegebener und bestimmter Inhalt aufgelöst ist; die schrankenlose Unendlichkeit der absoluten Abstraktion oder Allgemeinheit, das reine Denken seiner selbst.

Diejenigen, welche das Denken als ein besonderes, eigentümliches Vermögen, getrennt vom Willen, als einem gleichfalls eigentümlichen Vermögen betrachten und weiter gar das Denken als dem Willen, besonders dem guten Willen für nachteilig halten, zeigen sogleich von vorn herein, daß sie gar nichts von der Natur des Willens wissen; eine Bemerkung, die über denselben Gegenstand noch öfters zu machen sein wird. – Wenn die Eine hier bestimmte Seite des Willens, – diese absolute Möglichkeit von jeder Bestimmung, in der Ich mich finde, oder die Ich in mich gesetzt habe, abstrahieren zu können, die Flucht aus allem Inhalte als einer Schranke, es ist, wozu der Wille sich bestimmt oder die für sich von der Vorstellung als die Freiheit festgehalten wird, so ist dies die negative oder die Freiheit des Verstandes. – Es ist die Freiheit der Leere, welche zur wirklichen Gestalt und zur Leidenschaft erhoben und zwar, bloß theoretisch bleibend, im Religiösen der Fanatismus der indischen reinen

Beschauung, aber zur Wirklichkeit sich wendend, im Politischen wie im Religiösen der Fanatismus der Zertrümmerung aller bestehenden gesellschaftlichen Ordnung, und die Hinwegräumung der einer Ordnung verdächtigen Individuen, wie die Vernichtung jeder sich wieder hervortun wollenden Organisation wird. Nur, indem er etwas zerstört, hat dieser negative Wille das Gefühl | seines Daseins; er meint wohl etwa irgend einen positiven Zustand zu wollen, z.B. den Zustand allgemeiner Gleichheit oder allgemeinen religiösen Lebens, aber er will in der Tat nicht die positive Wirklichkeit desselben, denn diese führt sogleich irgend eine Ordnung, eine Besonderung sowohl von Einrichtungen, als von Individuen herbei, die Besonderung und objektive Bestimmung ist es aber, aus deren Vernichtung dieser negativen Freiheit ihr Selbstbewußtsein hervorgeht. So kann das, was sie zu wollen meint, für sich schon nur eine abstrakte Vorstellung, und die Verwirklichung derselben nur die Furie des Zerstörens sein.

§ 6

β) Eben so ist Ich das Übergehen aus unterschiedsloser Unbestimmtheit zur Unterscheidung, Bestimmen und Setzen einer Bestimmtheit als eines Inhalts und Gegenstands. – Dieser Inhalt sei nun weiter als durch die Natur gegeben oder aus dem Begriffe des Geistes erzeugt. Durch dies Setzen seiner selbst als eines bestimmten tritt Ich in das Dasein überhaupt; – das absolute Moment der Endlichkeit oder Besonderung des Ich.

Dies zweite Moment der Bestimmung ist eben so Negativität, Aufheben als das erste – es ist nämlich das Aufheben der ersten abstrakten Negativität. – Wie das Besondere überhaupt im Allgemeinen, so ist deswegen dies zweite Moment im ersten schon enthalten und nur ein Setzen dessen, was das erste schon an sich ist; – das erste Moment, als erstes für sich nämlich ist nicht die wahrhafte Unendlichkeit, oder konkrete Allgemeinheit, der Begriff, – sondern nur ein

Bestimmtes, Einseitiges; nämlich weil es die Abstraktion von aller Bestimmtheit ist, ist es selbst nicht ohne die Bestimmtheit; und als ein abstraktes, einseitiges zu sein, macht seine Bestimmtheit, Mangelhaftigkeit und Endlichkeit aus. – Die Unterscheidung und Bestimmung der zwei angegebenen Momente findet sich in der Fichteschen Philosophie, eben so in der Kantischen u.s.f.; nur, um bei der Fichteschen Darstellung stehen zu bleiben, ist Ich als das Unbegrenzte (im ersten Satze der Fichteschen Wissenschaftslehre) ganz nur als Positives genommen (so ist es die Allgemeinheit und Identität des Verstandes), so daß dieses abstrakte Ich für sich das Wahre sein soll, und daß darum ferner die Beschränkung, – das Negative überhaupt, sei es als eine gegebene, äußere Schranke oder als eigene Tätigkeit des Ich – (im zweiten Satze) hinzukommt. – Die im Allgemeinen oder Identischen, wie im Ich, immanente Negativität aufzufassen, war der weitere Schritt, den die spe|kulative Philosophie zu machen hatte; – ein Bedürfnis, von welchem diejenigen nichts ahnen, welche den Dualismus der Unendlichkeit und Endlichkeit nicht einmal in der Immanenz und Abstraktion, wie Fichte, auffassen.

§ 7

γ) Der Wille ist die Einheit dieser beiden Momente; – die in sich reflektierte und dadurch zur Allgemeinheit zurückgeführte Besonderheit, – Einzelnheit; die Selbstbestimmung des Ich, in Einem, sich als das Negative seiner selbst, nämlich als bestimmt, beschränkt zu setzen und bei sich d.i. in seiner Identität mit sich und Allgemeinheit zu bleiben, und in der Bestimmung sich nur mit sich selbst zusammen zu schließen. – Ich bestimmt sich, insofern es die Beziehung der Negativität auf sich selbst ist; als diese Beziehung auf sich ist es eben so gleichgültig gegen diese Bestimmtheit, weiß sie als die seinige und ideelle, als eine bloße Möglichkeit, durch die es nicht gebunden ist, sondern in der es nur ist, weil es sich in derselben setzt. – Dies ist die Freiheit des Willens, welche seinen Begriff oder Substantialität, seine Schwere so ausmacht, wie die Schwere die Substantialität des Körpers.

Jedes Selbstbewußtsein weiß sich als Allgemeines, – als die Möglichkeit, von allem Bestimmten zu abstrahieren, – als Besonderes mit einem bestimmten Gegenstande, Inhalt, Zweck. Diese beiden Momente sind jedoch nur Abstraktionen; das Konkrete und Wahre (und alles Wahre ist konkret) ist die Allgemeinheit, welche zum Gegensatze das Besondere hat, das aber durch seine Reflexion in sich mit dem Allgemeinen ausgeglichen ist. – Diese Einheit ist die Einzelnheit, aber sie nicht in ihrer Unmittelbarkeit als Eins, wie die Einzelnheit in der Vorstellung ist, sondern nach ihrem Begriffe (Encyklop. der philosoph. Wissenschaften, § 112–114) – oder diese Einzelnheit ist eigentlich nichts anders, als der Begriff selbst. Jene beiden ersten Momente, daß der Wille von Allem abstrahieren könne und daß er auch bestimmt sei – durch sich oder anderes – werden leicht zugegeben und gefaßt, weil sie für sich unwahre und Verstandes-Momente sind; aber das dritte, das Wahre und Spekulative (und alles Wahre, insofern es begriffen wird, kann nur spekulativ gedacht werden), ist es, in welches einzugehen, sich der Verstand weigert, der immer gerade den Begriff das Unbegreifliche nennt. Der Erweis und die nähere Erörterung dieses Innersten der Spekulation, der Unendlichkeit, als sich auf sich beziehender Negativität, dieses letzten Quellpunktes aller Tätigkeit, Lebens und Bewußtseins, gehört der Logik, als der rein spekulativen Philosophie an. – Es kann hier nur | noch bemerklich gemacht werden, daß wenn man so spricht: der Wille ist allgemein, der Wille bestimmt sich, man den Willen schon als vorausgesetztes Subjekt, oder Substrat ausdrückt, aber er ist nicht ein Fertiges und Allgemeines vor seinem Bestimmen und vor dem Aufheben und der Idealität dieses Bestimmens, sondern er ist erst Wille als diese sich in sich vermittelnde Tätigkeit und Rückkehr in sich.

§ 8

Das weiter Bestimmte der Besonderung (β. § 6) macht den Unterschied der Formen des Willens aus a) insofern die Bestimmtheit der formelle Gegensatz von Subjektivem und Objektivem als äußerlicher unmittelbarer Existenz ist, so ist dies der formale Wille als Selbstbewußtsein, welcher eine Außenwelt vorfindet, und als die in der Bestimmtheit in sich zurückkehrende Einzelnheit der Prozeß ist, den subjektiven Zweck durch die Vermittlung der Tätigkeit und eines Mittels in die Objektivität zu übersetzen. Im Geiste, wie er an und für sich ist, als in welchem die Bestimmtheit schlechthin die seinige und wahrhafte ist (Encyklop., § 363), macht das Verhältnis des Bewußtseins nur die Seite der Erscheinung des Willens aus, welche hier nicht mehr für sich in Betrachtung kommt.

§ 9

b) Insofern die Willensbestimmungen die eigenen des Willens, seine in sich reflektierte Besonderung überhaupt sind, sind sie Inhalt. Dieser Inhalt als Inhalt des Willens ist ihm nach der in a) angegebenen Form Zweck, teils innerlicher oder subjektiver in dem vorstellenden Wollen, teils durch die Vermittlung der das Subjektive in die Objektivität übersetzenden Tätigkeit verwirklichter, ausgeführter Zweck.

§ 10

Dieser Inhalt oder die unterschiedene Willensbestimmung ist zunächst unmittelbar. So ist der Wille nur an sich frei, oder für uns, oder es ist überhaupt der Wille in seinem Begriffe. Erst indem der Wille sich selbst zum Gegenstande hat, ist er für sich was er an sich ist.

Die Endlichkeit besteht nach dieser Bestimmung darin, daß, was etwas an sich oder seinem Begriffe nach ist, eine von dem verschiedene Existenz oder Erscheinung ist, was es für sich ist; so ist z.B. das abstrakte Außereinander der Natur an sich der Raum, für sich aber | die Zeit. Es ist hierüber das Gedoppelte zu bemerken, erstens, daß, weil das Wahre nur die Idee ist, wenn man einen Gegenstand oder Bestimmung, nur wie er an sich oder im Begriffe ist, erfaßt, man ihn noch nicht in seiner Wahrheit hat; alsdann, daß etwas, wie es als Begriff oder an sich ist, gleichfalls existiert und diese Existenz eine eigene Gestalt des Gegenstandes ist (wie vorhin der Raum), die Trennung des Ansich- und Fürsichseins, die im Endlichen vorhanden ist, macht zugleich sein bloßes Dasein oder Erscheinung aus, – (wie unmittelbar ein Beispiel am natürlichen Willen und dann formellen Rechte u.s.f. vorkommen wird). Der Verstand bleibt bei dem bloßen Ansichsein stehen und nennt so die Freiheit nach diesem Ansichsein ein Vermögen, wie sie denn so in der Tat nur die Möglichkeit ist. Aber er sieht diese Bestimmung als absolute und perennierende an und nimmt ihre Beziehung auf das, was sie will, überhaupt auf ihre Realität, nur für eine Anwendung auf einen gegebenen Stoff an, die nicht zum Wesen der Freiheit selbst gehöre; er hat es auf diese Weise nur mit dem Abstraktum, nicht mit ihrer Idee und Wahrheit zu tun.

§ 11

Der nur erst an sich freie Wille ist der unmittelbare oder natürliche Wille. Die Bestimmungen des Unterschieds, welchen der sich selbst bestimmende Begriff im Willen setzt, erscheinen im unmittelbaren Willen als ein unmittelbar vorhandener Inhalt, – es sind die Triebe, Begierden, Neigungen, durch die sich der Wille von Natur bestimmt findet. Dieser Inhalt nebst dessen entwickelten Bestimmungen kommt zwar von der Vernünftigkeit des Willens her und ist so an sich vernünftig, aber in solche Form der Unmittelbarkeit ausgelassen, ist er noch nicht in Form der Vernünftigkeit. Dieser Inhalt ist zwar für mich der Meinige überhaupt; diese Form und

jener Inhalt sind aber noch verschieden, – der Wille ist so in
sich endlicher Wille.

Die empirische Psychologie erzählt und beschreibt diese
Triebe und Neigungen und die sich darauf gründenden Bedürfnisse, wie sie dieselben in der Erfahrung vorfindet oder
vorzufinden vermeint und sucht auf die gewöhnliche Weise
diesen gegebenen Stoff zu klassifizieren. Was das Objektive
dieser Triebe und wie dasselbe in seiner Wahrheit ohne die
Form der Unvernünftigkeit, in der es Trieb ist, und wie es
zugleich in seiner Existenz gestaltet ist, davon unten. |

§ 12

Das System dieses Inhalts, wie es sich im Willen unmittelbar
vorfindet, ist nur als eine Menge und Mannigfaltigkeit von
Trieben, deren jeder der Meinige überhaupt neben andern,
und zugleich ein Allgemeines und Unbestimmtes ist, das vielerlei Gegenstände und Weisen der Befriedigung hat. [Dadurch,]
daß der Wille sich in dieser gedoppelten Unbestimmtheit die
Form der Einzelnheit gibt (§ 7), ist er beschließend und nur
als beschließender Wille überhaupt ist er wirklicher Wille.

Statt etwas beschließen, d.h. die Unbestimmtheit, in welcher der eine sowohl als der andere Inhalt zunächst nur ein
möglicher ist, aufheben, hat unsre Sprache auch den Ausdruck: sich entschließen, indem die Unbestimmtheit des
Willens selbst, als das Neutrale aber unendlich befruchtete,
der Urkeim alles Daseins, in sich die Bestimmungen und
Zwecke enthält und sie nur aus sich hervorbringt.

§ 13

Durch das Beschließen setzt der Wille sich als Willen eines bestimmten Individuums und als sich hinaus gegen Anderes unterscheidenden. Außer dieser Endlichkeit als Bewußtsein
(§ 8) ist der unmittelbare Wille aber um des Unterschieds seiner

Form und seines Inhalts (§ 11) willen formell, es kommt ihm nur das abstrakte Beschließen, als solches, zu, und der Inhalt ist noch nicht der Inhalt und das Werk seiner Freiheit.

Der Intelligenz als denkend bleibt der Gegenstand und Inhalt Allgemeines, sie selbst verhält sich als allgemeine Tätigkeit. Im Willen hat das Allgemeine zugleich wesentlich die Bedeutung des Meinigen, als Einzelnheit und im unmittelbaren d.i. formellen Willen, als der abstrakten, noch nicht mit seiner freien Allgemeinheit erfüllten Einzelnheit. Im Willen beginnt daher die eigene Endlichkeit der Intelligenz und nur dadurch, daß der Wille sich zum Denken wieder erhebt, und seinen Zwecken die immanente Allgemeinheit gibt, hebt er den Unterschied der Form und des Inhalts auf und macht sich zum objektiven, unendlichen Willen. Diejenigen verstehen daher wenig von der Natur des Denkens und Wollens, welche meinen, im Willen überhaupt sei der Mensch unendlich, im Denken aber sei er oder gar die Vernunft | beschränkt. Insofern Denken und Wollen noch unterschieden sind, ist vielmehr das Umgekehrte das Wahre und die denkende Vernunft ist als Wille dies, sich zur Endlichkeit zu entschließen.

§ 14

Der endliche Wille, als nur nach der Seite der Form sich in sich reflektierendes und bei sich selbst seiendes unendliches Ich (§ 5) steht über dem Inhalt, den unterschiedenen Trieben, so wie über den weitern einzelnen Arten ihrer Verwirklichung und Befriedigung, wie es zugleich, als nur formell unendliches, an diesen Inhalt, als die Bestimmungen seiner Natur und seiner äußern Wirklichkeit, jedoch als unbestimmtes nicht an diesen oder jenen Inhalt, gebunden ist (§ 6, 11). Derselbe ist insofern für die Reflexion des Ich in sich nur ein Möglicher, als der Meinige zu sein oder auch nicht, und Ich die Möglichkeit, mich zu diesem oder einem andern zu bestimmen, – unter diesen für dasselbe nach dieser Seite äußern Bestimmungen zu wählen.

§ 15

Die Freiheit des Willens ist nach dieser Bestimmung **Willkür** – in welcher dies beides enthalten ist, die freie von allem abstrahierende Reflexion und die Abhängigkeit von dem innerlich oder äußerlich gegebenen Inhalte und Stoffe. Weil dieser **an sich** als Zweck notwendige Inhalt, zugleich gegen jene Reflexion als **Möglicher** bestimmt ist, so ist die Willkür die **Zufälligkeit**, wie sie als Wille ist.

Die gewöhnlichste Vorstellung, die man bei der Freiheit hat, ist die der **Willkür**, – die Mitte der Reflexion zwischen dem Willen als bloß durch die natürlichen Triebe bestimmt, und dem an und für sich freien Willen. Wenn man sagen hört, die Freiheit überhaupt sei dies, daß **man tun könne, was man wolle**, so kann solche Vorstellung nur für gänzlichen Mangel an Bildung des Gedankens genommen werden, in welcher sich von dem, was der an und für sich freie Wille, Recht, Sittlichkeit u.s.f. ist, noch keine Ahnung findet. Die Reflexion, die **formelle** Allgemeinheit und Einheit des Selbstbewußtseins, ist die abstrakte Gewißheit des Willens von seiner Freiheit, aber sie ist noch nicht die **Wahrheit** derselben, weil sie sich noch nicht selbst zum | Inhalt und Zwecke hat, die subjektive Seite also noch ein anderes ist, als die gegenständliche; der Inhalt dieser Selbstbestimmung bleibt deswegen auch schlechthin nur ein Endliches. Die Willkür ist, statt der Wille in seiner Wahrheit zu sein, vielmehr der Wille als der **Widerspruch**. – In dem zur Zeit der Wolffischen Metaphysik vornehmlich geführten Streit, ob der Wille wirklich frei, oder ob das Wissen von seiner Freiheit nur eine Täuschung sei, war es die Willkür, die man vor Augen gehabt. Der **Determinismus** hat mit Recht der Gewißheit jener abstrakten Selbstbestimmung den **Inhalt** entgegengehalten, der als ein **vorgefundener** nicht in jener Gewißheit enthalten und daher **ihr von Außen** kommt, obgleich dies Außen der Trieb, Vorstellung, überhaupt das, auf welche Weise es sei, so erfüllte Bewußtsein ist, daß der Inhalt nicht das Eigene der selbst bestimmenden Tä-

tigkeit als solcher ist. Indem hiemit nur das formelle Element der freien Selbstbestimmung in der Willkür immanent, das andere Element aber ein ihr gegebenes ist, so kann die Willkür allerdings, wenn sie die Freiheit sein soll, eine Täuschung
* genannt werden. Die Freiheit in aller Reflexionsphilosophie, wie in der Kantischen und dann der Friesischen vollendeten Verseichtigung der Kantischen, ist nichts anders, als jene formale Selbsttätigkeit.

§ 16

Das im Entschluß Gewählte (§ 14) kann der Wille eben so wieder aufgeben (§ 5). Mit dieser Möglichkeit aber eben so über jeden andern Inhalt, den er an die Stelle setzt, und ins Unendliche fort hinauszugehen, kommt er nicht über die Endlichkeit hinaus, weil jeder solcher Inhalt ein von der Form verschiedenes, hiemit ein Endliches, und das Entgegengesetzte der Bestimmtheit, die Unbestimmtheit, – Unentschlossenheit oder Abstraktion, nur das andere gleichfalls einseitige Moment ist.

§ 17

Der Widerspruch, welcher die Willkür ist (§ 15) hat als Dialektik der Triebe und Neigungen die Erscheinung, daß sie sich gegenseitig stören, die Befriedigung des einen die Unterordnung oder Aufopferung der Befriedigung des andern fordert u.s.f. und indem der Trieb nur einfache Richtung seiner Bestimmtheit ist, das Maß somit nicht in sich selbst hat, so ist dies unterordnende oder aufopfernde Bestimmen das zufällige Entscheiden der Willkür, sie verfahre nun dabei mit berechnendem Verstande, bei wel|chem Triebe mehr Befriedigung zu gewinnen sei, oder nach welcher andern beliebigen Rücksicht.

§ 18

In Ansehung der Beurteilung der Triebe hat die Dialektik die Erscheinung, daß als immanent, somit positiv, die Bestimmungen des unmittelbaren Willens gut sind; der Mensch heißt so von Natur gut. Insofern sie aber Naturbestimmungen, also der Freiheit und dem Begriffe des Geistes überhaupt entgegen und das Negative sind, sind sie auszurotten; der Mensch heißt so von Natur böse. Das Entscheidende für die eine oder die andere Behauptung ist auf diesem Standpunkte gleichfalls die subjektive Willkür.

§ 19

In der Forderung der Reinigung der Triebe liegt die allgemeine Vorstellung, daß sie von der Form ihrer unmittelbaren Naturbestimmtheit und von dem Subjektiven und Zufälligen des Inhalts befreit und auf ihr substantielles Wesen zurückgeführt werden. Das Wahrhafte dieser unbestimmten Forderung ist, daß die Triebe, als das vernünftige System der Willensbestimmung seien; sie so aus dem Begriffe zu fassen, ist der Inhalt der Wissenschaft des Rechts.

Der Inhalt dieser Wissenschaft kann nach allen seinen einzelnen Momenten z.B. Recht, Eigentum, Moralität, Familie, Staat u.s.f. in der Form vorgetragen werden, daß der Mensch von Natur den Trieb zum Recht, auch den Trieb zum Eigentum, zur Moralität, auch den Trieb der Geschlechterliebe, den Trieb zur Geselligkeit u.s.f. habe. Will man statt dieser Form der empirischen Psychologie vornehmerweise eine philosophische Gestalt haben, so ist diese nach dem, was, wie vorhin bemerkt worden, in neuerer Zeit für Philosophie gegolten hat und noch gilt, wohlfeil damit zu bekommen, daß man sagt, der Mensch finde als Tatsache seines Bewußtseins in sich, daß er das Recht, Eigentum, den Staat u.s.f. wolle. Weiterhin wird eine andere Form desselben Inhalts, der hier in Gestalt von

Trieben erscheint, nämlich die von Pflichten, eintreten. |

§ 20

Die auf die Triebe sich beziehende Reflexion bringt, als sie vorstellend, berechnend, sie unter einander und dann mit ihren Mitteln, Folgen u.s.f. und mit einem Ganzen der Befriedigung – der Glückseligkeit – vergleichend, die formelle Allgemeinheit an diesen Stoff, und reiniget denselben auf diese äußerliche Weise von seiner Rohheit und Barbarei. Dies Hervortreiben der Allgemeinheit des Denkens ist der absolute Wert der Bildung (vergl. § 187).

§ 21

Die Wahrheit aber dieser formellen, für sich unbestimmten und ihre Bestimmtheit an jenem Stoffe vorfindenden Allgemeinheit, ist die sich selbst bestimmende Allgemeinheit, der Wille, die Freiheit. Indem er die Allgemeinheit, sich selbst, als die unendliche Form zu seinem Inhalte, Gegenstande und Zweck hat, ist er nicht nur der an sich, sondern eben so der für sich freie Wille – die wahrhafte Idee.

Das Selbstbewußtsein des Willens, als Begierde, Trieb ist sinnlich, wie das Sinnliche überhaupt die Äußerlichkeit und damit das Außersichsein des Selbstbewußtseins bezeichnet. Der reflektierende Wille hat die zwei Elemente, jenes Sinnliche und die denkende Allgemeinheit; der an und für sich seiende Wille hat den Willen selbst als solchen, hiemit sich in seiner reinen Allgemeinheit zu seinem Gegenstande – der Allgemeinheit, welche ebendies ist, daß die Unmittelbarkeit der Natürlichkeit und die Partikularität, mit welcher eben so die Natürlichkeit behaftet, als sie von der Reflexion hervorgebracht wird, in ihr aufgehoben ist. Dies Aufheben aber und Erheben ins Allgemeine ist das, was die Tätigkeit des Denkens heißt. Das Selbstbewußtsein, das seinen Gegenstand, Inhalt und Zweck bis zu dieser Allgemeinheit reinigt und erhebt, tut dies als das im Willen sich durchsetzende Denken. Hier ist der Punkt, auf welchem es erhellt, daß der Wille nur als denkende Intelligenz wahrhafter, freier Wille ist. Der Sklave weiß nicht sein Wesen, seine Unendlichkeit, die Freiheit, er weiß sich nicht als Wesen; – und er weiß sich so nicht, das ist, er denkt sich nicht. Dies Selbstbewußtsein, das durch das Denken sich als Wesen erfaßt, und damit eben sich von dem Zufälligen und Unwahren abtut, macht das Prinzip des Rechts, der Moralität und aller Sittlichkeit aus. Die, welche philosophisch vom Recht, Moralität, Sittlichkeit sprechen, und dabei das Denken ausschließen wollen, und an das Gefühl, Herz | und Brust, an die Begeisterung verweisen, sprechen damit die tiefste Verachtung aus, in welche der Gedanke und die Wissenschaft gefallen ist, indem so die Wissenschaft sogar selbst, über sich in Verzweiflung und in die höchste Mattigkeit versunken, die Barbarei und das Gedankenlose sich zum Prinzip macht und so viel an ihr wäre, dem Menschen alle Wahrheit, Wert und Würde raubte.

§ 22

Der an und für sich seiende Wille ist wahrhaft unendlich, weil sein Gegenstand er selbst, hiemit derselbe für ihn nicht ein Anderes noch Schranke, sondern er darin vielmehr nur in sich zurückgekehrt ist. Er ist ferner nicht bloße Möglichkeit, Anlage, Vermögen (potentia), sondern das Wirklich-Unendliche (infinitum actu), weil das Dasein des Begriffs, oder seine gegenständliche Äußerlichkeit das Innerliche selbst ist.

Wenn man daher nur vom freien Willen, als solchem, spricht, ohne die Bestimmung, daß er der an und für sich freie Wille ist, so spricht man nur von der Anlage der Freiheit, oder von dem natürlichen und endlichen Willen (§ 11) und ebendamit, der Worte und der Meinung unerachtet, nicht vom freien Willen. – Indem der Verstand das Unendliche nur als Negatives und damit als ein Jenseits faßt, meint er dem Unendlichen um so mehr Ehre anzutun, je mehr er es von sich weg in die Weite hinausschiebt und als ein Fremdes von sich entfernt. Im freien Willen hat das wahrhaft Unendliche Wirklichkeit und Gegenwart, – er selbst ist diese in sich gegenwärtige Idee.

§ 23

Nur in dieser Freiheit ist der Wille schlechthin bei sich, weil er sich auf nichts, als auf sich selbst bezieht, so wie damit alles Verhältnis der Abhängigkeit von etwas Anderem hinwegfällt. – Er ist wahr oder vielmehr die Wahrheit selbst, weil sein Bestimmen darin besteht, in seinem Dasein d.i. als sich gegenüberstehendes zu sein, was sein Begriff ist, oder der reine Begriff die Anschauung seiner selbst zu seinem Zwecke und Realität hat. |

§ 24

Er ist allgemein, weil in ihm alle Beschränkung und besondere Einzelnheit aufgehoben ist, als welche allein in der Verschiedenheit des Begriffes und seines Gegenstandes oder Inhalts, oder nach anderer Form, in der Verschiedenheit seines subjektiven Fürsichseins – und seines Ansichseins, seiner ausschließenden und beschließenden Einzelnheit – und seiner Allgemeinheit selbst, liegt.

* Die verschiedenen Bestimmungen der Allgemeinheit ergeben sich in der Logik (s. Encyklop. der philos. Wissenschaften, § 118–126). Bei diesem Ausdruck fällt dem Vorstellen zunächst die abstrakte und äußerliche ein; aber bei der an und für sich seienden Allgemeinheit, wie sie sich hier bestimmt hat, ist weder an die Allgemeinheit der Reflexion, die Gemeinschaftlichkeit oder die Allheit zu denken, noch an die abstrakte Allgemeinheit, welche außer dem Einzelnen auf der andern Seite steht, die abstrakte Verstandes-Identität (§ 6 Anm.). Es ist die in sich konkrete und so für sich seiende Allgemeinheit, welche die Substanz, die immanente Gattung oder immanente Idee des Selbstbewußtseins ist; – der Begriff des freien Willens, als das über seinen Gegenstand übergreifende, durch seine Bestimmung hindurchgehende Allgemeine, das in ihr mit sich identisch ist. – Das an und für sich seiende Allgemeine ist überhaupt das, was man das Vernünftige nennt und was nur auf diese spekulative Weise gefaßt werden kann.

§ 25

Das Subjektive heißt in Ansehung des Willens überhaupt die Seite seines Selbstbewußtseins, der Einzelnheit (§ 7) im Unterschiede von seinem an sich seienden Begriffe, daher heißt seine Subjektivität α) die reine Form, die absolute Einheit des Selbstbewußtseins mit sich, in der es als Ich=Ich schlechthin innerlich und abstraktes Beruhen auf sich ist – die reine Gewißheit seiner selbst, unterschieden von der Wahrheit; β) die Besonderheit des Willens als die Willkür und der zufällige Inhalt beliebiger Zwecke; γ) überhaupt die einseitige Form (§ 8), insofern das Gewollte wie es seinem Inhalte nach sei, nur erst ein dem Selbstbewußtsein angehöriger Inhalt und unausgeführter Zweck ist. |

§ 26

Der Wille α) insofern er sich selbst zu seiner Bestimmung hat und so seinem Begriffe gemäß und wahrhaftig ist, ist der schlechthin objektive Wille, β) der objektive Wille aber, als ohne die unendliche Form des Selbstbewußtseins ist der in sein Objekt oder Zustand, wie er seinem Inhalte nach beschaffen sei, versenkte Wille – der kindliche, sittliche, wie der sklavische, abergläubische u.s.f. – γ) Die Objektivität ist endlich die einseitige Form im Gegensatze der subjektiven Willensbestimmung, hiemit die Unmittelbarkeit des Daseins, als äußerliche Existenz; der Wille wird sich in diesem Sinne erst durch die Ausführung seiner Zwecke objektiv.

Diese logischen Bestimmungen von Subjektivität und Objektivität sind hier in der Absicht besonders aufgeführt worden, um in Ansehung ihrer, da sie in der Folge oft gebraucht werden, ausdrücklich zu bemerken, daß es ihnen wie andern Unterschieden und entgegengesetzten Reflexionsbestimmungen geht, um ihrer Endlichkeit und daher ihrer dialektischen Natur willen in ihr Entgegengesetztes überzugehen. Andern solchen Bestimmungen des Gegensatzes bleibt jedoch ihre Bedeutung fest für Vorstellung und Verstand, indem ihre Identität noch als ein innerliches ist. Im Willen hingegen führen solche Gegensätze, welche abstrakte und zugleich Bestimmungen von ihm, der nur als das Konkrete gewußt werden kann, sein sollen, von selbst auf diese ihre Identität und auf die Verwechslung ihrer Bedeutungen; – eine Verwechslung, die dem Verstande bewußtlos nur begegnet. – So ist der Wille, als die in sich seiende Freiheit, die Subjektivität selbst, diese ist damit sein Begriff und so seine Objektivität; Endlichkeit aber ist seine Subjektivität, im Gegensatze gegen die Objektivität; aber eben in diesem Gegensatze ist der Wille nicht bei sich, mit dem Objekte verwickelt und seine Endlichkeit besteht eben sowohl darin, nicht subjektiv zu sein u.s.f. – Was daher im Folgenden das Subjektive oder Objektive des Willens für eine Bedeutung haben soll, hat jedesmal aus dem Zusammenhang zu erhellen, der ihre Stellung in Beziehung auf die Totalität enthält.

§ 27

Die absolute Bestimmung oder, wenn man will, der absolute Trieb des freien Geistes (§ 21), daß ihm seine Freiheit Gegenstand sei – objektiv sowohl in dem Sinne, daß sie als das vernünftige System seiner selbst, als in dem Sinne, daß dies unmittelbare Wirklichkeit sei (§ 26) – um für sich, als | Idee zu sein, was der Wille an sich ist; – der abstrakte Begriff der Idee des Willens ist überhaupt **der freie Wille, der den freien Willen will**.

§ 28

Die Tätigkeit des Willens, den Widerspruch der Subjektivität und Objektivität aufzuheben und seine Zwecke aus jener Bestimmung in diese überzusetzen und in der Objektivität zugleich **bei sich** zu bleiben, ist außer der formalen Weise des Bewußtseins (§ 8), worin die Objektivität nur als unmittelbare Wirklichkeit ist, die **wesentliche Entwicklung** des substantiellen Inhalts der Idee (§ 21), eine Entwicklung, in welcher der Begriff die zunächst **selbst abstrakte Idee** zur Totalität ihres Systems bestimmt, die als das Substantielle unabhängig von dem Gegensatze eines bloß subjektiven Zwecks und seiner Realisirung, **dasselbe** in diesen beiden Formen ist.

§ 29

Dies, daß ein Dasein überhaupt, **Dasein des freien Willens** ist, ist das **Recht**. – Es ist somit überhaupt die Freiheit, als Idee.

Die Kantische (Kants Rechtslehre Einl.) und auch allgemeiner angenommene Bestimmung, worin »die **Beschränkung** meiner Freiheit oder Willkür, daß sie mit jedermanns Willkür nach einem allgemeinen Gesetze zusammen bestehen könne«, das Hauptmoment ist – enthält teils nur eine **negative** Bestimmung, die der Beschränkung, teils läuft das Positive, das allgemeine oder sogenannte Vernunftgesetz, die Übereinstimmung der Willkür des einen mit der Willkür des andern, auf die bekannte formelle Identität und den Satz des Widerspruchs hinaus. Die angeführte Definition des Rechts enthält die seit **Rousseau** vornehmlich verbreitete Ansicht, nach welcher der Wille, nicht als an und für sich seiender, vernünftiger, der Geist nicht als **wahrer** Geist, sondern als **besonderes Individuum**, als Wille des

Einzelnen in seiner eigentümlichen Willkür, die substantielle Grundlage und das Erste sein soll. Nach diesem einmal angenommenen Prinzip kann das Vernünftige freilich nur als beschränkend für diese Freiheit, so wie auch nicht als immanent Vernünftiges, sondern nur als ein äußeres, formelles Allgemeines herauskommen. Jene Ansicht ist eben so ohne allen spekulativen Gedanken und von dem philosophischen Begriffe verworfen, als sie in den Köpfen und in der Wirklichkeit Erscheinungen hervorgebracht hat, deren Fürchterlichkeit nur an der Seichtigkeit der Gedanken, auf die sie sich gründeten, eine Parallele hat.

§ 30

Das Recht ist etwas heiliges überhaupt, allein weil es das Dasein des absoluten Begriffes, der selbstbewußten Freiheit ist. – Der Formalismus des Rechts aber (und weiterhin der Pflicht) entsteht aus dem Unterschiede der Entwicklung des Freiheitsbegriffs. Gegen formelleres, d.i. abstrakteres und darum beschränkteres Recht, hat die Sphäre und Stufe des Geistes, in welcher er die weitern in seiner Idee enthaltenen Momente zur Bestimmung und Wirklichkeit in sich gebracht hat, als die konkretere in sich reichere und wahrhafter allgemeine eben damit auch ein höheres Recht.

Jede Stufe der Entwicklung der Idee der Freiheit hat ihr eigentümliches Recht, weil sie das Dasein der Freiheit in einer ihrer eigenen Bestimmungen ist. Wenn vom Gegensatze der Moralität, der Sittlichkeit gegen das Recht gesprochen wird, so ist unter dem Rechte nur das erste, formelle der abstrakten Persönlichkeit verstanden. Die Moralität, die Sittlichkeit, das Staatsinteresse ist jedes ein eigentümliches Recht, weil jede dieser Gestalten Bestimmung und Dasein der Freiheit ist. In Kollision können sie nur kommen, insofern sie auf gleicher Linie stehen, Rechte zu sein; wäre der moralische Standpunkt des Geistes nicht auch ein Recht, die Freiheit in einer ihrer Formen, so könnte sie gar nicht

in Kollision mit dem Rechte der Persönlichkeit oder einem
andern kommen, weil ein solches den Freiheitsbegriff, die
höchste Bestimmung des Geistes, in sich enthält, gegen welchen Anderes ein substanzloses ist. Aber die Kollision enthält
zugleich dies andere Moment, daß sie beschränkt und damit
auch eins dem andern untergeordnet ist; nur das Recht des
Weltgeistes ist das uneingeschränkt absolute.

§ 31

Die Methode, wie in der Wissenschaft der Begriff sich aus sich
selbst entwickelt und nur ein **immanentes** Fortschreiten und
Hervorbringen seiner Bestimmungen ist – der Fortgang nicht
durch die Versicherung, daß es verschiedene Verhältnisse **gebe**,
und dann durch das **Anwenden** des Allgemeinen auf solchen von sonst her aufgenommenen Stoff geschieht, ist hier
gleichfalls aus der Logik vorausgesetzt.

Das bewegende Prinzip des Begriffs, als die Besonderungen
des Allgemeinen nicht nur auflösend, sondern auch hervorbringend, heiße ich die **Dialektik**, – Dialektik also nicht
in dem Sinne, daß sie einen dem Gefühl, dem unmittelbaren Bewußtsein überhaupt gegebenen Gegenstand, Satz u.s.f.
auflöst, verwirrt, herüber und hinüber führt und es nur mit
Herleiten seines Gegenteils zu tun hat, – eine negative Weise,
wie sie häufig auch bei **Plato** erscheint. Sie kann so das
Gegenteil einer Vorstellung, oder entschieden wie der alte
Skeptizismus den Widerspruch derselben, oder auch matterweise eine **Annäherung** zur Wahrheit, eine moderne
Halbheit, als ihr letztes Resultat ansehen. Die höhere Dialektik des Begriffes ist, die Bestimmung nicht bloß als Schranke
und Gegenteil, sondern aus ihr den **positiven** Inhalt und
Resultat hervorzubringen und aufzufassen, als wodurch sie
allein **Entwicklung** und immanentes Fortschreiten ist.
Diese Dialektik ist dann nicht **äußeres** Tun eines subjektiven Denkens, sondern die **eigene Seele** des Inhalts, die
organisch ihre Zweige und Früchte hervortreibt. Dieser Ent-

wicklung der Idee als eigener Tätigkeit ihrer Vernunft sieht das Denken als subjektives, ohne seinerseits eine Zutat hinzu zu fügen, nur zu. Etwas vernünftig betrachten heißt, nicht an den Gegenstand von Außenher eine Vernunft hinzubringen und ihn dadurch bearbeiten, sondern der Gegenstand ist für sich selbst vernünftig; hier ist es der Geist in seiner Freiheit, die höchste Spitze der selbstbewußten Vernunft, die sich Wirklichkeit gibt und als existierende Welt erzeugt; die Wissenschaft hat nur das Geschäft, diese eigene Arbeit der Vernunft der Sache zum Bewußtsein zu bringen.

§ 32

Die Bestimmungen in der Entwicklung des Begriffs sind einerseits selbst Begriffe, andererseits, weil der Begriff wesentlich als Idee ist, sind sie in der Form des Daseins, und die Reihe der sich ergebenden Begriffe ist damit zugleich eine Reihe von Gestaltungen; so sind sie in der Wissenschaft zu betrachten. In spekulativerem Sinn ist die Weise des Daseins eines Begriffes und seine Bestimmtheit eins und dasselbe. Es ist aber zu bemerken, daß die Momente, deren Resultat eine weiter bestimmte Form ist, ihm als Begriffsbestimmungen in der wissenschaftlichen Entwicklung der | Idee vorangehen, aber nicht in der zeitlichen Entwicklung als Gestaltungen ihm vorausgehen. So hat die Idee, wie sie als Familie bestimmt ist, die Begriffsbestimmungen zur Voraussetzung, als deren Resultat sie im Folgenden dargestellt werden wird. Aber daß diese inneren Voraussetzungen auch für sich schon als Gestaltungen, als Eigentumsrecht, Vertrag, Moralität u.s.f. vorhanden seien, dies ist die andere Seite der Entwicklung, die nur in höher vollendeter Bildung es zu diesem eigentümlich gestalteten Dasein ihrer Momente gebracht hat.

EINTEILUNG

§ 33

Nach dem Stufengange der Entwicklung der Idee des an und für sich freien Willens ist der Wille
A) unmittelbar; sein Begriff daher abstrakt, – die Persönlichkeit, und sein Dasein eine unmittelbare äußerliche Sache; – die Sphäre des abstrakten oder formellen Rechts.
B) der Wille aus dem äußern Dasein in sich reflektiert, als subjektive Einzelnheit bestimmt gegen das Allgemeine, – dasselbe teils als inneres, das Gute, teils als äußeres, eine vorhandene Welt und diese beide Seiten der Idee als nur durch einander vermittelt; die Idee in ihrer Entzweiung oder besondern Existenz, das Recht des subjektiven Willens im Verhältnis zum Recht der Welt und zum Recht der, aber nur an sich seienden, Idee; die Sphäre der Moralität.
C) die Einheit und Wahrheit dieser beiden abstrakten Momente, – die gedachte Idee des Guten realisiert in dem in sich reflektierten Willen und in äußerlicher Welt; – so daß die Freiheit als die Substanz eben so sehr als Wirklichkeit und Notwendigkeit existiert, wie als subjektiver Wille; – die Idee in ihrer an und für sich allgemeinen Existenz; die Sittlichkeit.
Die sittliche Substanz aber ist gleichfalls
a) natürlicher Geist; – die Familie,
b) in ihrer Entzweiung und Erscheinung; – die bürgerliche Gesellschaft, |
c) der Staat, als die in der freien Selbstständigkeit des besondern Willens eben so allgemeine und objektive Freiheit; – welcher wirkliche und organische Geist α) eines Volks sich β) durch das Verhältnis der besondern Volksgeister hindurch, γ) in der Weltgeschichte zum allgemeinen Weltgeiste wirklich wird und offenbart, dessen Recht das Höchste ist.
Daß eine Sache oder Inhalt, der erst seinem Begriffe nach

oder wie er an sich ist, gesetzt ist, die Gestalt der Unmittelbarkeit oder des Seins hat, ist aus der spekulativen Logik vorausgesetzt; ein anderes ist der Begriff, der in der Form des Begriffs für sich ist; dieser ist nicht mehr ein unmittelbares. – Gleicherweise ist das die Einteilung bestimmende Prinzip vorausgesetzt. Die Einteilung kann auch als eine historische Vorausangabe der Teile angesehen werden, denn die verschiedenen Stufen müssen als Entwicklungsmomente der Idee sich aus der Natur des Inhalts selbst hervorbringen. Eine philosophische Einteilung ist überhaupt nicht eine äußerliche, nach irgend einem oder mehrern aufgenommenen Einteilungsgründen gemachte äußere Klassifizierung eines vorhandenen Stoffes, sondern das immanente Unterscheiden des Begriffes selbst. – Moralität und Sittlichkeit, die gewöhnlich etwa als gleichbedeutend gelten, sind hier in wesentlich verschiedenem Sinne genommen. Inzwischen scheint auch die Vorstellung sie zu unterscheiden; der Kantische Sprachgebrauch bedient sich vorzugsweise des Ausdrucks Moralität, wie denn die praktischen Prinzipien dieser Philosophie sich durchaus auf diesen Begriff beschränken, den Standpunkt der Sittlichkeit sogar unmöglich machen, ja selbst sie ausdrücklich zernichten und empören. Wenn aber Moralität und Sittlichkeit, ihrer Etymologie nach, auch gleichbedeutend wären, so hinderte dies nicht diese einmal verschiedenen Worte für verschiedene Begriffe zu benutzen. |

ERSTER TEIL
DAS ABSTRAKTE RECHT

§ 34

Der an und für sich freie Wille, wie er in seinem abstrakten Begriffe ist, ist in der Bestimmtheit der Unmittelbarkeit. Nach dieser ist er seine gegen die Realität negative, nur sich abstrakt auf sich beziehende Wirklichkeit, – in sich einzelner Wille eines Subjekts. Nach dem Momente der Besonderheit des Willens hat er einen weitern Inhalt bestimmter Zwecke und als ausschließende Einzelnheit diesen Inhalt zugleich als eine äußere, unmittelbar vorgefundene Welt vor sich.

§ 35

Die Allgemeinheit dieses für sich freien Willens ist die formelle, die selbstbewußte sonst inhaltslose einfache Beziehung auf sich in seiner Einzelnheit, – das Subjekt ist in so fern Person. In der Persönlichkeit liegt, daß ich als Dieser vollkommen nach allen Seiten (in innerlicher Willkür, Trieb und Begierde, so wie nach unmittelbarem äußerlichen Dasein) bestimmte und endliche, doch schlechthin reine Beziehung auf mich bin und in der Endlichkeit mich so als das Unendliche, Allgemeine und Freie weiß.

Die Persönlichkeit fängt erst da an, in so fern das Subjekt nicht bloß ein Selbstbewußtsein überhaupt von sich hat als konkretem auf irgend eine Weise bestimmtem, sondern vielmehr ein Selbstbewußtsein von sich als vollkommen abstraktem Ich, in welchem alle konkrete Beschränktheit und Gültigkeit negiert und ungültig ist. In der Persönlichkeit ist daher das Wissen seiner als Gegenstands, aber als durch das Denken in die einfache Unendlichkeit erhobenen und dadurch mit sich reinidentischen Gegenstandes. Individuen und Völker haben noch keine Persönlichkeit, in so fern sie noch nicht zu diesem reinen Denken und Wissen von sich gekommen sind. Der an und für sich seiende Geist unterscheidet sich dadurch von dem erscheinenden Geiste, daß in derselben Bestimmung, worin dieser nur Selbstbewußtsein, – Bewußt|sein von sich, aber nur nach dem natürlichen Willen und dessen noch äußerlichen Gegensätzen ist (Phänomenologie des Geistes. Bamberg und Würzburg 1807, S. 101 ff. und Encyklopädie der philos. Wissensch., § 344), der Geist sich als abstraktes und zwar freies Ich zum Gegenstande und Zwecke hat und so Person ist.

§ 36

1) Die Persönlichkeit enthält überhaupt die Rechtsfähigkeit und macht den Begriff und die selbst abstrakte Grundlage des abstrakten und daher formellen Rechtes aus. Das Rechtsgebot ist daher: sei eine Person und respektiere die andern als Personen.

§ 37

2) Die Besonderheit des Willens ist wohl Moment des ganzen Bewußtseins des Willens (§ 34), aber in der abstrakten Persönlichkeit, als solcher noch nicht enthalten. Sie ist daher zwar vorhanden, aber als von der Persönlichkeit, der Bestimmung der Freiheit, noch verschieden, Begierde, Bedürfnis, Triebe, zufälliges Belieben u.s.f. – Im formellen Rechte kommt es daher nicht auf das besondere Interesse, meinen Nutzen oder Wohl an – eben so wenig auf den besondern Bestimmungsgrund meines Willens, auf die Einsicht und Absicht.

§ 38

In Beziehung auf die **konkrete** Handlung und moralische und sittliche Verhältnisse, ist gegen deren weitern Inhalt das abstrakte Recht nur eine **Möglichkeit**, die rechtliche Bestimmung daher nur eine **Erlaubnis** oder **Befugnis**. Die Notwendigkeit dieses Rechts beschränkt sich aus demselben Grunde seiner Abstraktion auf das Negative, die Persönlichkeit und das daraus Folgende **nicht zu verletzen**. Es gibt daher nur **Rechtsverbote** und die positive Form von Rechtsgeboten hat ihrem letzten Inhalte nach das Verbot zu Grunde liegen. |

§ 39

3) Die beschließende und **unmittelbare** Einzelheit der Person verhält sich zu einer vorgefundenen Natur, welcher hiermit die Persönlichkeit des Willens als ein **Subjektives** gegenübersteht, aber dieser als in sich unendlich und allgemein ist die Beschränkung, nur subjektiv zu sein, widersprechend und **nichtig**. Sie ist das Tätige, sie aufzuheben und sich Realität zu geben, oder, was dasselbe ist, jenes Dasein als das ihrige zu setzen.

§ 40

Das Recht ist zuerst das unmittelbare Dasein, welches sich die Freiheit auf unmittelbare Weise gibt,

a) **Besitz**, welcher Eigentum ist; – die Freiheit ist hier die des abstrakten Willens **überhaupt**, oder ebendamit **einer einzelnen** sich nur zu sich verhaltenden Person.

b) Die Person sich von sich unterscheidend verhält sich zu einer **andern Person** und zwar haben beide nur als Eigentümer für einander Dasein. Ihre **an sich** seiende Identität erhält Existenz durch das Übergehen des Eigentums des einen in das des andern mit gemeinsamen Willen und Erhaltung ihres Rechts, – im **Vertrag**.

c) Der Wille als (a) in seiner Beziehung auf sich, nicht von einer andern Person (b), sondern in sich selbst unterschieden, ist er, als besonderer Wille von sich als an und für sich seiendem verschieden und entgegengesetzt, – Unrecht und Verbrechen.

Die Einteilung des Rechts in Personen-Sachen-Recht und das Recht zu Aktionen hat, so wie die vielen andern dergleichen Einteilungen, zunächst den Zweck, die Menge des vorliegenden unorganischen Stoffs in eine äußerliche Ordnung zu bringen. Es liegt in diesem Einteilen vornehmlich die Verwirrung, Rechte, welche substantielle Verhältnisse, wie Familie und Staat, zu ihrer Voraussetzung haben, und solche, die sich auf die bloße abstrakte Persönlichkeit beziehen, kunterbunt zu vermischen. In diese Verwirrung gehört die Kantische und sonst beliebt gewordene Einteilung in sächliche, persönliche und dinglich-persönliche Rechte. Das Schiefe und Begrifflose der Einteilung in Personen- und Sachenrecht, das in dem römischen Rechte zu Grunde liegt, zu entwickeln (das Recht zu Aktionen betrifft die Rechtspflege und gehört nicht in diese Ordnung), würde zu weit führen. Hier erhellt schon so viel, daß nur die Persönlichkeit ein Recht an | Sachen gibt und daher das persönliche Recht wesentlich Sachenrecht ist, – Sache im allgemeinen Sinne als das der Freiheit überhaupt Äußerliche, wozu auch mein Körper, mein Leben gehört. Dies Sachenrecht ist das Recht der Persönlichkeit als solcher. Was aber das im römischen Rechte sogenannte Personen-Recht betrifft, so soll der Mensch erst, mit einem gewissen status betrachtet, eine Person sein (Heineccii Elem. Jur. Civ., § LXXV); im römischen Rechte ist hiemit sogar die Persönlichkeit selbst, als gegenüber der Sklaverei, nur ein Stand, Zustand. Der Inhalt des römischen sogenannten Personenrechtes betrifft dann außer dem Recht an Sklaven, wozu ungefähr auch die Kinder gehören, und dem Zustande der Rechtlosigkeit (capitis diminutio) die Familienverhältnisse. Bei Kant sind vollends die Familienverhältnisse, die auf dingliche Weise persönlichen Rechte. –

Das römische Personen-Recht ist daher nicht das Recht der Person als solcher, sondern wenigstens der besondern Person; – späterhin wird sich zeigen, daß das Familienverhältnis vielmehr das Aufgeben der Persönlichkeit zu seiner substantiellen Grundlage hat. Es kann nun nicht anders als verkehrt erscheinen, das Recht der besonders bestimmten Person vor dem allgemeinen Rechte der Persönlichkeit abzuhandeln. – Die persönlichen Rechte bei Kant sind die Rechte, die aus einem Vertrage entstehen, daß Ich etwas gebe, leiste – das jus ad rem im römischen Recht, das aus einer Obligatio entspringt. Es ist allerdings nur eine Person, die aus einem Vertrage zu leisten hat, so wie auch nur eine Person, die das Recht an eine solche Leistung erwirbt, aber ein solches Recht kann man darum nicht ein persönliches nennen; jede Art von Rechten kommt nur einer Person zu und objektiv ist ein Recht aus dem Vertrage nicht Recht an eine Person, sondern nur an ein ihr Äußerliches, oder etwas von ihr zu Veräußerndes, immer an eine Sache. |

ERSTER ABSCHNITT
DAS EIGENTUM

§ 41

Die Person muß sich eine äußere Sphäre ihrer Freiheit geben, um als Idee zu sein. Weil die Person der an und für sich seiende unendliche Wille in dieser ersten noch ganz abstrakten Bestimmung ist, so ist dies von ihm Unterschiedene, was die Sphäre seiner Freiheit ausmachen kann, gleichfalls als das von ihm unmittelbar Verschiedene und Trennbare bestimmt.

§ 42

Das von dem freien Geiste unmittelbar Verschiedene ist für ihn und an sich das Äußerliche überhaupt, – eine Sache, ein unfreies, unpersönliches und rechtloses.
Sache hat wie das Objektive die entgegengesetzten Bedeutungen, das einemal, wenn man sagt: das ist die Sache, es kommt auf die Sache, nicht auf die Person an, – die Bedeutung des Substantiellen; das andremal gegen die Person (nämlich nicht das besondere Subjekt), ist die Sache das Gegenteil des Substantiellen, das seiner Bestimmung nach nur Äußerliche. – Was für den freien Geist, der vom bloßen Bewußtsein wohl unterschieden werden muß, das Äußerliche ist, ist es an und für sich, darum ist die Begriffsbestimmung der Natur dies, das Äußerliche an ihr selbst zu sein.

§ 43

Die Person hat als der unmittelbare Begriff und damit auch wesentlich Einzelne eine natürliche Existenz, teils an ihr selbst, teils als eine solche, zu der sie als einer Außenwelt sich verhält. – Nur von diesen Sachen, als die es unmittelbar, nicht von Bestimmungen, die es durch die Vermittlung des Willens zu werden fähig sind, ist hier bei der Person, die selbst noch in ihrer ersten Unmittelbarkeit ist, die Rede. |

Geistige Geschicklichkeiten, Wissenschaften, Künste, selbst Religiöses (Predigten, Messen, Gebete, Segen in geweihten Dingen) Erfindungen u.s.f. werden Gegenstände des Vertrags, anerkannten Sachen in Weise des Kaufens, Verkaufens u.s.f. gleichgesetzt. Man kann fragen, ob der Künstler, der Gelehrte, u.s.f. im juristischen Besitze seiner Kunst, Wissenschaft, seiner Fähigkeit eine Predigt zu halten, Messe zu lesen u.s.w. sei, d.i. ob dergleichen Gegenstände Sachen seien. Man wird Anstand nehmen, solche Geschicklichkeiten, Kenntnisse, Fähigkeiten, u.s.f. Sachen zu nennen; da über dergleichen Besitz einerseits als über Sachen verhandelt und kontrahiert wird, er andrerseits aber ein Inneres und Geistiges ist, kann der Verstand über die juristische Qualifikation desselben in Verlegenheit sein, da ihm nur der Gegensatz: daß Etwas entweder Sache oder Nicht-Sache (wie das Entweder unendlich, Oder endlich), vorschwebt. Kenntnisse, Wissenschaften, Talente u.s.f. sind freilich dem freien Geiste eigen und ein Innerliches desselben, nicht ein Äußerliches, aber eben so sehr kann er ihnen durch die Äußerung ein äußerliches Dasein geben und sie veräußern (s. unten), wodurch sie unter die Bestimmung von Sachen gesetzt werden. Sie sind also nicht zuerst ein Unmittelbares, sondern werden es erst durch die Vermittlung des Geistes, der sein Inneres zur Unmittelbarkeit und Äußerlichkeit herabsetzt. – Nach der unrechtlichen und unsittlichen Bestimmung des römischen Rechts waren die Kinder Sachen für den Vater und dieser hiemit im juristischen Besitze seiner Kinder, und doch wohl stand er auch im sittlichen Verhältnisse der

Liebe zu ihnen (das freilich durch jenes Unrecht sehr geschwächt werden mußte). Es fand darin also eine, aber ganz unrechtliche Vereinigung der beiden Bestimmungen von Sache und Nicht-Sache Statt. – Im abstrakten Rechte, das nur die Person als solche, somit auch das Besondre, was zum Dasein und Sphäre ihrer Freiheit gehört, nur in so fern zum Gegenstande hat, als es als ein von ihr trennbares und unmittelbar Verschiedenes ist, dies mache seine wesentliche Bestimmung aus, oder es könne sie nur erst vermittelst des subjektiven Willens erhalten, kommen geistige Geschicklichkeiten, Wissenschaften u.s.f. allein nach ihrem juristischen Besitze in Betracht; der Besitz des Körpers und des Geistes, der durch Bildung, Studium, Gewöhnung u.s.f. erworben wird, und als ein **inneres Eigentum des Geistes** ist, ist hier nicht abzuhandeln. Von dem Übergange aber eines solchen geistigen Eigentums in die Äußerlichkeit, in welcher es | unter die Bestimmung eines juristisch-rechtlichen Eigentums fällt, ist erst bei der **Veräußerung** zu sprechen.

§ 44

Die Person hat das Recht, in jede Sache ihren Willen zu legen, welche dadurch die **Meinige** ist, zu ihrem substantiellen Zwecke, da sie einen solchen nicht in sich selbst hat, ihrer Bestimmung und Seele meinen Willen erhält, – absolutes **Zueignungsrecht** des Menschen auf alle Sachen.

Diejenige sogenannte Philosophie, welche den unmittelbaren einzelnen Dingen, dem Unpersönlichen, Realität im Sinne von Selbstständigkeit und wahrhaftem Für- und Insichsein zuschreibt, eben so diejenige, welche versichert, der Geist könne die Wahrheit nicht erkennen und nicht wissen, was das Ding **an sich** ist, wird von dem Verhalten des freien Willens gegen diese Dinge unmittelbar widerlegt. Wenn für das Bewußtsein, für das Anschauen und Vorstellen die sogenannten **Außendinge** den Schein von Selbstständig-

§ 45

Daß Ich etwas in meiner selbst äußern Gewalt habe, macht den Besitz aus, so wie die besondere Seite, daß Ich etwas aus natürlichem Bedürfnisse, Triebe und der Willkür zu dem Meinigen mache, das besondere Interesse des Besitzes ist. Die Seite aber, daß Ich als freier Wille mir im Besitze gegenständlich und hiemit auch erst wirklicher Wille bin, macht das Wahrhafte und Rechtliche darin, die Bestimmung des Eigentums aus.

Eigentum zu haben, erscheint in Rücksicht auf das Bedürfnis, indem dieses zum Ersten gemacht wird, als Mittel; die wahrhafte Stellung aber ist, daß vom Standpunkte der Freiheit aus das Eigentum als das erste Dasein derselben, wesentlicher Zweck für sich ist.

§ 46

Da mir im Eigentum mein Wille als persönlicher, somit als Wille des Einzelnen objektiv wird, so erhält es den Charakter von Privateigentum, und gemeinschaftliches Eigentum, das seiner Natur nach vereinzelt besessen werden kann, die Bestimmung von einer an sich auflösbaren Gemeinschaft, in der meinen Anteil zu lassen, für sich Sache der Willkür ist. |

Die Benutzung elementarischer Gegenstände ist, ihrer Natur nach, nicht fähig, zu Privatbesitz partikularisiert zu werden. – Die agrarischen Gesetze in Rom enthalten einen Kampf zwischen Gemeinsamkeit und Privateigentümlichkeit des Grundbesitzes; die letztere mußte als das vernünftigere Moment, obgleich auf Kosten andern Rechts, die Oberhand behalten. – Familien-Fideikommissarisches Eigentum enthält ein Moment, dem das Recht der Persönlichkeit und damit des Privateigentums entgegensteht.

Aber die Bestimmungen, die das Privateigentum betreffen, können höhern Sphären des Rechts, einem Gemeinwesen, dem Staate untergeordnet werden müssen, wie in Rücksicht auf Privateigentümlichkeit beim Eigentum einer sogenannten moralischen Person, Eigentum in toter Hand, der Fall ist. Jedoch können solche Ausnahmen nicht im Zufall, in Privatwillkür, Privatnutzen, sondern nur in dem vernünftigen Organismus des Staats begründet sein. – Die Idee des platonischen Staats enthält das Unrecht gegen die Person, des Privateigentums unfähig zu sein, als allgemeines Prinzip. Die Vorstellung von einer frommen oder freundschaftlichen und selbst erzwungenen Verbrüderung der Menschen mit Gemeinschaft der Güter und der Verbannung des privateigentümlichen Prinzips kann sich der Gesinnung leicht darbieten, welche die Natur der Freiheit des Geistes und des Rechts verkennt und sie nicht in ihren bestimmten Momenten erfaßt. Was die moralische oder religiöse Rücksicht betrifft, so hielt Epikur seine Freunde, wie sie, einen solchen Bund der Gütergemeinschaft zu errichten, vorhatten, gerade aus dem Grunde davon ab, weil dies ein Mißtrauen beweise, und die einander mißtrauen, nicht Freunde seien (Diog. Laërt. l. X n. VI).

§ 47

Als Person bin Ich selbst unmittelbar Einzelner, – dies heißt in seiner weitern Bestimmung zunächst: Ich bin lebendig in diesem organischen Körper, welcher mein dem Inhalte nach allgemeines ungeteiltes äußeres Dasein, die reale Möglichkeit alles weiter bestimmten Daseins, ist. Aber als Person habe ich zugleich mein Leben und Körper, wie andere Sachen, nur in so fern es mein Wille ist.

Daß Ich nach der Seite, nach welcher Ich nicht als der für sich seiende, sondern als der unmittelbare Begriff existiere, lebendig bin und | einen organischen Körper habe, beruht auf dem Begriffe des Lebens und dem des Geistes als

Seele, – auf Momenten, die aus der Naturphilosophie (Encyklop. der philos. Wissensch. § 259 ff. vergl. § 161, 164 und 298) und der Anthropologie (ebenda § 318) aufgenommen sind. –
Ich habe diese Glieder, das Leben nur, in so fern ich will; das Tier kann sich nicht selbst verstümmeln oder umbringen, aber der Mensch.

§ 48

Der Körper, in so fern er unmittelbares Dasein ist, ist er dem Geiste nicht angemessen; um williges Organ und beseeltes Mittel desselben zu sein, muß er erst von ihm in Besitz genommen werden (§ 57). – Aber für andere bin ich wesentlich ein Freies in meinem Körper, wie ich ihn unmittelbar habe.
Nur weil Ich als Freies im Körper lebendig bin, darf dieses lebendige Dasein nicht zum Lasttiere mißbraucht werden. In so fern Ich lebe, ist meine Seele (der Begriff und höher das Freie) und der Leib nicht geschieden, dieser ist das Dasein der Freiheit und Ich empfinde in ihm. Es ist daher nur ideeloser, sophistischer Verstand, welcher die Unterscheidung machen kann, daß das Ding an sich, die Seele, nicht berührt oder angegriffen werde, wenn der Körper mißhandelt und die Existenz der Person der Gewalt eines andern unterworfen wird. Ich kann mich aus meiner Existenz in mich zurückziehen und sie zur äußerlichen machen, – die besondere Empfindung aus mir hinaushalten und in den Fesseln frei sein. Aber dies ist mein Wille, für den andern bin Ich in meinem Körper; frei für den andern bin ich nur als frei im Dasein, ist ein identischer Satz. (s. meine Wissensch. der Logik, 1. Bd., S.49ff.) Meinem Körper von Andern angetane Gewalt ist Mir angetane Gewalt.
Daß, weil Ich empfinde, die Berührung und Gewalt gegen meinen Körper mich unmittelbar als wirklich und gegenwärtig berührt, macht den Unterschied zwischen persönlicher Beleidigung und zwischen Verletzung meines

äußern Eigentums, als in welchem mein Wille nicht in dieser unmittelbaren Gegenwart und Wirklichkeit ist. |

§ 49

Im Verhältnisse zu äußerlichen Dingen ist das Vernünftige, daß Ich Eigentum besitze; die Seite des Besondern aber begreift die subjektiven Zwecke, Bedürfnisse, die Willkür, die Talente, äußere Umstände u.s.f. (§ 45); hievon hängt der Besitz bloß als solcher ab, aber diese besondere Seite ist in dieser Sphäre der abstrakten Persönlichkeit noch nicht identisch mit der Freiheit gesetzt. Was und wie viel Ich besitze, ist daher eine rechtliche Zufälligkeit.

In der Persönlichkeit sind die Mehrern Personen, wenn man hier von Mehrern sprechen will, wo noch kein solcher Unterschied stattfindet, gleich. Dies ist aber ein leerer tautologischer Satz; denn die Person ist als das Abstrakte eben das noch nicht Besonderte und in bestimmtem Unterschiede gesetzte. – Gleichheit ist die abstrakte Identität des Verstandes, auf welche das reflektierende Denken und damit die Mittelmäßigkeit des Geistes überhaupt, zunächst verfällt, wenn ihm die Beziehung der Einheit auf einen Unterschied vorkommt. Hier wäre die Gleichheit nur Gleichheit der abstrakten Personen als solcher, außer welcher eben damit Alles, was den Besitz betrifft, dieser Boden der Ungleichheit, fällt. – Die bisweilen gemachte Forderung der Gleichheit in Austeilung des Erdbodens oder gar des weiter vorhandenen Vermögens, ist ein um so leererer und oberflächlicher Verstand, als in diese Besonderheit nicht nur die äußere Naturzufälligkeit, sondern auch der ganze Umfang der geistigen Natur in ihrer unendlichen Besonderheit und Verschiedenheit, so wie in ihrer zum Organismus entwickelten Vernunft fällt. – Von einer Ungerechtigkeit der Natur über ungleiches Austeilen des Besitzes und Vermögens kann nicht gesprochen werden, denn die Natur ist nicht frei, und darum weder gerecht, noch ungerecht. Daß alle Menschen ihr Auskommen für ihre Bedürfnisse haben sollen, ist teils ein moralischer und, in dieser Unbestimmtheit ausgesprochen, zwar wohlgemeinter, aber, wie das bloß Wohlgemeinte überhaupt, nichts Objektives seiender Wunsch, teils ist Auskommen etwas anders als Besitz und gehört einer andern Sphäre, der bürgerlichen Gesellschaft, an. |

§ 50

Daß die Sache dem in der Zeit zufällig Ersten, der sie in Besitz nimmt, angehört, ist, weil ein Zweiter nicht in Besitz nehmen kann, was bereits Eigentum eines Andern ist, eine sich unmittelbar verstehende, überflüssige Bestimmung.

§ 51

Zum Eigentum als dem Dasein der Persönlichkeit, ist meine innerliche Vorstellung und Wille, daß Etwas mein sein solle, nicht hinreichend, sondern es wird dazu die Besitzergreifung erfordert. Das Dasein, welches jenes Wollen hiedurch erhält, schließt die Erkennbarkeit für andere in sich. – Daß die Sache, von der Ich Besitz nehmen kann, herrenlos sei, ist (wie § 50) eine sich von selbst verstehende negative Bedingung, oder bezieht sich vielmehr auf das antizipierte Verhältnis zu andern.

§ 52

Die Besitzergreifung macht die Materie der Sache zu meinem Eigentum, da die Materie für sich nicht ihr eigen ist.

Die Materie leistet mir Widerstand (und sie ist nur dies, mir Widerstand zu leisten), d.i. sie zeigt mir ihr abstraktes Fürsichsein nur als abstraktem Geiste, nämlich als sinnlichem (verkehrter Weise hält das sinnliche Vorstellen das sinnliche Sein des Geistes für das Konkrete und das Vernünftige für das Abstrakte), aber in Beziehung auf den Willen und Eigentum hat dies Fürsichsein der Materie keine Wahrheit. Das Besitzergreifen als **äußerliches Tun**, wodurch das allgemeine Zueignungsrecht der Naturdinge verwirklicht wird, tritt in die Bedingungen der physischen Stärke, der List, der Geschicklichkeit, der Vermittlung überhaupt, wodurch man körperlicherweise etwas habhaft wird. Nach der qualitativen Verschiedenheit der Naturdinge hat deren Bemächtigung und Besitznahme einen unendlich vielfachen Sinn und eine eben so unendliche Beschränkung und Zufälligkeit. Ohnehin ist die Gattung und das Elementarische als solches, nicht **Gegenstand der persönlichen Einzelnheit**; um dies zu werden und ergriffen werden zu können, muß es erst vereinzelt werden (ein Atemzug der Luft, ein Schluck Wassers). An der Unmöglichkeit, eine äußerliche Gattung als solche und das Elementarische in Besitz nehmen zu können, ist nicht die äußerliche physische Unmöglichkeit als das Letzte zu betrachten, son|dern daß die Person als Wille sich als Einzelnheit bestimmt und als Person zugleich unmittelbare Einzelnheit ist, hiemit sich auch als solche zum Äußerlichen als zu Einzelnheiten verhält (§ 13 Anm., § 43). – Die Bemächtigung und das äußerliche Besitzen wird daher auch auf unendliche Weise mehr oder weniger unbestimmt und unvollkommen. Immer aber ist die Materie nicht ohne wesentliche Form und nur durch diese ist sie Etwas. Je mehr ich mir diese Form aneigne, desto mehr komme ich auch in den **wirklichen** Besitz der Sache. Das Verzehren von Nahrungsmitteln ist eine Durchdringung und Veränderung ihrer qualitativen Natur, durch die sie vor dem Verzehren das sind, was sie sind. Die Ausbildung meines organischen Körpers zu Geschicklichkeiten, so wie die Bildung meines Geistes ist gleichfalls eine mehr oder weniger vollkommene Besitznahme und Durchdringung; der Geist ist es, den ich mir am vollkommensten zu eigen machen kann. Aber diese **Wirklichkeit der Besitzergreifung** ist verschieden von dem Eigentum, als solchem, welches durch den freien Willen vollendet ist. Gegen ihn hat die Sache nicht ein Eigentümliches für sich zurückbehalten, wenn schon im Besitze, als einem äußerlichen Verhältnis, noch eine Äußerlichkeit zurückbleibt. Über das leere Abstraktum einer Materie ohne Eigenschaften, welches im Eigentum außer mir und der Sache eigen bleiben soll, muß der Gedanke Meister werden.

§ 53

Das Eigentum hat seine nähern Bestimmungen im Verhältnisse des Willens zur Sache; dieses ist α) unmittelbar Besitznahme, in so fern der Wille in der Sache, als einem Positiven sein Dasein hat β) in so fern sie ein Negatives gegen ihn ist, hat er sein Dasein in ihr als einem zu Negierenden, – Gebrauch γ) die Reflexion des Willens in sich aus der Sache – Veräußerung; – positives, negatives und unendliches Urteil des Willens über die Sache. |

A
BESITZNAHME

§ 54

Die Besitznahme ist teils die unmittelbare körperliche Ergreifung, teils die Formierung, teils die bloße Bezeichnung.

§ 55

α) Die körperliche Ergreifung ist nach der sinnlichen Seite, indem Ich in diesem Besitzen unmittelbar gegenwärtig bin und damit mein Wille eben so erkennbar ist, die vollständigste Weise; aber überhaupt nur subjektiv, temporär und dem Umfange nach, so wie auch durch die qualitative Natur der Gegenstände höchst eingeschränkt. Durch den Zusammenhang, in den ich Etwas mit anderwärts mir schon eigentümlichen Sachen bringen kann, oder Etwas sonst zufälliger Weise kommt, durch andere Vermittlungen wird der Umfang dieser Besitznahme etwas ausgedehnt.

Mechanische Kräfte, Waffen, Instrumente erweitern den Bereich meiner Gewalt. – Zusammenhänge, wie des meinen Boden bespülenden Meeres, Stromes, eines zur Jagd, Weide, und anderer Benutzung tauglichen Bodens, der an mein festes Eigentum angrenzt, der Steine und anderer Mineralienlager unter meinem Acker, Schätze in oder unter meinem Grundeigentum u.s.f. – oder Zusammenhänge, die erst in der Zeit und zufällig erfolgen (wie ein Teil der sogenannten natürlichen Akzessionen, Alluvion und dergleichen, auch Strandung), – die Foetura ist wohl eine Akzession zu meinem Vermögen, aber, als ein organisches Verhältnis, kein äußerliches Hinzukommen zu einer andern von mir besessenen Sache und daher von ganz anderer Art, als die sonstigen Akzessionen, – sind teils leichtere zum Teil ausschließende Möglichkeiten, etwas in Besitz zu nehmen oder zu benutzen für einen Besitzer gegen einen andern, teils kann das Hinzugekommene als ein unselbstständiges Akzidens der Sache, zu der es hinzugekommen, angesehen werden. Es sind dies überhaupt äußerliche Verknüpfungen, die nicht den Begriff und die Lebendigkeit zu ihrem Bande haben. Sie fallen daher dem Verstande für Herbeibringung und Abwägung der Gründe und Gegengründe und der positiven Gesetzgebung zur Entscheidung, nach einem Mehr oder Weniger von Wesentlichkeit oder Unwesentlichkeit der Beziehungen, anheim. |

§ 56

β) Durch die Formierung erhält die Bestimmung, daß Etwas das Meinige ist, eine für sich bestehende Äußerlichkeit und hört auf, auf meine Gegenwart in diesem Raum und in dieser Zeit und auf die Gegenwart meines Wissens und Wollens beschränkt zu sein.

Das Formieren ist in so fern die der Idee angemessenste Besitznahme, weil sie das Subjektive und Objektive in sich vereinigt, übrigens nach der qualitativen Natur der Gegenstände und nach der Verschiedenheit der subjektiven Zwecke unendlich verschieden. – Es gehört hieher auch das Formieren des Organischen, an welchem das, was ich an ihm tue, nicht als ein Äußerliches bleibt, sondern assimiliert wird; Bearbeitung der Erde, Kultur der Pflanzen, Bezähmen, Füttern und Hegen der Tiere; – weiter vermittelnde Veranstaltungen zur Benutzung elementarischer Stoffe oder Kräfte, veranstaltete Einwirkung eines Stoffes auf einen andern u.s.f.

§ 57

Der Mensch ist nach der **unmittelbaren Existenz** an ihm selbst ein natürliches, seinem Begriffe Äußeres; erst durch die **Ausbildung seines eigenen Körpers und Geistes, wesentlich dadurch, daß sein Selbstbewußtsein sich als freies erfaßt**, nimmt er sich in Besitz und wird das Eigentum seiner selbst und gegen andere. Dieses Besitznehmen ist umgekehrt eben so dies, das, was er seinem Begriffe nach (als eine **Möglichkeit, Vermögen, Anlage**) ist, in die **Wirklichkeit** zu setzen, wodurch es eben sowohl erst als das Seinige gesetzt, als auch als Gegenstand und vom einfachen Selbstbewußtsein unterschieden und dadurch fähig wird, die **Form der Sache** zu erhalten (vergl. Anm. zu § 43).

* Die behauptete Berechtigung der **Sklaverei** (in allen ihren nähern Begründungen durch die physische Gewalt, Kriegsgefangenschaft, Rettung und Erhaltung des Lebens, Ernährung, Erziehung, Wohltaten, eigene Einwilligung u.s.f.) so wie die Berechtigung einer **Herrschaft**, als bloßer Herrenschaft überhaupt und alle **historische Ansicht** über das Recht der Sklaverei und der Herrenschaft beruht auf dem Standpunkt, den Menschen als **Naturwesen** überhaupt **nach einer Existenz** (wozu auch die Willkür gehört)
* zu nehmen, die seinem Begriffe nicht angemessen ist. Die

Behauptung des absoluten Unrechts | der Sklaverei hingegen hält am Begriffe des Menschen als Geistes, als des an sich freien, fest und ist einseitig darin, daß sie den Menschen als von Natur frei, oder, was dasselbe ist, den Begriff als solchen in seiner Unmittelbarkeit, nicht die Idee, als das Wahre nimmt. Diese Antinomie beruht, wie alle Antinomie, auf dem formellen Denken, das die beiden Momente einer Idee, getrennt, jedes für sich, damit der Idee nicht angemessen und in seiner Unwahrheit, festhält und behauptet. Der freie Geist ist eben dieses (§ 21) nicht als der bloße Begriff oder an sich zu sein, sondern diesen Formalismus seiner selbst und damit die unmittelbare natürliche Existenz aufzuheben und sich die Existenz nur als die seinige, als freie Existenz, zu geben. Die Seite der Antinomie, die den Begriff der Freiheit behauptet, hat daher den Vorzug, den absoluten Ausgangspunkt, aber auch nur den Ausgangspunkt für die Wahrheit zu enthalten, während die andere Seite, welche bei der begrifflosen Existenz stehen bleibt, den Gesichtspunkt von Vernünftigkeit und Recht gar nicht enthält. Der Standpunkt des freien Willens, womit das Recht und die Rechtswissenschaft anfängt, ist über den unwahren Standpunkt, auf welchem der Mensch als Naturwesen und nur als an sich seiender Begriff, der Sklaverei daher fähig ist, schon hinaus. Diese frühere unwahre Erscheinung betrifft den Geist, welcher nur erst auf dem Standpunkte seines Bewußtseins ist, die Dialektik des Begriffs und des nur erst unmittelbaren Bewußtseins der Freiheit, bewirkt daselbst den Kampf des Anerkennens und das Verhältnis der Herrenschaft und der Knechtschaft (s. Phänomenologie des Geistes, S. 115 ff. und Encyklop. der philosoph. Wissensch., § 352 ff.). Daß aber der objektive Geist, der Inhalt des Rechts, nicht selbst wieder nur in seinem subjektiven Begriffe, und damit, daß dies, daß der Mensch an und für sich nicht zur Sklaverei bestimmt sei, nicht wieder als ein bloßes Sollen aufgefaßt werde, dies findet allein in der Erkenntnis Statt, daß die Idee der Freiheit wahrhaft nur als der Staat ist.

§ 58

γ) Die für sich nicht wirkliche, sondern meinen Willen nur vorstellende Besitznahme ist ein Zeichen an der Sache, dessen Bedeutung sein soll, daß Ich meinen Willen in sie gelegt habe. Diese Besitznahme ist nach dem gegenständlichen Umfang und der Bedeutung sehr unbestimmt. |

B
DER GEBRAUCH DER SACHE

§ 59

Durch die Besitznahme erhält die Sache das Prädikat die meinige zu sein, und der Wille hat eine positive Beziehung auf sie. In dieser Identität ist die Sache eben so sehr als ein negatives gesetzt und mein Wille in dieser Bestimmung ein besonderer, Bedürfnis, Belieben u.s.f. Aber mein Bedürfnis als Besonderheit eines Willens ist das Positive, welches sich befriedigt, und die Sache, als das an sich Negative, ist nur für dasselbe und dient ihm. – Der Gebrauch ist diese Realisierung meines Bedürfnisses durch die Veränderung, Vernichtung, Verzehrung der Sache, deren selbstlose Natur dadurch geoffenbart wird und die so ihre Bestimmung erfüllt.

Daß der Gebrauch die reelle Seite und Wirklichkeit des Eigentums ist, schwebt der Vorstellung vor, wenn sie Eigentum, von dem kein Gebrauch gemacht wird, für totes und herrenloses ansieht, und bei unrechtmäßiger Bemächtigung desselben es als Grund, daß es vom Eigentümer nicht gebraucht worden sei, anführt. – Aber der Wille des Eigentümers, nach welchem eine Sache die Seinige ist, ist die erste substantielle Grundlage, von der die weitere Bestimmung, der Gebrauch, nur die Erscheinung und besondere Weise ist, die jener allgemeinen Grundlage nachsteht.

§ 60

Die Benutzung einer Sache in unmittelbarer Ergreifung, ist für sich eine einzelne Besitznahme. In so fern aber die Benutzung sich auf ein fortdauerndes Bedürfnis gründet und wiederholte Benutzung eines sich erneuernden Erzeugnisses ist, etwa auch zum Behufe der Erhaltung dieser Erneuerung sich beschränkt, so machen diese und andere Umstände jene unmittelbare einzelne Ergreifung zu einem Zeichen, daß sie die Bedeutung einer allgemeinen Besitznahme, damit der Besitznahme der elementarischen oder organischen Grundlage oder der sonstigen Bedingungen solcher Erzeugnisse haben soll. |

§ 61

Da die Substanz der Sache für sich, die mein Eigentum ist, ihre Äußerlichkeit d.i. ihre Nichtsubstantialität ist, – sie ist gegen mich nicht Endzweck in sich selbst (§ 42) – und diese realisierte Äußerlichkeit der Gebrauch oder die Benutzung, die ich von ihr mache, ist, so ist der ganze Gebrauch oder Benutzung, die Sache in ihrem ganzen Umfange, so daß, wenn jener mir zusteht, Ich der Eigentümer der Sache bin, von welcher über den ganzen Umfang des Gebrauchs hinaus nichts übrig bleibt, was Eigentum eines andern sein könnte.

§ 62

Nur ein teilweiser oder temporärer Gebrauch, so wie ein teilweiser oder temporärer Besitz (als die selbst teilweise oder temporäre Möglichkeit, die Sache zu gebrauchen) der mir zusteht, ist daher vom Eigentume der Sache selbst unterschieden. Wenn der ganze Umfang des Gebrauchs Mein wäre, das abstrakte Eigentum aber eines Andern sein sollte, so wäre die Sache als die Meinige von meinem Willen gänzlich durchdrungen (vorh. § und § 52), und zugleich darin ein für mich undurchdringliches, der und zwar leere Wille eines andern, – Ich mir in der Sache als positiver Wille objektiv und zugleich nicht objektiv, – das Verhältnis eines absoluten Widerspruchs. – Das Eigentum ist daher wesentlich freies, volles Eigentum.

* Die Unterscheidung unter dem Rechte auf den ganzen Umfang des Gebrauchs und unter abstraktem Eigentum gehört dem leeren Verstande, dem die Idee, hier als Einheit des Eigentums oder auch des persönlichen Willens überhaupt, und der Realität desselben, nicht das Wahre ist, sondern dem diese beiden Momente in ihrer Absonderung von einander für etwas Wahres gelten. Diese Unterscheidung ist daher als wirkliches Verhältnis das einer leeren Herrenschaft, das (wenn die Verrücktheit nicht nur von der bloßen Vorstellung des Subjekts und seiner Wirklichkeit, die in unmittelbarem Widerspruche in Einem sind, gesagt würde) eine Verrücktheit der Persönlichkeit genannt werden könnte, weil das Mein in Einem Objekte unvermittelt mein einzelner ausschließender Wille und ein anderer einzelner ausschließender Wille sein sollte. – In den Institut., lib. II., tit. IV. ist gesagt: ususfructus est jus alienis rebus utendi, fruendi salva rerum substantia. Weiterhin heißt es ebendaselbst: ne tamen in universum inutiles essent proprietates, semper abscedente usufructu: placuit certis modis extingui usumfructum et ad | proprietatem reverti. – Placuit – als ob es erst ein Belieben oder Beschluß wäre, jener leeren Unterscheidung durch diese Bestimmung einen Sinn zu geben. Eine proprietas semper abscedente usufructu wäre nicht nur inutilis, sondern keine proprietas mehr. – Andere Unterscheidungen des Eigentums selbst, wie in res mancipi und nec mancipi, das dominium Quiritarium und Bonitarium und dergleichen zu erörtern, gehört nicht hieher, da sie sich auf keine Begriffsbestimmung des Eigentums beziehen, und bloß historische Delikatessen dieses Rechts sind. – Aber die Verhältnisse des dominii directi und des dominii utilis, der emphytevtische Vertrag und die weitern Verhältnisse von Lehngütern mit ihren Erb- und andern Zinsen,

Gilten, Handlohn u.s.f. in ihren mancherlei Bestimmungen, wenn solche Lasten unablösbar sind, enthalten einerseits die obige Unterscheidung, andererseits auch nicht, eben in so fern mit dem dominio utili Lasten verbunden sind, wodurch das dominium directum zugleich ein dominium utile wird. Enthielten solche Verhältnisse nichts, als nur jene Unterscheidung in ihrer strengen Abstraktion, so stünden darin eigentlich nicht zwei Herren (domini), sondern ein Eigentümer und ein leerer Herr gegeneinander über. Um der Lasten willen aber sind es zwei Eigentümer, welche im Verhältnisse stehen. Jedoch sind sie nicht im Verhältnisse eines gemeinschaftlichen Eigentums. Zu solchem Verhältnisse liegt der Übergang von jenem am nächsten; – ein Übergang, der dann darin schon begonnen hat, wenn an dem dominium directum der Ertrag berechnet und als das Wesentliche angesehen, somit das Unberechenbare der Herrenschaft über ein Eigentum, welche etwa für das Edle gehalten worden, dem Utile, welches hier das Vernünftige ist, nachgesetzt wird.

Es ist wohl an die anderthalb tausend Jahre, daß die Freiheit der Person durch das Christentum zu erblühen angefangen hat und unter einem übrigens kleinen Teile des Menschengeschlechts allgemeines Prinzip geworden ist. Die Freiheit des Eigentums aber ist seit gestern, kann man sagen, hier und da als Prinzip anerkannt worden. – Ein Beispiel aus der Weltgeschichte über die Länge der Zeit, die der Geist braucht, in seinem Selbstbewußtsein fortzuschreiten – und gegen die Ungeduld des Meinens. |

§ 63

Die Sache im Gebrauch ist eine einzelne nach Qualität und Quantität bestimmte und in Beziehung auf ein spezifisches Bedürfnis. Aber ihre spezifische Brauchbarkeit ist zugleich als quantitativ bestimmt vergleichbar mit andern Sachen von derselben Brauchbarkeit, so wie das spezifische Bedürfnis, dem sie dient, zugleich **Bedürfnis überhaupt** und darin nach seiner Besonderheit eben so mit andern Bedürfnissen vergleichbar ist, und darnach auch die Sache mit solchen, die für andere Bedürfnisse brauchbar sind. Diese ihre **Allgemeinheit**, deren einfache Bestimmtheit aus der Partikularität der Sache hervorgeht, so daß von dieser spezifischen Qualität zugleich abstrahiert wird, ist der **Wert** der Sache, worin ihre wahrhafte Substantialität **bestimmt** und Gegenstand des Bewußtseins ist. Als voller Eigentümer der Sache bin ich es eben so von ihrem **Werte**, als von dem Gebrauche derselben.

* Der Lehensträger hat den Unterschied in seinem Eigentum, daß er nur Eigentümer des **Gebrauchs**, nicht des **Werts** der Sache sein soll.

§ 64

Die dem Besitze gegebene Form und das Zeichen sind selbst äußerliche Umstände, ohne die subjektive Gegenwart des Willens, die allein deren Bedeutung und Wert ausmacht. Diese Gegenwart aber, die der Gebrauch, Benutzung oder sonstiges Äußern des Willens ist, fällt in die **Zeit**, in Rücksicht welcher die **Objektivität** die **Fortdauer** dieses Äußerns ist. Ohne diese wird die Sache, als von der Wirklichkeit des Willens und
* Besitzes verlassen, herrenlos; Ich verliere oder erwerbe daher Eigentum durch **Verjährung**.

Die Verjährung ist daher nicht bloß aus einer äußerlichen, dem strengen Recht zuwider laufenden Rücksicht in das Recht eingeführt worden, der Rücksicht, die Streitigkeiten und Verwirrungen abzuschneiden, die durch alte Ansprüche in die Sicherheit des Eigentums kommen würden u.s.f. Sondern die Verjährung gründet sich auf die Bestimmung der **Realität** des Eigentums, der Notwendigkeit, daß der Wille, etwas zu haben, sich äußere. – **Öffentliche Denkmale** sind National-Eigentum oder eigentlich, wie die Kunstwerke überhaupt in Rücksicht auf **Benutzung**, gelten sie durch die ihnen inwohnende | Seele der Erinnerung und der Ehre, als lebendige und selbstständige Zwecke; verlassen aber von dieser Seele, werden sie nach dieser Seite für eine Nation herrenlos und zufälliger Privat-Besitz, wie z.B. die griechischen, ägyptischen Kunstwerke in der Türkei. – Das Privateigentumsrecht der Familie eines Schriftstellers an dessen Produktionen verjährt sich aus ähnlichem Grunde; sie werden in dem Sinne herrenlos, daß sie (auf entgegengesetzte Weise, wie jene Denkmale) in allgemeines Eigentum übergehen und nach ihrer besondern Benutzung der Sache in zufälligen Privat-Besitz. – Bloßes Land, zu Gräbern oder auch für sich auf ewige Zeiten zum Nichtgebrauch geweiht, enthält eine leere ungegenwärtige Willkür, durch deren Verletzung nichts wirkliches verletzt wird, deren Achtung daher auch nicht garantiert werden kann.

C
ENTÄUSSERUNG DES EIGENTUMS

§ 65

Meines Eigentums kann ich mich entäußern, da es das Meinige nur ist, in so fern ich meinen Willen darein lege, – so daß ich meine Sache überhaupt von mir als herrenlos lasse (derelinquire), oder sie dem Willen eines andern zum Besitzen überlasse, – aber nur insofern die Sache ihrer Natur nach ein Äußerliches ist.

§ 66

Unveräußerlich sind daher diejenigen Güter, oder vielmehr substantiellen Bestimmungen, so wie das Recht an sie unverjährbar, welche meine eigenste Person und das allgemeine Wesen meines Selbstbewußtseins ausmachen, wie meine Persönlichkeit überhaupt, meine allgemeine Willensfreiheit, Sittlichkeit, Religion.

Daß das, was der Geist seinem Begriffe nach oder an sich ist, auch im Dasein und für sich sei (somit Person, des Eigentums fähig sei, Sittlichkeit, Religion habe), – diese Idee ist selbst sein Begriff (als causa sui, das ist, als freie Ursache, ist er solches, cujus natura non potest concipi nisi existens. Spinoza Eth. P. I Def. 1). In eben diesem Begriffe, | nur durch sich selbst und als unendliche Rückkehr in sich aus der natürlichen Unmittelbarkeit seines Daseins, das zu sein, was er ist, liegt die Möglichkeit des Gegensatzes zwischen dem, was er nur an sich und nicht auch für sich ist (§ 57), so wie umgekehrt zwischen dem, was er nur für sich, nicht an sich ist (im Willen das Böse); – und hierin die Möglichkeit der Entäußerung der Persönlichkeit und seines substantiellen Seins – diese Entäußerung geschehe auf eine bewußtlose oder ausdrückliche Weise. – Beispiele von Entäußerung der Persönlichkeit sind die Sklaverei, Leibeigenschaft, Unfähigkeit Eigentum zu besitzen, die Unfreiheit desselben u.s.f., Entäußerung der intelligenten Vernünftigkeit, Moralität, Sittlichkeit, Religion kommt vor im Aberglauben, in der Andern eingeräumten Autorität und Vollmacht, mir, was ich für Handlungen begehen solle (wenn einer sich ausdrücklich zum Raube, Morde u.s.f. oder zur Möglichkeit von Verbrechen verdingt), mir, was Gewissenspflicht, religiöse Wahrheit sei u.s.f. zu bestimmen und vorzuschreiben. – Das Recht an solches Unveräußerliche ist unverjährbar, denn der Akt, wodurch ich von meiner Persönlichkeit und substantiellem Wesen Besitz nehme, mich zu einem Rechts- und Zurechnungsfähigen, Moralischen, Religiösen mache, entnimmt diese Bestimmungen eben der Äußerlichkeit, die allein ihnen die Fähigkeit gab, im Besitz eines andern zu sein. Mit diesem Aufheben der Äußerlichkeit fällt die Zeitbestimmung und alle Gründe weg, die aus meinem frühern Konsens oder Gefallenlassen genommen werden können. Diese Rückkehr meiner in mich selbst, wodurch Ich mich als Idee, als rechtliche und moralische Person existierend mache, hebt das bisherige Verhältnis und das Unrecht auf, das Ich und der Andere meinem Be-

griff und Vernunft angetan hat, die unendliche Existenz des
Selbstbewußtseins als ein Äußerliches behandeln lassen und
behandelt zu haben. – Diese Rückkehr in mich deckt den
Widerspruch auf, Andern meine Rechtsfähigkeit, Sittlichkeit, Religiosität in Besitz gegeben zu haben, was ich selbst
nicht besaß, und was sobald ich es besitze, eben wesentlich
nur als das Meinige und nicht als ein Äußerliches existiert. – |

§ 67

Von meinen besondern, körperlichen und geistigen
Geschicklichkeiten und Möglichkeiten der Tätigkeit kann
ich einzelne Produktionen und einen in der Zeit beschränkten Gebrauch an einen andern veräußern, weil sie
nach dieser Beschränkung ein äußerliches Verhältnis zu meiner
Totalität und Allgemeinheit erhalten. Durch die Veräußerung meiner ganzen durch die Arbeit konkreten Zeit und der
Totalität meiner Produktion würde ich das Substantielle derselben, meine allgemeine Tätigkeit und Wirklichkeit, meine
Persönlichkeit zum Eigentum eines andern machen.

Es ist dasselbe Verhältnis, wie oben § 61 zwischen der Substanz
der Sache und ihrer Benutzung; wie diese, nur insofern
sie beschränkt ist, von jener verschieden ist, so ist auch der
Gebrauch meiner Kräfte von ihnen selbst und damit von mir
nur unterschieden, insofern er quantitativ beschränkt ist; –
die Totalität der Äußerungen einer Kraft ist die Kraft
selbst, – der Akzidenzen die Substanz, – der Besonderungen
das Allgemeine.

§ 68

Das Eigentümliche an der geistigen Produktion kann durch die
Art und Weise der Äußerung unmittelbar in solche Äußerlichkeit
einer Sache umschlagen, die nun eben so von andern produziert
werden kann; so daß mit deren Erwerb der nunmehrige Eigen-

tümer, außerdem daß er damit sich die mitgeteilten Gedanken
oder die technische Erfindung zu eigen machen kann, welche
Möglichkeit zum Teil (bei schriftstellerischen Werken) die einzige Bestimmung und den Wert des Erwerbs ausmacht, zugleich
in den Besitz der **allgemeinen Art und Weise**, sich so zu äußern und solche Sachen vielfältig hervorzubringen, kommt.
Bei Kunstwerken ist die den Gedanken in einem äußerlichen
Material verbildlichende Form als Ding so sehr das Eigentümliche des produzierenden Individuums, daß ein Nachma-
chen derselben wesentlich das Produkt der eigenen geistigen
und technischen Geschicklichkeit ist. Bei einem schriftstelle-
rischen Werke ist die Form, wodurch es eine | äußerliche Sa-
che ist, so wie bei der Erfindung einer technischen Vorrichtung, **mechanischer Art**, – dort, weil der Gedanke nur
in einer Reihe vereinzelter abstrakter **Zeichen**, nicht in
konkreter Bildnerei dargestellt wird, hier, weil er überhaupt
einen mechanischen Inhalt hat, – und die Art und Weise,
solche Sachen als Sachen zu produzieren, gehört unter die
gewöhnlichen Fertigkeiten. – Zwischen den Extremen des
Kunstwerks und der handwerksmäßigen Produktion gibt es
übrigens Übergänge, die bald mehr, bald weniger von dem
einen oder dem andern an sich haben.

§ 69

Indem der Erwerber eines solches Produkts an dem Exemplar
als **Einzelnem** den vollen Gebrauch und Wert desselben besitzt, so ist er vollkommner und freier Eigentümer desselben
als eines Einzelnen, obgleich der Verfasser der Schrift oder der
Erfinder der technischen Vorrichtung Eigentümer der **allgemeinen** Art und Weise bleibt, dergleichen Produkte und Sachen zu vervielfältigen, als welche allgemeine Art und Weise er
nicht unmittelbar veräußert hat, sondern sich dieselbe als eigentümliche Äußerung vorbehalten kann.

Das Substantielle des Rechts des Schriftstellers und Erfinders
ist zunächst nicht darin zu suchen, daß er bei der Entäuße-

rung des einzelnen Exemplars es willkürlich zur **Bedingung** macht, daß die damit in den Besitz des Andern kommende Möglichkeit, solche Produkte nunmehr als Sachen gleichfalls hervorzubringen, nicht Eigentum des Andern werde, sondern Eigentum des Erfinders bleibe. Die erste Frage ist, ob eine solche Trennung des Eigentums der Sache von der mit ihr gegebenen Möglichkeit, sie gleichfalls zu produzieren, im Begriffe zulässig ist und das volle, freie Eigentum (§ 62) nicht aufhebt, – worauf es erst in die Willkür des ersten geistigen Produzenten kommt, diese Möglichkeit für sich zu behalten, oder als einen Wert zu veräußern oder für sich keinen Wert darauf zu legen und mit der einzelnen Sache auch sie preis zu geben. Diese Möglichkeit hat nämlich das Eigne, an der Sache die Seite zu sein, wonach diese nicht nur eine Besitzung, sondern ein **Vermögen** ist (s. unten § 170 ff.) so daß dies in der besondern Art und Weise des äußern Gebrauchs liegt, der von der Sache gemacht wird, und von dem Gebrauche, zu welchem die Sache unmittelbar bestimmt ist, verschieden und trennbar ist (er ist nicht, wie man es heißt, eine solche accessio naturalis, wie die foetura). Da nun der | Unterschied in das seiner Natur nach Teilbare, in den äußerlichen Gebrauch fällt, so ist die Zurückbehaltung des einen Teils bei Veräußerung des andern Teils des Gebrauchs nicht der Vorbehalt einer Herrenschaft ohne Utile. – Die bloß negative, aber allererste Beförderung der Wissenschaften und Künste ist, diejenigen, die darin arbeiten, gegen **Diebstahl** zu sichern und ihnen den Schutz ihres Eigentums angedeihen zu lassen; wie die allererste und wichtigste Beförderung des Handels und der Industrie war, sie gegen die Räuberei auf den Landstraßen sicher zu stellen. – Indem übrigens das Geistesprodukt die Bestimmung hat, von andern Individuen aufgefaßt und ihrer Vorstellung, Gedächtnis, Denken u.s.f. zu eigen gemacht zu werden und ihre Äußerung, wodurch sie das **Gelernte** (denn Lernen heißt nicht nur, mit dem Gedächtnis die Worte auswendig lernen – die Gedanken anderer können nur durch Denken aufgefaßt werden, und dies Nach-denken ist auch Lernen) gleichfalls zu einer veräußerbaren Sache machen, hat immer leicht irgend eine eigentümliche Form, so daß sie das daraus erwachsende Vermögen als ihr Eigentum betrachten und für sich das Recht solcher Produktion daraus behaupten können. Die Fortpflanzung der Wissenschaften überhaupt und das bestimmte Lehrgeschäft insbesondere ist, seiner Bestimmung und Pflicht nach, am bestimmtesten bei positiven Wissenschaften, der Lehre einer Kirche, der Jurisprudenz u.s.f. die Repetition festgesetzter, überhaupt schon geäußerter und von Außen aufgenommener Gedanken, somit auch in Schriften, welche dies Lehrgeschäft und die Fortpflanzung und Verbreitung der Wissenschaften zum Zweck haben. In wie fern nun die in der wiederholenden Äußerung sich ergebende Form den vorhandenen wissenschaftlichen Schatz und insbesondere die Gedanken solcher Anderer, die noch im äußerlichen Eigentum ihrer Geistesprodukte sind, in ein spezielles geistiges Eigentum des reproduzierenden Individuums verwandle, und ihm hiemit das Recht, sie auch zu seinem äußerlichen Eigentum zu machen, gebe oder in wie fern nicht, – in wie fern solche Wiederholung in einem schriftstellerischen Werke ein Plagiat werde, läßt sich nicht durch eine genaue Bestimmung angeben und hiemit nicht rechtlich und gesetzlich festsetzen. Das Plagiat müßte daher eine Sache der Ehre sein und von dieser zurückgehalten werden. – Gesetze gegen den Nachdruck erfüllen daher ihren Zweck, das Eigentum der Schriftsteller und | der Verleger rechtlich zu sichern, zwar in dem bestimmten, aber sehr beschränkten Umfange. Die Leichtigkeit, absichtlich an der Form etwas zu ändern oder ein Modifikatiönchen an einer großen Wissenschaft, an einer umfassenden Theorie, welche das Werk eines Andern ist, zu erfinden, oder schon die Unmöglichkeit, im Vortrage des Aufgefaßten bei den Worten des Urhebers zu bleiben, führen für sich außer den besondern Zwecken, für welche eine solche Wiederholung nötig wird, die unendliche Vielfachheit von Veränderungen herbei, die dem fremden Eigentum den mehr oder weniger oberflächlichen Stempel des Seinigen aufdrücken; wie die hundert und aber hundert Kompendien, Auszüge, Sammlungen u.s.f. Rechenbücher, Geometrien, Erbauungsschriften u.s.f. zeigen, wie jeder Einfall einer kritischen Zeitschrift, Musenalmanachs, Konversationslexikons u.s.f. sogleich ebenfalls unter demselben oder einem veränderten Titel wiederholt, aber als etwas Eigentümliches behauptet werden kann; – wodurch denn leicht dem Schriftsteller oder erfindenden Unternehmer der Gewinn, den ihm sein Werk oder Einfall versprach, zu Nichte gemacht oder gegenseitig heruntergebracht oder allen ruiniert wird. – Was aber die **Wirkung der Ehre** gegen das Plagiat betrifft, so ist dabei dies auffallend, daß der Ausdruck **Plagiat** oder gar **gelehrter Diebstahl** nicht mehr gehört wird – es sei, entweder daß die Ehre ihre Wirkung getan, das Plagiat zu verdrängen, oder daß es aufgehört hat, gegen die Ehre zu sein und das Gefühl hierüber verschwunden ist, oder daß ein Einfällchen und Veränderung einer äußern Form sich als Originalität und selbstdenkendes Produzieren so hoch anschlägt, um den Gedanken an ein Plagiat gar nicht in sich aufkommen zu lassen.

§ 70

Die **umfassende** Totalität der äußerlichen Tätigkeit, das **Leben**, ist gegen die Persönlichkeit, als welche selbst **Diese** und **unmittelbar** ist, kein Äußerliches. Die Entäußerung oder Aufopferung desselben ist vielmehr das Gegenteil, als das Dasein **dieser** Persönlichkeit. Ich habe daher zu jener Entäußerung überhaupt kein **Recht**, und nur eine sittliche Idee, als in welcher **diese unmittelbar** einzelne Persönlichkeit an sich untergegangen, und die deren wirkliche Macht ist, hat ein Recht darauf, so daß zugleich wie das Leben als solches unmittelbar, auch der Tod die **unmittelbare** Negativität desselben ist, daher er von außen, als eine Natursache, oder im Dienste der Idee, von fremder Hand empfangen werden muß. |

ÜBERGANG VOM EIGENTUM ZUM VERTRAGE

§ 71

Das Dasein ist als bestimmtes Sein wesentlich Sein für anderes (siehe oben Anmerk. zu § 48); das Eigentum, nach der Seite, daß es ein Dasein als äußerliche Sache ist, ist für andere Äußerlichkeiten und im Zusammenhange dieser Notwendigkeit und Zufälligkeit. Aber als Dasein des Willens ist es als für anderes nur für den Willen einer andern Person. Diese Beziehung von Willen auf Willen ist der eigentümliche und wahrhafte Boden, in welchem die Freiheit Dasein hat. Diese Vermittlung, Eigentum nicht mehr nur vermittelst einer Sache und meines subjektiven Willens zu haben, sondern eben so vermittelst eines andern Willens, und hiemit in einem gemeinsamen Willen zu haben, macht die Sphäre des Vertrags aus.

Es ist durch die Vernunft eben so notwendig, daß die Menschen in Vertrags-Verhältnisse eingehen, – schenken, tauschen, handeln u.s.f. [–] als daß sie Eigentum besitzen (§ 45 Anm.). Wenn für ihr Bewußtsein das Bedürfnis überhaupt, das Wohlwollen, der Nutzen u.s.f. es ist, was sie zu Verträgen führt, so ist es an sich die Vernunft, nämlich die Idee des reellen (d.i. nur im Willen vorhandenen) Daseins der freien Persönlichkeit. – Der Vertrag setzt voraus, daß die darein tretenden sich als Personen und Eigentümer anerkennen; da er ein Verhältnis des objektiven Geistes ist, so ist das Moment der Anerkennung schon in ihm enthalten und vorausgesetzt (vergl. § 35 [und §] 57 Anmerk.). |

ZWEITER ABSCHNITT
DER VERTRAG

§ 72

Das Eigentum, von dem die Seite des Daseins oder der Äußerlichkeit nicht mehr nur eine Sache ist, sondern das Moment eines (und hiemit andern) Willens in sich enthält, kommt durch den Vertrag zu Stande, – als den Prozeß, in welchem der Widerspruch, daß Ich für mich seiender, den andern Willen ausschließender Eigentümer insofern bin und bleibe, als Ich in einem mit dem andern identischen Willen aufhöre, Eigentümer zu sein, sich darstellt und vermittelt.

§ 73

Ich kann mich eines Eigentums nicht nur, (§ 65) als einer äußerlichen Sache entäußern, sondern muß durch den Begriff mich desselben als Eigentums entäußern, damit mir mein Wille als daseiend, gegenständlich sei. Aber nach diesem Momente ist mein Wille als entäußerter zugleich ein Anderer. Dies somit, worin diese Notwendigkeit des Begriffes reell ist, ist die Einheit unterschiedener Willen, in der also ihre Unterschiedenheit und Eigentümlichkeit sich aufgibt. Aber in dieser Identität ihres Willens ist (auf dieser Stufe) eben so dies enthalten, daß jeder ein mit dem andern nicht identischer, für sich eigentümlicher Wille sei und bleibe.

§ 74

Dies Verhältnis ist somit die Vermittelung eines in der absoluten Unterscheidung fürsichseiender Eigentümer identischen Willens, und enthält, daß jeder mit seinem und des andern Willen, aufhört Eigentümer zu sein, es bleibt und es wird; – die Vermittlung des Willens, ein und zwar einzelnes Eigentum aufzugeben und des Willens, ein solches, hiemit das eines andern, anzunehmen, und zwar in dem identischen Zusammenhange, daß das eine Wollen nur zum Entschluß kommt, insofern das andere Wollen vorhanden ist. |

§ 75

Da die beiden kontrahierenden Teile als unmittelbare selbstständige Personen sich zu einander verhalten, so geht der Vertrag α) von der Willkür aus; β) der identische Wille, der durch den Vertrag in das Dasein tritt, ist nur ein durch sie gesetzter, somit nur gemeinsamer, nicht an und für sich allgemeiner; γ) der Gegenstand des Vertrags ist eine einzelne äußerliche Sache, denn nur eine solche ist ihrer bloßen Willkür, sie zu entäußern (§ 65 ff.) unterworfen.

* Unter den Begriff vom Vertrag kann daher die Ehe nicht subsumiert werden; diese Subsumtion ist in ihrer – Schändlichkeit, muß man sagen, – bei Kant (Metaphys. Anfangsgr.
* der Rechtslehre S. 106 ff.) aufgestellt. – Eben so wenig liegt die Natur des Staats im Vertragsverhältnisse, ob der Staat, als ein Vertrag Aller mit Allen oder als ein Vertrag dieser Aller mit dem Fürsten und der Regierung genommen werde. – Die Einmischung dieses, so wie der Verhältnisse des Privateigentums überhaupt, in das Staats-Verhältnis, hat die größten Verwirrungen im Staatsrecht und in der Wirklichkeit
* hervorgebracht. Wie in frühern Perioden die Staatsrechte und Staatspflichten als ein unmittelbares Privateigentum besonderer Individuen gegen das Recht des Fürsten und Staats angesehen und behauptet worden, so sind in einer neueren

Zeitperiode die Rechte des Fürsten und des Staats als Vertrags-Gegenstände und auf ihn gegründet, als ein bloß **Gemeinsames** des Willens und aus der Willkür der in einen Staat Vereinigten hervorgegangenes, betrachtet worden. – So verschieden einerseits jene beide Standpunkte sind, so haben sie dies gemein, die Bestimmungen des Privateigentums in eine Sphäre übergetragen zu haben, die von ganz anderer und höherer Natur ist. – Siehe unten: Sittlichkeit und Staat. –

§ 76

Formell ist der Vertrag, insofern die beiden Einwilligungen, wodurch der gemeinsame Wille zu Stande kommt, das negative Moment der Entäußerung einer Sache und das Positive der Annahme derselben, an die beiden Kontrahenten verteilt sind; – **Schenkungsvertrag**. – **Reell** aber kann er genannt werden, insofern **jeder** der beiden kontrahierenden Willen die Totalität dieser vermittelnden Momente ist, somit darin eben so Eigentümer wird und bleibt; – **Tauschvertrag**.

§ 77

Indem jeder im reellen Vertrage **dasselbe** Eigentum behält, mit welchem er eintritt und welches er zugleich aufgibt, so unterscheidet sich jenes **identisch** bleibende als das im Vertrage **an sich** seiende Eigentum, von den äußerlichen Sachen, welche im Tausche ihren Eigentümer verändern. Jenes ist der **Wert**, in welchem die Vertragsgegenstände bei aller qualitativen äußern Verschiedenheit der Sachen einander **gleich** sind, das **Allgemeine** derselben (§ 63).

Die Bestimmung, daß eine laesio enormis die im Vertrag eingegangene Verpflichtung aufhebe, hat somit ihre Quelle im Begriffe des Vertrags und näher in dem Momente, daß der Kontrahierende durch die Entäußerung seines Eigentums, **Eigentümer** und in näherer Bestimmung, quantitativ derselbe bleibt. Die Verletzung aber ist nicht nur enorm (als eine solche wird sie angenommen, wenn sie die Hälfte des Werts übersteigt), sondern unendlich, wenn über ein unveräußerliches Gut (§ 66) ein Vertrag oder Stipulation überhaupt zu ihrer Veräußerung eingegangen wäre. – Eine Stipulation übrigens ist zunächst ihrem Inhalte nach vom Vertrage unterschieden, daß sie irgend einen einzelnen Teil oder Moment des ganzen Vertrags bedeutet, dann auch daß sie die förmliche Festsetzung desselben ist, wovon nachher. Sie enthält nach jener Seite nur die formelle Bestimmung des Vertrags, die Einwilligung des einen, etwas zu leisten und die Einwilligung des andern zu sein, es anzunehmen; sie ist darum zu den sogenannten einseitigen Verträgen gezählt worden. Die Unterscheidung der Verträge in einseitige und zweiseitige, so wie andere Einteilungen derselben im römischen Rechte sind teils oberflächliche Zusammenstellungen nach einer einzelnen oft äußerlichen Rücksicht, wie der Art und Weise ihrer Förmlichkeit, teils vermischen sie unter andern auch Bestimmungen, welche die Natur des Vertrags selbst betreffen und solche, welche sich erst auf die Rechtspflege (actiones) und die rechtlichen Wirkungen nach dem positiven Gesetze beziehen, oft aus ganz äußerlichen Umständen herstammen und den Begriff des Rechts verletzen. |

§ 78

Der Unterschied von Eigentum und Besitz, der substantiellen und der äußerlichen Seite (§ 45), wird im Vertrag, zu dem Unterschiede des gemeinsamen Willens als Übereinkunft, und der Verwirklichung derselben durch die Leistung. Jene zu Stande gekommene Übereinkunft ist, für sich im Unterschiede von der Leistung, ein Vorgestelltes, welchem daher nach der eigentümlichen Weise des Daseins der Vorstellungen in Zeichen (Encyklop. der philosoph. Wissenschaften, § 379 f.), ein besonderes Dasein, in dem Ausdrucke der Stipulation durch Förmlichkeiten der Gebärden und anderer symbolischer Handlungen, insbesondere in bestimmter Erklärung durch die Sprache, dem der geistigen Vorstellung würdigsten Elemente, zu geben ist.

Die Stipulation ist nach dieser Bestimmung zwar die Form, wodurch der im Vertrag abgeschlossene Inhalt als ein erst vorgestellter sein Dasein hat. Aber das Vorstellen ist nur Form und hat nicht den Sinn, als ob damit der Inhalt noch ein subjektives, so oder so zu wünschendes und zu wollendes sei, sondern der Inhalt ist die durch den Willen vollbrachte Abschließung hierüber.

§ 79

Die Stipulation enthält die Seite des Willens, daher das Substantielle des Rechtlichen im Vertrage, gegen welches der, insofern der Vertrag noch nicht erfüllt ist, noch bestehende Besitz für sich nur das Äußerliche ist, das seine Bestimmung allein in jener Seite hat. Durch die Stipulation habe ich ein Eigentum und besondere Willkür darüber aufgegeben, und es ist bereits Eigentum des andern geworden, ich bin daher durch sie unmittelbar zur Leistung rechtlich verbunden.

Der Unterschied von einem bloßen Versprechen und einem Vertrag liegt darin, daß in jenem das, was ich schenken, tun, leisten wolle, als ein Zukünftiges ausgesprochen ist und noch eine subjektive Bestimmung meines Willens bleibt, die ich hiemit noch ändern kann. Die Stipulation des Vertrags hingegen ist schon selbst das Dasein meines Willensbeschlusses in dem Sinne, daß ich meine Sache hiemit veräußert, sie itzt aufgehört habe mein Eigentum zu sein und daß ich sie bereits als Eigentum des Andern anerkenne. Die römische Unterscheidung zwischen pactum und contractus ist von schlechter Art. – Fichte hat einst die Behauptung aufgestellt, daß die Verbindlichkeit, den Vertrag zu halten, nur erst mit der beginnenden Leistung des andern für mich anfange, weil ich vor der Leistung in der

Unwissenheit darüber sei, ob der andere es ernstlich mit seiner Äußerung gemeint habe; die Verbindlichkeit vor der Leistung sei daher nur moralischer, nicht rechtlicher Natur. Allein die Äußerung der Stipulation ist nicht eine Äußerung überhaupt, sondern enthält den zu Stande gekommenen gemeinsamen Willen, in welchem die Willkür der Gesinnung und ihrer Änderung sich aufgehoben hat. Es handelt sich deswegen nicht um die Möglichkeit, ob der andere innerlich anders gesinnt gewesen oder geworden sei, sondern ob er das Recht dazu habe. Wenn der andere auch zu leisten anfängt, bleibt mir gleichfalls die Willkür des Unrechts. Jene Ansicht zeigt ihre Nichtigkeit gleich dadurch, daß das Rechtliche des Vertrags auf die schlechte Unendlichkeit, den Prozeß ins Unendliche, gestellt wäre, auf die unendliche Teilbarkeit der Zeit, der Materie, des Tuns u.s.f. Das Dasein, das der Wille in der Förmlichkeit der Gebärde, oder in der für sich bestimmten Sprache hat, ist schon sein als des intellektuellen, vollständiges Dasein, von dem die Leistung nur die selbstlose Folge ist. – Daß es übrigens im positiven Rechte sogenannte Real-Kontrakte gibt, zum Unterschiede von sogenannten Konsensual-Kontrakten in dem Sinne, daß jene nur für vollgültig angesehen werden, wenn zu der Einwilligung die wirkliche Leistung (res, traditio rei) hinzukommt, tut nichts zur Sache. Jene sind teils die besondern Fälle, wo mich diese Übergabe erst in den Stand setzt, meinerseits leisten zu können, und meine Verbindlichkeit, zu leisten, sich allein auf die Sache, insofern ich sie in die Hände erhalten, bezieht, wie beim Darlehn, Leih-Kontrakt und Depositum, (was auch noch bei andern Verträgen der Fall sein kann); – ein Umstand, der nicht die Natur des Verhältnisses der Stipulation zur Leistung, sondern die Art und Weise des Leistens betrifft – teils bleibt es überhaupt der Willkür überlassen, in einem Vertrag zu stipulieren, daß die Verbindlichkeit des einen zur Leistung nicht im Vertrage als solchem selbst liegen, sondern erst von der Leistung des andern abhängig sein solle.

§ 80

Die Einteilung der Verträge und eine darauf gegründete verständige Abhandlung ihrer Arten ist nicht von äußerlichen Umständen, sondern von Unterschieden, die in der Natur des Vertrags selbst liegen, herzunehmen. – Diese Unterschiede sind der von formellem und von reellem Vertrag, dann | von Eigentum und von Besitz und Gebrauch, Wert und von spezifischer Sache. Es ergeben sich demnach folgende Arten: (Die hier gegebene Einteilung trifft im Ganzen mit der Kantischen Einteilung Metaphys. Anfangsgründe der Rechtslehre S. 120 ff. zusammen und es wäre längst zu erwarten gewesen, daß der gewöhnliche Schlendrian der Einteilung der Verträge in Real- und Konsensual-[,] genannte und ungenannte Kontrakte u.s.f. gegen die vernünftige Einteilung aufgegeben worden wäre.)

A) Schenkungsvertrag, und zwar
1) einer Sache; eigentlich sogenannte Schenkung,
2) das Leihen einer Sache, als Verschenkung eines Teils oder des beschränkten Genusses und Gebrauchs derselben, der Verleiher bleibt hiebei Eigentümer der Sache; (mutuum und commodatum ohne Zinsen). Die Sache ist dabei entweder eine spezifische, oder aber wird sie wenn sie auch eine solche ist, doch als eine allgemeine angesehen oder gilt (wie Geld) als eine für sich allgemeine.
3) Schenkung einer Dienstleistung überhaupt, z.B. der bloßen Aufbewahrung eines Eigentums (depositum); – die Schenkung einer Sache mit der besondern Bedingung, daß der andere erst Eigentümer wird auf den Zeitpunkt des Todes des Schenkenden d.h. auf den Zeitpunkt, wo dieser ohnehin nicht mehr Eigentümer ist; die testamentarische Disposition, liegt nicht im Begriffe des Vertrags, sondern setzt die bürgerliche Gesellschaft und eine positive Gesetzgebung voraus.

B) Tauschvertrag,
1) Tausch als solcher:
    α) einer Sache überhaupt, d.i. einer spezifischen Sache gegen eine andere desgleichen.

β) **Kauf** und **Verkauf** (emtio venditio); Tausch einer **spezifischen** Sache gegen eine, die als die allgemeine bestimmt ist, d.i. welche nur als der **Wert** ohne die andere spezifische Bestimmung zur Benutzung gilt, – gegen **Geld**.

2) **Vermietung** (locatio conductio) Veräußerung des **temporären Gebrauchs** eines Eigentums gegen **Mietzins**, und zwar

α) einer **spezifischen** Sache, eigentliche Vermietung – oder

β) einer **allgemeinen** Sache, so daß der Verleiher nur Eigentümer dieser, oder, was dasselbe ist, des **Wertes** bleibt, – **Anleihe** (mutuum, jenes auch commodatum mit einem Mietzins; – die weitere empirische Beschaffenheit der Sache, ob sie ein Stock, | Geräte, Haus u.s.f. res fungibilis oder non fungibilis ist, bringt (wie im Verleihen als Schenken No. 2) andere besondere, übrigens aber nicht wichtige Bestimmungen herbei).

3) **Lohnvertrag** (locatio operae) Veräußerung meines **Produzierens** oder **Dienstleistens**, insofern es nämlich veräußerlich ist, auf eine beschränkte Zeit oder nach sonst einer Beschränkung (s. § 67).

Verwandt ist hiemit das **Mandat** und andere Verträge, wo die Leistung auf Charakter und Zutrauen oder auf höhern Talenten beruht und eine **Inkommensurabilität** des Geleisteten gegen einen äußern Wert (der hier auch nicht **Lohn**, sondern **Honorar** heißt) eintritt.

C) **Vervollständigung** eines **Vertrags** (cautio) durch **Verpfändung**.

Bei den Verträgen, wo Ich die Benutzung einer Sache veräußere, bin ich nicht im Besitz, aber noch Eigentümer derselben; (wie bei der Vermietung). Ferner kann ich bei Tausch- Kauf- auch Schenkungsverträgen Eigentümer geworden sein, ohne noch im Besitz zu sein, so wie überhaupt in Ansehung irgend einer Leistung, wenn nicht: **Zug um Zug**, stattfindet, diese Trennung eintritt. Daß ich nun auch im wirklichen **Besitze** des **Werts**, als welcher noch oder be-

reits mein Eigentum ist, in dem einen Falle bleibe, oder in
dem andern Falle darein gesetzt werde, ohne daß ich im Besitze der spezifischen Sache bin, die ich überlasse oder die
mir werden soll, dies wird durch das Pfand bewirkt, – eine
spezifische Sache, die aber nur nach dem Werte meines
zum Besitz überlassenen oder des mir schuldigen Eigentums,
mein Eigentum ist, nach ihrer spezifischen Beschaffenheit
und Mehrwerte aber Eigentum des Verpfändenden bleibt.
Die Verpfändung ist daher nicht selbst ein Vertrag, sondern
nur eine Stipulation (§ 77), das einen Vertrag in Rücksicht auf den Besitz des Eigentums vervollständigende Moment. – Hypothek, Bürgschaft sind besondere Formen
hievon. |

§ 81

Im Verhältnis unmittelbarer Personen zu einander überhaupt ist
ihr Wille, eben so sehr wie an sich identisch und im Vertrage von ihnen gemeinsam gesetzt, so auch ein besonderer. Es ist, weil sie unmittelbare Personen sind, zufällig, ob
ihr besonderer Wille mit dem an sich seienden Willen
übereinstimmend sei, der durch jenen allein seine Existenz hat.
Als besonderer für sich vom allgemeinen verschieden, tritt
er in Willkür und Zufälligkeit der Einsicht und des Wollens gegen das auf, was an sich Recht ist, – das Unrecht.

Den Übergang zum Unrecht macht die logische höhere Notwendigkeit, daß die Momente des Begriffs, hier das Recht
an sich, oder der Wille als allgemeiner, und das Recht
in seiner Existenz, welche eben die Besonderheit des
Willens ist, als für sich verschieden gesetzt seien, was zur
abstrakten Realität des Begriffs gehört. – Diese Besonderheit des Willens für sich aber ist Willkür und Zufälligkeit,
die ich im Vertrage nur als Willkür über eine einzelne Sache, nicht als die Willkür und Zufälligkeit des Willens selbst
aufgegeben habe. |

DRITTER ABSCHNITT
DAS UNRECHT

§ 82

Im Vertrage ist das Recht an sich als ein Gesetztes, seine innere Allgemeinheit als ein Gemeinsames der Willkür und besondern Willens. Diese Erscheinung des Rechts, in welchem dasselbe und sein wesentliches Dasein, der besondere Wille, unmittelbar d.i. zufällig übereinstimmen, geht im Unrecht zum Schein fort, – zur Entgegensetzung des Rechts an sich und des besondern Willens, als in welchem es ein besonderes Recht wird. Die Wahrheit dieses Scheins aber ist, daß er nichtig ist und daß das Recht durch das Negieren dieser seiner Negation sich wieder herstellt, durch welchen Prozeß seiner Vermittlung, aus seiner Negation zu sich zurück zu kehren, es sich als Wirkliches und Geltendes bestimmt, da es zuerst nur an sich und etwas Unmittelbares war.

§ 83

Das Recht, das als ein Besonderes und damit Mannigfaltiges gegen seine an sich seiende Allgemeinheit und Einfachheit die Form eines Scheines erhält, ist ein solcher Schein teils an sich oder unmittelbar, teils wird es durch das Subjekt als Schein, teils schlechthin als nichtig gesetzt, – unbefangenes oder bürgerliches Unrecht, Betrug und Verbrechen.

A

UNBEFANGENES UNRECHT

§ 84

Die Besitznahme (§ 54) und der Vertrag für sich und nach ihren besondern Arten, zunächst verschiedene Äußerungen und Folgen meines Willens überhaupt, sind, weil der Wille das in sich Allgemeine ist, in Beziehung | auf das Anerkennen anderer Rechtsgründe. In ihrer Äußerlichkeit gegen einander und Mannigfaltigkeit liegt es, daß sie in Beziehung auf eine und dieselbe Sache verschiedenen Personen angehören können, deren jede aus ihrem besondern Rechtsgrunde die Sache für ihr Eigentum ansieht; womit Rechts-Kollisionen entstehen.

§ 85

Diese Kollision, in der die Sache aus einem Rechtsgrunde angesprochen wird, und welche die Sphäre des bürgerlichen Rechtsstreits ausmacht, enthält die Anerkennung des Rechts als des Allgemeinen und Entscheidenden, so daß die Sache dem gehören soll, der das Recht dazu hat. Der Streit betrifft nur die Subsumtion der Sache unter das Eigentum des einen oder des andern; – ein schlechtweg negatives Urteil, wo im Prädikate des Meinigen nur das Besondere negiert wird.

§ 86

In den Parteien ist die Anerkennung des Rechts mit dem entgegengesetzten besondern Interesse und eben solcher Ansicht verbunden. Gegen diesen Schein tritt zugleich in ihm selbst (vorherg. §) das Recht an sich als vorgestellt und gefordert hervor. Es ist aber zunächst nur als ein Sollen, weil der Wille noch nicht als ein solcher vorhanden ist, der sich von der Unmittelbarkeit des Interesses befreit, als besonderer den allgemeinen Willen zum Zwecke hätte; noch ist er hier als eine solche anerkannte Wirklichkeit bestimmt, gegen welche die Parteien auf ihre besondere Ansicht und Interesse Verzicht zu tun hätten.

B
BETRUG

§ 87

Das Recht an sich in seinem Unterschiede von dem Recht als besonderem und daseienden, ist als ein gefordertes, zwar als das Wesentliche bestimmt, aber darin zugleich nur ein gefordertes, nach dieser Seite etwas | bloß subjektives, damit unwesentliches und bloß scheinendes. So das Allgemeine von dem besondern Willen zu einem nur Scheinenden, – zunächst im Vertrage zur nur äußerlichen Gemeinsamkeit des Willens herabgesetzt, ist es der Betrug.

§ 88

Im Vertrage erwerbe ich ein Eigentum um der besondern Beschaffenheit der Sache willen, und zugleich nach ihrer innern Allgemeinheit teils nach dem Werte, teils als aus dem Eigentum des andern. Durch die Willkür des andern kann mir ein falscher Schein hierüber vorgebracht werden, so daß es mit dem Vertrage als beiderseitiger freier Einwilligung des Tausches über diese Sache, nach ihrer unmittelbaren Einzelnheit, seine Richtigkeit hat, aber die Seite des an sich seienden Allgemeinen darin fehlt. (Das unendliche Urteil nach seinem positiven Ausdrucke oder identischen Bedeutung (s. Encyklop. der philosoph. Wissensch., § 121).)

§ 89

Daß gegen diese Annahme der Sache bloß als dieser, und gegen den bloß meinenden, so wie den willkürlichen Willen, das Objektive oder Allgemeine teils als Wert, erkennbar, teils als Recht geltend sei, teils die gegen das Recht subjektive Willkür aufgehoben werde, – ist hier zunächst gleichfalls nur eine Forderung.

C
ZWANG UND VERBRECHEN

§ 90

Daß mein Wille im Eigentum sich in eine äußerliche Sache legt, darin liegt, daß er eben so sehr als er in ihr reflektiert wird, an ihr ergriffen und unter die Notwendigkeit gesetzt wird. Er kann darin teils Gewalt überhaupt leiden, teils kann ihm durch die Gewalt zur Bedingung irgend eines Besitzes oder positiven Seins eine Aufopferung oder Handlung gemacht, – Zwang angetan werden. |

§ 91

Als Lebendiges kann der Mensch wohl bezwungen d.h. seine physische und sonst äußerliche Seite unter die Gewalt Anderer gebracht, aber der freie Wille kann an und für sich nicht gezwungen werden (§ 5), als nur sofern er sich selbst aus der Äußerlichkeit, an der er festgehalten wird, oder aus deren Vorstellung nicht zurückzieht (§ 7). Es kann nur der zu etwas gezwungen werden, der sich zwingen lassen will.

§ 92

Weil der Wille, nur insofern er Dasein hat, Idee oder wirklich frei und das Dasein, in welches er sich gelegt hat, Sein der Freiheit ist, so zerstört Gewalt oder Zwang in ihrem Begriff sich unmittelbar selbst, als Äußerung eines Willens, welche die Äußerung oder Dasein eines Willens aufhebt. Gewalt oder Zwang ist daher, abstrakt genommen, unrechtlich.

§ 93

Der Zwang hat davon, daß er sich in seinem Begriffe zerstört, die reelle Darstellung darin, daß Zwang durch Zwang aufgehoben wird; er ist daher nicht nur bedingt rechtlich, sondern notwendig, – nämlich als zweiter Zwang, der ein Aufheben eines ersten Zwanges ist.

Verletzung eines Vertrages durch Nichtleistung des Stipulierten, oder der Rechts-Pflichten gegen die Familie, Staat, durch Tun oder Unterlassen, ist insofern erster Zwang oder wenigstens Gewalt, als ich ein Eigentum, das eines andern ist, oder eine schuldige Leistung demselben vorenthalte oder entziehe. – Pädagogischer Zwang, oder Zwang gegen Wildheit und Rohheit ausgeübt, erscheint zwar als erster nicht auf Vorangehung eines ersten erfolgend. Aber der nur natürliche Wille ist an sich Gewalt gegen die an sich seiende Idee der Freiheit, welche gegen solchen ungebildeten Willen in Schutz zu nehmen und in ihm zur Geltung zu bringen ist. Entweder ist ein sittliches Dasein in Familie oder Staat schon gesetzt, gegen welche jene Natürlichkeit eine Gewalttätigkeit ist, oder es ist nur ein Naturzustand, – Zustand der Gewalt überhaupt vorhanden, so begründet die Idee gegen diesen ein Heroenrecht. |

§ 94

Das abstrakte Recht ist Zwangsrecht, weil das Unrecht gegen dasselbe eine Gewalt gegen das Dasein meiner Freiheit in einer äußerlichen Sache ist; die Erhaltung dieses Daseins gegen die Gewalt hiemit selbst als eine äußerliche Handlung und eine jene erste aufhebende Gewalt ist.

Das abstrakte oder strenge Recht sogleich von vorn herein als ein Recht definieren, zu dem man zwingen dürfe, – heißt es an einer Folge auffassen, welche erst in dem Umwege des Unrechts eintritt.

§ 95

Der erste Zwang als Gewalt von dem Freien ausgeübt, welche das Dasein der Freiheit in seinem konkreten Sinne, das Recht als Recht verletzt, ist Verbrechen, – ein negativ-unendliches Urteil in seinem vollständigen Sinne (siehe meine Logik 2. Bd. S. 99), durch welches nicht nur das Besondere, die Subsumtion einer Sache unter meinen Willen (§ 85), sondern zugleich das Allgemeine, Unendliche im Prädikate des Meinigen, die Rechtsfähigkeit und zwar ohne die Vermittlung meiner Meinung (wie im Betrug) (§ 88), eben so gegen diese negiert wird, – die Sphäre des peinlichen Rechts.

Das Recht, dessen Verletzung das Verbrechen ist, hat zwar bis hieher nur erst die Gestaltungen, die wir gesehen haben, das Verbrechen hiemit auch zunächst nur die auf diese Bestimmungen sich beziehende nähere Bedeutung. Aber das in diesen Formen Substantielle ist das Allgemeine, das in seiner weitern Entwickelung und Gestaltung dasselbe bleibt und daher eben so dessen Verletzung, das Verbrechen, seinem Begriffe nach. Den besondern, weiter bestimmten Inhalt, z.B. in Meineid, Staatsverbrechen, Münz-Wechsel-Verfälschung u.s.f. betrifft daher auch die im folgenden § zu berücksichtigende Bestimmung.

§ 96

Insofern es der daseiende Wille ist, welcher allein verletzt werden kann, dieser aber im Dasein in die Sphäre eines quantitativen Umfangs, so wie qualitativer Bestimmungen eingetreten, somit darnach verschieden ist, so macht es eben so einen Unterschied für die objektive Seite der Verbrechen aus, ob | solches Dasein und dessen Bestimmtheit überhaupt in ihrem ganzen Umfang, hiemit in der ihrem Begriffe gleichen Unendlichkeit (wie in Mord, Sklaverei, Religionszwang u.s.f.), oder nur nach einem Teile, so wie nach welcher qualitativen Bestimmung verletzt ist.

Die Stoische Ansicht, daß es nur Eine Tugend und Ein Laster gibt, die Drakonische Gesetzgebung, die jedes Verbrechen mit dem Tode bestraft, wie die Rohheit der formellen Ehre, welche die unendliche Persönlichkeit in jede Verletzung legt, haben dies gemein, daß sie bei dem abstrakten Denken des freien Willens und der Persönlichkeit stehen bleiben und sie nicht in ihrem konkreten und bestimmten Dasein, das sie als Idee haben muß, nehmen. – Der Unterschied von Raub und Diebstahl bezieht sich auf das qualitative, daß bei jenem Ich auch als gegenwärtiges Bewußtsein, also als diese subjektive Unendlichkeit verletzt und persönliche Gewalt gegen mich verübt ist. – Manche qualitative Bestimmungen, wie die Gefährlichkeit für die öffentliche Sicherheit, haben in den weiter bestimmten Verhältnissen ihren Grund, aber sind auch öfters erst auf dem Umwege der Folgen, statt aus dem Begriffe der Sache, aufgefaßt; – wie eben das gefährlichere Verbrechen für sich in seiner unmittelbaren Beschaffenheit, eine dem Umfange oder der Qualität nach schwerere Verletzung ist. – Die subjektive moralische Qualität bezieht sich auf den höhern Unterschied, in wiefern ein Ereignis und Tat überhaupt eine Handlung ist, und betrifft deren subjektive Natur selbst, wovon nachher.

§ 97

Die geschehene Verletzung des Rechts als Rechts ist zwar eine positive, äußerliche Existenz, die aber in sich nichtig ist. Die Manifestation dieser ihrer Nichtigkeit ist die ebenso in die Existenz tretende Vernichtung jener Verletzung, – die Wirklichkeit des Rechts, als seine sich mit sich durch Aufhebung seiner Verletzung vermittelnde Notwendigkeit.

§ 98

Die Verletzung als nur an dem äußerlichen Dasein oder Besitze ist ein Übel, Schaden an irgend einer Weise des Eigentums oder Vermögens; die Aufhebung der Verletzung als einer Beschädigung ist die zivile Genugtuung als Ersatz, insofern ein solcher überhaupt Statt finden kann. |

In dieser Seite der Genugtuung muß schon an die Stelle der qualitativen spezifischen Beschaffenheit des Schadens, insofern die Beschädigung eine Zerstörung und überhaupt unwiederherstellbar ist, die allgemeine Beschaffenheit derselben, als Wert, treten.

§ 99

Die Verletzung aber, welche dem an sich seienden Willen (und zwar hiemit eben so diesem Willen des Verletzers, als des Verletzten und Aller) widerfahren, hat an diesem an sich seienden Willen als solchem keine positive Existenz, so wenig als an dem bloßen Produkte. Für sich ist dieser an sich seiende Wille (das Recht, Gesetz an sich) vielmehr das nicht äußerlich existierende und insofern das Unverletzbare. Eben so ist die Verletzung für den besondern Willen des Verletzten und der Übrigen nur etwas Negatives. Die positive Existenz der Verletzung ist nur als der besondere Wille des Verbrechers. Die Verletzung dieses als eines daseienden Willens also ist das Aufheben des Verbrechens, das sonst gelten würde und ist die Wiederherstellung des Rechts.

Die Theorie der Strafe ist eine der Materien, die in der positiven Rechtswissenschaft neuerer Zeit am schlechtesten weggekommen sind, weil in dieser Theorie der Verstand nicht ausreicht, sondern es wesentlich auf den Begriff ankommt. –

Wenn das Verbrechen und dessen Aufhebung, als welche sich weiterhin als Strafe bestimmt, nur als ein Übel überhaupt betrachtet wird, so kann man es freilich als unvernünftig ansehen, ein Übel bloß deswegen zu wollen, weil schon ein anderes Übel vorhanden ist. (Klein Grunds. des peinlichen Rechts § 9 f.) Dieser oberflächliche Charakter eines Übels wird in den verschiedenen Theorieen über die Strafe der Verhütungs- Abschreckungs- Androhungs- Besserungs- u.s.w. Theorie, als das Erste vorausgesetzt, und was dagegen herauskommen soll, ist eben so oberflächlich als ein Gutes bestimmt. Es ist aber weder bloß um ein Übel, noch um dies oder jenes Gute zu tun, sondern es handelt sich bestimmt um Unrecht und um Gerechtigkeit. Durch jene oberflächlichen Gesichtspunkte aber wird die objektive Betrachtung der Gerechtigkeit, welche der erste und substantielle Gesichtspunkt bei dem Verbrechen ist, bei Seite gestellt, und es folgt von selbst, daß der moralische Gesichtspunkt, die subjektive Seite des Verbrechens, vermischt mit trivialen psychologi|schen Vorstellungen von den Reizen und der Stärke sinnlicher Triebfedern gegen die Vernunft, von psychologischem Zwang und Einwirkung auf die Vorstellung (als ob eine solche nicht durch die Freiheit eben sowohl zu etwas nur zufälligem herabgesetzt würde) – zum Wesentlichen wird. Die verschiedenen Rücksichten, welche zu der Strafe als Erscheinung und ihrer Beziehung auf das besondere Bewußtsein gehören, und die Folgen auf die Vorstellung (abzuschrecken, zu bessern u.s.f.) betreffen, sind an ihrer Stelle, und zwar vornehmlich bloß in Rücksicht der Modalität der Strafe, wohl von wesentlicher Betrachtung, aber setzen die Begründung voraus, daß das Strafen an und für sich gerecht sei. In dieser Erörterung kommt es allein darauf an, daß das Verbrechen und zwar nicht als die Hervorbringung eines Übels, sondern als Verletzung des Rechts als Rechts aufzuheben ist, und dann welches die Existenz ist, die das Verbrechen hat und die aufzuheben ist; sie ist das wahrhafte Übel, das wegzuräumen ist, und worin sie liege, der wesentliche Punkt; so lange die Begriffe hierüber nicht bestimmt erkannt sind, so lange muß Verwirrung in der Ansicht der Strafe herrschen.

§ 100

Die Verletzung, die dem Verbrecher widerfährt, ist nicht nur an sich gerecht, – als gerecht ist sie zugleich sein an sich seiender Wille, ein Dasein seiner Freiheit, sein Recht; sondern sie ist auch ein Recht an den Verbrecher selbst, d.i. in seinem daseienden Willen, in seiner Handlung gesetzt. Denn in seiner als eines Vernünftigen Handlung liegt, daß sie etwas allgemeines, daß durch sie ein Gesetz aufgestellt ist, das er in ihr für sich anerkannt hat, unter welches er also, als unter sein Recht subsumiert werden darf.

Beccaria hat dem Staate das Recht zur Todesstrafe bekanntlich aus dem Grunde abgesprochen, weil nicht präsumiert werden könne, daß im gesellschaftlichen Vertrage die Einwilligung der Individuen, sich töten zu lassen, enthalten sei, vielmehr das Gegenteil angenommen werden müsse. Allein der Staat ist überhaupt nicht ein Vertrag (s. § 75), noch ist der Schutz und die Sicherung des Lebens und Eigentums der Individuen als Einzelner so unbedingt sein substantielles Wesen, vielmehr ist er das Höhere, welches dieses Leben und Eigentum selbst auch in Anspruch nimmt und die Aufopferung desselben fordert. – Ferner ist nicht nur der Begriff des Verbrechens, das Vernünftige desselben an und für sich, mit oder ohne Einwilligung der Einzelnen, was der | Staat geltend zu machen hat, sondern auch die formelle Vernünftigkeit, das Wollen des Einzelnen, liegt in der Handlung des Verbrechers. Daß die Strafe darin als sein eignes Recht enthaltend, angesehen wird, darin wird der Verbrecher als Vernünftiges geehrt. – Diese Ehre wird ihm nicht zu Teil, wenn aus seiner Tat selbst nicht der Begriff und der Maßstab seiner Strafe genommen wird; – eben so wenig auch, wenn er nur als schädliches Tier betrachtet wird, das unschädlich zu machen sei, oder in den Zwecken der Abschreckung und Besserung. – Ferner in Rücksicht auf die Weise der Existenz der Gerechtigkeit ist ohnehin die Form, welche sie im Staate hat, nämlich als Strafe, nicht die einzige Form und der Staat nicht die bedingende Voraussetzung der Gerechtigkeit an sich.

§ 101

Das Aufheben des Verbrechens ist insofern Wiedervergeltung, als sie dem Begriffe nach Verletzung der Verletzung ist und dem Dasein nach das Verbrechen einen bestimmten, qualitativen und quantitativen Umfang, hiemit auch dessen Negation als Dasein einen eben solchen hat. Diese auf dem Begriffe beruhende Identität ist aber nicht die Gleichheit in der spezifischen, sondern in der an sich seienden Beschaffenheit der Verletzung, – nach dem Werte derselben.

Da in der gewöhnlichen Wissenschaft die Definition einer Bestimmung, hier der Strafe, aus der allgemeinen Vorstellung der psychologischen Erfahrung des Bewußtseins genommen werden soll, so würde diese wohl zeigen, daß das allgemeine Gefühl der Völker und Individuen bei dem Verbrechen ist und gewesen ist, daß es Strafe verdiene und dem Verbrecher geschehen solle, wie er getan hat. Es ist nicht abzusehen, wie diese Wissenschaften, welche die Quelle ihrer Bestimmungen in der allgemeinen Vorstellung haben, das anderemal einer solchen auch sogenannten allgemeinen Tatsache des Bewußtseins widersprechende Sätze annehmen. – Eine Hauptschwierigkeit hat aber die Bestimmung der Gleichheit in die Vorstellung der Wiedervergeltung hereingebracht; die Gerechtigkeit der Strafbestimmungen nach ihrer qualitativen und quantitativen Beschaffenheit ist aber ohnehin ein späteres, als das Substantielle der Sache selbst. Wenn man sich auch für dieses weitere Bestimmen nach andern Prinzipien umsehen müßte, als für das Allgemeine der Strafe, so bleibt dieses, was es ist. Allein der Begriff selbst muß überhaupt das Grundprinzip auch für das Besondere enthalten. Diese Bestimmung des Begriffs ist aber eben jener Zusammen|hang der Notwendigkeit, daß das Verbrechen als der an sich nichtige Wille, somit seine Vernichtung, – die als Strafe erscheint, in sich selbst enthält. Die innere Identität ist es, die am äußerlichen Dasein sich für den Verstand als Gleichheit reflektiert. Die qualitative und quantitative Beschaffenheit des Verbrechens und seines Aufhebens fällt nun in die Sphäre der Äußerlichkeit; in dieser ist ohnehin keine absolute Bestimmung möglich (vergl. § 49); diese bleibt im Felde der Endlichkeit nur eine Forderung, die der Verstand immer mehr zu begrenzen hat, was von der höchsten Wichtigkeit ist, die aber ins Unendliche fortgeht und nur eine Annäherung zuläßt, die perennierend ist. – Übersieht man nicht nur diese Natur der Endlichkeit, sondern bleibt man auch vollends bei der abstrakten, spezifischen Gleichheit stehen, so entsteht nicht nur eine unübersteigliche Schwierigkeit, die Strafen zu bestimmen (vollends wenn noch die Psychologie die Größe der sinnlichen Triebfedern, und die damit verbundene, – wie man will, entweder um so größere Stärke des bösen Willens, oder auch die um so geringere Stärke und Freiheit des Willens überhaupt herbeibringt) sondern es ist sehr leicht, die Wiedervergeltung der Strafe (als Diebstahl um Diebstahl, Raub um Raub, Aug um Aug, Zahn um Zahn, wobei man sich vollends den Täter als einäugig oder zahnlos vorstellen kann) als Absurdität darzustellen, mit der aber der Begriff nichts zu tun hat, sondern die allein jener herbeigebrachten spezifischen Gleichheit zu Schulden kommt. Der Wert als das innere Gleiche von Sachen, die in ihrer Existenz spezifisch ganz verschieden sind, ist eine Bestimmung, die schon bei den Verträgen

(s. oben), in gleichen in der Zivilklage gegen Verbrechen (§ 95) vorkommt, und wodurch die Vorstellung aus der unmittelbaren Beschaffenheit der Sache in das Allgemeine hinübergehoben wird. Bei dem Verbrechen, als in welchem das Unendliche der Tat die Grundbestimmung ist, verschwindet das bloß äußerlich Spezifische um so mehr und die Gleichheit bleibt nur die Grundregel für das Wesentliche, was der Verbrecher verdient hat, aber nicht für die äußere spezifische Gestalt dieses Lohns. Nur nach der letztern sind Diebstahl, Raub und Geld-, Gefängnisstrafe u.s.f. schlechthin Ungleiche, aber nach ihrem Werte, ihrer allgemeinen Eigenschaft, Verletzungen zu sein, sind sie Vergleichbare. Es ist dann, wie bemerkt, die Sache des Verstandes, die Annäherung an die Gleichheit dieses ihres Werts zu suchen. Wird der an sich seiende Zusammenhang des Verbrechens und seiner Vernichtung und dann der Gedanke des Wertes und der Vergleichbarkeit beider nach dem Werte nicht gefaßt, so kann es dahin kommen, daß man (Klein Grunds. des peinl. Rechts § 9) in einer eigentlichen Strafe eine nur willkürliche Verbindung eines Übels mit einer unerlaubten Handlung sieht.

§ 102

Das Aufheben des Verbrechens ist in dieser Sphäre der Unmittelbarkeit des Rechts zunächst Rache, dem Inhalte nach gerecht, insofern sie Wiedervergeltung ist. Aber der Form nach ist sie die Handlung eines subjektiven Willens, der in jede geschehene Verletzung seine Unendlichkeit legen kann und dessen Gerechtigkeit daher überhaupt zufällig, so wie er auch für den anderen nur als besonderer ist. Die Rache wird hiedurch, daß sie als positive Handlung eines besondern Willens ist, eine neue Verletzung: sie verfällt als dieser Widerspruch in den Progreß ins Unendliche und erbt sich von Geschlechtern zu Geschlechtern ins Unbegrenzte fort.

Wo die Verbrechen nicht als crimina publica, sondern privata (wie bei den Juden, bei den Römern Diebstahl, Raub, bei den Engländern noch in einigem u.s.f.) verfolgt und bestraft werden, hat die Strafe wenigstens noch einen Teil von Rache an sich. Von der Privat-Rache ist die Racheübung der Heroen, abenteuernder Ritter u.s.f. verschieden, die in die Entstehung der Staaten fällt.

§ 103

Die Forderung, daß dieser Widerspruch (wie der Widerspruch beim andern Unrecht, §§ 86, 89), der hier an der Art und Weise des Aufhebens des Unrechts vorhanden ist, aufgelöst sei, ist die Forderung einer vom subjektiven Interesse und Gestalt, so wie von der Zufälligkeit der Macht befreiten, so nicht rächenden, sondern strafenden Gerechtigkeit. Darin liegt zunächst die Forderung eines Willens, der als besonderer subjektiver Wille | das Allgemeine als solches wolle. Dieser Begriff der Moralität aber ist nicht nur ein gefordertes, sondern in dieser Bewegung selbst hervorgegangen.

§ 104

ÜBERGANG VOM RECHT IN MORALITÄT

Das Verbrechen und die rächende Gerechtigkeit stellt nämlich die Gestalt der Entwickelung des Willens, als in die Unterscheidung des allgemeinen an sich und des einzelnen für sich gegen jenen seienden, hinausgegangen dar und ferner, daß der an sich seiende Wille durch Aufheben dieses Gegensatzes in sich zurückgekehrt und damit selbst für sich und wirklich geworden ist. So ist und gilt das Recht, gegen den bloß für sich seienden einzelnen Willen bewährt, als durch seine Notwendigkeit wirklich. – Diese Gestaltung ist ebenso zugleich die fortgebildete innere Begriffsbestimmtheit des Willens. Nach seinem Begriffe ist seine Verwirklichung an ihm selbst dies, das Ansichsein und die Form der Unmittelbarkeit, in welcher er zunächst ist und diese als Gestalt am abstrakten Rechte hat, aufgehoben (§ 21), – somit sich zunächst in dem Gegensatze des allgemeinen an sich und des einzelnen für sich seienden Willens zu setzen, und dann durch das Aufheben dieses Gegensatzes, die Negation der Negation, sich als Wille in seinem Dasein, daß er nicht nur freier Wille an sich, sondern für sich selbst ist, als sich auf sich beziehende Negativität zu bestimmen. Seine Persönlichkeit, als welche der Wille im abstrakten Rechte nur ist, hat derselbe so nunmehr zu seinem Gegenstande; die so für sich unendliche Subjektivität der Freiheit macht das Prinzip des moralischen Standpunkts aus.

Sehen wir näher auf die Momente zurück, durch welche der Begriff der Freiheit sich aus der zunächst abstrakten zur sich auf sich selbst beziehenden Bestimmtheit des Willens, hiemit zur Selbstbestimmung der Subjektivität fortbildet, so ist diese Bestimmtheit im Eigentum das abstrakte Meinige und daher in einer äußerlichen Sache, – im Vertrage das durch Willen vermittelte und nur ge|meinsame Meinige, – im Unrecht ist der Wille der Rechtssphäre, sein abstraktes Ansichsein oder Unmittelbarkeit als Zufälligkeit durch den einzelnen selbst zufälligen Willen gesetzt. Im moralischen Standpunkt ist sie so überwunden, daß diese Zufälligkeit selbst als in sich reflektiert und mit sich identisch die unendliche in sich seiende Zufälligkeit des Willens, seine Subjektivität ist. |

ZWEITER TEIL
DIE MORALITÄT

§ 105

Der moralische Standpunkt ist der Standpunkt des Willens, insofern er nicht bloß an sich, sondern für sich unendlich ist (vorh. §). Diese Reflexion des Willens in sich und seine für sich seiende Identität gegen das Ansichsein und die Unmittelbarkeit und die darin sich entwickelnden Bestimmtheiten bestimmt die Person zum Subjekte.

§ 106

Indem die Subjektivität nunmehr die Bestimmtheit des Begriffs ausmacht und von ihm als solchem, dem an sich seienden Willen, unterschieden und zwar, indem der Wille des Subjekts als des für sich seienden Einzelnen zugleich ist (die Unmittelbarkeit auch noch an ihm hat), macht sie das Dasein des Begriffes aus. – Es hat sich damit für die Freiheit ein höherer Boden bestimmt; an der Idee ist itzt die Seite der Existenz oder ihr reales Moment, die Subjektivität des Willens. Nur im Willen, als subjektivem, kann die Freiheit oder der an sich seiende Wille wirklich sein.

Die zweite Sphäre, die Moralität, stellt daher im Ganzen die reale Seite des Begriffs der Freiheit dar, und der Prozeß dieser Sphäre ist, den zunächst nur für sich seienden Willen, der unmittelbar nur an sich identisch ist mit dem an sich seienden oder allgemeinen Willen, nach diesem Unterschiede, in welchem er sich in sich vertieft, aufzuheben, und ihn für sich als identisch mit dem an sich seienden Willen zu setzen. Diese Bewegung ist sonach die Bearbeitung dieses nunmehrigen Bodens der Freiheit, der Subjektivität, die zunächst abstrakt nämlich vom Begriffe unterschieden ist, ihm gleich und dadurch für die Idee ihre wahrhafte Realisation zu erhalten, – daß der subjektive Wille sich zum ebenso objektiven hiemit wahrhaft konkreten bestimmt. |

§ 107

Die Selbstbestimmung des Willens ist zugleich Moment seines Begriffes und die Subjektivität nicht nur die Seite seines Daseins, sondern seine eigene Bestimmung (§ 104). Der als subjektiv bestimmte, für sich freie Wille, zunächst als Begriff, hat, um als Idee zu sein, selbst Dasein. Der moralische Standpunkt ist daher in seiner Gestalt das Recht des subjektiven Willens. Nach diesem Rechte anerkennt und ist der Wille nur etwas, insofern es das Seinige, er darin sich als subjektives ist.

Derselbe Prozeß des moralischen Standpunkts (s. Anmerk. zum vor. §) hat nach dieser Seite die Gestalt, die Entwickelung des Rechtes des subjektiven Willens zu sein – oder der Weise seines Daseins, – so daß er das, was er als das Seinige in seinem Gegenstande erkennt, dazu fortbestimmt, sein wahrhafter Begriff, das Objektive im Sinne seiner Allgemeinheit zu sein.

§ 108

Der subjektive Wille als unmittelbar für sich und von dem an sich seienden unterschieden (§ 106 Anmerk.) ist daher abstrakt, beschränkt und formell. Die Subjektivität ist aber nicht nur formell, sondern macht als das unendliche Selbstbestimmen des Willens das Formelle desselben aus. Weil es in diesem seinem ersten Hervortreten am einzelnen Willen noch nicht als identisch mit dem Begriffe des Willens gesetzt ist, so ist der moralische Standpunkt der Standpunkt des Verhältnisses und des Sollens oder der Forderung. – Und indem die Differenz der Subjektivität ebenso die Bestimmung gegen die Objektivität als äußerliches Dasein enthält, so tritt hier auch der Standpunkt des Bewußtseins ein (§ 8), – überhaupt der Standpunkt der Differenz, Endlichkeit und Erscheinung des Willens.

Das Moralische ist zunächst nicht schon als das dem Unmoralischen Entgegengesetzte bestimmt, wie das Recht nicht unmittelbar das dem Unrecht Entgegengesetzte, sondern es ist der allgemeine Standpunkt des Moralischen sowohl, als des Unmoralischen, der auf der Subjektivität des Willens beruht.

§ 109

Dieses Formelle enthält seiner allgemeinen Bestimmung nach zuerst die Entgegensetzung der Subjektivität und Objektivität und die sich darauf beziehende Tätigkeit (§ 8), deren Momente näher diese sind: Dasein und Bestimmtheit ist im Begriffe identisch (vergl. § 104) und der Wille als | subjektiv ist selbst dieser Begriff, – beides und zwar für sich zu unterscheiden und sie als identisch zu setzen. Die Bestimmtheit ist im sich selbst bestimmenden Willen α) zunächst als durch ihn selbst in ihm gesetzt; – die Besonderung seiner in ihm selbst, ein Inhalt, den er sich gibt. Dies ist die erste Negation und deren formelle Grenze, nur ein gesetztes, subjektives zu sein. Als die unendliche Reflexion in sich ist diese Grenze für ihn selbst, und er β) das Wollen, diese Schranke aufzuheben, – die Tätigkeit, diesen Inhalt aus der Subjektivität in die Objektivität überhaupt, in ein unmittelbares Dasein zu übersetzen. γ) Die einfache Identität des Willens mit sich in dieser Entgegensetzung ist der sich in beiden gleichbleibende, und gegen diese Unterschiede der Form gleichgültige Inhalt, der Zweck.

§ 110

Diese Identität des Inhalts erhält aber auf dem moralischen Standpunkt wo die Freiheit, diese Identität des Willens mit sich, für ihn ist (§ 105), die nähere eigentümliche Bestimmung.

a) Der Inhalt ist für mich als der Meinige so bestimmt, daß er in seiner Identität nicht nur als mein innerer Zweck, sondern auch, insofern er die äußerliche Objektivität erhalten hat, meine Subjektivität für mich enthalte.

§ 111

b) Der Inhalt, ob er zwar ein Besonderes enthält (dies sei sonst genommen, woher es wolle), hat als Inhalt des in seiner Bestimmtheit in sich reflektierten, hiemit mit sich identischen und allgemeinen Willens, α) die Bestimmung in ihm selbst, dem an sich seienden Willen angemessen zu sein oder die Objektivität des Begriffes zu haben aber β) indem der subjektive Wille als für sich seiender zugleich noch formell ist (§ 108) ist dies nur Forderung, und er enthält eben so die Möglichkeit, dem Begriffe nicht angemessen zu sein.

§ 112

c) Indem ich meine Subjektivität in Ausführung meiner Zwecke erhalte (§ 110), hebe ich darin als der Objektivierung derselben diese Subjektivität zugleich als unmittelbare, somit als diese meine einzelne auf. Aber die so | mit mir identische äußerliche Subjektivität ist der Wille Anderer (§ 73). – Der Boden der Existenz des Willens ist nun die Subjektivität (§ 106), und der Wille Anderer die zugleich, mir andere, Existenz, die ich meinem Zwecke gebe. – Die Ausführung meines Zwecks hat daher diese Identität meines und anderer Willen in sich, – sie hat eine positive Beziehung auf den Willen Anderer.

Die Objektivität des ausgeführten Zwecks schließt daher die drei Bedeutungen in sich, oder enthält vielmehr in Einem die drei Momente: α) Äußerliches unmittelbares Dasein (§ 109) β) dem Begriffe angemessen (§ 112) γ) allgemeine Subjektivität zu sein. Die Subjektivität, die sich in dieser Objektivität erhält, ist α) daß der objektive Zweck der Meinige sei, so daß Ich mich als Diesen darin erhalte (§ 110)[;] β) und γ) der Subjektivität ist schon mit den Momentenβ) und γ) der Objektivität zusammengefallen. – Daß diese Bestimmungen so, auf dem moralischen Standpunkte sich unterscheidend, nur zum Widerspruche vereinigt sind, macht näher das Erscheinende oder die Endlichkeit dieser Sphäre aus (§ 108) und die Entwicklung dieses Standpunkts ist die Entwicklung dieser Widersprüche und deren Auflösungen, die aber innerhalb desselben nur relativ sein können.

§ 113

Die Äußerung des Willens als subjektiven oder moralischen ist Handlung. Die Handlung enthält die aufgezeigten Bestimmungen, α) von mir in ihrer Äußerlichkeit als die Meinige gewußt zu werden, β) die wesentliche Beziehung auf den Begriff als ein Sollen und γ) auf den Willen Anderer zu sein.

Erst die Äußerung des moralischen Willens ist Handlung. Das Dasein, das der Wille im formellen Rechte sich gibt, ist in einer unmittelbaren Sache, ist selbst unmittelbar und hat für sich zunächst keine ausdrückliche Beziehung auf den Begriff, der als noch nicht gegen den subjektiven Willen, von ihm nicht unterschieden ist, noch eine positive Beziehung auf den Willen Anderer; das Rechtsgebot ist seiner Grundbestimmung nach nur Verbot (§ 38). Der Vertrag und das Unrecht fangen zwar an, eine Beziehung auf den Willen Anderer zu haben – aber die Übereinstimmung, die in jenem zu Stande kommt, gründet sich auf die Willkür und die wesentliche Beziehung, die darin auf den

Willen des Andern ist, ist als rechtliche das Negative, mein
Eigentum, (dem Werte nach) zu behalten und dem | Andern
das Seinige zu lassen. Die Seite des Verbrechens dagegen als
aus dem subjektiven Willen kommend und nach der Art
und Weise, wie es in ihm seine Existenz hat, kommt hier erst
in Betracht. – Die gerichtliche Handlung (actio) als mir
nicht nach ihrem Inhalt, der durch Vorschriften bestimmt ist,
imputabel, enthält nur einige Momente der moralischen eigentlichen Handlung, und zwar in äußerlicher Weise; eigentliche moralische Handlung zu sein ist daher eine von ihr
als gerichtlicher unterschiedene Seite.

§ 114

Das Recht des moralischen Willens enthält die drei Seiten:

a) Das abstrakte oder formelle Recht der Handlung,
daß, wie sie ausgeführt in unmittelbarem Dasein ist, ihr Inhalt überhaupt der meinige, daß sie so Vorsatz des subjektiven Willens sei.

b) Das Besondere der Handlung ist ihr innerer Inhalt,
α) wie für mich dessen allgemeiner Charakter bestimmt ist,
was den Wert der Handlung und das, wonach sie für mich
gilt, – die Absicht, ausmacht; – β) ihr Inhalt, als mein besonderer Zweck meines partikulären subjektiven Daseins, –
ist das Wohl.

c) Dieser Inhalt als Inneres zugleich in seine Allgemeinheit, als in die an und für sich seiende Objektivität erhoben, ist der absolute Zweck des Willens, das Gute, in der
Sphäre der Reflexion mit dem Gegensatze der subjektiven
Allgemeinheit, teils des Bösen, teils des Gewissens. |

ERSTER ABSCHNITT
DER VORSATZ UND DIE SCHULD

§ 115

Die Endlichkeit des subjektiven Willens in der Unmittelbarkeit des Handelns besteht unmittelbar darin, daß er für sein Handeln einen vorausgesetzten äußerlichen Gegenstand mit mannigfaltigen Umständen hat. Die Tat setzt eine Veränderung an diesem vorliegenden Dasein und der Wille hat Schuld überhaupt daran, insofern in dem veränderten Dasein das abstrakte Prädikat des Meinigen liegt.

Eine Begebenheit, ein hervorgegangener Zustand ist eine konkrete äußere Wirklichkeit, die deswegen unbestimmbar viele Umstände an ihr hat. Jedes einzelne Moment, das sich als Bedingung, Grund, Ursache eines solchen Umstandes zeigt, und somit das Seinige beigetragen hat, kann angesehen werden, daß es Schuld daran sei oder wenigstens Schuld daran habe. Der formelle Verstand hat daher bei einer reichen Begebenheit (z.B. der französischen Revolution) an einer unzähligen Menge von Umständen die Wahl, welchen er als einen, der Schuld sei, behaupten will.

§ 116

Meine eigene Tat ist es zwar nicht, wenn Dinge, deren Eigentümer ich bin, und die als äußerliche in mannigfaltigem Zusammenhange stehen und wirken (wie es auch mit mir selbst als mechanischem Körper oder als Lebendigem der Fall sein kann), andern dadurch Schaden verursachen. Dieser fällt mir aber mehr oder weniger zur Last, weil jene Dinge überhaupt die Meinigen, jedoch auch nach ihrer eigentümlichen Natur nur mehr oder weniger meiner Herrschaft, Aufmerksamkeit u.s.f. unterworfen sind. |

§ 117

Der selbst handelnde Wille hat in seinem auf das vorliegende Dasein gerichteten Zwecke die Vorstellung der Umstände desselben. Aber weil er, um dieser Voraussetzung willen, endlich ist, ist die gegenständliche Erscheinung für ihn zufällig und kann in sich etwas anderes enthalten, als in seiner Vorstellung. Das Recht des Willens aber ist, in seiner Tat nur dies als seine Handlung anzuerkennen, und nur an dem Schuld zu haben, was er von ihren Voraussetzungen in seinem Zwecke weiß, was davon in seinem Vorsatze lag. – Die Tat kann nur als Schuld des Willens zugerechnet werden; – das Recht des Wissens.

§ 118

Die Handlung ferner als in äußerliches Dasein versetzt, das sich nach seinem Zusammenhange in äußerer Notwendigkeit nach allen Seiten entwickelt, hat mannigfaltige Folgen. Die Folgen, als die Gestalt, die den Zweck der Handlung zur Seele hat, sind das ihrige (das der Handlung angehörige), – zugleich aber ist sie, als der in die Äußerlichkeit gesetzte Zweck, den äußerlichen Mächten preis gegeben, welche ganz Anderes daran knüpfen, als sie für sich ist und sie in entfernte, fremde Folgen fortwälzen. Es ist eben so das Recht des Willens, sich nur das Erstere zuzurechnen, weil nur sie in seinem Vorsatze liegen.

Was zufällige und was notwendige Folgen sind, enthält die Unbestimmtheit dadurch, daß die innere Notwendigkeit am Endlichen als äußere Notwendigkeit, als ein Verhältnis von einzelnen Dingen zu einander ins Dasein tritt, die als selbstständige gleichgültig gegen einander und äußerlich zusammen kommen. Der Grundsatz: bei den Handlungen die Konsequenzen verachten, und der andere: die Handlungen aus den Folgen beurteilen, und sie zum Maßstabe dessen, was Recht und Gut sei, zu machen – ist beides gleich abstrakter Verstand. Die Folgen, als die eigene **immanente** Gestaltung der Handlung, manifestieren nur deren Natur und sind nichts anderes als sie selbst; die Handlung kann sie daher nicht verleugnen und verachten. Aber umgekehrt ist unter ihnen eben so das äußerlich Eingreifende und zufällig Hinzukommende begriffen, was die Natur der Handlung selbst nichts angeht. – Die Entwickelung des Widerspruchs, den die **Notwendigkeit des Endlichen** enthält, ist im Dasein eben das Umschlagen von Notwendigkeit in Zufälligkeit und umgekehrt. Handeln heißt daher | nach dieser Seite, **sich diesem Gesetze preis geben.** – Hierin liegt, daß es dem Verbrecher, wenn seine Handlung weniger schlimme Folgen hat, zu Gute kommt, so wie die gute Handlung es sich muß gefallen lassen, keine oder weniger Folgen gehabt zu haben, und daß dem Verbrechen, aus dem sich die Folgen vollständiger entwickelt haben, diese zur Last fallen. – Das **heroische Selbstbewußtsein** (wie in den Tragödien der Alten, Ödips u.s.f.) ist aus seiner Gediegenheit noch nicht zur Reflexion des Unterschiedes von **Tat** und **Handlung,** der äußerlichen Begebenheit und dem Vorsatze und Wissen der Umstände, so wie zur Zersplitterung der Folgen fortgegangen, sondern übernimmt die Schuld im ganzen Umfange der Tat. |

ZWEITER ABSCHNITT

DIE ABSICHT UND DAS WOHL

§ 119

Das äußerliche Dasein der Handlung ist ein mannigfaltiger Zusammenhang, der, unendlich in Einzelnheiten geteilt, betrachtet werden kann und die Handlung so, daß sie nur eine solche Einzelnheit zunächst berührt habe. Aber die Wahrheit des Einzelnen ist das Allgemeine und die Bestimmtheit der Handlung ist für sich nicht ein zu einer äußerlichen Einzelnheit isolierter, sondern den mannigfaltigen Zusammenhang in sich enthaltender allgemeiner Inhalt. Der Vorsatz, als von einem Denkenden ausgehend, enthält nicht bloß die Einzelnheit, sondern wesentlich jene allgemeine Seite, – die Absicht.

Absicht enthält etymologisch die Abstraktion, teils die Form der Allgemeinheit, teils das Herausnehmen einer besondern Seite der konkreten Sache. Das Bemühen der Rechtfertigung durch die Absicht ist das Isolieren einer einzelnen Seite überhaupt, die als das subjektive Wesen der Handlung behauptet wird. – Das Urteil über eine Handlung als äußerliche Tat noch ohne die Bestimmung ihrer rechtlichen oder unrechtlichen Seite, erteilt derselben ein allgemeines Prädikat, daß sie Brandstiftung, Tötung u.s.f. ist. – Die vereinzelte Bestimmtheit der äußerlichen Wirklichkeit zeigt das, was ihre Natur ist, als äußerlichen Zusammenhang. Die Wirklichkeit wird zunächst nur an einem einzelnen Punkte berührt (wie die Brandstiftung nur einen kleinen Punkt des Holzes unmittelbar trifft, was nur einen Satz, kein Urteil gibt), aber die allgemeine Natur dieses Punktes enthält seine Ausdehnung. Im Lebendigen ist das Einzelne unmittelbar nicht als Teil, sondern als Organ, in

welchem das Allgemeine als solches gegenwärtig existiert, so
daß beim Morde nicht ein Stück Fleisch, als etwas einzelnes, sondern darin selbst das Leben verletzt wird. Es ist eines
Teils die subjektive Reflexion, welche die logische Natur des
Einzelnen und Allgemeinen nicht kennt, die sich in die Zersplitterung in Einzelnheiten und | Folgen einläßt, andererseits ist es die Natur der endlichen Tat selbst, solche Absonderungen der Zufälligkeiten zu enthalten. – Die Erfindung
des dolus indirectus hat in dem Betrachteten ihren Grund.

§ 120

Das Recht der Absicht ist, daß die allgemeine Qualität
der Handlung nicht nur an sich sei, sondern von dem Handelnden gewußt werde, somit schon in seinem subjektiven
Willen gelegen habe; so wie umgekehrt, das Recht der Objektivität der Handlung, wie es genannt werden kann, ist,
sich vom Subjekt als Denkendem als gewußt und gewollt
zu behaupten.

Dies Recht zu dieser Einsicht führt die gänzliche oder geringere Zurechnungsunfähigkeit der Kinder, Blödsinnigen, Verrückten u.s.f. bei ihren Handlungen mit sich. –
Wie aber die Handlungen nach ihrem äußerlichen Dasein
Zufälligkeiten der Folgen in sich schließen, so enthält auch
das subjektive Dasein die Unbestimmtheit, die sich auf
die Macht und Stärke des Selbstbewußtseins und der Besonnenheit bezieht, – eine Unbestimmtheit, die jedoch nur
in Ansehung des Blödsinns, der Verrücktheit, u. dergleichen
wie des Kindesalters in Rücksicht kommen kann, – weil nur
solche entschiedene Zustände den Charakter des Denkens
und der Willensfreiheit aufheben und es zulassen, den Handelnden nicht nach der Ehre, ein Denkendes und ein Wille
zu sein, zu nehmen.

§ 121

Die allgemeine Qualität der Handlung ist der auf die einfache Form der Allgemeinheit zurückgebrachte, mannigfaltige Inhalt der Handlung überhaupt. Aber das Subjekt hat als in sich reflektiertes, somit gegen die objektive Besonderheit Besonderes, in seinem Zwecke, seinen eigenen besondern Inhalt, der die bestimmende Seele der Handlung ist. Daß dies Moment der Besonderheit des Handelnden in der Handlung enthalten und ausgeführt ist, macht die subjektive Freiheit in ihrer konkretern Bestimmung aus, das Recht des Subjekts, in der Handlung seine Befriedigung zu finden.

§ 122

Durch dies Besondere hat die Handlung subjektiven Wert, Interesse für mich. Gegen diesen Zweck, die Absicht dem Inhalte nach, ist das Unmittelbare der Handlung in ihrem weitern Inhalte zum Mittel herabge| setzt. Insofern solcher Zweck ein endliches ist, kann er wieder zum Mittel für eine weitere Absicht u.s.f. ins Unendliche herabgesetzt werden.

§ 123

Für den Inhalt dieser Zwecke ist hier nur α) die formelle Tätigkeit selbst vorhanden, – daß das Subjekt bei dem, was es als seinen Zweck ansehen und befördern soll, mit seiner Tätigkeit sei; – wofür sich die Menschen als für das ihrige interessieren oder interessieren sollen, dafür wollen sie tätig sein. β) Weiter bestimmten Inhalt aber hat die noch abstrakte und formelle Freiheit der Subjektivität nur an ihrem natürlichen subjektiven Dasein, Bedürfnissen, Neigungen, Leidenschaften, Meinungen, Einfällen u.s.f. Die Befriedigung dieses Inhalts ist das Wohl oder die Glückseligkeit in ihren besondern Bestimmungen und im Allgemeinen, die Zwecke der Endlichkeit überhaupt.

* Es ist dies als der Standpunkt des Verhältnisses (§ 108), auf dem das Subjekt zu seiner Unterschiedenheit bestimmt, somit als Besonderes gilt, der Ort, wo der Inhalt des natürlichen Willens (§ 11) eintritt; er ist hier aber nicht, wie er unmittelbar ist, sondern dieser Inhalt ist als dem in sich reflektierten Willen angehörig, zu einem allgemeinen
* Zwecke, des Wohls oder der Glückseligkeit (Encykl. § 395 ff.) erhoben, – dem Standpunkt des, den Willen noch nicht in seiner Freiheit erfassenden, sondern über seinen Inhalt als einen natürlichen und gegebenen reflektierenden Denkens, – wie z.B. zu Crösus und Solons Zeit.

§ 124

Indem auch die subjektive Befriedigung des Individuums selbst (darunter die Anerkennung seiner in Ehre und Ruhm) in der Ausführung an und für sich geltender Zwecke enthalten ist, so ist beides, die Forderung, daß nur ein solcher als gewollt und erreicht erscheine, wie die Ansicht, als ob die objektiven und die subjektiven Zwecke einander im Wollen ausschließen, eine leere Behauptung des abstrakten Verstandes. Ja sie wird zu etwas | Schlechtem, wenn sie darein übergeht, die subjektive Befriedigung, weil solche (wie immer in einem vollbrachten Werke) vorhanden, als die wesentliche Absicht des Handelnden und den objektiven Zweck als ein solches zu behaupten, das ihm nur ein Mittel zu jener gewesen sei. – Was das Subjekt ist, ist die Reihe seiner Handlungen. Sind diese eine Reihe wertloser Produktionen, so ist die Subjektivität des Wollens eben so eine wertlose; ist dagegen die Reihe seiner Taten substantieller Natur, so ist es auch der innere Wille des Individuums.

Das Recht der Besonderheit des Subjekts, sich befriedigt zu finden, oder, was dasselbe ist, das Recht der subjektiven Freiheit macht den Wende- und Mittelpunkt in dem Unterschiede des Altertums und der modernen Zeit. Dies Recht in seiner Unendlichkeit ist im Christentum ausgesprochen und zum allgemeinen wirklichen Prinzip einer neuen Form der Welt gemacht worden. Zu dessen nähern Gestaltungen gehören die Liebe, das Romantische, der Zweck der ewigen Seligkeit des Individuums, u.s.f. – alsdann die Moralität und das Gewissen, ferner die andern Formen, die teils im Folgenden als Prinzip der bürgerlichen Gesellschaft und als Momente der politischen Verfassung sich hervortun werden, teils aber überhaupt in der Geschichte, insbesondere in der Geschichte der Kunst, der Wissenschaften und der Philosophie auftreten. – Dies Prinzip der Besonderheit ist nun allerdings ein Moment des Gegensatzes, und zunächst wenigstens **eben so wohl** identisch mit dem Allgemeinen, als unterschieden von ihm. Die abstrakte Reflexion fixiert aber dies Moment in seinem Unterschiede und Entgegensetzung gegen das Allgemeine und bringt so eine Ansicht der Moralität hervor, daß diese nur als feindseliger Kampf gegen die eigene Befriedigung perenniere, – die Forderung

»mit Abscheu zu tun was die Pflicht gebeut.«

Eben dieser Verstand bringt diejenige psychologische Ansicht der Geschichte hervor, welche alle große Taten und Individuen damit klein zu machen und herabzuwürdigen versteht, daß sie Neigungen und Leidenschaften, die aus der substantiellen Wirksamkeit gleichfalls ihre Befriedigung fanden, so wie Ruhm und Ehre und andere Folgen, überhaupt die besondere Seite, welche er vorher zu etwas für sich schlechtem dekretierte, zur Haupt-Absicht und wirkenden Triebfeder der Handlungen umschafft; – er versichert, weil große Handlungen und die Wirksamkeit, die in einer Reihe solcher Handlungen bestand, Großes in der Welt hervorgebracht, und für das **handelnde Individuum** die Folge der Macht, der Ehre und des Ruhms gehabt, so gehöre nicht jenes | Große, sondern nur dies Besondere und Äußerliche, das davon auf das Individuum fiel, diesem an; weil dies Besondere Folge, so sei es **darum** auch als Zweck, und zwar selbst als einziger Zweck gewesen. – Solche Reflexion hält sich an das Subjektive der großen Individuen, als in welchem sie selbst steht und **übersieht** in dieser selbstgemachten

Eitelkeit das Substantielle derselben; – es ist die Ansicht »der psychologischen Kammerdiener, für welche es keine Helden gibt, nicht, weil diese keine Helden, sondern, weil jene nur die Kammerdiener sind« (Phänomenol. des Geistes, S. 616).

§ 125

Das Subjektive mit dem **besondern** Inhalte des **Wohls** steht als in sich reflektiertes, unendliches zugleich in Beziehung auf das Allgemeine, den an sich seienden Willen. Dies Moment, zunächst an dieser Besonderheit selbst gesetzt, ist es das **Wohl auch Anderer,** – in vollständiger, aber ganz leerer Bestimmung, das **Wohl Aller.** Das **Wohl vieler anderer Besonderer** überhaupt ist dann auch wesentlicher Zweck und Recht der Subjektivität. Indem sich aber das von solchem besondern Inhalt unterschiedene, **an und für sich seiende Allgemeine** hier weiter noch nicht bestimmt hat, denn als das **Recht,** so können jene Zwecke des Besondern von diesem verschieden, demselben gemäß sein, aber auch nicht.

§ 126

Meine so wie der Andern Besonderheit ist aber nur überhaupt ein Recht, insofern ich **ein Freies** bin. Sie kann sich daher nicht im Widerspruche dieser ihrer substantiellen Grundlage behaupten und eine Absicht meines Wohls, so wie des Wohls anderer, – in welchem Falle sie insbesondere eine **moralische Absicht** genannt wird, – kann nicht eine **unrechtliche Handlung** rechtfertigen.

* Es ist vorzüglich eine der verderbten Maximen unsrer Zeit, die teils aus der Vorkantischen Periode des guten Herzens herstammt, und z.B. die Quintessenz bekannter rührender dramatischer Darstellungen aus | macht, bei unrechtlichen Handlungen für die sogenannte **moralische Absicht** zu interessieren und schlechte Subjekte mit einem seinsollen-

den guten Herzen d.i. einem solchen, welches sein eigenes Wohl und etwa auch das Wohl anderer will, vorzustellen; teils aber ist diese Lehre in gesteigerter Gestalt wieder aufgewärmt und die innere Begeisterung und das Gemüt d.i. die Form der Besonderheit als solche, zum Kriterium dessen, was Recht, Vernünftig und Vortrefflich sei, gemacht worden, so daß Verbrechen und deren leitende Gedanken, wenn es die plattsten, hohlsten Einfälle und törichtsten Meinungen seien, darum rechtlich, vernünftig und vortrefflich wären, weil sie aus dem Gemüte und aus der Begeisterung kommen; das Nähere s. unten § 140 Anm. – Es ist übrigens der Standpunkt zu beachten, auf dem Recht und Wohl hier betrachtet sind, nämlich als formelles Recht und als besonderes Wohl des Einzelnen; das sogenannte allgemeine Beste, das Wohl des Staates d.i. das Recht des wirklichen konkreten Geistes, ist eine ganz andere Sphäre, in der das formelle Recht ebenso ein untergeordnetes Moment ist, als das besondere Wohl und die Glückseligkeit des Einzelnen. Daß es einer der häufigen Mißgriffe der Abstraktion ist, das Privatrecht wie das Privatwohl, als an und für sich gegen das Allgemeine des Staats geltend zu machen, ist schon oben bemerkt.

§ 127

Die Besonderheit der Interessen des natürlichen Willens in ihre einfache Totalität zusammengefaßt, ist das persönliche Dasein als Leben. Dieses in der letzten Gefahr und in der Kollision mit dem rechtlichen Eigentum eines andern hat ein Notrecht (nicht als Billigkeit, sondern als Recht) anzusprechen, indem auf der einen Seite die unendliche Verletzung des Daseins und darin die totale Rechtlosigkeit, auf der andern Seite nur die Verletzung eines einzelnen beschränkten Daseins der Freiheit steht, wobei zugleich das Recht als solches und die Rechtsfähigkeit des nur in diesem Eigentum Verletzten anerkannt wird.

* Aus dem Notrecht fließt die Wohltat der Kompetenz, daß einem Schuldner Handwerkszeuge, Ackergeräte, Kleider, überhaupt von seinem Vermögen, d.i. vom Eigentum der Gläubiger so viel gelassen wird, als zur Möglichkeit seiner – sogar
5 standesmäßigen [–] Ernährung dienend, angesehen wird. |

§ 128

Die Not offenbart sowohl die Endlichkeit und damit die Zufälligkeit des Rechts als des Wohls, – des abstrakten Daseins der Freiheit, ohne daß es als Existenz der besondern Person ist,
10 und der Sphäre des besondern Willens ohne die Allgemeinheit des Rechts. Ihre Einseitigkeit und Idealität ist damit gesetzt, wie sie an ihnen selbst im Begriffe schon bestimmt ist; das Recht hat bereits (§ 106) sein Dasein als den besondern Willen bestimmt, und die Subjektivität in ihrer umfassenden
15 Besonderheit ist selbst das Dasein der Freiheit (§ 127), so wie sie an sich als unendliche Beziehung des Willens auf sich das Allgemeine der Freiheit ist. Die beiden Momente an ihnen so zu ihrer Wahrheit, ihrer Identität, integriert, aber zunächst noch in relativer Beziehung auf einander, sind das Gute, als das
20 erfüllte, an und für sich bestimmte Allgemeine, und das Gewissen, als die in sich wissende und in sich den Inhalt bestimmende unendliche Subjektivität. |

DRITTER ABSCHNITT
DAS GUTE UND DAS GEWISSEN

§ 129

Das Gute ist die Idee, als Einheit des Begriffs des Willens und des besondern Willens, – in welcher das abstrakte Recht, wie das Wohl und die Subjektivität des Wissens und die Zufälligkeit des äußerlichen Daseins, als für sich selbstständig aufgehoben, damit aber ihrem Wesen nach darin enthalten und erhalten sind, – die realisierte Freiheit, der absolute Endzweck der Welt.

§ 130

Das Wohl hat in dieser Idee keine Gültigkeit für sich als Dasein des einzelnen besondern Willens, sondern nur als allgemeines Wohl und wesentlich als allgemein an sich d.i. nach der Freiheit; – das Wohl ist nicht ein Gutes ohne das Recht. Eben so ist das Recht nicht das Gute ohne das Wohl (fiat justitia soll nicht pereat mundus zur Folge haben). Das Gute hiemit, als die Notwendigkeit wirklich zu sein durch den besondern Willen und zugleich als die Substanz desselben, hat das absolute Recht gegen das abstrakte Recht des Eigentums und die besondern Zwecke des Wohls. Jedes dieser Momente, insofern es von dem Guten unterschieden wird, hat nur Gültigkeit, insofern es ihm gemäß und ihm untergeordnet ist.

§ 131

Für den subjektiven Willen ist das Gute eben so das schlechthin Wesentliche, und er hat nur Wert und Würde, insofern er in seiner Einsicht und Absicht demselben gemäß ist. Insofern das Gute hier noch diese abstrakte Idee des Guten ist, so ist der subjektive Wille noch nicht als in dasselbe aufgenommen und ihm gemäß gesetzt; er steht somit in einem Verhältnis zu demselben, und zwar in dem, daß das Gute, für denselben das Substantielle sein, – daß er dasselbe zum Zwecke machen und vollbringen soll, – wie das | Gute seinerseits nur im subjektiven Willen die Vermittlung hat, durch welche es in Wirklichkeit tritt.

§ 132

Das Recht des subjektiven Willens ist, daß das, was er als gültig anerkennen soll, von ihm als gut eingesehen werde, und daß ihm eine Handlung, als der in die äußerliche Objektivität tretende Zweck, nach seiner Kenntnis von ihrem Werte, den sie in dieser Objektivität [hat], als rechtlich oder unrechtlich, gut oder böse, gesetzlich oder ungesetzlich zugerechnet werde.

Das Gute ist überhaupt das Wesen des Willens in seiner Substantialität und Allgemeinheit, – der Wille in seiner Wahrheit; – es ist deswegen schlechthin nur im Denken und durch das Denken. Die Behauptung daher, daß der Mensch das Wahre nicht erkennen könne, sondern es nur mit Erscheinungen zu tun habe, – daß das Denken dem guten Willen schade, diese und dergleichen Vorstellungen nehmen wie den intellektuellen, eben so allen sittlichen Wert und Würde aus dem Geiste hinweg. – Das Recht, nichts anzuerkennen, was Ich nicht als vernünftig einsehe, ist das höchste Recht des Subjekts, aber durch seine subjektive Bestimmung, zugleich formell, und das Recht des Vernünftigen als des Objektiven an das Subjekt bleibt dagegen fest stehen. – Wegen ihrer formellen Bestimmung ist die Einsicht eben sowohl fähig, wahr, als bloße Meinung und Irrtum zu sein. Daß das Individuum zu jenem Rechte seiner Einsicht gelange, dies gehört nach dem Standpunkte der noch moralischen Sphäre, seiner besondern subjektiven Bildung an. Ich kann an mich die Forderung machen, und es als ein subjektives Recht in mir ansehen, daß Ich eine Verpflichtung aus guten Gründen einsehe und die Überzeugung von derselben habe, und noch mehr, daß ich sie aus ihrem Begriffe und Natur erkenne. Was ich für die Befriedigung meiner Überzeugung von dem Guten, Erlaubten oder Unerlaubten einer Handlung und damit von ihrer Zurechnungsfähigkeit in dieser Rücksicht, fordere, tut aber dem Rechte der Objektivität keinen Eintrag. – Dieses Recht der Einsicht in das Gute ist unterschieden vom Recht der Einsicht (§ 117) in Ansehung der Handlung als solcher; das Recht der Objektivität hat nach dieser die Gestalt, daß da die Handlung eine Veränderung ist, die in einer wirklichen Welt existieren soll, also in dieser anerkannt sein will, sie dem, was darin gilt, | überhaupt gemäß sein muß. Wer in dieser Wirklichkeit handeln will, hat sich eben damit ihren Gesetzen unterworfen, und das Recht der Objektivität anerkannt. – Gleicherweise hat im Staate, als der Objektivität des Vernunftbegriffs, die gerichtliche Zurechnung nicht bei dem stehen zu bleiben, was einer seiner Vernunft gemäß hält, oder nicht, nicht bei der subjektiven Einsicht in die Rechtlichkeit oder Unrechtlichkeit, in das Gute oder Böse, und bei den Forderungen die er für die Befriedigung seiner Überzeugung macht. In diesem objektiven Felde gilt das Recht der Einsicht als Einsicht in das Gesetzliche oder Ungesetzliche, als in das geltende Recht, und sie beschränkt sich auf ihre nächste Bedeutung, nämlich Kenntnis als Bekanntschaft mit dem zu sein, was gesetzlich und insofern verpflichtend ist. Durch die Öffentlichkeit der Gesetze und durch die allgemeinen Sitten benimmt der Staat dem Rechte der Einsicht die formelle Seite und die Zufälligkeit für das Subjekt, welche dies Recht auf dem dermaligen Standpunkte noch hat. Das Recht des Subjekts, die Handlung in der Bestimmung des Guten oder Bösen, des Gesetzlichen oder Ungesetzlichen zu kennen, hat bei Kindern, Blödsinnigen, Verrückten die Folge, auch nach dieser Seite die Zurechnungsfähigkeit zu vermindern oder aufzuheben. Eine bestimmte Grenze läßt sich jedoch für diese Zustände und deren Zurechnungsfähigkeit nicht festsetzen. Verblendung des Augenblicks aber, Gereiztheit der Leidenschaft, Betrunkenheit, überhaupt was man die Stärke sinnlicher Triebfedern nennt (insofern das, was ein Notrecht (§ 120) begründet, ausgeschlossen ist), zu Gründen in der Zurechnung und der Bestimmung des Verbrechens selbst und seiner Strafbarkeit zu machen, und solche Umstände anzusehen, als ob durch sie die Schuld des Verbrechers hinweggenommen werde, heißt ihn gleichfalls (vergl. §§ 100, 119 Anm.) nicht nach dem Rechte und der Ehre des Menschen behandeln, als dessen Natur eben dies ist, wesentlich ein Allgemeines, nicht ein abstrakt-Augenblickliches und Vereinzeltes des Wissens zu sein. – Wie der Mordbrenner nicht diese zollgroße Fläche eines Holzes, die er mit dem Lichte berührte als isoliert, sondern in ihr das Allgemeine, das Haus, in Brand gesteckt hat, so ist er als Subjekt nicht das Einzelne dieses Augenblicks oder diese isolierte Empfindung der Hitze der Rache; so wäre er ein Tier, das wegen seiner Schädlichkeit und der Unsicherheit, Anwandlungen der Wut unterworfen zu sein, vor den Kopf geschlagen werden müßte. – Daß der Verbrecher im Augenblick seiner Handlung sich das Unrecht und die Strafbarkeit derselben deutlich müsse vorgestellt haben, um ihm als Verbrechen | zugerechnet werden zu können – diese Forderung, die ihm das Recht seiner moralischen Subjektivität zu bewahren scheint, spricht ihm vielmehr die innewohnende intelligente Natur ab, die in ihrer tätigen Gegenwärtigkeit nicht an die Wolffisch-psychologische Gestalt von deutlichen Vorstellungen gebunden, und nur im Falle des Wahnsinns so verrückt ist, um von dem Wissen und Tun einzelner Dinge getrennt zu sein. – Die Sphäre, wo jene Umstände als Milderungsgründe der Strafe, in Betracht kommen, ist eine andere als die des Rechts, die Sphäre der Gnade.

§ 133

Das Gute hat zu dem besondern Subjekte das Verhältnis, das Wesentliche seines Willens zu sein, der hiemit darin schlechthin seine Verpflichtung hat. Indem die Besonderheit von dem Guten unterschieden ist und in den subjektiven Willen fällt, so hat das Gute zunächst nur die Bestimmung der allgemeinen abstrakten Wesentlichkeit, – der Pflicht; – um dieser ihrer Bestimmung willen soll die Pflicht um der Pflicht willen getan werden.

§ 134

Weil das Handeln für sich einen besondern Inhalt und bestimmten Zweck erfordert, das Abstraktum der Pflicht aber noch keinen solchen enthält, so entsteht die Frage: was ist Pflicht? Für diese Bestimmung ist zunächst noch nichts vorhanden, als dies: Recht zu tun und für das Wohl, sein eigenes Wohl und das Wohl in allgemeiner Bestimmung, das Wohl Anderer, zu sorgen (s. § 119).

§ 135

Diese Bestimmungen sind aber in der Bestimmung der Pflicht selbst nicht enthalten, sondern indem beide bedingt und beschränkt sind, führen sie eben damit den Übergang in die höhere Sphäre des Unbedingten, der Pflicht, herbei. Der Pflicht selbst insofern sie im moralischen Selbstbewußtsein, das Wesentliche oder Allgemeine desselben ist, wie es sich innerhalb seiner auf sich nur bezieht, bleibt damit nur die abstrakte Allgemeinheit, hat | die inhaltslose Identität, oder das Abstrakte Positive, das Bestimmungslose zu ihrer Bestimmung.

So wesentlich es ist, die reine unbedingte Selbstbestimmung des Willens als die Wurzel der Pflicht herauszuheben, wie denn die Erkenntnis des Willens erst durch die Kantische Philosophie ihren festen Grund und Ausgangspunkt durch den Gedanken seiner unendlichen Autonomie gewonnen hat, so sehr setzt die Festhaltung des bloß moralischen Standpunkts, der nicht in den Begriff der Sittlichkeit übergeht, diesen Gewinn zu einem leeren Formalismus und die moralische Wissenschaft zu einer Rednerei von der Pflicht um der Pflicht willen herunter. Von diesem Standpunkt aus ist keine immanente Pflichtenlehre möglich; man kann von Außen her wohl einen Stoff hereinnehmen, und dadurch auf besondere Pflichten kommen, aber aus jener Bestimmung der Pflicht, als dem Mangel des Widerspruchs, der formellen Übereinstimmung mit sich, welche nichts anderes ist, als die Festsetzung der abstrakten Unbestimmtheit, kann nicht zur Bestimmung von besonderen Pflichten übergegangen werden, noch wenn ein solcher besonderer Inhalt für das Handeln zur Betrachtung kommt, liegt ein Kriterium in jenem Prinzip, ob er eine Pflicht sei oder nicht. – Im Gegenteil kann alle unrechtliche und unmoralische Handlungsweise auf diese Weise gerechtfertigt werden. – Die weitere Kantische Form, die Fähigkeit einer Handlung, als allgemeine Maxime vorgestellt zu werden, führt zwar die konkretere Vorstellung eines Zustandes herbei, aber enthält für sich kein weiteres Prinzip, als jenen Mangel des Widerspruchs und die formelle Identität. – Daß kein Eigentum statt findet, enthält für sich eben so wenig einen Widerspruch, als daß dieses oder jenes einzelne Volk, Familie u.s.f. nicht existiere, oder daß überhaupt keine Menschen leben. Wenn es sonst für sich fest und vorausgesetzt ist, daß Eigentum und Menschenleben sein und respektiert werden soll, dann ist es ein Widerspruch, einen Diebstahl oder Mord zu begehen; ein Widerspruch kann sich nur mit Etwas ergeben, das ist, mit einem Inhalt, der als festes Prinzip zum Voraus zu Grunde liegt. In Beziehung auf ein solches ist erst eine Handlung entweder damit übereinstim-

mend, oder im Widerspruch. Aber die Pflicht, welche nur als solche, nicht um eines Inhalts willen, gewollt werden soll, die formelle Identität ist eben dies, allen Inhalt und Bestimmung auszuschließen. |
Die weitern Antinomien und Gestaltungen des perennierenden Sollens, in welchen sich der bloß moralische Standpunkt des Verhältnisses nur herumtreibt, ohne sie lösen und über das Sollen hinauskommen zu können, habe ich [in der] Phänomenol. des Geistes, Seite 550 ff. entwickelt; vergl. Encyklop. der philos. Wissenschaften, § 420 ff.

§ 136

Um der abstrakten Beschaffenheit des Guten willen fällt das andere Moment der Idee, die Besonderheit überhaupt, in die Subjektivität, die in ihrer in sich reflektierten Allgemeinheit die absolute Gewißheit ihrer selbst in sich, das Besonderheit setzende, das Bestimmende und Entscheidende ist, – das Gewissen.

§ 137

Das wahrhafte Gewissen ist die Gesinnung, das, was an und für sich gut ist, zu wollen; es hat daher feste Grundsätze; und zwar sind ihm diese, die für sich objektiven Bestimmungen und Pflichten. Von diesem, seinem Inhalte, der Wahrheit, unterschieden ist es nur die formelle Seite der Tätigkeit des Willens, der als dieser keinen eigentümlichen Inhalt hat. Aber das objektive System dieser Grundsätze und Pflichten und die Vereinigung des subjektiven Wissens mit demselben, ist erst auf dem Standpunkte der Sittlichkeit vorhanden. Hier auf dem formellen Standpunkte der Moralität ist das Gewissen ohne diesen objektiven Inhalt, so für sich die unendliche formelle Gewißheit seiner selbst, die eben darum zugleich als die Gewißheit dieses Subjekts ist.

Das Gewissen drückt die absolute Berechtigung des subjektiven Selbstbewußtseins aus, nämlich in sich und aus sich selbst zu wissen, was Recht und Pflicht ist, und nichts anzuerkennen, als was es so als das Gute weiß, zugleich in der Behauptung, daß was es so weiß und will, in Wahrheit Recht und Pflicht ist. Das Gewissen ist als diese Einheit des subjektiven Wissens, und dessen was an und für sich ist, ein Heiligtum, welches anzutasten Frevel wäre. Ob aber das Gewissen eines bestimmten Individuums, dieser Idee des Gewissens gemäß ist, ob das, was es für gut hält oder ausgibt, auch wirklich gut ist, dies erkennt sich allein aus dem Inhalt dieses Gutseinsollenden. Was Recht und Pflicht ist, ist als das an und für sich Vernünftige der Willensbestimmungen, wesentlich weder das besondere Eigentum eines Individuums, noch in der Form von Empfindung oder sonst einem einzelnen, | d.i. sinnlichen Wissen, sondern wesentlich von allgemeinen, gedachten Bestimmungen, d.i. in der Form von Gesetzen und Grundsätzen. Das Gewissen ist daher diesem Urteil unterworfen, ob es wahrhaft ist oder nicht, und seine Berufung nur auf sein Selbst ist unmittelbar dem entgegen, was es sein will, die Regel einer vernünftigen, an und für sich gültigen allgemeinen Handlungsweise. Der Staat kann deswegen das Gewissen in seiner eigentümlichen Form, d.i. als subjektives Wissen nicht anerkennen, so wenig als in der Wissenschaft die subjektive Meinung, die Versicherung und Berufung auf eine subjektive Meinung, eine Gültigkeit hat. Was im wahrhaften Gewissen nicht unterschieden ist, ist aber unterscheidbar, und es ist die bestimmende Subjektivität des Wissens und Wollens, welche sich von dem wahrhaften Inhalte trennen, sich für sich setzen und denselben zu einer Form und Schein herabsetzen kann. Die Zweideutigkeit in Ansehung des Gewissens liegt daher darin, daß es in der Bedeutung jener Identität des subjektiven Wissens und Wollens und des wahrhaften Guten vorausgesetzt, und so als ein Heiliges behauptet und anerkannt wird, und eben so als die nur subjektive Reflexion des Selbstbewußtseins in sich, doch auf die Berechtigung Anspruch macht, welche jener Identität selbst nur vermöge ihres an und für sich gültigen vernünftigen Inhalts zukommt. In den moralischen Standpunkt, wie er in dieser Abhandlung von dem sittlichen unterschieden wird, fällt nur das formelle Gewissen, das wahrhafte ist nur erwähnt worden, um seinen Unterschied anzugeben und das mögliche Mißverständnis zu beseitigen, als ob hier, wo nur das formelle Gewissen betrachtet wird, von dem wahrhaften die Rede wäre, welches in der, in der Folge erst vorkommenden sittlichen Gesinnung enthalten ist. Das religiöse Gewissen gehört aber überhaupt nicht in diesen Kreis.

§ 138

Diese Subjektivität als die abstrakte Selbstbestimmung und reine Gewissheit nur ihrer selbst, verflüchtigt eben so alle Bestimmtheit des Rechts, der Pflicht und des Daseins in sich, als sie die urteilende Macht ist, für einen Inhalt nur aus sich zu bestimmen, was gut ist und zugleich die Macht, welcher das zuerst nur vorgestellte und sein sollende Gute eine Wirklichkeit verdankt. |

Das Selbstbewußtsein, das überhaupt zu dieser absoluten Reflexion in sich gekommen ist, weiß sich in ihr als ein solches, dem alle vorhandene und gegebene Bestimmung nichts anhaben kann noch soll. Als allgemeinere Gestaltung in der Geschichte (bei Sokrates, den Stoikern u.s.f.) erscheint die Richtung, nach Innen in sich zu suchen und aus sich zu wissen und zu bestimmen, was recht und gut ist, in Epochen, wo das, was als das Rechte und Gute in der Wirklichkeit und Sitte gilt, den bessern Willen nicht befriedigen kann; wenn die vorhandene Welt der Freiheit ihm ungetreu geworden, findet er sich in den geltenden Pflichten nicht mehr, und muß die in der Wirklichkeit verlorne Harmonie nur in der ideellen Innerlichkeit zu gewinnen suchen. Indem so das Selbstbewußtsein sein formelles Recht erfaßt und erworben, kommt es nun darauf an, wie der Inhalt beschaffen ist, den es sich gibt.

§ 139

Das Selbstbewußtsein in der Eitelkeit aller sonst geltenden Bestimmungen und in der reinen Innerlichkeit des Willens, ist eben so sehr die Möglichkeit, das an und für sich allgemeine, als die Willkür die eigene Besonderheit über das Allgemeine zum Prinzipe zu machen, und sie durch Handeln zu realisieren – böse zu sein.

Das Gewissen ist als formelle Subjektivität schlechthin dies, auf dem Sprunge zu sein, ins Böse umzuschlagen; an der für sich seienden, für sich wissenden und beschließenden Gewißheit seiner selbst haben beide, die Moralität und das Böse, ihre gemeinschaftliche Wurzel.

Der Ursprung des Bösen überhaupt, liegt in dem Mysterium, d.i. in dem Spekulativen der Freiheit, ihrer Notwendigkeit, aus der Natürlichkeit des Willens herauszugehen, und gegen sie innerlich zu sein. Es ist diese Natürlichkeit des Willens, welche als der Widerspruch seiner selbst, und mit sich unverträglich in jenem Gegensatz zur Existenz kommt, und es ist so diese Besonderheit des Willens selbst, welche sich weiter als das Böse bestimmt. Die Besonderheit ist nämlich nur als das Gedoppelte, hier der Gegensatz der Natürlichkeit gegen die Innerlichkeit des Willens, welche in diesem Gegensatze nur ein relatives und formelles Fürsichsein ist, das seinen Inhalt allein aus den Bestimmungen des natürlichen Willens, der Begierde, Trieb, Neigung u.s.f. schöpfen kann. Von diesen Begierden, Trieben u.s.f. heißt es nun, daß sie gut oder auch böse sein können. Aber indem der Wille sie in dieser Bestimmung von Zufälligkeit, die sie als natürliche haben, und | damit die Form, die er hier hat, die Besonderheit selbst zur Bestimmung seines Inhaltes macht, so ist er der Allgemeinheit, als dem innern Objektiven, dem Guten, welches zugleich mit der Reflexion des Willens in sich und dem erkennenden Bewußtsein, als das andere Extrem zur unmittelbaren Objektivität, dem bloß Natürlichen, eintritt, entgegengesetzt, und so ist diese Innerlichkeit des Willens böse. Der Mensch ist daher zugleich sowohl an sich oder von Natur, als durch seine Reflexion in sich, böse, so daß weder die Natur als solche, d. i. wenn sie nicht Natürlichkeit des in ihrem besonderen Inhalte bleibenden Willens wäre, noch die in sich gehende Reflexion, das Erkennen überhaupt, wenn es sich nicht in jenem Gegensatz hielte, für sich das Böse ist. – Mit dieser Seite der Notwendigkeit des Bösen ist eben so absolut vereinigt, daß dies Böse bestimmt ist als das, was notwendig nicht sein soll, – d. i. daß es aufgehoben werden soll, nicht daß jener erste Standpunkt der Entzweiung überhaupt nicht hervortreten solle, – er macht vielmehr die Scheidung des unvernünftigen Tieres und des Menschen aus, – sondern daß nicht auf ihm stehen geblieben, und die Besonderheit nicht zum Wesentlichen gegen das Allgemeine festgehalten, daß er als nichtig überwunden werde. Ferner bei dieser Notwendigkeit des Bösen ist es die Subjektivität, als die Unendlichkeit dieser Reflexion, welche diesen Gegensatz vor sich hat und in ihm ist; wenn sie auf ihm stehen bleibt, d. i. böse ist, so ist sie somit für sich, hält sich als Einzelne und ist selbst diese Willkür. Das einzelne Subjekt als solches hat deswegen schlechthin die Schuld seines Bösen.

§ 140

Indem das Selbstbewußtsein an seinem Zwecke eine positive Seite (§ 135) deren er notwendig hat, weil er dem Vorsatze des konkreten wirklichen Handelns angehört, herauszubringen weiß, so vermag es um solcher, als einer Pflicht und vortrefflichen Absicht willen, die Handlung, deren negativer wesentlicher Inhalt zugleich in ihm, als in sich reflektierten, somit des Allgemeinen des Willens sich bewußten, in der Verglei|chung mit diesem stehet, für andere und sich selbst als gut zu behaupten, – [für] andere, so ist es die Heuchelei, für sich selbst, – so ist es die noch höhere Spitze der sich als das Absolute behauptenden Subjektivität.

Diese letzte abstruseste Form des Bösen, wodurch das Böse in Gutes, und das Gute in Böses verkehrt wird, das Bewußtsein sich als diese Macht, und deswegen sich als absolut weiß, – ist die höchste Spitze der Subjektivität im moralischen Standpunkte, die Form, zu welcher das Böse in unserer Zeit, und zwar durch die Philosophie, d.h. eine Seichtigkeit des Gedankens, welche einen tiefen Begriff in diese Gestalt verrückt hat, und sich den Namen der Philosophie, eben so wie sie dem Bösen den Namen des Guten anmaßt, gediehen ist. Ich will in dieser Anmerkung die Hauptgestalten dieser Subjektivität, die gang und gäbe geworden sind, kurz angeben. Was

a) die **Heuchelei** betrifft, so sind in ihr die Momente enthalten α) das Wissen des wahrhaften Allgemeinen, es sei in Form nur des Gefühls von **Recht** und **Pflicht**, oder in Form weiterer Kenntnis und Erkenntnis davon β) das Wollen des diesem Allgemeinen widerstrebenden **Besonderen** und zwar γ) als **vergleichendes** Wissen beider Momente, so daß für das wollende Bewußtsein selbst sein besonderes Wollen als Böses bestimmt ist. Diese Bestimmungen drücken das **Handeln mit bösem Gewissen aus**, noch nicht die Heuchelei als solche. – Es ist eine zu einer Zeit sehr wichtig gewordene Frage gewesen, **ob eine Handlung nur insofern böse sei, als sie mit bösem Gewissen geschehen**, d.h. mit dem entwickelten Bewußtsein der so eben angegebenen Momente. – Pascal zieht (Les Provinc., 4e lettre) sehr gut die Folge aus der Bejahung der Frage: Ils seront tous damnés ces demi-pecheurs, qui ont quelque amour pour la vertu. Mais pour ces francs-pecheurs, pecheurs endurcis, pecheurs sans mélange, pleins et achevés, l'enfer ne les tient pas. Ils ont trompé le diable a force de s'y | abandonner.[1] – Das subjektive Recht des Selbst-

---

[1] Pascal führt daselbst auch die Fürbitte Christi am Kreuze für seine Feinde an: Vater vergib ihnen, denn sie wissen nicht, was sie tun; – eine überflüssige Bitte, wenn der Umstand, daß sie nicht gewußt, was sie getan, ihrer Handlung die Qualität erteilt hatte, nicht böse zu sein, somit der

bewußtseins, daß es die Handlung unter der Bestimmung wie sie an und für sich gut oder böse ist, wisse, muß mit dem absoluten Rechte der Objektivität dieser Bestimmung nicht so in Kollision gedacht werden, daß beide als trennbar gleichgültig und zufällig gegen einander vorgestellt werden, welches Verhältnis insbesondere auch bei den vormaligen Fragen über die wirksame Gnade zu Grunde gelegt wurde. Das Böse ist nach der formellen Seite das Eigenste des Individuums, indem es eben seine sich schlechthin für sich eigen setzende Subjektivität ist, und damit schlechthin seine Schuld (s. § 139 und Anm. zu vorhergeh. §) und nach der objektiven Seite ist der Mensch, seinem Begriffe nach als Geist, Vernünftiges überhaupt, und hat die Bestimmung der sich wissenden Allgemeinheit schlechthin in sich. Es heißt ihn daher nicht nach der Ehre seines Begriffes behandeln, wenn die Seite des Guten und damit die Bestimmung seiner bösen Handlung als einer bösen von ihm getrennt, und sie ihm nicht als böse zugerechnet würde. Wie bestimmt oder in welchem Grade der Klarheit oder Dunkelheit das Bewußtsein jener Momente in ihrer Unterschiedenheit zu einem Erkennen entwickelt und in wie fern eine böse Handlung mehr oder weniger mit | förmlichem bösen Gewissen vollbracht sei,

Vergebung nicht zu bedürfen. Imgleichen führt er die Ansicht des Aristoteles an (die Stelle steht Eth. Nicom. III. 2) welcher unterscheidet, ob der Handelnde οὐκ εἰδὼς oder ἀγνοῶν sei; in jenem Falle der Unwissenheit handelt er unfreiwillig (diese Unwissenheit bezieht sich auf die äußern Umstände) (s. oben § 117) und die Handlung ist ihm nicht zuzurechnen. Über den andern Fall aber sagt Aristoteles: »Jeder Schlechte erkennt nicht was zu tun und was zu lassen ist, und eben dieser Mangel (ἁμαρτια) ist es, was die Menschen ungerecht und überhaupt böse macht. Die Nichterkenntnis der Wahl des Guten und Bösen macht nicht, daß eine Handlung unfreiwillig ist (nicht zugerechnet werden kann) sondern nur, daß sie schlecht ist.« Aristoteles hatte freilich eine tiefere Einsicht in den Zusammenhang des Erkennens und Wollens, als in einer flachen Philosophie gang und gäbe geworden ist, welche lehrt, daß das Nichterkennen, das Gemüt und die Begeisterung die wahrhaften Prinzipien des sittlichen Handelns seien. |

dies ist die gleichgültigere, mehr das Empirische betreffende Seite.

b) Böse aber und mit bösem Gewissen handeln ist noch nicht die Heuchelei, in dieser kommt die formelle Bestimmung der Unwahrheit hinzu, das Böse zunächst für andere als gut zu behaupten, und sich überhaupt äußerlich als gut, gewissenhaft, fromm und dergl. zu stellen, was auf diese Weise nur ein Kunststück des Betrugs für andere ist. Der Böse kann aber ferner in seinem sonstigen Gutestun oder Frömmigkeit, überhaupt in guten Gründen, für sich selbst eine Berechtigung zum Bösen finden, indem er durch sie es für sich zum Guten verkehrt. Diese Möglichkeit liegt in der Subjektivität, welche als abstrakte Negativität alle Bestimmungen sich unterworfen, und aus ihr kommend weiß. Zu dieser Verkehrung ist

c) diejenige Gestalt zunächst zu rechnen, welche als der Probabilismus bekannt ist. Er macht zum Prinzip, daß eine Handlung, für die das Bewußtsein irgend einen guten Grund aufzutreiben weiß, es sei auch nur die Autorität eines Theologen, und wenn es auch andere Theologen von dessen Urteil noch so sehr abweichend weiß, – erlaubt ist, und daß das Gewissen darüber sicher sein kann. Selbst bei dieser Vorstellung ist noch dies richtige Bewußtsein vorhanden, daß ein solcher Grund und Autorität nur Probabilität gebe, obgleich dies zur Sicherheit des Gewissens hinreiche; es ist darin zugegeben, daß ein guter Grund nur von solcher Beschaffenheit ist, daß es neben ihm andere, wenigstens eben so gute Gründe geben könne. Auch diese Spur von Objektivität ist noch hierbei zu erkennen, daß es ein Grund sein soll, der bestimme. Indem aber die Entscheidung des Guten oder Bösen auf die vielen guten Gründe, worunter auch jene Autoritäten begriffen sind, gestellt ist, dieser Gründe aber so viele und entgegengesetzte sind, so liegt hierin zugleich dies, daß es nicht diese Objektivität der Sache, sondern die Subjektivität ist, welche zu entscheiden hat, – die Seite, wodurch Belieben und Willkür über gut und böse zum Entscheidenden gemacht wird, und die Sittlichkeit, wie die Religiosität, untergraben ist. Daß es aber die eigene Subjektivität ist, in welche die Entscheidung fällt, dies ist noch nicht als das Prinzip ausgesprochen, vielmehr wird, wie bemerkt, ein Grund als das Entscheidende ausgegeben, der Probabilismus ist soweit noch eine Gestalt der Heuchelei. |

d) Die nächst höhere Stufe ist, daß der gute Wille darin bestehen soll, daß er das Gute will; dies Wollen des Abstrakt-Guten soll hinreichen, ja die einzige Erfordernis sein, damit die Handlung gut sei. Indem die Handlung als bestimmtes Wollen einen Inhalt hat, das abstrakte Gute aber nichts bestimmt, so ist es der besondern Subjektivität vorbehalten, ihm seine Bestimmung und Erfüllung zu geben. Wie im Probabilismus für den, der nicht selbst ein gelehrter Révérend Père ist, es die Autorität eines solchen Theologen ist, auf welche die Subsumtion eines bestimmten Inhalts unter die allgemeine Bestimmung des Guten gemacht werden kann, so ist hier jedes Subjekt unmittelbar in diese Würde eingesetzt, in das abstrakte Gute den Inhalt zu legen, oder was dasselbe ist, einen Inhalt unter ein Allgemeines zu subsumieren. Dieser Inhalt ist an der Handlung als konkreter überhaupt eine Seite, deren sie mehrere hat, Seiten, welche ihr vielleicht sogar das Prädicat einer verbrecherischen und schlechten geben können. Jene meine subjektive Bestimmung des Guten aber ist das in der Handlung von mir gewußte Gute, die gute Absicht (§ 114). Es tritt hiermit ein Gegensatz von Bestimmungen ein, nach deren einer die Handlung gut, nach andern aber verbrecherisch ist. Damit scheint auch die Frage bei der wirklichen Handlung einzutreten, ob denn die Absicht wirklich gut sei. Daß aber das Gute wirkliche Absicht ist, dies kann nun nicht nur überhaupt, sondern muß auf dem Standpunkte, wo das Subjekt das abstrakte Gute zum Bestimmungsgrund hat, sogar immer der Fall sein können. Was durch eine solche nach andern Seiten sich als verbrecherisch und böse bestimmende Handlung von der guten Absicht verletzt wird, ist freilich auch gut, und es schiene darauf anzukommen, welche unter diesen Seiten die wesentlichste wäre. Aber diese objektive

Frage fällt hier hinweg, oder vielmehr ist es die Subjektivität des Bewußtseins selbst, deren Entscheidung das Objektive allein ausmacht. Wesentlich und gut sind ohnehin gleichbedeutend; jenes ist eine eben solche Abstraktion, wie dieses; gut ist, was in Rücksicht des Willens wesentlich ist, und das Wesentliche in dieser Rücksicht soll eben das sein, daß eine Handlung für mich als gut bestimmt ist. Die Subsumtion aber jeden beliebigen Inhalts unter das Gute ergibt sich für sich unmittelbar daraus, daß dies abstrakte Gute, da es gar keinen Inhalt hat, sich ganz nur | darauf reduziert, überhaupt etwas Positives zu bedeuten, – etwas, das in irgend einer Rücksicht gilt, und nach seiner unmittelbaren Bestimmung auch als ein wesentlicher Zweck gelten kann; – z.B. Armen Gutes tun, für mich, für mein Leben, für meine Familie sorgen u.s.f. Ferner wie das Gute das Abstrakte ist, so ist damit auch das Schlechte das Inhaltslose, das von meiner Subjektivität seine Bestimmung erhält; und es ergibt sich nach dieser Seite auch der moralische Zweck, das unbestimmte Schlechte zu hassen und auszurotten. – Diebstahl, Feigheit, Mord u.s.f., haben als Handlungen, d.i. überhaupt als von einem subjektiven Willen vollbrachte, unmittelbar die Bestimmung, die Befriedigung eines solchen Willens, hiermit ein positives zu sein, und um die Handlung zu einer guten zu machen, kommt es nur darauf an, diese positive Seite als meine Absicht bei derselben zu wissen, und diese Seite ist für die Bestimmung der Handlung, daß sie gut ist, die wesentliche, darum weil ich sie als das Gute in meiner Absicht weiß. Diebstahl, um den Armen Gutes zu tun, Diebstahl, Entlaufen aus der Schlacht, um der Pflicht willen für sein Leben, für seine (vielleicht auch dazu arme) Familie zu sorgen – Mord, aus Haß und Rache, d.i. um das Selbstgefühl seines Rechts, des Rechts überhaupt, und das Gefühl der Schlechtigkeit des andern, seines Unrechtes gegen mich oder gegen Andere, gegen die Welt oder das Volk überhaupt, durch die Vertilgung dieses schlechten Menschen, der das Schlechte selbst in sich hat, womit zum Zwecke der Ausrottung des Schlechten wenigstens ein Beitrag geliefert wird, zu befriedigen, sind auf diese Weise, um der positiven Seite ihres Inhalts willen, zur guten Absicht und damit zur guten Handlung gemacht. Es reicht eine höchst geringe Verstandesbildung dazu hin, um, wie jene gelehrte Theologen, für jede Handlung eine positive Seite, und damit einen guten Grund und Absicht herauszufinden. – So hat man gesagt, daß es eigentlich keinen Bösen gebe, denn er will das Böse nicht um des Bösen willen, d. i., nicht das rein negative als solches, sondern er will immer etwas positives, somit nach diesem Standpunkte ein Gutes. In diesem abstrakten Guten ist der Unterschied von Gut und Böse, und alle wirklichen Pflichten verschwunden; deswegen bloß das Gute wollen, und bei einer Handlung eine gute Absicht haben, dies ist so vielmehr das Böse, insofern das Gute nur in dieser Abstraktion gewollt, und damit die Bestimmung desselben der Willkür des Subjekts vorbehalten wird.

An diese Stelle gehört auch der berüchtigte Satz: der Zweck heiligt die Mittel. – So für sich zunächst ist dieser Ausdruck trivial und | nichts sagend. Man kann eben so unbestimmt erwidern, daß ein heiliger Zweck wohl die Mittel heilige, aber ein unheiliger Zweck sie nicht heilige. Wenn der Zweck recht ist, so sind es auch die Mittel, ist insofern ein tautologischer Ausdruck, als das Mittel eben das ist, was nichts für sich, sondern um eines andern willen ist, und darin, in dem Zwecke, seine Bestimmung und Wert hat, – wenn es nämlich in Wahrheit ein Mittel ist. – Es ist aber mit jenem Satze nicht der bloß formelle Sinn gemeint, sondern es wird darunter etwas bestimmteres verstanden, daß nämlich für einen guten Zweck etwas als Mittel zu gebrauchen, was für sich schlechthin kein Mittel ist, etwas zu verletzen, was für sich heilig ist, ein Verbrechen also zum Mittel eines guten Zwecks zu machen, erlaubt, ja auch wohl Pflicht sei. Es schwebt bei jenem Satze einer Seits das unbestimmte Bewußtsein von der Dialektik des vorhin bemerkten Positiven in vereinzelten rechtlichen oder sittlichen Bestimmungen, oder solcher eben so unbestimmten allgemeinen Sätze vor, wie: du sollst nicht töten, oder:

du sollst für dein Wohl, für das Wohl deiner Familie sorgen. Die Gerichte, Krieger haben nicht nur das Recht, sondern die Pflicht, Menschen zu töten, wo aber genau bestimmt ist, wegen welcher Qualität Menschen und unter welchen Umständen dies erlaubt und Pflicht sei. So muß auch mein Wohl, meiner Familie Wohl höhern Zwekken nach- und somit zu Mitteln herabgesetzt werden. Was sich aber als Verbrechen bezeichnet, ist nicht so eine unbestimmt gelassene Allgemeinheit, die noch einer Dialektik unterläge, sondern hat bereits seine bestimmte objektive Begrenzung. Was solcher Bestimmung nun in dem Zwecke, der dem Verbrechen seine Natur benehmen sollte, entgegengestellt wird, der heilige Zweck, ist nichts anders, als die **subjektive Meinung** von dem, was gut und besser sei. Es ist dasselbe, was darin geschieht, daß das Wollen beim Abstraktguten stehen bleibt, daß nämlich alle an und für sich seiende und geltende Bestimmtheit des Guten und Schlechten, des Rechts und Unrechts, aufgehoben, und dem Gefühl, Vorstellen und Belieben des Individuums diese Bestimmung zugeschrieben wird. – Die **subjektive Meinung** wird endlich ausdrücklich als die Regel des Rechts und der Pflicht ausgesprochen, indem

e) **die Überzeugung, welche etwas für recht hält, es sein soll, wodurch die sittliche Natur einer Handlung bestimmt werde.** Das Gute, das man will, hat noch keinen Inhalt, das Prinzip der Überzeugung enthält nun dies Nähere, daß die Subsumtion einer Handlung unter die Bestimmung des Guten dem **Subjekte** zustehe. Hiermit ist | auch der Schein von einer sittlichen Objektivität vollends verschwunden. Solche Lehre hängt unmittelbar mit der öfters erwähnten sich so nennenden Philosophie zusammen, welche die Erkennbarkeit des **Wahren**, – und das Wahre des wollenden Geistes, seine Vernünftigkeit insofern er sich verwirklicht, sind die sittlichen Gebote, – leugnet. Indem ein solches Philosophieren die Erkenntnis des Wahren für eine leere, den Kreis des Erkennens, der nur das Scheinende sei, überfliegende Eitelkeit ausgibt, muß es unmittelbar auch das

Scheinende in Ansehung des Handelns zum Prinzip machen und das Sittliche somit in die eigentümliche Weltansicht des Individuums und seine besondere Überzeugung setzen. Die Degradation, in welche so die Philosophie herabgesunken ist, erscheint freilich zunächst vor der Welt als eine höchst gleichgültige Begebenheit, die nur dem müßigen Schulgeschwätze widerfahren sei, aber notwendig bildet sich solche Ansicht in die Ansicht des Sittlichen, als in einen wesentlichen Teil der Philosophie hinein, und dann erst erscheint an der Wirklichkeit und für sie, was an jenen Ansichten ist. – Durch die Verbreitung der Ansicht, daß die subjektive Überzeugung es sei, wodurch die sittliche Natur einer Handlung allein bestimmt werde, ist es geschehen, daß wohl vormals viel, aber heutiges Tags wenig mehr von Heuchelei die Rede ist; denn die Qualifizierung des Bösen als Heuchelei hat zu Grunde liegen, daß gewisse Handlungen an und für sich Vergehen, Laster und Verbrechen sind, daß, der sie begehe, sie notwendig als solche wisse, insofern er die Grundsätze und äußern Handlungen der Frömmigkeit und Rechtlichkeit eben in dem Scheine, zu dem er sie mißbraucht, wisse und anerkenne. Oder in Ansehung des Bösen überhaupt galt die Voraussetzung, daß es Pflicht sei, das Gute zu erkennen, und es vom Bösen zu unterscheiden zu wissen. Auf allen Fall aber galt die absolute Forderung, daß der Mensch keine lasterhafte und verbrecherische Handlungen begehe, und daß sie ihm, insofern er ein Mensch und kein Vieh ist, als solche zugerechnet werden müssen. Wenn aber das gute Herz, die gute Absicht und die subjektive Überzeugung für das erklärt wird, was den Handlungen ihren Wert gebe, so gibt es keine Heuchelei und überhaupt kein Böses mehr, denn was einer tut, weiß er durch die Reflexion der guten Absichten und Bewegungsgründe zu etwas Gutem zu machen, und durch das Moment seiner Überzeugung ist es gut.[1] So gibt es | nicht mehr Verbrechen und Laster an

---

[1] »Daß er sich vollkommen überzeugt fühle, daran zweifle ich nicht im mindesten. Aber wie viele Menschen beginnen nicht aus einer solchen

und für sich, und an die Stelle des oben angeführten frank und freien, verhärteten, ungetrübten Sündigens, ist das Bewußtsein der vollkommenen Rechtfertigung durch die Absicht und Überzeugung getreten. Meine Absicht des Guten bei meiner Handlung, und meine Überzeugung davon, daß es gut ist, macht sie zum Guten. Insofern von einem Beurteilen und Richten der Handlung die Rede wird, ist es vermöge dieses Prinzips nur nach der Absicht und Überzeugung des Handelnden, nach seinem Glauben, daß er gerichtet werden solle, – nicht in dem Sinne, wie Christus einen Glauben an die objektive Wahrheit fordert, so daß für den, der einen schlechten Glauben hat, d.h. eine ihrem Inhalte nach böse Überzeugung, auch das Urteil schlecht, d.h. diesem bösen Inhalte gemäß ausfalle, sondern nach dem Glauben im Sinn der Überzeugungstreue, ob der Mensch in seinem Handeln seiner Überzeugung treu geblieben, der formellen subjektiven Treue, welche allein das pflichtmäßige enthalte. – Bei diesem Prinzip der Überzeugung, weil sie zugleich als ein subjektives bestimmt ist, muß sich zwar auch der Gedanke an die Möglichkeit eines Irrtums aufdringen, worin somit die Voraussetzung eines an und für sich seienden Gesetzes liegt. Aber das Gesetz handelt nicht, es ist nur der wirkliche Mensch, der handelt, und bei dem Werte der menschlichen Handlungen kann es nach jenem Prinzipe nur darauf ankommen, inwiefern er jenes Gesetz in seine Überzeugung auf-

gefühlten Überzeugung die ärgsten Frevel. Also, wenn dieser Grund überall entschuldigen mag, so gibt es kein vernünftiges Urteil mehr über gute und böse, ehrwürdige und verächtliche Entschließungen; der Wahn hat dann gleiche Rechte mit der Vernunft, oder die Vernunft hat dann überhaupt keine Rechte, kein gültiges Ansehen mehr; ihre Stimme ist ein Unding; wer nur nicht zweifelt, der ist in der Wahrheit!

Mir schaudert vor den Folgen einer solchen Toleranz, die eine ausschließende zum Vorteil der Unvernunft wäre.«

Fr. H. Jacobi an den Grafen Holmer. Eutin 5. Aug. 1800. über Gr. Stollbergs Rel. Veränderung. (Brennus. Berlin Aug. 1802.) |

genommen hat. Wenn es aber sonach nicht die Handlungen sind, die nach jenem Gesetze zu beurteilen, d.h. überhaupt darnach zu bemessen sind, so ist nicht abzusehen, zu was jenes Gesetz noch sein und dienen soll. Solches Gesetz ist zu einem nur äußern Buchstaben, in der Tat einem leeren Wort heruntergesetzt, denn erst durch meine Überzeugung wird es zu einem Gesetze, | einem mich verpflichtenden und bindenden, gemacht. – Daß solches Gesetz die Autorität Gottes, des Staats, für sich hat, auch die Autorität von Jahrtausenden, in denen es das Band war, in welchem die Menschen und alles ihr Tun und Schicksal sich zusammenhält und Bestehen hat, – Autoritäten, welche eine Unzahl Überzeugungen von Individuen in sich schließen, – und daß Ich dagegen die Autorität meiner einzelnen Überzeugung setze, – als meine subjektive Überzeugung ist ihre Gültigkeit nur Autorität, – dieser zunächst ungeheuer scheinende Eigendünkel ist durch das Prinzip selbst beseitigt, als welches die subjektive Überzeugung zur Regel macht. – Wenn nun zwar durch die höhere Inkonsequenz, welche die durch seichte Wissenschaft und schlechte Sophisterei unvertreibliche Vernunft und Gewissen hereinbringen, die Möglichkeit eines Irrtums zugegeben wird, so ist damit, daß das Verbrechen und das Böse überhaupt ein Irrtum sei, der Fehler auf sein Geringstes reduziert. Denn Irren ist menschlich, – wer hätte sich nicht über dies und jenes, ob ich gestern Kohl oder Kraut zu Mittag gegessen habe, und über Unzähliges, Unwichtigeres und Wichtigeres, geirrt? Jedoch der Unterschied von Wichtigem und Unwichtigem fällt hinweg, wenn es allein die Subjektivität der Überzeugung und das Beharren bei derselben ist, worauf es ankommt. Jene höhere Inkonsequenz von der Möglichkeit eines Irrtums aber, die aus der Natur der Sache kommt, setzt sich in der Wendung, daß eine schlechte Überzeugung nur ein Irrtum ist, in der Tat nur in die andere Inkonsequenz der Unredlichkeit um; das einemal soll es die Überzeugung sein, auf welche das Sittliche und der höchste Wert des Menschen gestellt ist, sie wird hiermit für das Höchste und Heilige erklärt; und das andremal ist es weiter nichts, um das es sich handelt, als ein Irren, mein Überzeugtsein ein geringfügiges und zufälliges, – eigentlich etwas äußerliches, das mir so oder so begegnen kann. In der Tat ist mein Überzeugtsein etwas höchst geringfügiges, wenn ich nichts Wahres erkennen kann; so ist es gleichgültig wie ich denke, und es bleibt mir zum Denken jenes leere Gute, das Abstraktum des Verstandes. – Es ergibt sich übrigens, um dies noch zu bemerken, nach diesem Prinzip der Berechtigung aus dem Grunde der Überzeugung, die Konsequenz für die Handlungsweise Anderer gegen mein Handeln, daß indem sie nach ihrem Glauben und Überzeugung meine Handlungen für Verbrechen halten, sie ganz recht daran tun; – eine Konse|quenz, bei der ich nicht nur nichts zum Voraus behalte, sondern im Gegenteil nur von dem Standpunkte der Freiheit und Ehre in das Verhältnis der Unfreiheit und Unehre herabgesetzt bin, nämlich in der Gerechtigkeit, welche an sich auch das Meinige ist, nur eine fremde subjektive Überzeugung zu erfahren, und in ihrer Ausübung mich nur von einer äußern Gewalt behandelt zu meinen.

f) Die höchste Form endlich, in welcher diese Subjektivität sich vollkommen erfaßt und ausspricht, ist die Gestalt, die man mit einem vom Plato erborgten Namen Ironie genannt hat; – denn nur der Name ist von Plato genommen, der ihn von einer Weise des Sokrates brauchte, welche dieser in einer persönlichen Unterredung gegen die Einbildung des ungebildeten und des sophistischen Bewußtseins zum Behuf der Idee der Wahrheit und Gerechtigkeit anwandte, aber nur jenes Bewußtsein, die Idee selbst nicht, ironisch behandelte. Die Ironie betrifft nur ein Verhalten des Gesprächs gegen Personen; ohne die persönliche Richtung ist die wesentliche Bewegung des Gedankens die Dialektik, und Plato war so weit entfernt, das Dialektische für sich oder gar die Ironie für das Letzte und für die Idee selbst zu nehmen, daß er im Gegenteil das Herüber- und Hinübergehen des Gedankens vollends einer subjektiven Meinung, in die Substantialität der Idee versenkte und endigte.¹ – Die hier noch zu betrachtende Spitze der sich als das | Letzte erfassenden Subjektivität kann nur dies sein, sich noch als jenes Beschließen und Entscheiden über Wahrheit, Recht und Pflicht zu wissen, welches in den vorhergehenden Formen schon an sich vorhan | den ist. Sie besteht also darin, das Sittlich-objektive

¹ Mein verstorbener Kollege, Professor Solger, hat zwar den vom Herrn Fried. v. Schlegel in einer frühern Periode seiner schriftstellerischen Laufbahn aufgebrachten und bis zu jener sich selbst als das Höchste wissenden Subjektivität gesteigerten Ausdruck der Ironie aufgenommen, aber sein von solcher Bestimmung entfernter besserer Sinn und seine philosophische Einsicht hat darin nur vornehmlich die Seite des eigentlichen Dialektischen, des bewegenden Pulses der spekulativen Betrachtung ergriffen und festgehalten. Ganz klar aber kann ich das nicht finden, noch mit den Begriffen übereinstimmen, welche derselbe noch in seiner letzten, gehaltvollen Arbeit, einer ausführlichen Kritik über die Vorlesungen des Herrn August Wilhelm v. Schlegel über dramatische Kunst und Literatur (Wiener Jahrb. VII. Bd. S. 90 ff.) entwickelt. »Die wahre Ironie, sagt Solger daselbst S. 92, von dem Gesichtspunkt aus, daß der Mensch, so lange er in dieser gegenwärtigen Welt lebt, seine Bestimmung auch im höchsten Sinne des Worts, nur in dieser Welt erfüllen kann. Alles, womit wir über endliche Zwecke hinauszugehen glauben, ist eitle und leere Einbildung. – Auch das Höchste ist für unser Handeln nur in begrenzter endlicher Gestaltung da.« Dies ist, richtig verstanden, platonisch und sehr wahr gegen das daselbst vorher erwähnte leere Streben in das (abstracte) Unendliche gesagt. Daß aber das Höchste in begrenzter endlicher Gestaltung ist, | wie das Sittliche, und das Sittliche ist wesentlich als Wirklichkeit und Handlung, dies ist sehr verschieden davon, daß es ein endlicher Zweck sei; die Gestaltung, die Form des Endlichen, benimmt dem Inhalt, dem Sittlichen nichts von seiner Substantialität und der Unendlichkeit, die es in sich selbst hat. Es heißt weiter: »Und eben deswegen ist es (das Höchste) an uns so nichtig, als das Geringste, und gehet notwendig mit uns und unserm nichtigen Sinne unter, denn in Wahrheit ist es nur da in Gott, und in diesem Untergange verklärt es sich als ein Göttliches, an welchem wir nicht Teil haben würden, wenn es nicht eine unmittelbare Gegenwart dieses Göttlichen gäbe, die sich eben im Verschwinden unserer Wirklichkeit offenbart; die Stimmung aber, welcher dieses unmittelbar in den menschlichen Begebenheiten selbst einleuchtet, ist die tragische Ironie.« Auf den willkührlichen Namen Ironie käme es nicht an, aber darin liegt etwas Unklares, daß

wohl zu wissen, aber nicht sich selbst vergessend und auf sich Verzicht tuend in den Ernst desselben sich zu vertiefen und aus ihm zu handeln, sondern in der Beziehung darauf dasselbe zugleich von sich zu halten, und sich als das zu wissen, welches so will und beschließt, und auch eben so gut anders wollen und beschließen kann. – Ihr nehmt ein Gesetz in der Tat und ehrlicherweise als an und für sich seiend, Ich bin auch dabei und darin, aber auch noch weiter als Ihr, ich bin auch darüber hinaus und kann es so oder so machen. Nicht die Sache ist das Vortreffliche, sondern Ich bin

es das Höchste sei, was mit unserer Nichtigkeit untergehe, und daß erst im Verschwinden unserer Wirklichkeit das Göttliche sich offenbare, wie es auch S. 91 ebendas. heißt: »wir sehen die Helden irre werden an dem Edelsten und Schönsten in ihren Gesinnungen und Gefühlen, nicht bloß in Rücksicht des Erfolgs, sondern auch ihrer Quelle und ihres Werthes, ja wir erheben uns an dem Untergange des Besten selbst.« Daß der tragische Untergang höchst sittlicher Gestalten nur insofern interessieren (der gerechte Untergang aufgespreizter reiner Schurken und Verbrecher, wie z.B. der Held in einer modernen Tragödie, der Schuld, einer ist, hat zwar ein kriminaljuristisches Interesse, aber keines für die wahre Kunst, von der hier die Rede ist), erheben und mit sich selbst versöhnen kann, als solche Gestalten gegen einander mit gleich berechtigten unterschiedenen sittlichen Mächten, welche durch Unglück in Kollision gekommen, auftreten und so nun durch diese ihre Entgegensetzung gegen ein Sittliches Schuld haben, woraus das Recht und das Unrecht beider, und damit die wahre sittliche Idee gereinigt und triumphierend über diese Einseitigkeit, somit versöhnt in uns hervorgeht, daß sonach nicht das Höchste in uns es ist, welches untergeht, und wir uns nicht am Untergange des Besten, sondern im Gegenteil am Triumphe des Wahren erheben, – | daß dies das wahrhafte rein sittliche Interesse der antiken Tragödie ist (in der romantischen erleidet diese Bestimmung noch eine weitere Modifikation) habe ich in der Phänomenologie des Geistes (S. 404ff. vergl. 683ff.) ausgeführt. Die sittliche Idee aber ohne jenes Unglück der Kollision und den Untergang der in diesem Unglück befangenen Individuen, ist in der sittlichen Welt wirklich und gegenwärtig und daß dies Höchste sich nicht in seiner Wirklichkeit als ein Nichtiges darstellt, dies ist es, was die reale sittliche Existenz, der Staat, bezweckt und bewirkt, und was in ihm das sittliche Selbstbewußtsein besitzt, anschaut und weiß, und das denkende Erkennen begreift. |

der Vortreffliche, und bin der Meister über das Gesetz und
die Sache, der damit, als mit seinem Belieben, nur spielt,
und in diesem ironischen Bewußtsein, in welchem Ich das
Höchste untergehen lasse, nur mich genieße. – Diese
Gestalt ist nicht nur die Eitelkeit alles sittlichen Inhalts
der Rechte, Pflichten, Gesetze, – das Böse, und zwar das in
sich ganz allgemeine Böse, sondern sie tut auch die Form,
die subjektive Eitelkeit, hinzu, sich selbst als diese Eitelkeit alles Inhalts zu wissen, und in diesem Wissen sich als
das Absolute zu wissen. – In wie fern diese absolute Selbstge-
fälligkeit nicht ein einsamer Gottesdienst seiner selbst bleibt,
sondern etwa auch eine Gemeinde bilden kann, deren
Band und Substanz etwa auch die gegenseitige Versicherung
von Gewissenhaftigkeit, guten Absichten, das Erfreuen über
diese wechselseitige Reinheit, vornehmlich aber das Laben
an der Herrlichkeit dieses Sich-wissens und Aussprechens,
und an der Herrlichkeit dieses Hegens und Pflegens ist, – in
wie fern das, was schöne Seele genannt worden, die in
der Eitelkeit aller Objektivität und damit in der Unwirk-
lichkeit ihrer selbst verglimmende edlere Subjektivität, ferner
andere Gestaltungen, mit der betrachteten Stufe verwandte
Wendungen sind, – habe ich [in der] Phänomenologie des
Geistes S. 605 ff. abgehandelt, wo der ganze Abschnitt c) das
Gewissen, insbesondere auch in Rücksicht des Übergangs
in eine – dort übrigens anders bestimmte, höhere Stufe überhaupt, verglichen werden kann.

§ 141

ÜBERGANG VON DER MORALITÄT
IN SITTLICHKEIT

Für das Gute, als das substantielle Allgemeine der Freiheit,
aber noch Abstrakte sind daher eben so sehr Bestimmungen
überhaupt und das Prinzip derselben, aber als mit ihm iden-
tisch, gefordert, wie für das Gewissen, | das nur abstrakte

Prinzip des Bestimmens, die Allgemeinheit und Objektivität seiner Bestimmungen gefordert ist. Beide, jedes so für sich zur Totalität gesteigert, werden zum Bestimmungslosen, das bestimmt sein soll. – Aber die Integration beider relativen Totalitäten zur absoluten Identität, ist schon an sich vollbracht, indem eben diese für sich in ihrer Eitelkeit verschwebende Subjektivität der reinen Gewißheit seiner selbst identisch ist mit der abstrakten Allgemeinheit des Guten; – die, somit konkrete, Identität des Guten und des subjektiven Willens, die Wahrheit derselben ist die Sittlichkeit.

Das Nähere über einen solchen Übergang des Begriffs macht sich in der Logik verständlich. Hier nur so viel, daß die Natur des Beschränkten und Endlichen, – und solches sind hier das abstrakte, nur sein sollende Gute und die eben so abstrakte, nur gut sein sollende Subjektivität, an ihnen selbst ihr Gegenteil, das Gute seine Wirklichkeit, und die Subjektivität (das Moment der Wirklichkeit des Sittlichen) das Gute, haben, aber daß sie als einseitige, noch nicht gesetzt sind als das was sie an sich sind. Dies Gesetztwerden erreichen sie in ihrer Negativität, darin daß sie, wie sie sich einseitig, jedes das nicht an ihnen haben zu sollen, was an sich an ihnen ist, – das Gute ohne Subjektivität und Bestimmung, und das Bestimmende, die Subjektivität ohne das Ansichseiende – als Totalitäten für sich konstituieren, sich aufheben und dadurch zu Momenten herabsetzen, – zu Momenten des Begriffs, der als ihre Einheit offenbar wird und eben durch dies Gesetztsein seiner Momente Realität erhalten hat, somit nun als Idee ist, – Begriff der seine Bestimmungen zur Realität herausgebildet und zugleich in ihrer Identität als ihr an sich seiendes Wesen ist. – Das Dasein der Freiheit, welches unmittelbar als das Recht war, ist in der Reflexion des Selbstbewußtseins zum Guten bestimmt; das Dritte, hier in seinem Übergange als die Wahrheit dieses Guten und der Subjektivität, ist daher eben so sehr die Wahrheit dieser und des Rechts. – Das Sittliche ist subjektive Gesinnung aber des an sich seienden Rechts; daß diese Idee die Wahrheit des Freiheitsbegriffs ist, dies kann nicht ein vorausgesetztes, aus dem Gefühl oder woher sonst genommenes, sondern – in der Philosophie, – nur ein bewiesenes sein. Diese Deduktion desselben ist allein darin enthalten, daß das Recht und das moralische Selbstbewußtsein an ihnen selbst sich zeigen, darein als in ihr Resultat zurückzugehen. – Diejenigen, welche des Beweisens und Deduzierens in der Philosophie entübrigt sein zu können glauben, zeigen, daß sie von dem ersten Gedanken dessen, was Philosophie ist, noch entfernt sind und mögen wohl sonst reden, aber in der Philosophie haben die kein Recht mitzureden, die ohne Begriff reden wollen. |

DRITTER TEIL
DIE SITTLICHKEIT

§ 142

Die Sittlichkeit ist die **Idee der Freiheit**, als das lebendige Gute, das in dem Selbstbewußtsein sein Wissen, Wollen, und durch dessen Handeln seine Wirklichkeit, so wie dieses an dem sittlichen Sein seine an und für sich seiende Grundlage und bewegenden Zweck hat, – **der zur vorhandenen Welt und zur Natur des Selbstbewußtseins gewordene Begriff der Freiheit**.

§ 143

Indem diese Einheit des **Begriffs** des Willens und seines Daseins, welches der besondere Wille ist, Wissen ist, ist das Bewußtsein des Unterschiedes dieser Momente der Idee vorhanden, aber so, daß nunmehr jedes für sich selbst die Totalität der Idee ist, und sie zur Grundlage und Inhalt hat.

§ 144

α) Das objektive Sittliche das an die Stelle des abstrakten Guten tritt, ist die durch die Subjektivität als **unendliche Form konkrete Substanz**. Sie setzt daher **Unterschiede** in sich, welche hiermit durch den Begriff bestimmt sind, und wodurch das Sittliche einen festen **Inhalt** hat, der für sich notwendig und ein über das subjektive Meinen und Belieben erhabenes Bestehen ist, die **an und für sich seienden Gesetze und Einrichtungen**.

§ 145

Daß das Sittliche das System dieser Bestimmungen der Idee ist, macht die Vernünftigkeit desselben aus. Es ist auf diese Weise die Freiheit oder der an und für sich seiende Wille als das Objektive, Kreis der Notwendigkeit, dessen Momente die sittlichen Mächte sind, welche das Leben der Indivi|duen regieren und in diesen als ihren Akzidenzen, ihre Vorstellung, erscheinende Gestalt und Wirklichkeit haben.

§ 146

β) Die Substanz ist in diesem ihrem wirklichen Selbstbewußtsein sich wissend und damit Objekt des Wissens. Für das Subjekt haben die sittliche Substanz, ihre Gesetze und Gewalten einerseits als Gegenstand das Verhältnis, daß sie sind, im höchsten Sinne der Selbstständigkeit, – eine absolute, unendlich festere Autorität und Macht, als das Sein der Natur.

Die Sonne, Mond, Berge, Flüsse, überhaupt die umgebenden Naturobjekte sind, sie haben für das Bewußtsein die Autorität nicht nur überhaupt zu sein, sondern auch eine besondere Natur zu haben, welche es gelten läßt, nach ihr in seinem Verhalten zu ihnen, seiner Beschäftigung mit ihnen und ihrem Gebrauche sich richtet. Die Autorität der sittlichen Gesetze ist unendlich höher, weil die Naturdinge nur auf die ganz äußerliche und vereinzelte Weise die Vernünftigkeit darstellen, und sie unter die Gestalt der Zufälligkeit verbergen.

§ 147

Andererseits sind sie dem Subjekte nicht ein Fremdes, sondern es gibt das Zeugnis des Geistes von ihnen als von seinem eigenen Wesen, in welchem es sein Selbstgefühl hat, und darin als seinem von sich ununterschiedenen Elemente lebt, – ein Verhältnis, das unmittelbar noch identischer, als selbst Glaube und Zutrauen ist.

Glaube und Zutrauen gehören der beginnenden Reflexion an und setzen eine Vorstellung und Unterschied voraus; – wie es z.B. verschieden wäre, an die heidnische Religion glauben, und ein Heide sein. Jenes Verhältnis oder vielmehr [jene] Verhältnis-lose Identität, in der das Sittliche die wirkliche Lebendigkeit des Selbstbewußtseins ist, kann allerdings in ein Verhältnis des Glaubens und der Überzeugung, und in ein durch weitere Reflexion vermitteltes übergehen, in eine Einsicht durch Gründe, die auch von irgend besonderen Zwecken, Interessen und Rücksichten, von Furcht oder Hoffnung, oder von geschichtlichen | Voraussetzungen anfangen können. Die adäquate Erkenntnis derselben aber gehört dem denkenden Begriffe an.

§ 148

Als diese substantiellen Bestimmungen sind sie für das Individuum, welches sich von ihnen als das Subjektive und in sich Unbestimmte oder als [das] besonders Bestimmte unterscheidet, hiemit im Verhältnisse zu ihnen als zu seinem Substantiellen steht, – Pflichten für seinen Willen bindend.

Die ethische Pflichtenlehre d.i. wie sie objektiv ist, nicht in dem leeren Prinzip der moralischen Subjektivität befaßt sein soll, als welches vielmehr nichts bestimmt (§ 134) – ist daher die in diesem dritten Teile folgende systematische Entwickelung des Kreises der sittlichen Notwendigkeit. Der Unterschied dieser Darstellung von der Form einer Pflichtenlehre liegt allein darin, daß in dem Folgenden die sittlichen Bestimmungen sich als die notwendigen Verhältnisse ergeben, hierbei stehen geblieben und nicht zu jeder derselben, noch der Nachsatz gefügt wird, also ist diese Bestimmung für den Menschen eine Pflicht. – Eine Pflichtenlehre, insofern sie nicht philosophische Wissenschaft ist, nimmt aus den Verhältnissen als Vorhandenen, ihren Stoff und zeigt den Zusammenhang desselben mit den eigenen Vorstellungen, allgemein sich vorfindenden Grundsätzen und Gedanken, Zwecken, Trieben, Empfindungen u.s.f. und kann als Gründe die weiteren Folgen einer jeden Pflicht in Beziehung auf die andern sittlichen Verhältnisse, so wie auf das Wohl und die Meinung hinzu fügen. Eine immanente und konsequente Pflichtenlehre kann aber nichts anders sein, als die Entwickelung der Verhältnisse, die durch die Idee der Freiheit notwendig, und daher wirklich in ihrem ganzen Umfange, im Staat sind.

§ 149

Als Beschränkung kann die bindende Pflicht nur gegen die unbestimmte Subjektivität oder abstrakte Freiheit, und gegen die Triebe des natürlichen, oder des sein unbestimmtes Gute aus seiner Willkür bestimmenden moralischen Willens erscheinen. Das Individuum hat aber in der Pflicht vielmehr seine Befreiung teils von der Abhängigkeit, in der es in dem bloßen Naturtriebe stehet, so wie von der Gedrücktheit, in der es als subjektive | Besonderheit in den moralischen Reflexionen des Sollens und Mögens ist, teils von der unbestimmten Subjektivität, die nicht zum Dasein und der objektiven Bestimmtheit des Handelns kommt, und in sich und als eine Unwirklichkeit bleibt. In der Pflicht befreit das Individuum sich zur substantiellen Freiheit.

§ 150

Das Sittliche, insofern es sich an dem individuellen durch die Natur bestimmten Charakter als solchem reflektiert, ist die Tugend, die insofern sie nichts zeigt, als die einfache Angemessenheit des Individuums an die Pflichten der Verhältnisse, denen es angehört, Rechtschaffenheit ist.

Was der Mensch tun müsse, welches die Pflichten sind, die er zu erfüllen hat, um tugendhaft zu sein, ist in einem sittlichen Gemeinwesen leicht zu sagen, – es ist nichts anderes von ihm zu tun, als was ihm in seinen Verhältnissen vorgezeichnet, ausgesprochen und bekannt ist. Die Rechtschaffenheit ist das Allgemeine, was an ihn teils rechtlich, teils sittlich gefordert werden kann. Sie erscheint aber für den moralischen Standpunkt leicht als etwas untergeordneteres, über das man an sich und andere noch mehr fordern müsse; denn die Sucht, etwas besonderes zu sein, genügt sich nicht mit dem, was das An- und für sich-seiende und Allgemeine ist; sie findet erst in einer Ausnahme das Bewußtsein der Eigentümlichkeit. – Die verschiedenen Seiten der Rechtschaffenheit können eben so gut auch Tugenden genannt werden, weil sie eben so sehr Eigentum, – obwohl in der Vergleichung mit andern nicht besonderes, – des Individuums sind. Das Reden aber von der Tugend grenzt leicht an leere Deklamation, weil damit nur von einem Abstrakten und Unbestimmten gesprochen wird, so wie auch solche Rede mit ihren Gründen und Darstellungen sich an das Individuum als an eine Willkür und subjektives Belieben wendet. Unter einem vorhandenen sittlichen Zustande, dessen Verhältnisse vollständig entwickelt und verwirklicht sind, hat die eigentliche Tugend nur in außerordentlichen Umständen und Kollisionen jener Verhältnisse ihre Stelle und Wirklichkeit; – in wahrhaften Kollisionen, denn die moralische Reflexion kann sich allenthalben Kollisionen erschaffen und sich das Bewußtsein von etwas Besonderem und von gebrachten Opfern geben. Im ungebildeten Zustande der Gesellschaft und des Gemeinwesens kommt deswegen mehr die Form der Tugend als solcher vor, weil hier das Sittliche und dessen Verwirklichung mehr ein individuelles Belieben und eine eigentümliche geniale Natur des Individuums ist, wie denn | die Alten besonders von Herkules die Tugend prädiziert haben. Auch in den alten Staaten, weil in ihnen die Sittlichkeit nicht zu diesem freien System einer selbstständigen Entwickelung und Objektivität gediehen war, mußte es die eigentümliche Genialität der Individuen sein, welche diesen Mangel ersetzte. – Die Lehre von den Tugenden, insofern sie nicht bloß Pflichtenlehre ist, somit das Besondere, auf Naturbestimmtheit Gegründete des Charakters umfaßt, wird hiermit eine geistige Naturgeschichte sein.

Indem die Tugenden das Sittliche in der Anwendung auf das Besondere, und nach dieser subjektiven Seite ein Unbestimmtes sind, so tritt für ihre Bestimmung das Quantitative des Mehr und Weniger ein; ihre Betrachtung führt daher die gegenüberstehenden Mängel oder Laster herbei, wie bei Aristoteles, der die besondere Tugend daher seinem richtigen Sinne nach, als die Mitte zwischen einem Zuviel und einem Zuwenig bestimmte. – Derselbe Inhalt, welcher die Form von Pflichten und dann von Tugenden annimmt, ist es auch der die Form von Trieben hat (§ 19 Anm.). Auch sie haben denselben Inhalt zu ihrer Grundlage, aber weil er in ihnen noch dem unmittelbaren Willen und der natürlichen Empfindung angehört, und zur Bestimmung der Sittlichkeit nicht heraufgebildet ist, so haben sie mit dem Inhalte der Pflichten und Tugenden nur den abstrakten Gegenstand gemein, der als bestimmungslos in sich selbst, die Grenze des Guten oder Bösen für sie nicht enthält, – oder sie sind nach der Abstraktion des Positiven, gut, und umgekehrt nach der Abstraktion des Negativen, böse (§ 18).

§ 151

Aber in der einfachen Identität mit der Wirklichkeit der Individuen erscheint das Sittliche, als die allgemeine Handlungsweise derselben – als Sitte, – die Gewohnheit desselben als eine zweite Natur, die an die Stelle des ersten bloß natürlichen Willens gesetzt, und die durchdringende Seele, Bedeutung und Wirklichkeit ihres Daseins ist, der als eine Welt lebendige und vorhandene Geist, dessen Substanz so erst als Geist ist.

§ 152

Die sittliche Substantialität ist auf diese Weise zu ihrem Rechte und dieses zu seinem Gelten gekommen, daß in ihr nämlich die Eigenwilligkeit und das eigene Gewissen des Einzelnen, das für sich wäre und einen Gegen|satz gegen sie machte, verschwunden [sind], indem der sittliche Charakter das unbewegte, aber in seinen Bestimmungen zur wirklichen Vernünftigkeit aufgeschlossene, Allgemeine als seinen bewegenden Zweck weiß, und seine Würde so wie alles Bestehen der besondern Zwecke in ihm gegründet erkennt und wirklich darin hat. Die Subjektivität ist selbst die absolute Form und die existierende Wirklichkeit der Substanz und der Unterschied des Subjekts von ihr als seinem Gegenstand, Zwecke und Macht ist nur der zugleich eben so unmittelbar verschwundene Unterschied der Form.

Die Subjektivität, welche den Boden der Existenz für den Freiheitsbegriff ausmacht (§ 106) und auf dem moralischen Standpunkte noch im Unterschiede von diesem ihrem Begriff ist, ist im Sittlichen die ihm adäquate Existenz desselben.

§ 153

Das Recht der Individuen für ihre subjektive Bestimmung zur Freiheit hat darin, daß sie der sittlichen Wirklichkeit angehören, seine Erfüllung, indem die Gewißheit ihrer Freiheit in solcher Objektivität ihre Wahrheit hat, und sie im Sittlichen ihr eigenes Wesen, ihre innere Allgemeinheit wirklich besitzen (§ 147).

* Auf die Frage eines Vaters, nach der besten Weise seinen Sohn sittlich zu erziehen, gab ein Pythagoräer (auch anderen wird sie in den Mund gelegt) die Antwort: wenn du ihn zum Bürger eines Staats von guten Gesetzen machst.

§ 154

Das Recht der Individuen an ihre Besonderheit ist eben so in der sittlichen Substantialität enthalten, denn die Besonderheit ist die äußerlich erscheinende Weise, in welcher das Sittliche existiert. |

§ 155

In dieser Identität des allgemeinen und besondern Willens fällt somit Pflicht und Recht in Eins und der Mensch hat durch das Sittliche insofern Rechte, als er Pflichten, und Pflichten insofern er Rechte hat. Im abstrakten Rechte habe Ich das Recht, und ein Anderer die Pflicht gegen dasselbe, – im Moralischen soll nur das Recht meines eigenen Wissens und Wollens, so wie meines Wohls mit den Pflichten geeint und objektiv sein.

§ 156

Die sittliche Substanz, als das für sich seiende Selbstbewußtsein mit seinem Begriffe geeint enthaltend, ist der wirkliche Geist einer Familie und eines Volks.

§ 157

Der Begriff dieser Idee ist nur als Geist, als sich Wissendes und Wirkliches, indem er die Objektivierung seiner selbst, die Bewegung durch die Form seiner Momente ist. Er ist daher:

  A) der unmittelbare oder natürliche sittliche Geist; – die Familie.

Diese Substantialität geht in den Verlust ihrer Einheit, in die Entzweiung und in den Standpunkt des Relativen über und ist so

  B) bürgerliche Gesellschaft eine Verbindung der Glieder als selbstständiger Einzelner in einer somit formellen Allgemeinheit, durch ihre Bedürfnisse, und durch die Rechtsverfassung als Mittel der Sicherheit der Personen und des Eigentums und durch eine äußerliche Ordnung für ihre besondern und gemeinsamen Interessen, welcher äußerliche Staat sich

C) in den Zweck und die Wirklichkeit des substantiellen Allgemeinen, und des demselben gewidmeten öffentlichen Lebens, – in die Staatsverfassung zurück und zusammen nimmt. |

ERSTER ABSCHNITT
DIE FAMILIE

§ 158

Die Familie hat als die unmittelbare Substantialität des Geistes, seine sich empfindende Einheit, die Liebe, zu ihrer Bestimmung, so daß die Gesinnung ist, das Selbstbewußtsein seiner Individualität in dieser Einheit als an und für sich seiender Wesentlichkeit zu haben, um in ihr nicht als eine Person für sich, sondern als Mitglied zu sein.

§ 159

Das Recht, welches dem Einzelnen auf den Grund der Familien-Einheit zukommt, und was zunächst sein Leben in dieser Einheit selbst ist, tritt nur insofern in die Form Rechtens als des abstrakten Momentes der bestimmten Einzelnheit, hervor, als die Familie in die Auflösung übergeht, und die, welche als Glieder sein sollen, in ihrer Gesinnung und Wirklichkeit, als selbstständige Personen werden, und was sie in der Familie für ein bestimmtes Moment ausmachten, nun in der Absonderung, also nur nach äußerlichen Seiten (Vermögen, Alimentation, Kosten der Erziehung u.dergl.) erhalten.

§ 160

Die Familie vollendet sich in den drei Seiten:
a) in der Gestalt ihres unmittelbaren Begriffes als Ehe,
b) in dem äußerlichen Dasein, dem Eigentum und Gut der Familie und der Sorge dafür;
c) in der Erziehung der Kinder und der Auflösung der Familie. |

A
DIE EHE

§ 161

Die Ehe enthält, als das unmittelbare sittliche Verhältnis, erstens das Moment der natürlichen Lebendigkeit, und zwar als substantielles Verhältnis die Lebendigkeit in ihrer Totalität, nämlich als Wirklichkeit der Gattung und deren Prozeß (s. Enzykl. der philos. Wiss. § 167 ff. und 288 ff.). Aber im Selbstbewußtsein wird zweitens die nur innerliche oder an sich seiende und eben damit in ihrer Existenz nur äußerliche Einheit der natürlichen Geschlechter, in eine Geistige, in selbstbewußte Liebe, umgewandelt.

§ 162

Als subjektiver Ausgangspunkt der Ehe kann mehr die besondere Neigung der beiden Personen, die in dies Verhältnis treten, oder die Vorsorge und Veranstaltung der Eltern u.s.f. erscheinen; der objektive Ausgangspunkt aber ist die freie Einwilligung der Personen und zwar dazu, Eine Person auszumachen, ihre natürliche und einzelne Persönlichkeit in jener Einheit aufzugeben, welche nach dieser Rücksicht eine Selbstbeschränkung, aber eben, indem sie in ihr ihr substantielles Selbstbewußtsein gewinnen, ihre Befreiung ist.

Die objektive Bestimmung, somit die sittliche Pflicht, ist, in den Stand der Ehe zu treten. Wie der äußerliche Ausgangspunkt beschaffen ist, ist seiner Natur nach zufällig, und hängt insbesondere von der Bildung der Reflexion ab. Die Extreme hierin sind das eine, daß die Veranstaltung der wohlgesinnten Eltern den Anfang macht, und in den zur Vereinigung der Liebe für einander bestimmt werdenden Personen hieraus, daß sie sich, als hiezu bestimmt, bekannt werden, die Neigung entsteht, – das andere, daß die Neigung in den Personen, als in diesen unendlich partikularisierten zuerst

erscheint. – Jenes Extrem oder überhaupt der Weg, worin
der Entschluß zur Verehelichung den Anfang macht, und
die Neigung zur Folge hat, so daß bei der wirklichen Verheiratung nun beides vereinigt ist, kann selbst als der sittlichere Weg angesehen werden. – In dem andern Extrem ist
es die unendlich besondere Eigentümlichkeit, welche
ihre Prätensionen geltend macht und mit dem sub|jektiven
Prinzip der modernen Welt (s. oben § 124 Anm.) zusammenhängt. – In die modernen Dramen und anderen Kunstdarstellungen aber, wo die Geschlechterliebe das Grundinteresse
ausmacht, wird das Element von durchdringender Frostigkeit, das darin angetroffen wird, in die Hitze der dargestellten
Leidenschaft durch die damit verknüpfte gänzliche Zufälligkeit, dadurch nämlich gebracht, daß das ganze Interesse
als nur auf diesen beruhend, vorgestellt wird, was wohl für
diese von unendlicher Wichtigkeit sein kann, aber es an
sich nicht ist.

§ 163

Das Sittliche der Ehe besteht in dem Bewußtsein dieser Einheit als substantiellen Zweckes, hiemit in der Liebe, dem Zutrauen und der Gemeinsamkeit der ganzen individuellen Existenz, – in welcher Gesinnung und Wirklichkeit der natürliche
Trieb zur Modalität eines Naturmoments, das eben in seiner
Befriedigung zu erlöschen bestimmt ist, herabgesetzt wird, das
geistige Band in seinem Rechte als das Substantielle, hiemit
als das über die Zufälligkeit der Leidenschaften und des zeitlichen besondern Beliebens erhabene, an sich unauflösliche
sich heraushebt.

Daß die Ehe nicht das Verhältnis eines Vertrags über ihre
wesentliche Grundlage ist, ist oben bemerkt worden (§ 75),
denn sie ist gerade dies, vom Vertrags-Standpunkte, der in
ihrer Einzelnheit selbstständigen Persönlichkeit, auszugehen,
um ihn aufzuheben. Die Identifizierung der Persönlichkeiten, wodurch die Familie Eine Person ist, und die Glieder derselben Akzidenzen (die Substanz ist aber wesentlich

das Verhältnis von ihr selbst zu Akzidenzen (s. Encyklop. der phil. Wissensch. § 98)) ist der sittliche Geist, der für sich, abgestreift von der mannigfaltigen Äußerlichkeit, die er in seinem Dasein, als in diesen Individuen und den in der Zeit und auf mancherlei Weisen bestimmten Interessen der Erscheinung hat, – als eine Gestalt für die Vorstellung herausgehoben, als die Penaten u.s.f. verehrt worden ist, und überhaupt das ausmacht, worin der religiöse Charakter der Ehe und Familie, die Pietät liegt. Es ist eine weitere Abstraktion, wenn das Göttliche, Substantielle von seinem Dasein getrennt, und so auch die Empfindung und das Bewußtsein der geistigen Einheit, als fälschlich sogenannte platonische Liebe fixiert worden ist; diese Trennung hängt mit der mönchi|schen Ansicht zusammen, durch welche das Moment der natürlichen Lebendigkeit als das schlechthin Negative bestimmt, und ihm eben durch diese Trennung eine unendliche Wichtigkeit für sich gegeben wird.

§ 164

Wie die Stipulation des Vertrags schon für sich den wahrhaften Übergang des Eigentums enthält (§ 79), so macht die feierliche Erklärung der Einwilligung zum sittlichen Bande der Ehe und die entsprechende Anerkennung und Bestätigung desselben durch die Familie und Gemeinde (daß in dieser Rücksicht die Kirche eintritt, ist eine weitere hier nicht auszuführende Bestimmung) – die förmliche Schließung und Wirklichkeit der Ehe aus, so daß diese Verbindung nur durch das Vorangehen dieser Zeremonie als der Vollbringung des Substantiellen durch das Zeichen, die Sprache, als das geistigste Dasein des Geistigen (§ 78), als sittlich konstituiert ist. Damit ist das sinnliche, der natürlichen Lebendigkeit angehörige Moment, in sein sittliches Verhältnis als eine Folge und Akzidentalität gesetzt, welche dem äußerlichen Dasein der sittlichen Verbindung angehört, die auch in der gegenseitigen Liebe und Beihilfe allein erschöpft sein kann.

Wenn darnach gefragt wird, was als der Hauptzweck der Ehe angesehen werden müsse, um daraus die gesetzlichen Bestimmungen schöpfen oder beurteilen zu können, so wird unter diesem Hauptzwecke verstanden, welche von den einzelnen Seiten ihrer Wirklichkeit als die vor den andern wesentliche angenommen werden müsse. Aber keine für sich macht den ganzen Umfang ihres an und für sich seienden Inhalts, des Sittlichen, aus, und die eine oder die andere Seite ihrer Existenz kann, unbeschadet des Wesens der Ehe, fehlen. – Wenn das Schließen der Ehe als solches, die Feierlichkeit, wodurch das Wesen dieser Verbindung als ein über das Zufällige der Empfindung und besonderer Neigung erhabenes Sittliches ausgesprochen und konstatiert wird, für eine äußerliche Formalität und ein sogenanntes bloß bürgerliches Gebot genommen wird, so bleibt diesem Akte nichts übrig, als etwa den Zweck der Erbaulichkeit und der Beglaubigung des bürgerlichen Verhältnisses zu haben, oder gar die bloß positive Willkür eines bürgerlichen oder kirchlichen Gebotes zu sein, das der Natur der Ehe nicht nur gleichgültig sei, sondern das auch, insofern von dem Gemüt von wegen des Gebots ein Wert auf dies förmliche Schließen gelegt, und als voranzugehende Bedingung der gegenseitigen vollkommenen Hingebung angesehen werde, die Gesinnung der Liebe | verunreinige und als ein Fremdes der Innigkeit dieser Einigung zuwiderlaufe. Solche Meinung, indem sie den höchsten Begriff von der Freiheit, Innigkeit und Vollendung der Liebe zu geben die Prätension hat, leugnet vielmehr das Sittliche der Liebe, die höhere Hemmung und Zurücksetzung des bloßen Naturtriebs, welche schon auf eine natürliche Weise in der Scham enthalten ist, und durch das bestimmtere geistige Bewußtsein zur Keuschheit und Zucht erhoben ist. Näher ist durch jene Ansicht die sittliche Bestimmung verworfen, die darin besteht, daß das Bewußtsein sich aus seiner Natürlichkeit und Subjektivität zum Gedanken des Substantiellen sammelt, und statt sich das Zufällige und die Willkür der sinnlichen Neigung immer noch vorzubehalten, die Verbindung dieser Willkür entnimmt und dem Substantiellen, den Penaten sich verpflichtend, übergibt, und das sinnliche Moment zu einem von dem Wahrhaften und Sittlichen des Verhältnisses und der Anerkennung der Verbindung als einer sittlichen, nur bedingten herabsetzt. – Es ist die Frechheit und der sie unterstützende Verstand, welcher die spekulative Natur des substantiellen Verhältnisses nicht zu fassen vermag, der aber das sittliche unverdorbene Gemüte, wie die Gesetzgebungen christlicher Völker entsprechend sind.

§ 165

Die natürliche Bestimmtheit der beiden Geschlechter erhält durch ihre Vernünftigkeit intellektuelle und sittliche Bedeutung. Diese Bedeutung ist durch den Unterschied bestimmt, in welchen sich die sittliche Substantialität als Begriff an sich selbst dirimiert, um aus ihm ihre Lebendigkeit als konkrete Einheit zu gewinnen.

§ 166

Das eine ist daher das Geistige, als das sich entzweiende in die für sich seiende persönliche Selbstständigkeit und in das Wissen und Wollen der freien Allgemeinheit, das Selbstbewußtsein des begreifenden Gedankens und Wollen des objektiven Endzwecks; – das andere das in der Einigkeit sich erhaltende Geistige als Wissen und Wollen des Substantiellen in Form der konkreten Einzelnheit und der Empfindung; – jenes im Verhältnis nach Außen das Mächtige und Betätigende, dieses das Passive und Subjektive. Der Mann hat daher sein wirkliches substantielles Leben im Staate, der Wissenschaft und dergleichen, und sonst im Kampfe und der Arbeit mit der Außenwelt und mit sich selbst, so daß er nur aus seiner Entzweiung die | selbstständige Einigkeit mit sich erkämpft, deren ruhige Anschauung und die empfindende subjektive Sittlichkeit er in der Familie hat, in welcher die Frau ihre substantielle Bestimmung und in dieser Pietät ihre sittliche Gesinnung hat.

Die Pietät wird daher in einer der erhabensten Darstellungen derselben, der Sophokleischen Antigone, vorzugsweise als das Gesetz des Weibes ausgesprochen, und als das Gesetz der empfindenden subjektiven Substantialität, der Innerlichkeit, die noch nicht ihre vollkommene Verwirklichung erlangt, als das Gesetz der alten Götter, des Unterirdischen, als ewiges Gesetz, von dem Niemand weiß, von wannen es erschien, und im Gegensatz gegen das offenbare, das Gesetz des Staates, dargestellt; – ein Gegensatz, der der höchste sittliche und darum der höchste tragische, und in der Weiblichkeit und Männlichkeit daselbst individualisiert ist; vergl. Phänomenol. des Geistes S. 383 ff., 417 ff.

§ 167

Die Ehe ist wesentlich Monogamie, weil die Persönlichkeit, die unmittelbare ausschließende Einzelnheit es ist, welche sich in dies Verhältnis legt und hingibt, dessen Wahrheit und Innigkeit (die subjektive Form der Substantialität) somit nur aus der gegenseitigen ungeteilten Hingebung dieser Persönlichkeit hervorgeht; diese kommt zu ihrem Rechte, im Andern ihrer selbst bewußt zu sein, nur insofern das Andre als Person, d.i. als atome Einzelnheit in dieser Identität ist.

Die Ehe, und wesentlich die Monogamie, ist eines der absoluten Prinzipien, worauf die Sittlichkeit eines Gemeinwesens beruht; die Stiftung der Ehe wird daher als eines der Momente der göttlichen oder heroischen Gründung der Staaten aufgeführt.

§ 168

Weil es ferner diese sich selbst unendlich eigene Persönlichkeit der beiden Geschlechter ist, aus deren freien Hingebung die Ehe hervorgeht, so muß sie nicht innerhalb des schon natürlich-identischen, sich bekannten und in aller Einzelheit vertraulichen Kreises, in welchem die Individuen nicht | eine sich selbst eigentümliche Persönlichkeit gegen einander haben, geschlossen werden, sondern aus getrennten Familien und ursprünglich verschiedener Persönlichkeit sich finden. Die Ehe unter Blutsverwandten ist daher dem Begriffe, welchem die Ehe als eine sittliche Handlung der Freiheit, nicht als eine Verbindung unmittelbarer Natürlichkeit und deren Triebe ist, somit auch wahrhafter natürlicher Empfindung zuwider.

★ Wenn man die Ehe selbst als nicht im Naturrecht, sondern bloß als im natürlichen Geschlechtstrieb gegründet und als einen willkürlichen Vertrag betrachtet, eben so, wenn man für die Monogamie äußere Gründe sogar aus dem physischen Verhältnisse der Anzahl der Männer und Weiber, eben so für das Verbot der Ehe unter Blutsverwandten nur dunkle Gefühle angegeben hat, so lag dabei die gewöhnliche Vorstellung von einem Naturzustande und einer Natürlichkeit des Rechts, und der Mangel am Begriffe der Vernünftigkeit und Freiheit, zum Grunde.

§ 169

Die Familie hat als Person ihre äußerliche Realität in einem Eigentum, in dem sie das Dasein ihrer substantiellen Persönlichkeit nur als in einem Vermögen hat. |

B
DAS VERMÖGEN DER FAMILIE

§ 170

Die Familie hat nicht nur Eigentum, sondern für sie als **allgemeine** und **fortdauernde** Person tritt das Bedürfnis und die Bestimmung eines **bleibenden** und **sichern** Besitzes, eines **Vermögens** ein. Das im abstrakten Eigentum willkürliche Moment des besondern Bedürfnisses des bloß **Einzelnen** und die Eigensucht der Begierde, verändert sich hier in die Sorge und den Erwerb für ein **Gemeinsames**, in ein **Sittliches**.

Einführung des festen Eigentums erscheint mit Einführung der Ehe in den Sagen von den Stiftungen der Staaten, oder wenigstens eines geselligen gesitteten Lebens, in Verbindung. – Worin übrigens jenes Vermögen bestehe und welches die wahrhafte Weise seiner Befestigung sei, ergibt sich in der Sphäre der bürgerlichen Gesellschaft.

§ 171

Die Familie als rechtliche Person gegen Andere hat der Mann als ihr Haupt zu vertreten. Ferner kommt ihm vorzüglich der Erwerb nach Außen, die Sorge für die Bedürfnisse, so wie die Disposition und Verwaltung des Familienvermögens zu. Dieses ist gemeinsames Eigentum, so daß kein Glied der Familie ein besonderes Eigentum, jedes aber sein Recht an das Gemeinsame hat. Dieses Recht und jene dem Haupte der Familie zustehende Disposition können aber in Kollision kommen, indem das in der Familie noch Unmittelbare der sittlichen Gesinnung (§ 158) der Besonderung und Zufälligkeit offen ist.

§ 172

Durch eine Ehe konstituiert sich eine **neue Familie**, welche ein für sich **selbstständiges** gegen die **Stämme** oder **Häuser** ist, von denen sie ausgegangen ist; die Verbindung mit solchen hat die natürliche Blutsverwandtschaft zur Grundlage, die neue Familie aber die sittliche Liebe. Das Eigentum eines Individuums steht daher auch in wesentlichem Zusammenhang mit seinem Eheverhältnis, und nur in entfernterem mit seinem Stamme oder Hause.

Die **Ehepakten**, wenn in ihnen für die Gütergemeinschaft der Eheleute eine Beschränkung liegt, die Anordnung eines bestehenden | Rechtsbeistandes der Frau und dergl., haben insofern den Sinn, gegen den Fall der Trennung der Ehe durch natürlichen Tod, Scheidung und dergl. gerichtet und Sicherungsversuche zu sein, wodurch den unterschiedenen Gliedern auf solchen Fall ihr Anteil an dem Gemeinsamen erhalten wird. |

C
DIE ERZIEHUNG DER KINDER UND DIE AUFLÖSUNG DER FAMILIE

§ 173

In den Kindern wird die Einheit der Ehe, welche als substantiell nur Innigkeit und Gesinnung, als existierend aber in den beiden Subjekten gesondert ist, als Einheit selbst eine für sich seiende Existenz und Gegenstand, den sie als ihre Liebe, als ihr substantielles Dasein, lieben. – Der natürlichen Seite nach wird die Voraussetzung unmittelbar vorhandener Personen, – als Eltern, – hier zum Resultate, – ein Fortgang, der sich in den unendlichen Progreß der sich erzeugenden und voraussetzenden Geschlechter verläuft, – die Weise, wie in der endlichen Natürlichkeit der einfache Geist der Penaten seine Existenz als Gattung darstellt.

§ 174

Die Kinder haben das Recht, aus dem gemeinsamen Familienvermögen ernährt und erzogen zu werden. Das Recht der Eltern auf die Dienste der Kinder als Dienste, gründet und beschränkt sich auf das Gemeinsame der Familiensorge überhaupt. Eben so bestimmt sich das Recht der Eltern über die Willkür der Kinder durch den Zweck, sie in Zucht zu halten und zu erziehen. Der Zweck von Bestrafungen ist nicht die Gerechtigkeit als solche, sondern subjektiver, moralischer Natur, Abschreckung der noch in Natur befangenen Freiheit und Erhebung des Allgemeinen in ihr Bewußtsein und ihren Willen.

§ 175

Die Kinder sind an sich Freie, und das Leben ist das unmittelbare Dasein nur dieser Freiheit, sie gehören daher weder Anderen, noch den Eltern als Sachen an. Ihre Erziehung hat die in Rücksicht auf das Familienverhältnis positive Bestimmung, daß die Sittlichkeit in ihnen zur unmittelbaren, noch Gegensatzlosen Empfindung gebracht, und das Gemüt darin als dem Grunde des sittlichen Lebens, in Liebe, Zutrauen und Gehorsam sein erstes Leben gelebt habe, – dann aber die in Rücksicht auf dasselbe Verhältnis negative Bestimmung, die Kinder aus der natürlichen Unmittelbarkeit, in | der sie sich ursprünglich befinden, zur Selbstständigkeit und freien Persönlichkeit und damit zur Fähigkeit, aus der natürlichen Einheit der Familie zu treten, zu erheben.

Das Sklavenverhältnis der römischen Kinder ist eine der diese Gesetzgebung befleckendsten Institutionen, und diese Kränkung der Sittlichkeit in ihrem innersten und zartesten Leben ist eins der wichtigsten Momente, den weltgeschichtlichen Charakter der Römer und ihre Richtung auf den Rechts-Formalismus zu verstehen. – Die Notwendigkeit, erzogen zu werden, ist in den Kindern als das eigene Gefühl, in sich, wie sie sind, unbefriedigt zu sein, – als der Trieb, der Welt der Erwachsenen, die sie als ein höheres ahnen, anzugehören, der Wunsch groß zu werden. Die spielende Pädagogik nimmt das Kindische schon selbst als etwas, das an sich gelte, gibt es den Kindern so und setzt ihnen das Ernsthafte und sich selbst in kindische von den Kindern selbst gering geachtete Form herab. Indem sie so dieselben in der Unfertigkeit, in der sie sich fühlen, vielmehr als fertig vorzustellen und darin befriedigt zu machen bestrebt ist, – stört und verunreinigt sie deren wahres eigenes besseres Bedürfnis, und bewirkt teils die Interesselosigkeit und Stumpfheit für die substantiellen Verhältnisse der geistigen Welt, teils die Verachtung der Menschen, da sich ihnen als Kindern dieselben selbst kindisch und verächtlich vorgestellt haben, und dann die sich an der eigenen Vortrefflichkeit weidende Eitelkeit und Eigendünkel.

§ 176

Weil die Ehe nur erst die unmittelbare sittliche Idee ist, hiermit ihre objektive Wirklichkeit in der Innigkeit der subjektiven Gesinnung und Empfindung hat, so liegt darin die erste Zufälligkeit ihrer Existenz. So wenig ein Zwang stattfinden kann, in die Ehe zu treten, so wenig gibt es sonst ein nur rechtliches positives Band, das die Subjekte bei entstandenen widrigen und feindseligen Gesinnungen und Handlungen zusammen zu halten vermöchte. Es ist aber eine dritte sittliche Autorität gefordert, welche das Recht der Ehe, der sittlichen Substantialität, gegen die bloße Meinung von solcher Gesinnung und gegen die Zufälligkeit bloß temporärer Stimmung u.s.f. festhält, diese von der totalen Entfremdung unterscheidet, und die letztere konstatiert, um erst in diesem Falle die Ehe scheiden zu können. |

§ 177

Die sittliche Auflösung der Familie liegt darin, daß die Kinder zur freien Persönlichkeit erzogen, in der Volljährigkeit anerkannt werden, als rechtliche Personen und fähig zu sein, teils eigenes freies Eigentum zu haben, teils eigene Familien zu stiften, – die Söhne als Häupter, und die Töchter als Frauen, – eine Familie, in welcher sie nunmehr ihre substantielle Bestimmung haben, gegen die ihre erste Familie als nur erster Grund und Ausgangspunkt zurücktritt, und noch mehr das Abstraktum des Stammes keine Rechte hat.

§ 178

Die natürliche Auflösung der Familie durch den Tod der Eltern, insbesondere des Mannes, hat die Erbschaft in Ansehung des Vermögens zur Folge; ihrem Wesen nach ein Eintreten in den eigentümlichen Besitz des an sich gemeinsamen Vermögens, – ein Eintreten, das mit den entferntern Graden der Verwandtschaft und im Zustande der die Personen und Familien verselbstständigenden Zerstreuung der bürgerlichen Gesellschaft um so unbestimmter wird, als die Gesinnung der Einheit sich um so mehr verliert, und als jede Ehe das Aufgeben der vorigen Familienverhältnisse und die Stiftung einer neuen selbstständigen Familie wird.

Der Einfall, als Grund der Erbschaft den Umstand anzusehen, daß durch den Tod das Vermögen herrenloses Gut werde, und als solches dem, der sich zuerst in Besitz setzt, zufalle, diese Besitzergreifung aber wohl meistens von den Verwandten, als der gewöhnlich nächsten Umgebung, werde vorgenommen werden, – welcher gewöhnliche Zufall dann durch die positiven Gesetze der Ordnung wegen zur Regel erhoben werde, – dieser Einfall läßt die Natur des Familienverhältnisses unberücksichtigt.

§ 179

Es entsteht durch dies Auseinanderfallen die Freiheit für die Willkür der Individuen, teils überhaupt ihr Vermögen mehr nach Belieben, Meinungen und Zwecken der Einzelnheit zu verwenden, teils gleichsam einen Kreis von Freunden, Bekannten u.s.f. statt einer Familie anzusehen und diese Erklärung mit den rechtlichen Folgen der Erbschaft, in einem Testamente zu machen. |

In die Bildung eines solchen Kreises, worin die sittliche Berechtigung des Willens zu einer solchen Disposition über das Vermögen läge, tritt, besonders insofern sie schon die Beziehung auf das Testieren mit sich führt, so viele Zufälligkeit, Willkür, Absichtlichkeit für selbstsüchtige Zwecke u.s.f. ein, daß das sittliche Moment etwas sehr vages ist, und die Anerkennung der Befugnis der Willkür, zu testieren, viel leichter für Verletzung sittlicher Verhältnisse und für niederträchtige Bemühungen und eben solche Abhängigkeiten Veranlassung wird, wie sie auch törichter Willkür und der Heimtücke, an die sogenannten Wohltaten und Geschenke, auf den Fall des

Todes, in welchem mein Eigentum ohnehin aufhört, mein zu sein, Bedingungen der Eitelkeit und einer herrischen Quälerei zu knüpfen, Gelegenheit und Berechtigung gibt.

§ 180

Das Prinzip, daß die Glieder der Familie zu selbstständigen rechtlichen Personen werden (§ 177), läßt innerhalb des Kreises der Familie etwas von dieser Willkür und Unterscheidung unter den natürlichen Erben eintreten, die aber nur höchst beschränkt stattfinden kann, um das Grundverhältnis nicht zu verletzen.

Die bloße direkte Willkür des Verstorbenen kann nicht zum Prinzip für das Recht zu testieren gemacht werden, insbesondere nicht insofern sie dem substantiellen Rechte der Familie gegenüber stehet, deren Liebe, Verehrung gegen ihr ehemaliges Mitglied es doch vornehmlich nur sein könnte, welche dessen Willkür nach seinem Tode beachtete. Eine solche Willkür enthält für sich nichts, das höher als das Familienrecht selbst zu respektieren wäre; im Gegenteil. Das sonstige Gelten einer Letzten-Willens-Disposition läge allein in der willkürlichen Anerkennung der Andern. Ein solches Gelten kann ihr vornehmlich nur eingeräumt werden, insofern das Familienverhältnis, in welchem sie absorbiert ist, entfernter und unwirksamer wird. Unwirksamkeit desselben aber, wo es wirklich vorhanden ist, gehört zum Unsittlichen, und die ausgedehnte Gültigkeit jener Willkür gegen ein solches enthält die Schwächung seiner Sittlichkeit in sich. – Diese Willkür aber innerhalb der Familie zum Haupt-Prinzip der Erbfolge zu machen, gehörte zu der vorhin bemerkten Härte und Unsittlichkeit der römischen Gesetze, nach denen der Sohn auch vom Vater verkauft werden konnte und wenn er | von Andern freigelassen wurde, in die Gewalt des Vaters zurückkehrte, und erst auf die dritte Freilassung aus der Sklaverei wirklich frei wurde, – nach denen der Sohn überhaupt nicht de jure volljährig und eine rechtliche Person wurde und nur den Kriegsraub, peculium castrense, als Eigentum besitzen konnte, und wenn er durch jenen dreimaligen Verkauf und Loslassung aus der väterlichen Gewalt trat, nicht mit denen, die noch in der Familienknechtschaft geblieben waren, ohne Testamentseinsetzung erbte, – eben so daß die Frau (insofern sie nicht in die Ehe als in ein Sklavenverhältnis, in manum conveniret, in mancipio esset, sondern als Matrone trat) nicht so sehr der Familie, die sie durch die Heirat an ihrem Teile gestiftet und die nunmehr wirklich die ihrige ist, als vielmehr der, aus der sie abstammte, angehörig blieb, und daher vom Erben des Vermögens der wirklich ihrigen eben so ausgeschlossen, als die Gattin und Mutter von diesen nicht beerbt wurde. – Daß das Unsittliche solcher und anderer Rechte bei weiterhin erwachendem Gefühle der Vernünftigkeit im Wege der Rechtspflege, z.B. mit Beihilfe des Ausdrucks: von bonorum possessio (daß hievon wieder possessio bonorum unterschieden ist, gehört zu solchen Kenntnissen, die den gelehrten Juristen ausmachen), statt hereditas, durch die Fiktion, eine filia in einen filius umzutaufen, eludiert wurde, ist oben schon (§ 3 Anm.) als die traurige Notwendigkeit für den Richter bemerkt worden, das Vernünftige pfiffigerweise gegen schlechte Gesetze, wenigstens in einigen Folgen einzuschwärzen. Die fürchterliche Instabilität der wichtigsten Institutionen und ein tumultuarisches Gesetzgeben gegen die Ausbrüche der daraus entspringenden Übel, hängt damit zusammen. – Welche unsittliche Folgen dies Recht der Willkür im Testamentmachen bei den Römern hatte, ist sattsam aus der Geschichte und Lucians und anderer Schilderungen bekannt. – Es liegt in der Natur der Ehe selbst, als der unmittelbaren Sittlichkeit die Vermischung vom substantiellen Verhältnis, natürlicher Zufälligkeit und innerer Willkür; – wenn nun der Willkür durch das Knechtschaftsverhältnis der Kinder und die andern bemerkten und sonst damit zusammenhängenden Bestimmungen, vollends auch durch die Leichtigkeit der Ehescheidungen bei den Römern, gegen das Recht des Substantiellen der Vorzug eingeräumt wird, so daß selbst Cicero, und wie viel Schönes hat er nicht über das Honestum und Decorum in seinen Officiis und allenthalben anderwärts geschrieben! die Spekulation machte, seine Gattin fortzuschikken, um durch das Heiratsgut einer neuen seine Schulden zu bezahlen, – so ist dem Verderben der Sitten ein gesetzlicher Weg gebahnt, oder vielmehr die Gesetze sind die Notwendigkeit desselben.

Die Institution des Erbrechts, zur Erhaltung und zum Glanz der Familie durch Substitutionen und Familien-Fidei-Kommisse, entweder die Töchter zu Gunsten der Söhne, oder zu Gunsten des ältesten Sohnes die übrigen Kinder von der Erbschaft auszuschließen, oder überhaupt eine Ungleichheit eintreten zu lassen, verletzt teils das Prinzip der Freiheit des Eigentums (§ 62), teils beruhet sie auf einer Willkür, die an und für sich kein Recht hat, anerkannt zu werden, – näher auf dem Gedanken, diesen Stamm oder Haus, nicht sowohl diese Familie aufrecht erhalten zu wollen. Aber nicht dieses Haus oder Stamm, sondern die Familie als solche ist die Idee, die solches Recht hat, und durch die Freiheit des Vermögens und die Gleichheit des Erbrechts wird eben sowohl die sittliche Gesinnung erhalten, als die Familien vielmehr als durch das Gegenteil erhalten werden. – In solchen Institutionen ist, wie in den römischen, das Recht der Ehe (§ 172) überhaupt verkannt, daß sie die vollständige Stiftung einer eigentümlichen wirklichen Familie ist, und gegen sie das, was Familie überhaupt heißt, stirps, gens, nur ein sich mit den Generationen immer weiter entfernendes und sich verunwirklichendes Abstraktum wird (§ 177). Die Liebe, das sittliche Moment der Ehe, ist als Liebe Empfindung für wirkliche, gegenwärtige Individuen, nicht für ein Abstraktum. – Daß sich die Verstandes-Abstraktion als das weltgeschichtliche Prinzip des Römerreichs zeigt, s. unten § 357. – Daß aber die höhere politische Sphäre ein Recht der Erstgeburt und ein eisernes Stammvermögen, doch nicht als eine Willkür, sondern als aus der Idee des Staates notwendig herbeiführt, davon unten § 306.

§ 181

ÜBERGANG DER FAMILIE IN DIE BÜRGERLICHE GESELLSCHAFT

Die Familie tritt auf natürliche Weise, und wesentlich durch das Prinzip der Persönlichkeit in eine Vielheit von Familien auseinander, welche sich überhaupt als selbstständige konkrete Personen und daher äußerlich zu einander verhalten. Oder die in der Einheit der Familie als der sittlichen Idee, als die noch in ihrem Begriffe ist, gebundenen Momente, müssen von ihm | zur selbstständigen Realität entlassen werden; – die Stufe der Differenz. Zunächst abstrakt ausgedrückt, gibt dies die Bestimmung der Besonderheit, welche sich zwar auf die Allgemeinheit bezieht, so daß diese die, aber nur noch innerliche, Grundlage und deswegen auf formelle in das Besondere nur scheinende Weise ist. Dies Reflexions-Verhältnis stellt daher zunächst den Verlust der Sittlichkeit dar, oder, da sie als das Wesen notwendig scheinend ist (Encykl. der phil. Wiss. § 64 ff. § 81 ff.), macht es die Erscheinungswelt des Sittlichen, die bürgerliche Gesellschaft aus.

Die Erweiterung der Familie als Übergehen derselben in ein anderes Prinzip ist in der Existenz teils die ruhige Erweiterung derselben zu einem Volke, – einer Nation, die somit einen gemeinschaftlichen natürlichen Ursprung hat, teils die Versammlung zerstreuter Familiengemeinden, entweder durch herrische Gewalt, oder durch freiwillige von den verknüpfenden Bedürfnissen und der Wechselwirkung ihrer Befriedigung eingeleitete Vereinigung. |

ZWEITER ABSCHNITT

DIE BÜRGERLICHE GESELLSCHAFT

§ 182

Die konkrete Person, welche sich als Besondere Zweck ist, als ein Ganzes von Bedürfnissen und eine Vermischung von Naturnotwendigkeit und Willkür, ist das eine Prinzip der bürgerlichen Gesellschaft, – aber die besondere Person als wesentlich in Beziehung auf andere solche Besonderheit, so daß jede durch die andere und zugleich schlechthin nur als durch die Form der Allgemeinheit, das andere Prinzip, vermittelt sich geltend macht und befriedigt.

§ 183

Der selbstsüchtige Zweck in seiner Verwirklichung, so durch die Allgemeinheit bedingt, begründet ein System allseitiger Abhängigkeit, daß die Subsistenz und das Wohl des Einzelnen und sein rechtliches Dasein in die Subsistenz, das Wohl und Recht Aller verflochten, darauf gegründet und nur in diesem Zusammenhange wirklich und gesichert ist. – Man kann dies System zunächst als den äußeren Staat, – Not- und Verstandes-Staat ansehen.

§ 184

Die Idee in dieser ihrer Entzweiung erteilt den Momenten eigentümliches Dasein, der Besonderheit – das Recht, sich nach allen Seiten zu entwickeln und zu ergehen, und der Allgemeinheit das Recht, sich als Grund und notwendige Form der Besonderheit, so wie als die Macht über sie und ihren letzten Zweck zu erweisen. – Es ist das System der in ihre Extreme verlornen Sittlichkeit, was das abstrakte Moment der Realität der Idee ausmacht, welche hier nur als die relative Totalität und innere Notwendigkeit an dieser äußern Erscheinung ist. |

§ 185

Die Besonderheit für sich, einerseits als sich nach allen Seiten auslassende Befriedigung ihrer Bedürfnisse, zufälliger Willkür und subjektiven Beliebens, zerstört in ihren Genüssen sich selbst und ihren substantiellen Begriff; andererseits als unendlich erregt, und in durchgängiger Abhängigkeit von äußerer Zufälligkeit und Willkür, so wie von der Macht der Allgemeinheit beschränkt, ist die Befriedigung des notwendigen, wie des zufälligen Bedürfnisses zufällig. Die bürgerliche Gesellschaft bietet in diesen Gegensätzen und ihrer Verwickelung das Schauspiel eben so der Ausschweifung, des Elends und des beiden gemeinschaftlichen physischen und sittlichen Verderbens dar.

Die selbstständige Entwicklung der Besonderheit (vergl. § 124 Anm.) ist das Moment, welches sich in den alten Staaten als das hereinbrechende Sittenverderben und der letzte Grund des Untergangs derselben zeigt. Diese Staaten, teils im patriarchalischen und religiösen Prinzip, teils im Prinzip einer geistigern, aber einfachern Sittlichkeit, – überhaupt auf ursprüngliche natürliche Anschauung gebaut, konnten die Entzweiung derselben und die unendliche Reflexion des Selbstbewußtseins in sich nicht aushalten, und erlagen dieser Reflexion, wie sie sich hervorzutun anfing, der Gesinnung und dann der Wirklichkeit nach, weil ihrem noch einfachen Prinzip die wahrhaft unendliche Kraft mangelte, die allein in derjenigen Einheit liegt, welche den Gegensatz der Vernunft zu seiner ganzen Stärke auseinandergehen läßt, und ihn überwältigt hat, in ihm somit sich erhält, und ihn in sich zusammenhält. – Plato in seinem Staate stellt die substantielle Sittlichkeit in ihrer idealen Schönheit und Wahrheit dar, er vermag aber mit dem

Prinzip der selbstständigen Besonderheit, das in seiner Zeit in die griechische Sittlichkeit herein gebrochen war, nicht anders fertig zu werden, als daß er ihm seinen nur substantiellen Staat entgegenstellte und dasselbe bis in seine Anfänge hinein, die es im Privat-Eigentum (§ 46 Anm.) und in der Familie hat, und dann in seiner weiteren Ausbildung als die eigene Willkür und Wahl des Standes u.s.f., ganz ausschloß. Dieser Mangel ist es, der auch die große substantielle Wahrheit seines Staates verkennen und denselben gewöhnlich für eine Träumerei des abstrakten Gedankens, für das, was man oft gar ein Ideal zu nennen pflegt, ansehen macht. Das Prinzip der selbstständigen in sich unendlichen Persönlichkeit des Einzelnen, der subjektiven Freiheit, das innerlich in der christlichen Religion und äußerlich | daher mit der abstrakten Allgemeinheit verknüpft in der römischen Welt aufgegangen ist, kommt in jener nur substantiellen Form des wirklichen Geistes nicht zu seinem Rechte. Dies Prinzip, ist geschichtlich später als die griechische Welt, und ebenso ist die philosophische Reflexion, die bis zu dieser Tiefe hinabsteigt, später als die substantielle Idee der griechischen Philosophie.

§ 186

Aber das Prinzip der Besonderheit geht eben damit, daß es sich für sich zur Totalität entwickelt, in die Allgemeinheit über, und hat allein in dieser seine Wahrheit und das Recht seiner positiven Wirklichkeit. Diese Einheit, die wegen der Selbstständigkeit beider Prinzipien auf diesem Standpunkte der Entzweiung (§ 184) nicht die sittliche Identität ist, ist eben damit nicht als Freiheit, sondern als Notwendigkeit, daß das Besondere sich zur Form der Allgemeinheit erhebe, in dieser Form sein Bestehen suche und habe.

§ 187

* Die Individuen sind als Bürger dieses Staates Privatpersonen, welche ihr eigenes Interesse zu ihrem Zwecke haben. Da dieser durch das Allgemeine vermittelt ist, das ihnen somit als Mittel erscheint, so kann er von ihnen nur erreicht werden, insofern sie selbst ihr Wissen, Wollen und Tun auf allgemeine Weise bestimmen, und sich zu einem Gliede der Kette dieses Zusammenhanges machen. Das Interesse der Idee hierin, das nicht im Bewußtsein dieser Mitglieder der bürgerlichen Gesellschaft als solcher liegt, ist der Prozeß, die Einzelnheit und Natürlichkeit derselben durch die Naturnotwendigkeit eben so als durch die Willkür der Bedürfnisse, zur formellen Freiheit und formellen Allgemeinheit des Wissens und Wollens zu erheben, die Subjektivität in ihrer Besonderheit zu bilden.

Es hängt mit den Vorstellungen von der Unschuld des Naturzustandes, von Sitteneinfalt ungebildeter Völker einerseits und andererseits mit dem Sinne, der die Bedürfnisse, deren Befriedigung, die Genüsse und Bequemlichkeiten des partikulären Lebens u.s.f. als absolute Zwecke betrachtet, zusammen, wenn die Bildung dort als etwas nur Äußerliches, dem Verderben Angehöriges, hier als bloßes Mittel für | jene Zwecke betrachtet wird; die eine wie die andere Ansicht zeigt die Unbekanntschaft mit der Natur des Geistes und dem Zwecke der Vernunft. Der Geist hat seine Wirklichkeit nur dadurch, daß er sich in sich selbst entzweit, in den Naturbedürfnissen und in dem Zusammenhange dieser äußern Notwendigkeit sich diese Schranke und Endlichkeit gibt, und eben damit, daß er sich in sie hinein bildet, sie überwindet und darin sein objektives Dasein gewinnt. Der Vernunftzweck ist deswegen weder jene natürliche Sitteneinfalt, noch in der Entwickelung der Besonderheit die Genüsse als solche, die durch die Bildung erlangt werden, sondern daß die Natureinfalt, d.i. teils die passive Selbstlosigkeit, teils die Rohheit des Wissens und Willens, d.i. die Unmittelbarkeit und Einzelnheit, in die der Geist versenkt ist, weggearbeitet werde und zunächst diese seine Äußerlichkeit die Vernünftigkeit, der sie fähig ist, erhalte, nämlich die Form der Allgemeinheit, die Verständigkeit. Auf diese Weise nur ist der Geist in dieser Äußerlichkeit als solcher einheimisch und bei sich. Seine Freiheit hat so in derselben ein Dasein, und er wird in diesem seiner Bestimmung zur Freiheit an sich fremden Elemente für sich, hat es nur mit solchem zu tun, dem sein Siegel aufgedrückt, und von ihm produziert ist. – Eben damit kommt denn die Form der Allgemeinheit für sich im Gedanken zur Existenz, – die Form, welche allein das würdige Element für die Existenz der Idee ist. – Die Bildung ist daher in ihrer absoluten Bestimmung die Befreiung und die Arbeit der höheren Befreiung, nämlich der absolute Durchgangspunkt zu der, nicht mehr unmittelbaren, natürlichen, sondern geistigen, eben so zur Gestalt der Allgemeinheit erhobenen unendlich subjektiven Substantialität der Sittlichkeit. – Diese Befreiung ist im Subjekt die harte Arbeit gegen die bloße Subjektivität des Benehmens, gegen die Unmittelbarkeit der Begierde, so wie gegen die subjektive Eitelkeit der Empfindung und die Willkür des Beliebens. Daß sie diese harte Arbeit ist, macht einen Teil der Ungunst aus, der auf sie fällt. Durch diese Arbeit der Bildung ist es aber, daß der subjektive Wille selbst in sich die Objektivität gewinnt, in der er seinerseits allein würdig und fähig ist, die Wirklichkeit der Idee zu sein. – Eben so macht zugleich diese Form der Allgemeinheit, zu der sich die Besonderheit verarbeitet und herauf gebildet hat, die Verständigkeit, daß die Besonderheit zum wahrhaften Fürsichsein der Einzelnheit wird, und indem sie der Allgemeinheit den erfüllenden Inhalt und ihre unendliche Selbstbestimmung gibt, selbst in der Sittlichkeit als unendlich fürsichseiende, freie Subjektivität ist. Dies ist | der Standpunkt, der die Bildung als immanentes Moment des Absoluten, und ihren unendlichen Wert erweist.

§ 188

Die bürgerliche Gesellschaft enthält die drei Momente:
- A) Die Vermittelung des Bedürfnisses und die Befriedigung des Einzelnen durch seine Arbeit und durch die Arbeit und Befriedigung der Bedürfnisse Aller Übrigen, – das System der Bedürfnisse.
- B) Die Wirklichkeit des darin enthaltenen Allgemeinen der Freiheit, der Schutz des Eigentums durch die Rechtspflege.
- C) Die Vorsorge gegen die in jenen Systemen zurückbleibende Zufälligkeit und die Besorgung des besonderen Interesses als eines Gemeinsamen, durch die Polizei und Korporation. |

A
DAS SYSTEM DER BEDÜRFNISSE

§ 189

Die Besonderheit zunächst als das gegen das Allgemeine des
Willens überhaupt Bestimmte (§ 6) ist subjektives Bedürfnis, welches seine Objektivität d.i. Befriedigung durch das
Mittel α) äußerer Dinge, die nun ebenso das Eigentum und
Produkt anderer Bedürfnisse und Willen sind, und β) durch
die Tätigkeit und Arbeit, als das die beiden Seiten Vermittelnde
erlangt. Indem sein Zweck die Befriedigung der subjektiven
Besonderheit ist, aber in der Beziehung auf die Bedürfnisse
und die freie Willkür Anderer die Allgemeinheit sich geltend macht, so ist dies Scheinen der Vernünftigkeit in diese
Sphäre der Endlichkeit der Verstand die Seite, auf die es in
der Betrachtung ankommt, und welche das Versöhnende innerhalb dieser Sphäre selbst ausmacht.

Die Staats-Ökonomie ist die Wissenschaft, die von diesen Gesichtspunkten ihren Ausgang hat, dann aber das Verhältnis und die Bewegung der Massen in ihrer qualitativen
und quantitativen Bestimmtheit und Verwickelung darzule-
gen hat. – Es ist dies eine der Wissenschaften, die in neuerer Zeit als ihrem Boden entstanden ist. Ihre Entwickelung
zeigt das Interessante, wie der Gedanke (s. Smith, Say, Ricardo) aus der unendlichen Menge von Einzelnheiten, die
zunächst vor ihm liegen, die einfachen Prinzipien der Sache, den in ihr wirksamen und sie regierenden Verstand
herausfindet. – Wie es einerseits das Versöhnende ist, in der
Sphäre der Bedürfnisse dies in der Sache liegende und sich
betätigende Scheinen der Vernünftigkeit zu erkennen, so ist
umgekehrt dies das Feld, wo der Verstand der subjektiven
Zwecke und moralischen Meinungen seine Unzufriedenheit
und moralische Verdrießlichkeit ausläßt. – |

a) DIE ART DES BEDÜRFNISSES UND DER BEFRIEDIGUNG

§ 190

Das Tier hat einen beschränkten Kreis von Mitteln und Weisen der Befriedigung seiner gleichfalls beschränkten Bedürfnisse. Der Mensch beweist auch in dieser Abhängigkeit zugleich sein Hinausgehen über dieselbe und seine Allgemeinheit, zunächst durch die Vervielfältigung der Bedürfnisse und Mittel, und dann durch Zerlegung und Unterscheidung des konkreten Bedürfnisses in einzelne Teile und Seiten, welche verschiedene partikularisierte, damit abstraktere Bedürfnisse werden.

Im Rechte ist der Gegenstand die Person, im moralischen Standpunkte das Subjekt, in der Familie das Familienglied, in der bürgerlichen Gesellschaft überhaupt der Bürger (als bourgeois) – hier auf dem Standpunkte der Bedürfnisse (vergl. § 123 Anm.) ist es das Konkretum der Vorstellung, das man Mensch nennt; – es ist also erst hier und auch eigentlich nur hier vom Menschen in diesem Sinne die Rede.

§ 191

Eben so teilen und vervielfältigen sich die Mittel für die partikularisierten Bedürfnisse und überhaupt die Weisen ihrer Befriedigung, welche wieder relative Zwecke und abstrakte Bedürfnisse werden; – eine ins unendliche fortgehende Vervielfältigung, welche in eben dem Maße eine Unterscheidung dieser Bestimmungen und Beurteilung der Angemessenheit der Mittel zu ihren Zwecken, – die Verfeinerung, ist.

§ 192

Die Bedürfnisse und die Mittel werden als reelles Dasein ein Sein für Andere, durch deren Bedürfnisse und Arbeit die Befriedigung gegenseitig bedingt ist. Die Abstraktion, die eine Qualität der Bedürfnisse und der Mittel wird (s. vorher. §), wird auch eine Bestimmung der gegenseitigen Beziehung der Individuen auf einander; diese Allgemeinheit als Anerkanntsein ist das Moment, welches sie in ihrer Vereinzelung und Abstraktion zu konkreten als gesellschaftlichen Bedürfnissen, Mitteln und Weisen der Befriedigung macht. |

§ 193

Dies Moment wird so eine besondere Zweckbestimmung für die Mittel für sich und deren Besitz, so wie für die Art und Weise der Befriedigung der Bedürfnisse. Es enthält ferner unmittelbar die Forderung der Gleichheit mit den andern hierin; das Bedürfnis dieser Gleichheit einerseits und das Sichgleich-machen, die Nachahmung, wie andererseits das Bedürfnis der darin eben so vorhandenen Besonderheit, sich durch eine Auszeichnung geltend zu machen, wird selbst eine wirkliche Quelle der Vervielfältigung der Bedürfnisse und ihrer Verbreitung.

§ 194

Indem im gesellschaftlichen Bedürfnisse, als der Verknüpfung vom unmittelbaren oder natürlichen und vom geistigen Bedürfnisse der Vorstellung, das letztere sich als das Allgemeine zum überwiegenden macht, so liegt in diesem gesellschaftlichen Momente die Seite der Befreiung, daß die strenge Naturnotwendigkeit des Bedürfnisses versteckt wird, und der Mensch sich zu seiner, und zwar einer allgemeinen Meinung und einer nur selbstgemachten Notwendigkeit, statt nur zu äußerlicher, zu innerer Zufälligkeit, zur Willkür, verhält.

Die Vorstellung, als ob der Mensch in einem sogenannten Naturzustande, worin er nur sogenannte einfache Naturbedürfnisse hätte, und für ihre Befriedigung nur Mittel gebrauchte, wie eine zufällige Natur sie ihm unmittelbar gewährte, in Rücksicht auf die Bedürfnisse in Freiheit lebte, ist, noch ohne Rücksicht des Moments der Befreiung, die in der Arbeit liegt, wovon nachher, – eine unwahre Meinung, weil das Naturbedürfnis als solches und dessen unmittelbare Befriedigung nur der Zustand der in die Natur versenkten Geistigkeit und damit der Rohheit und Unfreiheit wäre, und die Freiheit allein in der Reflexion des Geistigen in sich, seiner Unterscheidung von dem Natürlichen und seinem Reflexe auf dieses, liegt.

§ 195

Diese Befreiung ist formell, indem die Besonderheit der Zwecke der zu Grunde liegende Inhalt bleibt. Die Richtung des gesellschaftlichen Zustandes auf die unbestimmte Vervielfältigung und Spezifizierung der Bedürfnisse, Mittel und Genüsse, welche, so wie der Unterschied zwischen natürlichem und | gebildetem Bedürfnisse, keine Grenzen hat, – der Luxus ist eine eben so unendliche Vermehrung der Abhängigkeit und Not, welche es mit einer den unendlichen Widerstand leistenden Materie, nämlich mit äußern Mitteln von der besondern Art, Eigentum des freien Willens zu sein, dem somit absolut harten, zu tun hat.

b) DIE ART DER ARBEIT

§ 196

Die Vermittelung, den partikularisierten Bedürfnissen angemessene eben so partikularisierte Mittel zu bereiten und zu erwerben, ist die Arbeit, welche das von der Natur unmittelbar gelieferte Material für diese vielfachen Zwecke durch die mannigfaltigsten Prozesse spezifiziert. Diese Formierung gibt nun dem Mittel den Wert und seine Zweckmäßigkeit, so daß der Mensch in seiner Konsumtion sich vornehmlich zu menschlichen Produktionen verhält und solche Bemühungen es sind, die er verbraucht.

§ 197

An der Mannigfaltigkeit der interessierenden Bestimmungen und Gegenstände entwickelt sich die theoretische Bildung, nicht nur eine Mannigfaltigkeit von Vorstellungen und Kenntnissen, sondern auch eine Beweglichkeit und Schnelligkeit des Vorstellens und des Übergehens von einer Vorstellung zur andern, das Fassen verwickelter und allgemeiner Beziehungen u.s.f. – die Bildung des Verstandes überhaupt damit auch der Sprache. – Die praktische Bildung durch die Arbeit besteht in dem sich erzeugenden Bedürfnis und der Gewohnheit der Beschäftigung überhaupt, dann der Beschränkung seines Tuns, teils nach der Natur des Materials, teils aber vornehmlich nach der Willkür anderer, und einer durch diese Zucht sich erwerbenden Gewohnheit objektiver Tätigkeit und allgemeingültiger Geschicklichkeiten. |

§ 198

Das Allgemeine und Objektive in der Arbeit liegt aber in der Abstraktion, welche die Spezifizierung der Mittel und Bedürfnisse bewirkt, damit eben so die Produktion spezifiziert und die Teilung der Arbeiten hervorbringt. Das Arbeiten des Einzelnen wird durch die Teilung einfacher und hierdurch die Geschicklichkeit in seiner abstrakten Arbeit, so wie die Menge seiner Produktionen größer. Zugleich vervollständigt diese Abstraktion der Geschicklichkeit und des Mittels die Abhängigkeit und die Wechselbeziehung der Menschen für die Befriedigung der übrigen Bedürfnisse zur gänzlichen Notwendigkeit. Die Abstraktion des Produzierens macht das Arbeiten ferner immermehr **mechanisch** und damit am Ende fähig, daß der Mensch davon wegtreten und an seine Stelle die **Maschine** eintreten lassen kann.

c) DAS VERMÖGEN

§ 199

In dieser Abhängigkeit und Gegenseitigkeit der Arbeit und der Befriedigung der Bedürfnisse schlägt die **subjektive Selbstsucht in den Beitrag zur Befriedigung der Bedürfnisse Aller andern** um, – in die Vermittelung des Besondern durch das Allgemeine als dialektische Bewegung, so daß indem jeder für sich erwirbt, produziert und genießt, er eben damit für den Genuß der übrigen produziert und erwirbt. Diese Notwendigkeit, die in der allseitigen Verschlingung der Abhängigkeit Aller liegt, ist nunmehr für jeden das **allgemeine, bleibende Vermögen** (s. § 170), das für ihn die Möglichkeit enthält, durch seine Bildung und Geschicklichkeit daran Teil zu nehmen, um für seine Subsistenz gesichert zu sein, – so wie dieser durch seine Arbeit vermittelte Erwerb das allgemeine Vermögen erhält und vermehrt.

§ 200

Die **Möglichkeit der Teilnahme** an dem allgemeinen Vermögen, das **besondre Vermögen**, ist aber **bedingt**, teils durch eine unmittelbare eigene Grundlage (Kapital), teils durch die Geschicklichkeit, welche ihrerseits wieder selbst durch jenes, dann aber durch die zufälligen Umstände bedingt ist, deren Mannigfaltigkeit die Verschiedenheit in der Entwickelung der schon für sich ungleichen natürlichen körperlichen, und gei|stigen Anlagen hervorbringt, – eine Verschiedenheit, die in dieser Sphäre der Besonderheit nach allen Richtungen und von allen Stufen sich hervortut und mit der übrigen Zufälligkeit und Willkür die Ungleichheit des Vermögens und der Geschicklichkeiten der Individuen zur notwendigen Folge hat.

Dem in der Idee enthaltenen objektiven Rechte der Besonderheit des Geistes, welches die von der Natur – dem Elemente der Ungleichheit – gesetzte Ungleichheit der Menschen, in der bürgerlichen Gesellschaft nicht nur nicht aufhebt, sondern aus dem Geiste produziert, sie zu einer Ungleichheit der Geschicklichkeit, des Vermögens und selbst der intellektuellen und moralischen Bildung erhebt, – die Forderung der Gleichheit entgegensetzen, gehört dem leeren Verstande an, der dies sein Abstraktum und sein Sollen für das Reelle und Vernünftige nimmt. Diese Sphäre der Besonderheit, die sich das Allgemeine einbildet, behält in dieser nur relativen Identität mit demselben eben so sehr die natürliche als willkürliche Besonderheit, damit den Rest des Naturzustandes, in sich. Ferner ist es die im Systeme menschlicher Bedürfnisse und ihrer Bewegung immanente Vernunft, welche dasselbe zu einem organischen Ganzen von Unterschieden gliedert; s. folg. §.

§ 201

Die unendlich mannigfachen Mittel und deren eben so unendlich sich verschränkende Bewegung in der gegenseitigen Hervorbringung und Austauschung sammelt durch die ihrem Inhalte inwohnende Allgemeinheit und unterscheidet sich in allgemeinen Massen, so daß der ganze Zusammenhang sich zu besonderen Systemen der Bedürfnisse, ihrer Mittel und Arbeiten, der Arten und Weisen der Befriedigung und der theoretischen und praktischen Bildung, – Systemen, denen die Individuen zugeteilt sind, – zu einem Unterschiede der Stände, ausbildet.

§ 202

Die Stände bestimmen sich nach dem Begriffe als der substantielle oder unmittelbare, der reflektierende oder formelle, und dann als der allgemeine Stand. |

§ 203

a) Der substantielle Stand hat sein Vermögen an den Naturprodukten eines Bodens, den er bearbeitet, – eines Bodens, der ausschließendes Privateigentum zu sein fähig ist und nicht nur unbestimmte Abnutzung, sondern eine objektive Formierung erfordert. Gegen die Anknüpfung der Arbeit und des Erwerbs an einzelne feste Naturepochen und die Abhängigkeit des Ertrags von der veränderlichen Beschaffenheit des Naturprozesses, macht sich der Zweck des Bedürfnisses zu einer Vorsorge auf die Zukunft, behält aber durch ihre Bedingungen die Weise einer weniger durch die Reflexion und eigenen Willen vermittelten Subsistenz, und darin überhaupt die substantielle Gesinnung einer unmittelbaren auf dem Familien-Verhältnisse und dem Zutrauen beruhenden Sittlichkeit.

Mit Recht ist der eigentliche Anfang und die erste Stiftung der Staaten in die Einführung des Ackerbaues, nebst der Einführung der Ehe gesetzt worden, indem jenes Prinzip das Formieren des Bodens und damit ausschließendes Privat-Eigentum mit sich führt (vergl. § 170 Anm.), und das im Schweifenden seine Subsistenz suchende, schweifende Leben des Wilden zur Ruhe des Privatrechts und zur Sicherheit der Befriedigung des Bedürfnisses zurückführt, womit sich die Beschränkung der Geschlechterliebe zur Ehe, und damit die Erweiterung dieses Bandes zu einem fortdauernden in sich allgemeinen Bunde, des Bedürfnisses zur Familiensorge und des Besitzes zum Familiengute verknüpft. Sicherung, Befestigung, Dauer der Befriedigung der Bedürfnisse u.s.f. – Charaktere, wodurch sich diese Institutionen zunächst empfehlen, sind nichts anderes als Formen der Allgemeinheit und Gestaltungen, wie die Vernünftigkeit, der absolute Endzweck, sich in diesen Gegenständen geltend macht. – Was kann für diese Materie interessanter sein, als meines sehr verehrten Freundes, Herrn Creutzers, eben so geistreiche als gelehrte Aufschlüsse, die derselbe insbesondere im vierten Band seiner Mythologie und Symbolik, über die agronomischen Feste, Bilder und Heiligtümer der Alten uns gegeben hat, welche sich der Einführung des Ackerbaues und der damit zusammenhängenden Institutionen als göttlicher Taten bewußt worden sind, und ihnen so religiöse Verehrung widmeten.

Daß der substantielle Charakter dieses Standes von Seiten der Gesetze des Privatrechts, insbesondere der Rechtspflege, so wie von Seiten des Unterrichts und der Bildung, auch der Religion, Modifikationen, nicht in Ansehung des substantiellen Inhalts, aber in Ansehung der | Form und Reflexions-Entwickelung nach sich zieht, ist eine weitere Folge, die eben so in Ansehung der anderen Stände statt hat.

§ 204

b) Der Stand des Gewerbs hat die Formierung des Naturprodukts zu seinem Geschäfte, und ist für die Mittel seiner Subsistenz an seine Arbeit, an die Reflexion und den Verstand, so wie wesentlich an die Vermittelung mit den Bedürfnissen und den Arbeiten anderer angewiesen. Was er vor sich bringt und genießt, hat er vornehmlich sich selbst, seiner eigenen Tätigkeit zu danken. – Sein Geschäft unterscheidet sich wieder, als Arbeit für einzelne Bedürfnisse in konkreterer Weise, und auf Verlangen Einzelner, in den Handwerksstand, – als abstraktere Gesamtmasse der Arbeit für einzelne Bedürfnisse aber eines allgemeinern Bedarfs, in den Fabrikantenstand; – und als Geschäft des Tausches der vereinzelten Mittel gegeneinander vornehmlich durch das allgemeine Tauschmittel, das Geld, in welchem der abstrakte Wert aller Waren wirklich ist, – in den Handelsstand.

§ 205

c) Der **allgemeine Stand** hat die **allgemeinen Interessen** des gesellschaftlichen Zustandes zu seinem Geschäfte; der direkten Arbeit für die Bedürfnisse muß er daher entweder durch Privatvermögen oder dadurch enthoben sein, daß er vom Staat, der seine Tätigkeit in Anspruch nimmt, schadlos gehalten wird, so daß das Privat-Interesse in seiner Arbeit für das Allgemeine, seine Befriedigung findet.

§ 206

Der Stand als die sich objektiv gewordene Besonderheit, teilt sich so einerseits nach dem Begriffe in seine allgemeinen Unterschiede. Andererseits aber, welchem besonderen Stande das **Individuum** angehöre, darauf haben Naturell, Geburt und Umstände ihren Einfluß, aber die letzte und wesentliche Bestimmung liegt in der **subjektiven Meinung und der besondern Willkür**, die sich in dieser Sphäre ihr Recht, Verdienst und ihre Ehre gibt, so daß **was in ihr durch innere Notwendigkeit geschieht, zugleich durch die Willkür vermittelt ist** und für das subjektive Bewußtsein die Gestalt hat, das Werk seines Willens zu sein. |

Auch in dieser Rücksicht tut sich in Bezug auf das Prinzip der Besonderheit und der subjektiven Willkür, der Unterschied in dem politischen Leben des Morgenlands und Abendlands, und der antiken und der modernen Welt hervor. Die Einteilung des Ganzen in Stände erzeugt sich bei jenen zwar **objektiv von selbst**, weil sie an sich vernünftig ist, aber das Prinzip der subjektiven Besonderheit erhält dabei nicht zugleich sein Recht, indem z.B. die Zuteilung der Individuen zu den Ständen den Regenten, wie in dem **platonischen Staate** (De Rep. III. p. 320 ed. Bip. T. VI.), oder der bloßen Geburt, wie in den **indischen Kasten** überlassen ist. So in die Organisation des Ganzen nicht aufgenommen, und in ihm nicht versöhnt, zeigt sich deswegen die subjektive Besonderheit, weil sie als wesentliches Moment gleichfalls hervortritt, als feindseliges, als Verderben der gesellschaftlichen Ordnung (s. § 185 Anm.), entweder als sie über den Haufen werfend, wie in den griechischen Staaten und in der römischen Republik, oder wenn diese als Gewalt habend oder etwa als religiöse Autorität sich erhält, als innere Verdorbenheit und vollkommene Degradation, – wie gewissermaßen bei den Lakedämoniern und jetzt am vollständigsten bei den Indern der Fall ist. – Von der objektiven Ordnung aber, in Angemessenheit mit ihr und zugleich in ihrem Recht erhalten, wird die subjektive Besonderheit zum Prinzip aller Belebung der bürgerlichen Gesellschaft, der Entwickelung der denkenden Tätigkeit, des Verdiensts und der Ehre. Die Anerkennung und das Recht, daß was in der bürgerlichen Gesellschaft und im Staate durch die Vernunft notwendig ist, zugleich durch die Willkür vermittelt geschehe, ist die nähere Bestimmung dessen, was vornehmlich in der allgemeinen Vorstellung Freiheit heißt (§ 121).

§ 207

Das Individuum gibt sich nur Wirklichkeit, indem es in das Dasein überhaupt, somit in die bestimmte Besonderheit tritt, hiermit ausschließend sich auf eine der besonderen Sphären des Bedürfnisses beschränkt. Die sittliche Gesinnung in diesem Systeme ist daher die Rechtschaffenheit und die Standesehre, sich und zwar aus eigener Bestimmung durch seine Tätigkeit, Fleiß und Geschicklichkeit zum Gliede eines der Momente der bürgerlichen Gesellschaft zu machen und als solches zu | erhalten, und nur durch diese Vermittelung mit dem Allgemeinen für sich zu sorgen, so wie dadurch in seiner Vorstellung und der Vorstellung Anderer anerkannt zu sein. – Die Moralität hat ihre eigentümliche Stelle in dieser Sphäre, wo die Reflexion auf sein Tun, der Zweck der besondern Bedürfnisse und des Wohls herrschend ist, und die Zufälligkeit in

Befriedigung derselben auch eine zufällige und einzelne Hilfe zur Pflicht macht.

Daß das Individuum sich zunächst (d.i. besonders in der Jugend) gegen die Vorstellung sträubt, sich zu einem besondern Stand zu entschließen und dies als eine Beschränkung seiner allgemeinen Bestimmung und als eine bloß äußerliche Notwendigkeit ansieht, liegt in dem abstrakten Denken, das an dem Allgemeinen und damit Unwirklichen stehen bleibt, und nicht erkennt, daß um dazusein, der Begriff überhaupt in den Unterschied des Begriffs und seiner Realität, und damit in die Bestimmtheit und Besonderheit tritt (s. § 7), und daß es nur damit Wirklichkeit und sittliche Objektivität gewinnen kann.

§ 208

Das Prinzip dieses Systems der Bedürfnisse hat als die eigene Besonderheit des Wissens und des Wollens die an und für sich seiende Allgemeinheit, die Allgemeinheit der Freiheit nur abstrakt, somit als Recht des Eigentums in sich, welches aber hier nicht mehr nur an sich, sondern in seiner geltenden Wirklichkeit, als Schutz des Eigentums durch die Rechtspflege, ist. |

B
DIE RECHTSPFLEGE

§ 209

Das Relative der Wechselbeziehung der Bedürfnisse und der Arbeit für sie, hat zunächst seine Reflexion in sich, überhaupt in der unendlichen Persönlichkeit, dem (abstrakten) Rechte. Es ist aber diese Sphäre des Relativen, als Bildung, selbst, welche dem Rechte das Dasein gibt, als allgemein anerkanntes, gewußtes und gewolltes zu sein, und vermittelt durch dies Gewußt- und Gewolltsein Gelten und objektive Wirklichkeit zu haben.

Es gehört der Bildung, dem Denken als Bewußtsein des Einzelnen in Form der Allgemeinheit, daß Ich als allgemeine Person aufgefaßt werde, worin Alle identisch sind. Der Mensch gilt so, weil er Mensch ist, nicht weil er Jude, Katholik, Protestant, Deutscher, Italiener u.s.f. ist, – dies Bewußtsein, dem der Gedanke gilt, ist von unendlicher Wichtigkeit, – nur dann mangelhaft, wenn es etwa als Kosmopolitismus sich dazu fixiert, dem konkreten Staatsleben gegenüber zu stehen.

§ 210

Die objektive Wirklichkeit des Rechts ist, teils für das Bewußtsein zu sein, überhaupt gewußt zu werden, teils die Macht der Wirklichkeit zu haben und zu gelten und damit auch als allgemein gültiges gewußt zu werden.

a) DAS RECHT ALS GESETZ

§ 211

Was an sich Recht ist, ist in seinem objektiven Dasein gesetzt, d.i. durch den Gedanken für das Bewußtsein bestimmt, und als das was Recht ist und gilt, bekannt, das Gesetz; und das Recht ist durch diese Bestimmung positives Recht überhaupt.

Etwas als allgemeines setzen, d.i. es als allgemeines zum Bewußtsein bringen – ist bekanntlich denken (vergl. oben § 13 Anm. und § 21 Anm.); indem es so den Inhalt auf seine einfachste Form zurückbringt, gibt es ihm seine letzte Bestimmtheit. Was Recht ist, erhält | erst damit, daß es zum Gesetze wird, nicht nur die Form seiner Allgemeinheit, sondern seine wahrhafte Bestimmtheit. Es ist darum bei der Vorstellung des Gesetzgebens nicht bloß das eine Moment vor sich zu haben, daß dadurch etwas als die für alle gültige Regel des Benehmens ausgesprochen werde; sondern das innere wesentliche Moment ist vor diesem anderen die Erkenntnis des Inhalts in seiner bestimmten Allgemeinheit. Gewohnheitsrechte selbst, da nur die Tiere ihr Gesetz als Instinkt haben, nur die Menschen aber es sind, die es als Gewohnheit haben, enthalten das Moment, als Gedanken zu sein und gewußt zu werden. Ihr Unterschied von Gesetzen bestehet nur darin, daß sie auf eine subjektive und zufällige Weise gewußt werden, daher für sich unbestimmter und die Allgemeinheit des Gedankens getrübter, außerdem die Kenntnis des Rechts nach dieser und jener Seite und überhaupt ein zufälliges Eigentum Weniger ist. Daß sie durch ihre Form, als Gewohnheiten zu sein, den Vorzug haben sollen, ins Leben übergegangen zu sein (– man spricht heutigstags übrigens gerade da am meisten vom Leben und vom Übergehen ins Leben, wo man in dem totesten Stoffe und in den totesten Gedanken versiert), ist eine Täuschung, da die geltenden Gesetze einer Nation, dadurch daß sie geschrieben und gesammelt sind, nicht aufhören, ihre Gewohnheiten zu sein. Wenn die Gewohnheitsrechte dazu kommen, gesammelt und zusammengestellt zu werden, was bei einem nur zu einiger Bildung gediehenen Volke bald geschehen muß, so ist dann diese Sammlung das Gesetzbuch, das sich freilich, weil es bloße Sammlung ist, durch seine Unförmlichkeit, Unbestimmtheit und Lückenhaftigkeit auszeichnen wird. Es wird sich vornehmlich von einem eigentlich so genannten Gesetzbuche dadurch unterscheiden, daß dieses die Rechts-Prinzipien in ihrer Allgemeinheit und damit in ihrer Bestimmtheit denkend auffaßt und ausspricht. Englands Landrecht oder gemeines Recht, ist bekanntlich in Statuten (förmlichen Gesetzen) und in einem sogenannten ungeschriebenen Gesetze enthalten; dieses ungeschriebene Gesetz ist übrigens eben so gut geschrieben, und dessen Kenntnis kann und muß durch Lesen allein (der vielen Quartanten, die es ausfüllt) erworben werden. Welche ungeheure Verwirrung aber auch in der dortigen Rechtspflege sowohl, als in der Sache liegt, schildern die Kenner derselben. Insbesondere bemerken sie den Umstand, daß, da dies ungeschriebene Gesetz in den Dezisionen der Gerichtshöfe und Richter | enthalten ist, die Richter damit fortdauernd die Gesetzgeber machen, daß sie auf die Autorität ihrer Vorgänger, als die nichts getan als das ungeschriebene Gesetz ausgesprochen haben, eben so angewiesen sind, als nicht angewiesen sind, da sie selbst das ungeschriebene Gesetz in sich haben, und daraus das Recht haben, über die vorhergegangenen Entscheidungen zu urteilen, ob sie demselben angemessen sind oder nicht. – Gegen eine ähnliche Verwirrung, die in der spätern römischen Rechtspflege aus den Autoritäten aller der verschiedenen berühmten Juriskonsulten entstehen konnte, wurde von einem Kaiser das sinnreiche Auskunftsmittel getroffen, das den Namen Zitiergesetz führt und eine Art von kollegialischer Einrichtung unter den längst verstorbenen Rechtsgelehrten, mit Mehrheit der Stimmen und einem Präsidenten, einführte. (S. Herrn Hugos röm. Rechtsgeschichte, § 354.) – Einer gebildeten Nation oder dem juri-

stischen Stande in derselben, die Fähigkeit abzusprechen, ein
Gesetzbuch zu machen, – da es nicht darum zu tun sein kann,
ein System ihrem Inhalte nach neuer Gesetze zu machen,
sondern den vorhandenen gesetzlichen Inhalt in seiner bestimmten Allgemeinheit zu erkennen, d.i. ihn denkend zu
fassen, – mit Hinzufügung der Anwendung aufs Besondere, –
wäre einer der größten Schimpfe, der einer Nation oder
jenem Stande angetan werden könnte. –

§ 212

In dieser Identität des Ansichseins und des Gesetztseins,
hat nur das als Recht Verbindlichkeit, was Gesetz ist. Indem
das Gesetztsein die Seite des Daseins ausmacht, in der auch das
Zufällige des Eigenwillens und anderer Besonderheit eintreten
kann, so kann das, was Gesetz ist, in seinem Inhalte noch von
dem verschieden sein, was an sich Recht ist.

Im positiven Rechte ist daher das, was gesetzmäßig ist, die
Quelle der Erkenntnis dessen, was Recht ist, oder eigentlich was Rechtens ist; – die positive Rechtswissenschaft ist
insofern eine historische Wissenschaft, welche die Autorität
zu ihrem Prinzip hat. Was noch übriges geschehen kann, ist
Sache des Verstandes und betrifft die äußere Ordnung, Zusammenstellung, Konsequenz, weitere Anwendung u. dergl.
Wenn der Verstand sich auf die Natur der Sache selbst einläßt,
so zeigen die Theorien, z.B. des Kriminalrechts, was er mit
seinem Räsonnement aus Gründen anrichtet. – Indem die
positive Wissenschaft einerseits nicht nur das Recht, sondern auch die notwendige Pflicht hat, sowohl die historischen Fortgänge, als die Anwendungen und Zerspal|tungen
der gegebenen Rechtsbestimmungen in alle Einzelnheiten
aus ihren positiven Datis zu deduzieren und ihre Konsequenz zu zeigen, so darf sie auf der andern Seite sich wenigstens nicht absolut verwundern, wenn sie es auch als eine
Querfrage für ihre Beschäftigung ansieht, wenn nun gefragt wird, ob denn nach allen diesen Beweisen eine Rechts-

bestimmung vernünftig ist. – Vergl. über das Verstehen
§ 3 Anm.

§ 213

Das Recht, indem es in das Dasein zunächst in der Form des Gesetztseins tritt, tritt auch dem Inhalte nach als Anwendung in die Beziehung auf den Stoff der in der bürgerlichen Gesellschaft ins unendliche sich vereinzelnden und verwickelnden Verhältnisse und Arten des Eigentums und der Verträge, – ferner der auf Gemüt, Liebe und Zutrauen beruhenden sittlichen Verhältnisse, jedoch dieser nur insofern sie die Seite des abstrakten Rechts enthalten (§ 159); die moralische Seite und moralischen Gebote, als welche den Willen nach seiner eigensten Subjektivität und Besonderheit betreffen, können nicht Gegenstand der positiven Gesetzgebung sein. Weitern Stoff liefern die aus der Rechtspflege selbst, aus dem Staat u.s.f. fließenden Rechte und Pflichten.

§ 214

Außer der Anwendung auf das Besondere schließt aber das Gesetztsein des Rechts die Anwendbarkeit auf den einzelnen Fall in sich. Damit tritt es in die Sphäre des durch den Begriff Unbestimmten, Quantitativen, (des Quantitativen für sich oder als Bestimmung des Werts bei Tausch eines Qualitativen gegen eines andern Qualitativen.) Die Begriffsbestimmtheit gibt nur eine allgemeine Grenze, innerhalb deren noch ein Hin- und Hergehen stattfindet. Dieses muß aber zum Behuf der Verwirklichung abgebrochen werden, womit eine innerhalb jener Grenze zufällige und willkürliche Entscheidung eintritt.

In dieser Zuspitzung des Allgemeinen nicht nur zum Besondern, sondern zur Vereinzelung, d.i. zur unmittelbaren Anwendung, ist es vornehmlich, wo das Reinpositive der Gesetze liegt. Es läßt sich nicht vernünftig bestimmen, noch durch die Anwendung einer aus dem Begriffe herkommenden Bestimmtheit entscheiden, ob für ein Vergehen eine Leibesstrafe von vierzig Streichen oder von vierzig weniger eins, noch ob eine Geldstrafe von fünf Talern oder aber von vier Taler und drei und zwanzig u.s.f. Groschen, noch ob eine Gefängnisstrafe | von einem Jahre oder von dreihundert und vier und sechzig u.s.f. oder von einem Jahre und einem, zwei oder drei Tagen, das Gerechte sei. Und doch ist schon Ein Streich zuviel, Ein Taler oder Ein Groschen, Eine Woche, Ein Tag Gefängnis zuviel oder zu wenig, eine Ungerechtigkeit. – Die Vernunft ist es selbst, welche anerkennt, daß die Zufälligkeit, der Widerspruch und Schein ihre, aber beschränkte, Sphäre und Recht hat, und sich nicht bemüht, dergleichen Widersprüche ins Gleiche und Gerechte zu bringen; hier ist allein noch das Interesse der Verwirklichung, das Interesse, daß überhaupt bestimmt und entschieden sei, es sei auf welche Weise es (innerhalb einer Grenze) wolle, vorhanden. Dieses Entscheiden gehört der formellen Gewißheit seiner selbst, der abstrakten Subjektivität an, welche sich ganz nur daran halten mag, daß sie, – innerhalb jener Grenze, nur abbreche und festsetze, damit festgesetzt sei, – oder auch an solche Bestimmungsgründe, wie eine runde Zahl ist, oder als die Zahl Vierzig weniger Eins enthalten mag. – Daß das Gesetz etwa nicht diese letzte Bestimmtheit, welche die Wirklichkeit erfordert, festsetzt, sondern sie dem Richter zu entscheiden überläßt, und ihn nur durch ein Minimum und Maximum beschränkt, tut nichts zur Sache, denn dies Minimum und Maximum ist jedes selbst eine solche runde Zahl, und hebt es nicht auf, daß von dem Richter alsdann eine solche endliche, rein positive Bestimmung gefaßt werde, sondern gesteht es demselben, wie notwendig, zu.

b) DAS DASEIN DES GESETZES

§ 215

Die Verbindlichkeit gegen das Gesetz schließt von den Seiten des Rechts des Selbstbewußtseins (§ 132 mit der Anm.) die Notwendigkeit ein, daß die Gesetze allgemein bekannt gemacht seien.

Die Gesetze so hoch aufhängen, wie Dionysius der Tyrann tat, daß sie kein Bürger lesen konnte, – oder aber sie in den weitläuftigen Apparat von gelehrten Büchern, Sammlungen, von Dezisionen abweichender Urteile und Meinungen, – Gewohnheiten u.s.f. und noch dazu in einer fremden Sprache vergraben, so daß die Kenntnis des geltenden Rechts nur denen zugänglich ist, die sich gelehrt darauf legen, – ist ein und dasselbe Unrecht. – Die Regenten, welche ihren Völkern, wenn auch nur eine unförmliche Sammlung, wie Justinian, noch mehr | aber ein Landrecht, als geordnetes und bestimmtes Gesetzbuch, gegeben haben, sind nicht nur die größten Wohltäter derselben geworden und mit Dank dafür von ihnen gepriesen worden, sondern sie haben damit einen großen Akt der Gerechtigkeit exerziert.

§ 216

Für das öffentliche Gesetzbuch sind einer Seits einfache allgemeine Bestimmungen zu fordern, anderer Seits führt die Natur des endlichen Stoffs auf endlose Fortbestimmung. Der Umfang der Gesetze soll einer Seits ein fertiges geschlossenes Ganzes sein, anderer Seits ist das fortgehende Bedürfnis neuer gesetzlichen Bestimmungen. Da diese Antinomie aber in die Spezialisierung der allgemeinen Grundsätze fällt, welche festbestehen bleiben, so bleibt dadurch das Recht an ein fertiges Gesetzbuch ungeschmälert, so wie daran, daß diese allgemeinen einfachen Grundsätze für sich, unterschieden von ihrer Spezialisierung, faßlich und aufstellbar sind.

Eine Hauptquelle der Verwickelung der Gesetzgebung ist zwar, wenn in die ursprünglichen ein Unrecht enthaltenden, somit bloß historischen Institutionen, mit der Zeit das Vernünftige, an und für sich Rechtliche eindringt, wie bei den Römischen oben (§ 180 Anm.) bemerkt worden, dem alten Lehensrechte u.s.f. Aber es ist wesentlich einzusehen, daß die Natur des endlichen Stoffes selbst es mit sich bringt, daß an ihm die Anwendung auch der an und für sich vernünftigen, der in sich allgemeinen Bestimmungen, auf den Progreß ins Unendliche führt. – An ein Gesetzbuch die Vollendung zu fordern, daß es ein absolut fertiges, keiner weitern Fortbestimmung fähiges sein solle, – eine Forderung, welche vornehmlich eine deutsche Krankheit ist, – und aus dem Grunde, weil es nicht so vollendet werden könne, es nicht zu etwas sogenannten Unvollkommenen, d.h. nicht zur Wirklichkeit, kommen zu lassen, beruht beides auf der Mißkennung der Natur endlicher Gegenstände, wie das Privatrecht ist, als in denen die sogenannte Vollkommenheit das Perennieren der Annäherung ist, und auf der Mißkennung des Unterschiedes des Vernunft-Allgemeinen und des Verstandes-Allgemeinen und dessen Anwenden auf den ins Unendliche gehenden Stoff der Endlichkeit und Einzelnheit. –
Le plus grand ennemi du Bien c'est le Meilleur, – ist der Ausdruck des wahrhaften gesunden Menschenverstandes gegen den eitlen räsonnierenden und reflektierenden. |

§ 217

Wie in der bürgerlichen Gesellschaft das Recht an sich zum Gesetze wird, so geht auch das vorhin unmittelbare und abstrakte Dasein meines einzelnen Rechts in die Bedeutung des Anerkanntseins als eines Daseins in dem existierenden allgemeinen Willen und Wissen über. Die Erwerbungen und Handlungen über Eigentum müssen daher mit der Form, welche ihnen jenes Dasein gibt, vorgenommen und ausgestattet werden. Das Eigentum beruht nun auf Vertrag und auf den das-

selbe des Beweises [fähig] und rechtskräftig machenden För m-
lichkeiten.
Die ursprünglichen d. i. unmittelbaren Erwerbungsarten und
Titel (§ 54 ff.) fallen in der bürgerlichen Gesellschaft eigentlich hinweg und kommen nur als einzelne Zufälligkeiten
oder beschränkte Momente vor. – Es ist teils das im Subjektiven stehen bleibende Gefühl, teils die Reflexion die am
Abstraktum ihrer Wesentlichkeiten [fest] hält, welche die
Förmlichkeiten verwirft, die seinerseits wieder der tote Verstand gegen die Sache festhalten und ins Unendliche ver-
mehren kann. – Übrigens liegt es im Gange der Bildung,
von der sinnlichen und unmittelbaren Form eines Inhaltes,
mit langer und harter Arbeit zur Form seines Gedankens und
damit einem ihm gemäßen einfachen Ausdruck zu gelangen,
daß im Zustande einer nur erst beginnenden Rechtsbildung
die Solennitäten und Formalitäten von großer Umständ-
lichkeit [sind] und mehr als Sache selbst, denn als das Zeichen gelten; woher denn auch im römischen Rechte eine
Menge von Bestimmungen und besonders von Ausdrücken
aus den Solennitäten beibehalten worden sind, statt durch
Gedanken-Bestimmungen und deren adäquaten Ausdruck
ersetzt worden zu sein.

§ 218

Indem Eigentum und Persönlichkeit in der bürgerlichen Gesellschaft gesetzliche Anerkennung und Gültigkeit haben, so ist
das Verbrechen nicht mehr nur Verletzung eines subjektiv-
Unendlichen, sondern der allgemeinen Sache, die eine
in sich feste und starke Existenz hat. Es tritt damit der Gesichtspunkt der Gefährlichkeit der Handlung für die Gesellschaft ein, wodurch einer Seits die Größe des Verbrechens
verstärkt wird, anderer Seits aber setzt die ihrer selbst sicher gewordene Macht der Gesellschaft die äußerliche Wichtigkeit
der Verletzung herunter, und führt daher eine größere Milde in
der Ahndung desselben herbei. |

Daß in Einem Mitgliede der Gesellschaft die andern Alle verletzt sind, verändert die Natur des Verbrechens nicht nach seinem Begriffe, sondern nach der Seite der äußern Existenz, der Verletzung, die nun die Vorstellung und das Bewußtsein der bürgerlichen Gesellschaft, nicht nur das Dasein des unmittelbar Verletzten trifft. In den Heroen-Zeiten (siehe die Tragödien der Alten) sehen sich die Bürger durch die Verbrechen, welche die Glieder der Königshäuser gegen einander begehen, nicht als verletzt an. – Indem das Verbrechen, an sich eine unendliche Verletzung, als ein Dasein nach qualitativen und quantitativen Unterschieden bemessen werden muß (§ 96), welches nun wesentlich als Vorstellung und Bewußtsein von dem Gelten der Gesetze bestimmt ist, so ist die Gefährlichkeit für die bürgerliche Gesellschaft eine Bestimmung seiner Größe, oder auch eine seiner qualitativen Bestimmungen. – Diese Qualität nun oder Größe ist aber nach dem Zustande der bürgerlichen Gesellschaft veränderlich, und in ihm liegt die Berechtigung, sowohl einen Diebstahl von etlichen Sous oder einer Rübe mit dem Tode, als einen Diebstahl, der das hundert- und mehrfache von dergleichen Werten beträgt, mit einer gelinden Strafe zu belegen. Der Gesichtspunkt der Gefährlichkeit für die bürgerliche Gesellschaft, indem er die Verbrechen zu aggravieren scheint, ist es vielmehr vornehmlich, der ihre Ahndung vermindert hat. Ein Strafkodex gehört darum vornehmlich seiner Zeit und dem Zustand der bürgerlichen Gesellschaft in ihr an.

c) DAS GERICHT

§ 219

Das Recht in der Form des Gesetzes in das Dasein getreten, ist für sich, steht dem besondern Wollen und Meinen vom Rechte, selbstständig gegenüber und hat sich als Allgemeines geltend zu machen. Diese Erkenntnis und Verwirklichung des Rechts im besondern Falle, ohne die subjektive Empfindung des besondern Interesses, kommt einer öffentlichen Macht, dem Gerichte, zu.

Die historische Entstehung des Richters und der Gerichte mag die Form des patriarchalischen Verhältnisses, oder der Gewalt, oder der freiwilligen Wahl gehabt haben; für den Begriff der Sache ist dies gleichgültig. Die Einführung des Rechtsprechens von Seiten der Fürsten und Regierungen als bloße Sache einer beliebigen Gefälligkeit und Gnade | anzusehen, wie Herr von Haller (in seiner Restauration der Staatswissenschaft) tut, gehört zu der Gedankenlosigkeit, die davon nichts ahnt, daß beim Gesetz und Staate davon die Rede sei, daß ihre Institutionen überhaupt als vernünftig an und für sich notwendig sind, und die Form, wie sie entstanden und eingeführt worden, das nicht ist, um das es sich bei Betrachtung ihres vernünftigen Grundes handelt. – Das andere Extrem zu dieser Ansicht ist die Rohheit, die Rechtspflege, wie in den Zeiten des Faustrechts, für ungehörige Gewalttätigkeit, Unterdrückung der Freiheit, und Despotismus zu achten. Die Rechtspflege ist so sehr als Pflicht wie als Recht der öffentlichen Macht anzusehen, das eben so wenig auf einem Belieben der Individuen, eine Macht damit zu beauftragen oder nicht, beruhet.

§ 220

Das Recht gegen das Verbrechen in der Form der Rache (§ 102) ist nur Recht an sich, nicht in der Form Rechtens, d.i. nicht in seiner Existenz gerecht. Statt der verletzten Partei tritt das verletzte Allgemeine auf, das im Gerichte eigentümliche Wirklichkeit hat, und übernimmt die Verfolgung und Ahndung des Verbrechens, welche damit die nur subjektive und zufällige Wiedervergeltung durch Rache zu sein aufhört und sich in die wahrhafte Versöhnung des Rechts mit sich selbst, in Strafe verwandelt, – in objektiver Rücksicht, als Versöhnung des durch Aufheben des Verbrechens sich selbst wiederherstellenden und damit als gültig verwirklichenden Gesetzes, und in subjektiver Rücksicht des Verbrechers, als seines von ihm gewußten und für ihn und zu seinem Schutze gültigen Gesetzes, in dessen Vollstreckung an ihm er somit selbst, die Befriedigung der Gerechtigkeit, nur die Tat des Seinigen, findet.

§ 221

Das Mitglied der bürgerlichen Gesellschaft hat das Recht, im Gericht zu stehen, so wie die Pflicht, sich vor Gericht zu stellen, und sein streitiges Recht nur von dem Gericht zu nehmen.

§ 222

Vor den Gerichten erhält das Recht die Bestimmung, ein erweisbares sein zu müssen. Der Rechtsgang setzt die Parteien in den Stand, ihre Beweismittel und Rechtsgründe geltend zu machen, und den Richter sich in | die Kenntnis der Sache zu setzen. Diese Schritte sind selbst Rechte, ihr Gang muß somit gesetzlich bestimmt sein, und sie machen auch einen wesentlichen Teil der theoretischen Rechtswissenschaft aus.

§ 223

Durch die Zersplitterung dieser Handlungen in immer mehr vereinzelte Handlungen und deren Rechte, die in sich keine Grenze enthält, tritt der Rechtsgang, an sich schon Mittel, als etwas Äußerliches seinem Zwecke gegenüber. – Indem den Parteien das Recht, solchen weitläuftigen Formalismus durchzumachen, der ihr Recht ist, zusteht, so ist, indem er ebenso zu einem Übel und selbst Werkzeuge des Unrechts gemacht werden kann, es ihnen von Gerichts wegen, um die Parteien und das Recht selbst als die substantielle Sache, worauf es ankommt, gegen den Rechtsgang und dessen Mißbrauch in Schutz zu nehmen, – zur Pflicht zu machen, einem einfachen Gerichte (Schieds-[,] Friedensgericht) und dem Versuche des Vergleichs sich zu unterwerfen, ehe sie zu jenem schreiten.

Die Billigkeit enthält einen dem formellen Rechte aus moralischen oder andern Rücksichten geschehenden Abbruch, und bezieht sich zunächst auf den Inhalt des Rechtsstreits. Ein Billigkeitsgerichtshof aber wird die Bedeutung haben, daß er über den einzelnen Fall, ohne sich an die Formalitäten des Rechtsganges und insbesondere an die objektiven Beweismittel, wie sie gesetzlich gefaßt werden können, zu halten, so wie auch [in] dem eigenen Interesse des einzelnen Falles als dieses, nicht im Interesse einer allgemeinen zu machenden gesetzlichen Disposition, entscheidet.

§ 224

Wie die öffentliche Bekanntmachung der Gesetze unter die Rechte des subjektiven Bewußtseins fällt (§ 215), so auch die Möglichkeit, die Verwirklichung des Gesetzes im besondern Falle, nämlich den Verlauf von äußerlichen Handlungen, von Rechtsgründen u.s.f. zu kennen, indem dieser Verlauf an sich eine allgemein gültige Geschichte ist, und der Fall seinem besonderen Inhalte nach zwar nur das Interesse der Parteien, der allgemeine Inhalt aber das Recht darin, und dessen Entscheidung das Interesse Aller betrifft, – Öffentlichkeit der Rechtspflege. |

Deliberationen der Mitglieder des Gerichts über das zu fällende Urteil unter sich sind Äußerungen der noch besondern Meinungen und Ansichten, also ihrer Natur nach nichts öffentliches.

§ 225

In dem Geschäfte des Rechtsprechens als der Anwendung des Gesetzes auf den einzelnen Fall unterscheiden sich die zwei Seiten, erstens die Erkenntnis der Beschaffenheit des Falls nach seiner unmittelbaren Einzelnheit, ob ein Vertrag u.s.f. vorhanden, eine verletzende Handlung begangen, und wer deren Täter sei, und im peinlichen Rechte die Reflexion als Bestimmung der Handlung nach ihrem substantiellen, verbrecherischen Charakter (§ 119 Anm.) – zweitens die Subsumtion des Falles unter das Gesetz der Wiederherstellung des Rechts, worunter im Peinlichen die Strafe begriffen ist. Die Entscheidungen über diese beiden verschiedenen Seiten sind verschiedene Funktionen.

* In der römischen Gerichtsverfassung kam die Unterscheidung dieser Funktionen darin vor, daß der Prätor seine Entscheidung gab, im Fall sich die Sache so oder so verhalte, und daß er zur Untersuchung dieses Verhaltens einen besondern Judex bestellte. – Die Charakterisierung einer Handlung nach ihrer bestimmten verbrecherischen Qualität (ob z.B. ein Mord oder Tötung) ist im englischen Rechtsverfahren, der Einsicht oder Willkür des Anklägers überlassen und das Gericht kann keine andere Bestimmung fassen, wenn es jene unrichtig findet.

§ 226

Vornehmlich die Leitung des ganzen Ganges der Untersuchung, dann der Rechtshandlungen der Parteien, als welche selbst Rechte sind (§ 222), dann auch die zweite Seite des Rechtsurteils (s. vorher. §) ist ein eigentümliches Geschäft des juristischen Richters, für welchen als Organ des Gesetzes der Fall zur Möglichkeit der Subsumtion vorbereitet, d.i. aus seiner erscheinenden empirischen Beschaffenheit heraus, zur anerkannten Tatsache und zur allgemeinen Qualifikation erhoben worden sein muß. |

§ 227

Die erstere Seite, die Erkenntnis des Falles in seiner unmittelbaren Einzelnheit und seine Qualifizierung, enthält für sich kein Rechtsprechen. Sie ist eine Erkenntnis, wie sie jedem gebildeten Menschen zusteht. Insofern für die Qualifikation der Handlung das subjektive Moment der Einsicht und Absicht des Handelnden (s. II. Teil) wesentlich ist, und der Beweis ohnehin nicht Vernunft- oder abstrakte Verstandes-Gegenstände, sondern nur Einzelheiten, Umstände und Gegenstände sinnlicher Anschauung und subjektiver Gewißheit betrifft, daher keine absolut objektive Bestimmung in sich enthält, so ist das Letzte in der Entscheidung die subjektive Überzeugung und das Gewissen (animi sententia), wie in Ansehung des Beweises, der auf Aussagen und Versicherungen anderer beruht, der Eid die zwar subjektive, aber letzte Bewährung ist.

Bei dem in Rede stehenden Gegenstand ist es eine Hauptsache die Natur des Beweisens, auf welches es hier ankommt, ins Auge zu fassen und es von dem Erkennen und Beweisen anderer Art zu unterscheiden. Eine Vernunftbestimmung, wie der Begriff des Rechts selbst ist, zu beweisen, d.i. ihre Notwendigkeit zu erkennen, erfordert eine andere Methode, als der Beweis eines geometrischen Lehrsatzes. Ferner bei Letzterem ist die Figur vom Verstande bestimmt und einem Gesetze gemäß bereits abstrakt gemacht; aber bei einem empirischen Inhalt, wie eine Tatsache ist, ist der Stoff des Erkennens die gegebene sinnliche Anschauung und die sinnliche subjektive Gewißheit und das Aussprechen und Versichern von solcher, – woran nun das Schließen und Kombinieren aus solchen Aussagen, Zeugnissen, Umständen u. dergl. tätig ist. Die objektive Wahrheit, welche aus solchem Stoffe und der ihm gemäßen Methode, bei dem Versuche sie für sich objektiv zu bestimmen, auf halbe Beweise und in weiterer wahrhafter Konsequenz, die zugleich eine formelle Inkonsequenz in sich enthält, auf außerordentliche Strafen führt, hervorgehet, hat einen ganz andern Sinn, als die Wahrheit einer Vernunftbestimmung oder eines Satzes, dessen Stoff sich der Verstand bereits abstrakt bestimmt hat. Daß nun solche empirische Wahrheit einer Begebenheit zu erkennen, in der eigentlich juristischen Bestimmung eines Gerichts, daß in dieser eine eigentümliche Qualität hiefür und damit ein ausschließendes Recht an sich und Notwendigkeit liege, dies aufzuzeigen machte einen Hauptgesichtspunkt bei der Frage aus, inwiefern den förmlichen juristischen Gerichtshöfen das Urteil über das Faktum wie über die Rechtsfrage zuzuschreiben sei. |

§ 228

Das Recht des Selbstbewußtseins der Partei ist im Richterspruch, nach der Seite daß er die Subsumtion des qualifizierten Falles unter das Gesetz ist, in Ansehung des Gesetzes dadurch bewahrt, daß das Gesetz bekannt und damit das Gesetz der Partei selbst, und in Ansehung der Subsumtion, daß der Rechtsgang öffentlich ist. Aber in Ansehung der Entscheidung über den besondern, subjektiven und äußerlichen Inhalt der Sache, dessen Erkenntnis in die ersten der § 225 angegebenen Seiten fällt, findet jenes Recht in dem Zutrauen zu der Subjektivität der Entscheidenden seine Befriedigung. Dies Zutrauen gründet sich vornehmlich auf die Gleichheit der Partei mit denselben nach ihrer Besonderheit, dem Stande, und dergleichen.

Das Recht des Selbstbewußtseins, das Moment der subjektiven Freiheit, kann als der substantielle Gesichtspunkt in der Frage über Notwendigkeit der öffentlichen Rechtspflege und der sogenannten Geschwornengerichte angesehen werden. Auf ihn reduziert sich das Wesentliche, was in der Form der Nützlichkeit für diese Institutionen vorgebracht werden kann. Nach anderen Rücksichten und Gründen von diesen oder jenen Vorteilen oder Nachteilen, kann herüber und hinüber gestritten werden, sie sind wie alle Gründe des Räsonnements sekundär und nicht entscheidend, oder aber aus andern vielleicht höhern Sphären genommen. Daß die Rechtspflege an sich von rein juristischen Gerichten gut, vielleicht besser als mit andern Institutionen, ausgeübt werden könne, um diese Möglichkeit handelt es sich insofern nicht, als wenn sich auch diese Möglichkeit zur Wahrscheinlichkeit, ja selbst zur

Notwendigkeit steigern ließe, es von der andern Seite immer das Recht des Selbstbewußtseins ist, welches dabei seine Ansprüche behält und sie nicht befriedigt findet. – Wenn die Kenntnis des Rechtes durch die Beschaffenheit dessen, was die Gesetze in ihrem Umfange ausmacht, ferner des Ganges der gerichtlichen Verhandlungen, und die Möglichkeit das Recht zu verfolgen, Eigentum eines auch durch Terminologie, die für die, um deren Recht es geht, eine fremde Sprache ist, sich ausschließend machenden Standes ist, so sind die Mitglieder der bürgerlichen Gesellschaft, die für die Subsistenz auf ihre Thätigkeit, ihr eigenes Wissen und Wollen angewiesen sind, gegen das nicht nur persönlichste und eigenste, sondern auch das substantielle und vernünftige darin, das Recht, fremde gehalten und unter Vormundschaft, selbst in eine Art von Leibeigenschaft gegen solchen Stand, | gesetzt. Wenn sie wohl das Recht haben, im Gerichte leiblich, mit den Füßen, zugegen zu sein (in judicio stare), so ist dies wenig, wenn sie nicht geistig, mit ihrem eigenen Wissen gegenwärtig sein sollen, und das Recht, das sie erlangen, bleibt ein äußerliches Schicksal für sie.

§ 229

In der Rechtspflege führt sich die bürgerliche Gesellschaft, in der sich die Idee in der Besonderheit verloren und in die Trennung des Innern und Äußern auseinander gegangen ist, zu deren Begriffe, der Einheit des an sich seienden Allgemeinen mit der subjektiven Besonderheit zurück, jedoch diese im einzelnen Falle und jenes in der Bedeutung des abstrakten Rechts. Die Verwirklichung dieser Einheit in der Ausdehnung auf den ganzen Umfang der Besonderheit, zunächst als relativer Vereinigung, macht die Bestimmung der Polizei, und in beschränkter, aber konkreter Totalität, die Korporation aus. |

C
DIE POLIZEI UND KORPORATION

§ 230

Im System der Bedürfnisse ist die Subsistenz und das Wohl jedes Einzelnen als eine Möglichkeit, deren Wirklichkeit durch seine Willkür und natürliche Besonderheit, eben so als durch das objektive System der Bedürfnisse bedingt ist; durch die Rechtspflege wird die Verletzung des Eigentums und der Persönlichkeit getilgt. Das in der Besonderheit wirkliche Recht enthält aber sowohl, daß die Zufälligkeiten gegen den einen und den anderen Zweck aufgehoben seien, und die ungestörte Sicherheit der Person und des Eigentums bewirkt, als daß die Sicherung der Subsistenz und des Wohls der Einzelnen, – daß das besondere Wohl als Recht behandelt und verwirklicht sei.

a) DIE POLIZEI

§ 231

Die sichernde Macht des Allgemeinen bleibt zunächst, insofern für den einen oder anderen Zweck der besondere Wille noch das Prinzip ist, teils auf den Kreis der Zufälligkeiten beschränkt, teils eine äußere Ordnung.

§ 232

Außer den Verbrechen, welche die allgemeine Macht zu verhindern oder zur gerichtlichen Behandlung zu bringen hat, – der Zufälligkeit als Willkür des Bösen, – hat die erlaubte Willkür für sich rechtlicher Handlungen und des Privatgebrauchs des Eigentums, auch äußerliche Beziehungen auf andere Einzelne, so wie auf sonstige öffentliche Veranstaltungen eines gemeinsamen Zwecks. Durch diese allgemeine Seite werden Privathandlungen eine Zufälligkeit, die aus meiner Gewalt tritt, und den andern zum Schaden und Unrecht gereichen kann oder gereicht. |

§ 233

Dies ist zwar nur eine Möglichkeit des Schadens, aber daß die Sache nichts schadet, ist als eine Zufälligkeit gleichfalls nicht mehr; dies ist die Seite des Unrechts, die in solchen Handlungen liegt, somit der letzte Grund der polizeilichen Strafgerechtigkeit.

§ 234

Die Beziehungen des äußerlichen Daseins fallen in die Verstandes-Unendlichkeit; es ist daher keine Grenze an sich vorhanden, was schädlich oder nicht schädlich, auch in Rücksicht auf Verbrechen, was verdächtig oder unverdächtig sei, was zu verbieten oder zu beaufsichtigen, oder mit Verboten, Beaufsichtigung und Verdacht, Nachfrage und Rechenschaftgebung verschont zu lassen sei. Es sind die Sitten, der Geist der übrigen Verfassung, der jedesmalige Zustand, die Gefahr des Augenblicks u.s.f., welche die näheren Bestimmungen geben.

§ 235

In der unbestimmten Vervielfältigung und Verschränkung der täglichen Bedürfnisse, ergeben sich in Rücksicht auf die Herbeischaffung und den Umtausch der Mittel ihrer Befriedigung, auf deren ungehinderte Möglichkeit sich jeder verläßt, so wie in Rücksicht der darüber so sehr als möglich abzukürzenden Untersuchungen und Verhandlungen, Seiten, die ein gemeinsames Interesse sind, und zugleich für Alle das Geschäft von Einem, – und Mittel und Veranstaltungen, welche für gemeinschaftlichen Gebrauch sein können. Diese allgemeinen Geschäfte und gemeinnützigen Veranstaltungen fordern die Aufsicht und Vorsorge der öffentlichen Macht.

§ 236

Die verschiedenen Interessen der Produzenten und Konsumenten können in Kollision mit einander kommen, und wenn sich zwar das richtige Verhältnis im Ganzen von selbst herstellt, so bedarf die Ausgleichung auch einer über beiden stehenden mit Bewußtsein vorgenommenen Regulierung. Das Recht zu einer solchen für das Einzelne (z.B. Taxation der Artikel der gemeinsten Lebensbedürfnisse) liegt darin, daß [durch] das öffentliche Ausstellen von Waren, die von ganz allgemeinem, alltäglichen Gebrauche sind, [diese] nicht sowohl einem Individuum als solchen, sondern ihm als Allgemeinen, dem Publikum angeboten werden, dessen Recht, nicht betrogen zu werden, und die Untersuchung der Waren, als ein gemeinsames Geschäft von einer öffentlichen Macht vertreten und besorgt werden kann. – Vornehmlich aber macht die Abhängigkeit großer Industriezweige von auswärtigen Umständen und entfernten Kombinationen, welche die an jene Sphären angewiesenen und gebundenen Individuen in ihrem Zusammenhang nicht übersehen können, eine allgemeine Vorsorge und Leitung notwendig.

Gegen die Freiheit des Gewerbes und Handels in der bürgerlichen Gesellschaft ist das andere Extrem die Versorgung, so wie die Bestimmung der Arbeit Aller durch öffentliche Veranstaltung, – wie etwa auch die alte Arbeit der Pyramiden und der andern ungeheuren, ägyptischen und asiatischen Werke, welche für öffentliche Zwecke ohne die Vermittlung der Arbeit des Einzelnen durch seine besondere Willkür und sein besonderes Interesse hervorgebracht wurden. Dieses Interesse ruft jene Freiheit gegen die höhere Regulierung an, bedarf aber, je mehr es blind in den selbstsüchtigen Zweck vertieft, um so mehr einer solchen, um zum Allgemeinen zurückgeführt zu werden, und um die gefährlichen Zuckungen und die Dauer des Zwischenraumes, in welchem sich die Kollisionen auf dem Wege bewußtloser Notwendigkeit ausgleichen sollen, abzukürzen und zu mildern.

§ 237

Wenn nun die Möglichkeit der Teilnahme an dem allgemeinen Vermögen für die Individuen vorhanden und durch die öffentliche Macht gesichert ist, so bleibt sie, ohnehin daß diese Sicherung unvollständig bleiben muß, noch von der subjektiven Seite den Zufälligkeiten unterworfen, und um so mehr, je mehr sie Bedingungen der Geschicklichkeit, Gesundheit, Kapital u.s.w. voraussetzt.

§ 238

Zunächst ist die Familie das substantielle Ganze, dem die Vorsorge für diese besondere Seite des Individuums sowohl in Rücksicht der Mittel und Geschicklichkeiten, um aus dem allgemeinen Vermögen sich [etwas] erwerben zu können, als auch seiner Subsistenz und Versorgung im Falle eintretender Unfähigkeit, angehört. Die bürgerliche Gesellschaft reißt aber das Individuum aus diesem Bande heraus, entfremdet dessen Glieder einander, und anerkennt sie als selbstständige Personen; sie substituiert ferner statt der äußern unorganischen Natur und des väterlichen Bodens, in welchem der Einzelne seine Subsistenz hatte, den ihrigen, und unterwirft das Bestehen der ganzen | Familie selbst, der Abhängigkeit von ihr, der Zufälligkeit. So ist das Individuum **Sohn der bürgerlichen Gesellschaft** geworden, die eben so sehr Ansprüche an ihn, als er Rechte auf sie hat.

§ 239

Sie hat in diesem Charakter der allgemeinen Familie die Pflicht und das Recht gegen die Willkür und Zufälligkeit der Eltern, auf die Erziehung, insofern sie sich auf die Fähigkeit, Mitglied der Gesellschaft zu werden, beziehet, vornehmlich wenn sie nicht von den Eltern selbst, sondern von andern zu vollenden ist, Aufsicht und Einwirkung zu haben, – imgleichen insofern gemeinsame Veranstaltungen dafür gemacht werden können, diese zu treffen.

§ 240

Gleicherweise hat sie die Pflicht und das Recht über die, welche durch Verschwendung die Sicherheit ihrer und ihrer Familie Subsistenz vernichten, [sie] in Vormundschaft zu nehmen und an ihrer Stelle den Zweck der Gesellschaft und den ihrigen auszuführen.

§ 241

Aber eben so als die Willkür, können zufällige, physische und in den äußern Verhältnissen (§ 200) liegende Umstände, Individuen zur Armut herunter bringen, einem Zustande, der ihnen die Bedürfnisse der bürgerlichen Gesellschaft läßt, und der, indem sie ihnen zugleich die natürlichen Erwerbmittel (§ 217) entzogen und das weitere Band der Familie als eines Stammes aufhebt (§ 181), dagegen sie aller Vorteile der Gesellschaft, Erwerbsfähigkeit von Geschicklichkeiten und Bildung überhaupt, auch der Rechtspflege, Gesundheitssorge, selbst oft des Trostes der Religion, u.s.f. mehr oder weniger verlustig macht. Die allgemeine Macht übernimmt die Stelle der Familie bei den Armen, eben so sehr in Rücksicht ihres unmittelbaren Mangels, als der Gesinnung der Arbeitsscheu, Bösartigkeit, und der weitern Laster, die aus solcher Lage und dem Gefühl ihres Unrechts entspringen. |

§ 242

Das Subjektive der Armut und überhaupt der Not aller Art, der schon in seinem Naturkreise jedes Individuum ausgesetzt ist, erfordert auch eine subjektive Hilfe eben so in Rücksicht der besonderen Umstände als des Gemüts und der Liebe. Hier ist der Ort, wo bei aller allgemeinen Veranstaltung, die Moralität genug zu tun findet. Weil aber diese Hilfe für sich und in ihren Wirkungen von der Zufälligkeit abhängt, so geht das Streben der Gesellschaft dahin, in der Notdurft und ihrer Abhilfe das Allgemeine herauszufinden und zu veranstalten, und jene Hilfe entbehrlicher zu machen.

Das Zufällige des Almosens, der Stiftungen, wie des Lampenbrennens bei Heiligenbildern u.s.f. wird ergänzt durch öffentliche Armen-Anstalten, Krankenhäuser, Straßenbeleuchtung u.s.w. Der Mildtätigkeit bleibt noch genug für sich zu tun übrig, und es ist eine falsche Ansicht, wenn sie der Besonderheit des Gemüts und der Zufälligkeit ihrer Gesinnung und Kenntnis diese Abhilfe der Not allein vorbehalten wissen will, und sich durch die verpflichtenden allgemeinen Anordnungen und Gebote verletzt und gekränkt fühlt. Der öffentliche Zustand ist im Gegenteil für um so vollkommener zu achten, je weniger dem Individuum für sich nach seiner besondern Meinung, in Vergleich mit dem, was auf allgemeine Weise veranstaltet ist, zu tun übrig bleibt.

§ 243

Wenn die bürgerliche Gesellschaft sich in ungehinderter Wirksamkeit befindet, so ist sie innerhalb ihrer selbst in fortschreitender Bevölkerung und Industrie begriffen. – Durch die Verallgemeinerung des Zusammenhangs der Menschen durch ihre Bedürfnisse, und der Weisen, die Mittel für diese zu bereiten und herbeizubringen, vermehrt sich die Anhäufung der Reichtümer, denn aus dieser gedoppelten Allgemeinheit wird der größte Gewinn gezogen, – auf der einen

Seite, wie auf der andern Seite die Vereinzelung und Beschränktheit der besondern Arbeit und damit die Abhängigkeit und Not der an diese Arbeit gebundenen Klasse, womit die Unfähigkeit der Empfindung und des Genusses der weitern Freiheiten und besonders der geistigen Vorteile der bürgerlichen Gesellschaft zusammenhängt. |

§ 244

Das Herabsinken einer großen Masse unter das Maß einer gewissen Subsistenzweise, die sich von selbst als die für ein Mitglied der Gesellschaft notwendige reguliert, – und damit zum Verluste des Gefühls des Rechts, der Rechtlichkeit und der Ehre, durch eigene Tätigkeit und Arbeit zu bestehen,– bringt die Erzeugung des Pöbels hervor, die hinwiederum zugleich die größere Leichtigkeit, unverhältnismäßige Reichtümer in wenige Hände zu konzentrieren mit sich führt.

§ 245

Wird der reichern Klasse die direkte Last aufgelegt, oder es wären in anderem öffentlichen Eigentum (reichen Hospitälern, Stiftungen, Klöstern) die direkten Mittel vorhanden, die der Armut zugehende Masse auf dem Stande ihrer ordentlichen Lebensweise zu erhalten, so würde die Subsistenz der Bedürftigen gesichert, ohne durch die Arbeit vermittelt zu sein, was gegen das Prinzip der bürgerlichen Gesellschaft und des Gefühls ihrer Individuen von ihrer Selbstständigkeit und Ehre wäre, oder sie würde durch Arbeit (durch Gelegenheit dazu) vermittelt, so würde die Menge der Produktionen vermehrt, in deren Überfluß und dem Mangel der verhältnismäßigen selbst produktiven Konsumenten, gerade das Übel bestehet, das auf beide Weisen sich nur vergrößert. Es kommt hierin zum Vorschein, daß bei dem Übermaße des Reichtums, die bürgerliche Gesellschaft nicht reich genug ist, d.h. an dem ihr eigen-

tümlichen Vermögen nicht genug besitzt, dem Übermaße der
Armut und der Erzeugung des Pöbels zu steuern.

Diese Erscheinungen lassen sich im Großen an E n g l a n d s   *
Beispiel studieren, so wie näher die Erfolge, welche die
Armentaxe, unermeßliche Stiftungen und eben so unbe-
grenzte Privatwohltätigkeiten, vor allem auch dabei das Auf-
heben der Korporationen gehabt haben. Als das direkteste
Mittel hat sich daselbst (vornehmlich in Schottland) gegen
Armut sowohl, als insbesondere gegen die Abwerfung der
Scham und Ehre, der subjektiven Basen der Gesellschaft, und
gegen die Faulheit und Verschwendung u.s.f. woraus der Pö-
bel hervorgehet, dies erprobt, die Armen ihrem Schicksal zu
überlassen und sie auf den öffentlichen Bettel anzuweisen. |

§ 246

Durch diese ihre Dialektik wird die bürgerliche Gesellschaft
über sich hinausgetrieben, zunächst d i e s e b e s t i m m t e Gesellschaft, um außer ihr in andern Völkern, die ihr an den Mitteln, woran sie Überfluß hat, oder überhaupt an Kunstfleiß
u.s.f. nachstehen, Konsumenten und damit die nötigen Subsi-
stenzmittel zu suchen.

§ 247

Wie für das Prinzip des Familienlebens die Erde, fester G r u n d
und B o d e n, Bedingung ist, so ist für die Industrie das nach
Außen sie belebende natürliche Element, das M e e r. In der
Sucht des Erwerbs, dadurch, daß sie ihn der Gefahr aussetzt, erhebt sie sich zugleich über ihn und versetzt das Festwerden an
der Erdscholle und den begrenzten Kreisen des bürgerlichen
Lebens, seine Genüsse und Begierden, mit dem Elemente der
Flüssigkeit, der Gefahr und des Unterganges. So bringt sie ferner durch dies größte Medium der Verbindung entfernte Län-
der in die Beziehung des Verkehrs, eines den Vertrag einführen-
den rechtlichen Verhältnisses, in welchem Verkehr sich zugleich

das größte Bildungsmittel, und der Handel seine welthistorische Bedeutung findet.

* Daß die Flüsse keine natürliche Grenzen sind, für welche sie in neuern Zeiten haben sollen geltend gemacht werden, sondern sie und ebenso die Meere vielmehr die Menschen verbinden, daß es ein unrichtiger Gedanke ist, wenn Horaz sagt (Carm. I. 3.):

– – deus abscidit
Prudens Oceano dissociabili
Terras, – –

zeigen nicht nur die Bassins der Flüsse, die von einem Stamme oder Volke bewohnt werden, sondern auch z.B. die sonstigen Verhältnisse Griechenlands, Ioniens und Großgriechenlands, – Bretagnes und Britanniens, Dänemarks und Norwegens, Schwedens, Finnlands, Livlands u.s.f., – vornehmlich auch im Gegensatze des geringern Zusammenhangs der Bewohner des Küstenlandes mit denen des innern Landes. – Welches Bildungsmittel aber in dem Zusammenhange mit dem Meere liegt, dafür vergleiche man das Verhältnis der Nationen, in welchen der Kunstfleiß aufgeblüht ist, zum Meere, mit denen, die sich die Schiffahrt untersagt, und wie die Ägypter, die Inder, in sich verdumpft und in den fürchterlichsten und schmählichsten Aberglauben versunken sind, und wie alle große, in sich strebende Nationen sich zum Meere drängen. |

§ 248

Dieser erweiterte Zusammenhang bietet auch das Mittel der Kolonisation, zu welcher – einer sporadischen oder systematischen – die ausgebildete bürgerliche Gesellschaft getrieben wird, und wodurch sie teils einem Teil ihrer Bevölkerung in einem neuen Boden die Rückkehr zum Familienprinzip, teils sich selbst damit einen neuen Bedarf und Feld ihres Arbeitsfleißes verschafft.

§ 249

Die polizeiliche Vorsorge verwirklicht und erhält zunächst das Allgemeine, welches in der Besonderheit der bürgerlichen Gesellschaft enthalten ist, als eine äußere Ordnung und Veranstaltung zum Schutz und Sicherheit der Massen von besondern Zwecken und Interessen, als welche in diesem Allgemeinen ihr Bestehen haben, so wie sie als höhere Leitung Vorsorge für die Interessen (§ 246), die über diese Gesellschaft hinausführen, trägt. Indem nach der Idee die Besonderheit selbst dieses Allgemeine, das in ihren immanenten Interessen ist, zum Zweck und Gegenstand ihres Willens und ihrer Tätigkeit macht, so kehrt das Sittliche als ein immanentes in die bürgerliche Gesellschaft zurück; dies macht die Bestimmung der Korporation aus.

b) DIE KORPORATION

§ 250

Der ackerbauende Stand hat an der Substantialität seines Familien- und Naturlebens in ihm selbst unmittelbar sein konkretes Allgemeines, in welchem er lebt, der allgemeine Stand hat in seiner Bestimmung das Allgemeine für sich zum Zwecke seiner Tätigkeit und zu seinem Boden. Die Mitte zwischen beiden, der Stand des Gewerbes, ist auf das Besondere wesentlich gerichtet und ihm ist daher vornehmlich die Korporation eigentümlich.

§ 251

Das Arbeitswesen der bürgerlichen Gesellschaft zerfällt nach der Natur seiner Besonderheit in verschiedene Zweige. Indem solches an sich Gleiche der | Besonderheit als Gemeinsames in der Genossenschaft zur Existenz kommt, faßt und betätigt der auf sein Besonderes gerichtete, selbstsüchtige Zweck zugleich sich als allgemeinen, und das Mitglied der bürgerlichen Gesellschaft ist, nach seiner besondern Geschicklichkeit Mitglied der Korporation, deren allgemeiner Zweck damit ganz konkret ist und keinen weitern Umfang hat, als der im Gewerbe, dem eigentümlichen Geschäfte und Interesse, liegt.

§ 252

Die Korporation hat nach dieser Bestimmung unter der Aufsicht der öffentlichen Macht, das Recht, ihre eigenen innerhalb ihrer eingeschlossenen Interessen zu besorgen, Mitglieder nach der objektiven Eigenschaft ihrer Geschicklichkeit und Rechtschaffenheit, in einer durch den allgemeinen Zusammenhang sich bestimmenden Anzahl anzunehmen und für die ihr Angehörigen die Sorge gegen die besondern Zufälligkeiten, so wie für die Bildung zur Fähigkeit, ihr zugeteilt zu werden, zu tragen – überhaupt für sie als zweite Familie einzutreten, welche Stellung für die allgemeine, von den Individuen und ihrer besondern Notdurft entferntere bürgerliche Gesellschaft unbestimmter bleibt.

Der Gewerbsmann ist verschieden vom Tagelöhner, wie von dem der zu einem einzelnen zufälligen Dienst bereit ist. Jener, der Meister, oder der es werden will, ist Mitglied der Genossenschaft nicht für einzelnen zufälligen Erwerb, sondern für den ganzen Umfang, das Allgemeine seiner besondern Subsistenz. – Privilegien als Rechte eines in eine Korporation gefaßten Zweigs der bürgerlichen Gesellschaft, und eigentliche Privilegien nach ihrer Etymologie, unterscheiden sich dadurch von einander, daß die letztern Ausnahmen vom allgemeinen Gesetze nach Zufälligkeit sind, jene aber nur gesetzlich gemachte Bestimmungen, die in der Natur der Besonderheit eines wesentlichen Zweigs der Gesellschaft selbst liegen.

§ 253

In der Korporation hat die Familie nicht nur ihren festen Boden als die durch Befähigung bedingte Sicherung der Subsistenz, ein festes Vermögen (§ 170), sondern beides ist auch anerkannt, so daß das Mitglied einer Korporation seine Tüchtigkeit und sein ordentliches Aus- und Fortkommen, | daß es Etwas ist, durch keine weitere äußere Bezeigungen darzulegen nötig hat. So ist auch anerkannt, daß es einem Ganzen, das selbst ein Glied der allgemeinen Gesellschaft ist, angehört und für den uneigennützigern Zweck dieses Ganzen Interesse und Bemühung hat: – es hat so in seinem Stande seine Ehre.
Die Institution der Korporation entspricht durch ihre Sicherung des Vermögens insofern der Einführung des Ackerbaues und des Privateigentums in einer andern Sphäre (§ 203 Anm.). – Wenn über Luxus und Verschwendungssucht der Gewerbtreibenden Klassen, womit die Erzeugung des Pöbels (§ 244) zusammenhängt, Klagen zu erheben sind, so ist bei den andern Ursachen (z. B. das immer mehr mechanisch Werdende der Arbeit) – der sittliche Grund, wie er im Obigen liegt, nicht zu übersehen. Ohne Mitglied einer berechtigten Korporation zu sein (und nur als berechtigt ist ein Gemeinsames eine Korporation), ist der Einzelne ohne Standesehre, durch seine Isolierung auf die selbstsüchtige Seite des Gewerbes reduziert, seine Subsistenz und Genuß nichts Stehendes. Er wird somit seine Anerkennung durch die äußerlichen Darlegungen seines Erfolgs in seinem Gewerbe zu erreichen suchen, – Darlegungen, welche unbegrenzt sind, weil seinem Stande gemäß zu leben nicht stattfindet, da der Stand nicht existiert – denn nur das Gemeinsame existiert in der bürgerlichen Gesellschaft, was gesetzlich konstituiert und anerkannt ist – sich also auch keine ihm angemessene allgemeine Lebensweise macht. – In der Korporation verliert die Hilfe, welche die Armut empfängt, ihr Zufälliges, so wie ihr mit Unrecht Demütigendes, und der Reichtum in seiner Pflicht gegen seine Genossenschaft, den Hochmut und den Neid, den er, und zwar jenen in seinem

Besitzer, diesen in den Andern erregen kann, – die Rechtschaffenheit erhält ihre wahrhafte Anerkennung und Ehre.

§ 254

In der Korporation liegt nur insofern eine Beschränkung des sogenannten **natürlichen Rechts**, seine Geschicklichkeit auszuüben und damit zu erwerben, was zu erwerben ist, als sie darin zur Vernünftigkeit bestimmt, nämlich von der eigenen Meinung und Zufälligkeit, der eigenen Gefahr wie der Gefahr für andere, befreit, anerkannt, gesichert und zugleich zur bewußten Tätigkeit für einen gemeinsamen Zweck erhoben wird. |

§ 255

Zur **Familie** macht die **Korporation** die zweite, die in der bürgerlichen Gesellschaft gegründete **sittliche** Wurzel des Staats aus. Die erstere enthält die Momente der subjektiven Besonderheit und der objektiven Allgemeinheit in **substantieller Einheit**; die zweite aber diese Momente, die zunächst in der bürgerlichen Gesellschaft zur **in sich reflektierten** Besonderheit des Bedürfnisses und Genusses und zur **abstrakten** rechtlichen Allgemeinheit entzweit sind, auf innerliche Weise vereinigt, so daß in dieser Vereinigung das besondere Wohl als Recht und verwirklicht ist.

Heiligkeit der Ehe, und die Ehre in der Korporation sind die zwei Momente, um welche sich die Desorganisation der bürgerlichen Gesellschaft dreht.

§ 256

Der Zweck der Korporation als beschränkter und endlicher hat seine Wahrheit, – so wie die in der polizeilichen äußerlichen Anordnung vorhandene Trennung und deren relative Identität, –

in dem an und für sich allgemeinen Zwecke und dessen absoluter Wirklichkeit; die Sphäre der bürgerlichen Gesellschaft geht daher in den Staat über.

Stadt und Land, jene der Sitz des bürgerlichen Gewerbes, der in sich aufgehenden und vereinzelnden Reflexion, – dieses der Sitz der auf der Natur ruhenden Sittlichkeit, – die im Verhältnis zu anderen rechtlichen Personen ihre Selbsterhaltung vermittelnden Individuen, und die Familie, machen die beiden noch ideellen Momente überhaupt aus, aus denen der Staat als ihr wahrhafter Grund hervorgehet. – Diese Entwickelung der unmittelbaren Sittlichkeit durch die Entzweiung der bürgerlichen Gesellschaft hindurch, zum Staate, der als ihren wahrhaften Grund sich zeigt, und nur eine solche Entwickelung ist der wissenschaftliche Beweis des Begriffs des Staats. – Weil im Gange des wissenschaftlichen Begriffes der Staat als Resultat erscheint, indem er sich als wahrhafter Grund ergibt, so hebt jene Vermittelung und jener Schein sich eben so sehr zur Unmittelbarkeit auf. In der Wirklichkeit ist darum der Staat überhaupt vielmehr das Erste, innerhalb dessen sich erst die Familie zur bürgerlichen Gesellschaft ausbildet, und es ist die Idee des Staates selbst, welche sich in diese beiden Momente dirimiert; in der Entwickelung der bürgerlichen Gesellschaft gewinnt die sittliche Substanz ihre unendliche Form, welche die beiden Momente in sich enthält: 1) der unendlichen Unterscheidung bis zum | für-sich-seienden Insichsein des Selbstbewußtseins, und 2) der Form der Allgemeinheit, welche in der Bildung ist, der Form des Gedankens, wodurch der Geist sich in Gesetzen und Institutionen, seinem gedachten Willen, als organische Totalität objektiv und wirklich ist. |

DRITTER ABSCHNITT
DER STAAT

§ 257

Der Staat ist die Wirklichkeit der sittlichen Idee, – der sittliche Geist, als der offenbare, sich selbst deutliche, substantielle Wille, der sich denkt und weiß und das, was er weiß, und insofern er es weiß, vollführt. An der Sitte hat er seine unmittelbare, und an dem Selbstbewußtsein des Einzelnen, dem Wissen und Tätigkeit desselben seine vermittelte Existenz, so wie dieses durch die Gesinnung in ihm, als seinem Wesen, Zweck und Produkte seiner Tätigkeit, seine substantielle Freiheit hat.

Die Penaten sind die inneren, untern Götter, der Volksgeist (Athene) das sich wissende und wollende Göttliche; die Pietät die Empfindung und in Empfindung sich benehmende Sittlichkeit – die politische Tugend das Wollen des an und für sich seienden gedachten Zweckes.

§ 258

Der Staat ist als die Wirklichkeit des substantiellen Willens, die er in dem zu seiner Allgemeinheit erhobenen besondern Selbstbewußtsein hat, das an und für sich Vernünftige. Diese substantielle Einheit ist absoluter unbewegter Selbstzweck, in welchem die Freiheit zu ihrem höchsten Recht kommt, so wie dieser Endzweck das höchste Recht gegen die Einzelnen hat, deren höchste Pflicht es ist, Mitglieder des Staats zu sein.

Wenn der Staat mit der bürgerlichen Gesellschaft verwechselt und seine Bestimmung in die Sicherheit und den Schutz des Eigentums und der persönlichen Freiheit gesetzt wird, so ist das Interesse der Einzelnen als solcher der letzte Zweck, zu welchem sie vereinigt sind, und es folgt hieraus eben so, daß es etwas beliebiges ist, Mitglied des Staates zu sein. – Er hat aber ein ganz anderes Verhältnis zum Individuum; indem er objektiver Geist ist, so hat das Individuum selbst nur Objektivität, Wahrheit und Sittlichkeit, als es ein Glied desselben ist. Die Vereinigung als solche ist selbst der wahrhafte Inhalt und Zweck, und die Bestimmung der Individuen ist ein allgemeines Leben zu füh|ren; ihre weitere besondere Befriedigung, Tätigkeit, Weise des Verhaltens hat dies Substantielle und Allgemeingültige zu seinem Ausgangspunkte und Resultate. – Die Vernünftigkeit bestehet, abstrakt betrachtet, überhaupt in der sich durchdringenden Einheit der Allgemeinheit und der Einzelnheit, und hier konkret dem Inhalte nach in der Einheit der objektiven Freiheit d.i. des allgemeinen substantiellen Willens und der subjektiven Freiheit als des individuellen Wissens und seines besondere Zwecke suchenden Willens – und deswegen der Form nach in einem nach gedachten, d.h. allgemeinen Gesetzen und Grundsätzen sich bestimmenden Handeln. – Diese Idee ist das an und für sich ewige und notwendige Sein des Geistes. – Welches nun aber der historische Ursprung des Staates überhaupt, oder vielmehr jedes besonderen Staates, seiner Rechte und Bestimmungen sei oder gewesen sei, ob er zuerst aus patriarchalischen Verhältnissen, aus Furcht oder Zutrauen, aus der Korporation u.s.f. hervorgegangen, und wie sich das, worauf sich solche Rechte gründen, im Bewußtsein als göttliches, positives Recht, oder Vertrag, Gewohnheit und so fort gefaßt und befestigt habe, geht die Idee des Staates selbst nicht an, sondern ist in Rücksicht auf das wissenschaftliche Erkennen, von dem hier allein die Rede ist, als die Erscheinung eine historische Sache; in Rücksicht auf die Autorität eines wirklichen Staates, insofern sie sich auf Gründe einläßt, sind diese aus den Formen des in ihm gültigen Rechts genommen. – Die philosophische Betrachtung hat es nur mit dem Inwendigen von Allem diesem, dem gedachten Begriffe zu tun. In Ansehung des Aufsuchens dieses Begriffes hat Rousseau das Verdienst gehabt, ein Prinzip, das nicht nur seiner Form nach (wie etwa der Sozialitätstrieb, die göttliche Autorität), sondern dem Inhalte nach Gedanke ist, und zwar das Denken selbst ist, nämlich den Willen als Prinzip des Staats aufgestellt zu haben. Allein indem er den Willen nur in bestimmter Form des einzelnen Willens (wie nachher auch Fichte) und den allgemeinen Willen, nicht als das an und für sich Vernünftige des Willens, sondern nur als das Gemeinschaftliche, das aus diesem einzelnen Willen als bewußtem hervorgehe, faßte; so wird die Vereinigung der Einzelnen im Staat zu einem Vertrag, der somit ihre Willkür, Meinung und beliebige, ausdrückliche Einwilligung zur Grundlage hat, und es folgen die weitern bloß verständigen, das an und für sich seiende Göttliche und dessen absolute Autorität und Majestät zerstörenden Konsequenzen. Zur Gewalt gediehen, haben diese Abstraktionen deswegen wohl einerseits das, seit wir vom Menschengeschlechte wissen, erste ungeheure Schauspiel | hervorgebracht, die Verfassung eines großen wirklichen Staates mit Umsturz alles Bestehenden und Gegebenen, nun ganz von Vorne und vom Gedanken anzufangen, und ihr bloß das vermeinte Vernünftige zur Basis geben zu wollen, andererseits, weil es nur ideenlose Abstraktionen sind, haben sie den Versuch zur fürchterlichsten und grellsten Begebenheit gemacht. – Gegen das Prinzip des einzelnen Willens ist an den Grundbegriff zu erinnern, daß der objektive Wille das an sich in seinem Begriffe Vernünftige ist, ob es von Einzelnen erkannt und von ihrem Belieben gewollt werde oder nicht; – daß das Entgegengesetzte, die Subjektivität der Freiheit, das Wissen und Wollen, die in jenem Prinzip allein festgehalten ist, nur das eine, darum einseitige Moment der Idee des vernünftigen Willens enthält, der dies nur dadurch ist, daß er eben so an sich, als daß er für sich ist. – Das andere Gegenteil von dem Gedanken, den Staat in der Erkenntnis als ein für sich vernünftiges zu fassen, ist, die

Äußerlichkeit der Erscheinung, der Zufälligkeit der Not, der Schutzbedürftigkeit, der Stärke, des Reichtums u.s.f. nicht als Momente der historischen Entwickelung, sondern für die Substanz des Staates zu nehmen. Es ist hier gleichfalls die Einzelnheit der Individuen, welche das Prinzip des Erkennens ausmacht, jedoch nicht einmal der Gedanke dieser Einzelnheit, sondern im Gegenteil die empirischen Einzelnheiten nach ihren zufälligen Eigenschaften, Kraft und Schwäche, Reichtum und Armut u.s.f. Solcher Einfall, das an und für sich Unendliche und Vernünftige im Staat zu übersehen und den Gedanken aus dem Auffassen seiner innern Natur zu verbannen, ist wohl nie so unvermischt aufgetreten, als in Herrn v. Hallers Restauration der Staatswissenschaft, – unvermischt, denn in allen Versuchen, das Wesen des Staats zu fassen, wenn auch die Prinzipien noch so einseitig oder oberflächlich sind, führt diese Absicht selbst, den Staat zu begreifen, Gedanken, allgemeine Bestimmungen mit sich; hier aber ist mit Bewußtsein auf den vernünftigen Inhalt, der der Staat ist, und auf die Form des Gedankens nicht nur Verzicht getan, sondern es wird gegen das eine und gegen das Andere mit leidenschaftlicher Hitze gestürmt. Einen Teil der, wie Hr. v. Haller versichert, ausgebreiteten Wirkung seiner Grundsätze, verdankt diese Restauration wohl dem Umstande, daß er in der Darstellung aller Gedanken sich abzutun gewußt, und das Ganze so aus Einem Stücke gedankenlos zu halten gewußt hat, denn auf diese Weise fällt die Verwirrung und Störung hinweg, welche den Eindruck einer Darstellung schwächt, in der unter das Zufällige Anmahnung an das Substantielle, | unter das bloß Empirische und Äußerliche eine Erinnerung an das Allgemeine und Vernünftige gemischt, und so in der Sphäre des Dürftigen und Gehaltlosen an das Höhere Unendliche erinnert wird. – Konsequent ist darum diese Darstellung gleichfalls, denn indem statt des Substantiellen die Sphäre des Zufälligen als das Wesen des Staats genommen wird, so besteht die Konsequenz bei solchem Inhalt, eben in der völligen Inkonsequenz einer

Gedankenlosigkeit, die sich ohne Rückblick fortlaufen läßt und sich in dem Gegenteil dessen, was sie so eben gebilligt, eben so gut zu Hause findet.[1] |

[1] Das genannte Buch ist um des angegebenen Charakters willen von origineller Art. Der Unmut des Verf. könnte für sich etwas edles haben, indem derselbe sich an den vorhin erwähnten, von Rousseau vornehmlich ausgegangenen falschen Theorien und hauptsächlich an deren versuchter Realisierung entzündet hat. Aber der Hr. v. Haller hat sich, um sich zu retten, in ein Gegenteil geworfen, das ein völliger Mangel an Gedanken ist, und bei dem deswegen von Gehalt nicht die Rede sein kann; – nämlich in den bittersten Haß gegen alle Gesetze, Gesetzgebung, alles förmlich und gesetzlich bestimmte Rechte. Der Haß des Gesetzes, gesetzlich bestimmte Rechts ist das Schibboleth, an dem sich der Fanatismus, der Schwachsinn, und die Heuchelei der guten Absichten offenbaren und unfehlbar zu erkennen geben, was sie sind, sie mögen sonst Kleider umnehmen welche sie wollen. – Eine Originalität, wie die von Hallersche, ist immer eine merkwürdige Erscheinung und für diejenigen meiner Leser, welche das Buch noch nicht kennen, will ich einiges zur Probe anführen. Nachdem Hr. v. H. (Seite 342 ff. 1. Bd.) seinen Hauptgrundsatz aufgestellt, »daß nämlich wie im Unbelebten, das Größere das Kleinere, das Mächtige das Schwache verdrängt, u.s.f. so auch unter den Tieren, und dann unter den Menschen dasselbe Gesetz, unter edleren Gestalten (oft wohl auch unter unedlen?) wiederkomme,« und »daß dies also die ewige unabänderliche Ordnung Gottes sei, daß der Mächtigere herrsche, herrschen müsse und immer herrschen werde;« – man sieht schon hieraus und eben so aus dem Folgenden, in welchem Sinne hier die Macht gemeint ist, nicht die Macht des Gerechten und Sittlichen, sondern die zufällige Naturgewalt; – so belegt er dies nun weiterhin, und unter anderen Gründen auch damit (S. 365 f.) daß die Natur es mit bewundernswürdiger Weisheit also geordnet, daß gerade das Gefühl eigener Überlegenheit unwiderstehlich den Charakter veredelt und die Entwickelung eben derjenigen Tugenden begünstigt, welche für die Untergebenen am notwendigsten sind. Er fragt mit vieler schulrhetorischen Ausführung, »ob in dem Reiche der Wissenschaften die Starken oder Schwachen sind, welche Autorität und Zutrauen mehr zu niedrigen eigennützigen Zwecken und zum Verderben der gläubigen Menschen mißbrauchen, ob unter den | Rechtsgelehrten die Meister in der Wissenschaft die Legulejen und Rabulisten sind, welche die Hoffnung gläubiger Klienten betrügen, die das Weiße schwarz, das Schwarze weiß machen, die die Gesetze zum Vehikel des Unrechts mißbrauchen, ihre Schutzbedürftigen dem Bettelstab entge-

§ 259

Die Idee des Staats hat: a) **unmittelbare Wirklichkeit** und ist der individuelle Staat als sich auf sich beziehender Organismus **Verfassung** oder **inneres Staatsrecht**; |

genführen und wie hungrige Geier das unschuldige Lamm zerfleischen,« u.s.f. Hier vergißt Hr. v. H. daß er solche Rhetorik gerade zur Unterstützung des Satzes anführt, daß die Herrschaft des Mächtigern ewige Ordnung Gottes sei, die Ordnung, nach welcher der Geier das unschuldige Lamm zerfleischt, daß also die durch Gesetzes-Kenntnis Mächtigeren ganz Recht daran tun, die gläubigen Schutzbedürftigen als die Schwachen zu plündern. Es wäre aber zuviel gefordert, daß da zwei Gedanken zusammen gebracht wären, wo sich nicht einer findet. – Daß Hr. v. Haller ein Feind von Gesetzbüchern ist, versteht sich von selbst; die bürgerlichen Gesetze sind nach ihm überhaupt einesteils »unnötig, indem sie aus dem natürlichen Gesetze sich von selbst verstehen,« es wäre, seit es Staaten gibt, viele Mühe erspart worden, die auf das Gesetzgeben und die Gesetzbücher verwandt worden, und die noch darauf und auf das Studium des gesetzlichen Rechts verwendet wird, wenn man sich von je bei dem gründlichen Gedanken, daß sich alles das von selbst verstehe, beruhigt hätte, – »andernteils werden die Gesetze eigentlich nicht den Privatpersonen gegeben, sondern als Instruktionen für die Unterrichter, um ihnen den Willen des Gerichtsherrn bekannt zu machen. Die Gerichtsbarkeit ist ohnehin (1. B. S. 297, 1. Th. S. 254 und allerwärts) nicht eine Pflicht des Staats, sondern eine Wohltat, nämlich eine Hilfleistung von Mächtigern, und bloß suppletorisch; unter den Mitteln zur Sicherung des Rechts ist sie nicht das vollkommenste, vielmehr unsicher und ungewiß, das Mittel, das uns unsere neuern Rechtsgelehrten allein lassen, und uns die drei anderen Mittel rauben, gerade diejenigen, die am schnellsten und sichersten zum Ziel führen, und die außer jenem dem Menschen die freundliche Natur zur Sicherung seiner rechtlichen Freiheit gegeben hat« – und diese drei sind (was meint man wohl?) »1) eigene Befolgung und Einschärfung des natürlichen Gesetzes, 2) Widerstand gegen Unrecht, 3) Flucht wo keine Hilfe mehr zu finden.« (Wie unfreundlich sind doch die Rechtsgelehrten in Vergleich der freundlichen Natur!) »Das natürliche göttliche Gesetz aber, das (1. B. S. 292) die allgütige Natur jedem gegeben, ist: Ehre in jedem deines Gleichen (nach dem Prinzip des Verfassers müßte es heißen: Ehre der nicht deines Gleichen, sondern der der Mächtigere ist) beleidige Niemand der dich nicht beleidigt; fordere nichts, was er dir | nicht schuldig ist (was ist er aber schul-

b) geht sie in das Verhältnis des einzelnen Staates zu andern Staaten über, – äußeres Staatsrecht; |

dig?), ja noch mehr: Liebe deinen Nächsten und nütze ihm wo du kannst.« – Die Einpflanzung dieses Gesetzes soll es sein, was Gesetzgebung und
5 Verfassung überflüssig mache. Es wäre merkwürdig zu sehen, wie Hr. v. H. es sich begreiflich macht, daß dieser Einpflanzung ungeachtet, doch Gesetzge-
★ bungen und Verfassungen in die Welt gekommen sind! – In Bd. III. S. 362 f. kommt der Herr Verf. auf die »sogenannten Nationalfreiheiten« – d.i. die Rechts- und Verfassungs-Gesetze der Nationen; jedes gesetzlich bestimmte
10 Recht hieß in diesem großen Sinne eine Freiheit; – er sagt von diesen Gesetzen unter andern »daß ihr Inhalt gewöhnlich sehr unbedeutend sei, ob man gleich in Büchern auf dergleichen urkundliche Freiheiten einen großen Wert setzen möge.« Wenn man dann sieht, daß es die Nationalfreiheiten der deutschen Reichsstände, der englischen Nation – die Charta ma-
15 gna, »die aber wenig gelesen und wegen der veralteten Ausdrücke noch weniger verstanden wird,« die bill of rights u.s.f. – der ungarischen Nation u.s.f. sind, von welchen der Verfasser spricht, so wundert man sich zu erfahren, daß diese sonst für so wichtig gehaltene Besitztümer etwas unbedeutendes sind, und daß bei diesen Nationen auf ihre Gesetze, die zu jedem
20 Stück Kleidung, das die Individuen tragen, zu jedem Stück Brot, das sie essen, konkurriert haben und täglich und stündlich in Allem konkurrieren, bloß
★ in Büchern ein Wert gelegt werde. – Auf das preußische allgemeine Gesetzbuch, um noch dies anzuführen, ist Hr. v. H. besonders übel zu sprechen (1. Bd. S. 185 ff.) weil die unphilosophischen Irrtümer (wenigstens
25 noch nicht die Kantische Philosophie, auf welche Hr. v. Haller am erbittertsten ist) dabei ihren unglaublichen Einfluß bewiesen haben, unter andern vornehmlich, weil darin vom Staate, Staatsvermögen, dem Zwecke des Staats, vom Oberhaupte des Staats, von Pflichten des Oberhaupts, Staatsdienern u.s.f. die Rede sei. Am ärgsten ist dem Hrn. v. H. »das Recht,
30 zur Bestreitung der Staatsbedürfnisse das Privatvermögen der Personen, ihr Gewerbe, Produkte oder Konsumtion mit Abgaben zu belegen; – weil somit der König selbst, da das Staatsvermögen nicht als Privateigentum des Fürsten, sondern als Staatsvermögen qualifiziert wird, so auch die preußischen Bürger nichts eigenes mehr haben, weder ihren Leib noch
35 ihr Gut, und alle Untertanen gesetzlich Leibeigene seien, denn – sie dürfen sich dem Dienst des Staats nicht entziehen.«
★ Zu aller dieser unglaublichen Krudität könnte man die Rührung am possierlichsten finden, mit der Hr. v. Haller, das unaussprechliche Vergnügen über seine Entdeckungen beschreibt (1. B. Vorrede) – »eine Freude wie nur der

c) ist sie die allgemeine Idee als **Gattung** und absolute Macht gegen die individuellen Staaten, der Geist, der sich im Prozesse der **Weltgeschichte** seine Wirklichkeit gibt. |

Wahrheitsfreund sie fühlen kann, wenn er nach redlichem Forschen die Gewißheit erhält, daß er **gleichsam** (jawohl, gleichsam!) den Ausspruch der   5
Natur, das Wort Gottes **selbst**, getroffen habe« (das Wort Gottes unterscheidet vielmehr seine Offenbarun | gen von den Aussprüchen der Natur und des natürlichen Menschen sehr ausdrücklich) – »wie er vor lauter Bewunderung hätte niedersinken mögen, ein Strom von freudigen Tränen seinen Augen entquoll, und die lebendige Religiosität von da in ihm entstanden   10
ist.« – Hr. v. H. hätte es aus Religiosität vielmehr als das härteste Strafgericht Gottes beweinen müssen, denn es ist das härteste, was dem Menschen widerfahren kann, – vom Denken und der Vernünftigkeit, von der Verehrung der Gesetze und von der Erkenntnis, wie unendlich wichtig, göttlich es ist, daß die Pflichten des Staats und die Rechte der Bürger, wie die Rechte des   15
Staats und die Pflichten der Bürger **gesetzlich** bestimmt sind, – soweit abgekommen zu sein, daß sich ihm das Absurde für das Wort Gottes unterschiebt. |

A
DAS INNERE STAATSRECHT

§ 260

Der Staat ist die Wirklichkeit der konkreten Freiheit; die konkrete Freiheit aber bestehet darin, daß die persönliche Einzelnheit und deren besondere Interessen sowohl ihre vollständige Entwickelung und die Anerkennung ihres Rechts für sich (im Systeme der Familie und der bürgerlichen Gesellschaft) haben, als sie durch sich selbst in das Interesse des Allgemeinen teils übergehen, teils mit Wissen und Willen dasselbe und zwar als ihren eigenen substantiellen Geist anerkennen und für dasselbe als ihren Endzweck tätig sind, so daß weder das Allgemeine ohne das besondere Interesse, Wissen und Wollen gelte und vollbracht werde, noch daß die Individuen bloß für das letztere als Privatpersonen leben, und nicht zugleich in und für das Allgemeine wollen und eine dieses Zwecks bewußte Wirksamkeit haben. Das Prinzip der modernen Staaten hat diese ungeheure Stärke und Tiefe, das Prinzip der Subjektivität sich zum selbstständigen Extreme der persönlichen Besonderheit vollenden zu lassen, und zugleich es in die substantielle Einheit zurückzuführen und so in ihm selbst diese zu erhalten.

§ 261

Gegen die Sphären des Privatrechts und Privatwohls, der Familie und der bürgerlichen Gesellschaft, ist der Staat einerseits eine äußerliche Notwendigkeit und ihre höhere Macht, deren Natur ihre Gesetze, so wie ihre Interessen untergeordnet und davon abhängig sind; aber andererseits ist er ihr immanenter Zweck und hat seine Stärke in der Einheit seines allgemeinen Endzwecks und des besonderen Interesses der Individuen, darin, daß sie insofern Pflichten gegen ihn haben, als sie zugleich Rechte haben (§ 155).

Daß den Gedanken der Abhängigkeit insbesondere auch der
privatrechtlichen Gesetze von dem bestimmten Charakter
des Staats, und die philosophische Ansicht, den Teil nur in
seiner Beziehung auf das Ganze zu betrachten, – vornehmlich Montesquieu in seinem berühmten Werke: Der
Geist der Gesetze, ins Auge gefaßt, und auch ins Einzelne auszuführen versucht hat, ist schon oben § 3 Anm.
bemerkt worden. – Da die Pflicht zunächst das Verhalten
gegen etwas für mich Substantielles, an und für sich
Allgemeines ist, das Recht dagegen das Dasein überhaupt
dieses Substantiellen ist, damit die Seite sei|ner Besonderheit und meiner besondern Freiheit ist, so erscheint beides auf den formellen Stufen an verschiedene Seiten oder
Personen verteilt. Der Staat, als Sittliches, als Durchdringung des Substantiellen und des Besonderen, enthält, daß
meine Verbindlichkeit gegen das Substantielle zugleich das
Dasein meiner besonderen Freiheit d.i. in ihm Pflicht und
Recht in einer und derselben Beziehung vereinigt
sind. Weil aber ferner zugleich im Staate die unterschiedenen Momente zu ihrer eigentümlichen Gestaltung und
Realität kommen, hiemit der Unterschied von Recht und
Pflicht wieder eintritt, so sind sie, indem sie an sich, d.i.
formell identisch sind, zugleich ihrem Inhalte nach verschieden. Im Privatrechtlichen und Moralischen fehlt die
wirkliche Notwendigkeit der Beziehung, und damit ist
nur die abstrakte Gleichheit des Inhalts vorhanden; was
in diesen abstrakten Sphären dem Einen Recht ist, soll auch
dem Andern Recht, und was dem Einen Pflicht ist, soll
auch dem Andern Pflicht sein. Jene absolute Identität der
Pflicht und des Rechts findet nur als gleiche Identität des
Inhalts Statt, in der Bestimmung, daß dieser Inhalt selbst
der ganz allgemeine, nämlich das Eine Prinzip der Pflicht
und des Rechts, die persönliche Freiheit des Menschen
ist. Sklaven haben deswegen keine Pflichten, weil sie keine
Rechte haben; und umgekehrt – (von religiösen Pflichten
ist hier nicht die Rede). – Aber in der konkreten, sich in
sich entwickelnden Idee unterscheiden sich ihre Momente

und ihre Bestimmtheit wird zugleich ein verschiedener Inhalt; in der Familie hat der Sohn nicht Rechte desselben Inhalts als er Pflichten gegen den Vater, und der Bürger nicht Rechte desselben Inhalts als er Pflichten gegen Fürst und Regierung hat. – Jener Begriff von Vereinigung von Pflicht und Recht ist eine der wichtigsten Bestimmungen und enthält die innere Stärke der Staaten. – Die abstrakte Seite der Pflicht bleibt dabei stehen, das besondere Interesse als ein unwesentliches, selbst unwürdiges Moment zu übersehen und zu verbannen. Die konkrete Betrachtung, die Idee, zeigt das Moment der Besonderheit eben so wesentlich und damit seine Befriedigung als schlechthin notwendig; das Individuum muß in seiner Pflichterfüllung auf irgend eine Weise zugleich sein eigenes Interesse, seine Befriedigung oder Rechnung finden, und ihm aus seinem Verhältnis im Staat ein Recht erwachsen, wodurch die allgemeine Sache seine eigene besondere Sache wird. Das besondere Interesse soll wahrhaft nicht bei Seite gesetzt oder gar unterdrückt sondern mit dem Allgemeinen in Übereinstimmung gesetzt werden, wodurch es selbst und das Allgemeine erhalten wird. Das Individuum, | nach seinen Pflichten Untertan, findet als Bürger in ihrer Erfüllung den Schutz seiner Person und Eigentums, die Berücksichtigung seines besonderen Wohls, und die Befriedigung seines substantiellen Wesens, das Bewußtsein und das Selbstgefühl, Mitglied dieses Ganzen zu sein, und in dieser Vollbringung der Pflichten als Leistungen und Geschäfte für den Staat hat dieser seine Erhaltung und sein Bestehen. Nach der abstrakten Seite wäre das Interesse des Allgemeinen nur, daß seine Geschäfte, die Leistungen, die es erfordert, als Pflichten vollbracht werden.

§ 262

Die wirkliche Idee, der Geist, der sich selbst in die zwei ideellen Sphären seines Begriffs, die Familie und die bürgerliche Gesellschaft, als in seine Endlichkeit scheidet, um aus ihrer Idealität für sich unendlicher wirklicher Geist zu sein, teilt somit diesen Sphären das Material dieser seiner endlichen Wirklichkeit, die Individuen als die Menge zu, so daß diese Zuteilung am Einzelnen durch die Umstände, die Willkür und eigene Wahl seiner Bestimmung vermittelt erscheint (§ 185 und Anm. das.).

§ 263

In diesen Sphären, in denen seine Momente, die Einzelnheit und Besonderheit, ihre unmittelbare und reflektierte Realität haben, ist der Geist als ihre in sie scheinende objektive Allgemeinheit, als die Macht des Vernünftigen in der Notwendigkeit (§ 184), nämlich als die im Vorherigen betrachteten Institutionen.

§ 264

Die Individuen der Menge, da sie selbst geistige Naturen und damit das gedoppelte Moment, nämlich das Extrem der für sich wissenden und wollenden Einzelnheit und das Extrem der das Substantielle wissenden und wollenden Allgemeinheit in sich enthalten, und daher zu dem Rechte dieser beiden Seiten nur gelangen, insofern sie sowohl als Privat- wie als substantielle Personen wirklich sind; – erreichen in jenen Sphären teils unmittelbar das Erstere, teils das Andere so, daß sie in den Institutionen, als dem an sich seienden Allgemeinen ihrer besondern Interessen ihr wesentliches | Selbstbewußtsein haben, teils daß sie ihnen ein auf einen allgemeinen Zweck gerichtetes Geschäft und Tätigkeit in der Korporation gewähren.

§ 265

Diese Institutionen machen die Verfassung, d.i. die entwikkelte und verwirklichte Vernünftigkeit, im Besonderen aus, und sind darum die feste Basis des Staats, so wie des Zutrauens und der Gesinnung der Individuen für denselben, und die Grundsäulen der öffentlichen Freiheit, da in ihnen die besondere Freiheit realisiert und vernünftig, damit in ihnen selbst an sich die Vereinigung der Freiheit und Notwendigkeit vorhanden ist.

§ 266

Aber der Geist ist nicht nur als diese Notwendigkeit und als ein Reich der Erscheinung, sondern als die Idealität derselben, und als ihr Inneres sich objektiv und wirklich; so ist diese substantielle Allgemeinheit sich selbst Gegenstand und Zweck, und jene Notwendigkeit hierdurch sich eben so sehr in Gestalt der Freiheit.

§ 267

Die Notwendigkeit in der Idealität ist die Entwickelung der Idee innerhalb ihrer selbst; sie ist als subjektive Substantialität die politische Gesinnung, als objektive in Unterscheidung von jener der Organismus des Staats, der eigentlich politische Staat und seine Verfassung.

§ 268

Die politische Gesinnung, der Patriotismus überhaupt, als die in Wahrheit stehende Gewißheit (bloß subjektive Gewißheit gehet nicht aus der Wahrheit hervor, und ist nur Meinung) und das zur Gewohnheit gewordene Wollen ist nur Resultat der im Staate bestehenden Institutionen, als in welchem die Vernünftigkeit wirklich vorhanden ist, so wie sie durch das ihnen gemäße Handeln ihre Betätigung erhält. – Diese Gesinnung ist überhaupt das Zutrauen (das zu mehr oder weniger gebildeter Einsicht übergehen kann), – das Bewußtsein, daß mein substantielles und besonderes Interesse, im Interesse und Zwecke eines Andern (hier des Staates) als im Verhältnis zu mir als Einzelnen bewahrt und enthalten ist, – womit eben dieser | unmittelbar kein Anderer für mich ist und Ich in diesem Bewußtsein frei bin.

Unter Patriotismus wird häufig nur die Aufgelegtheit zu außerordentlichen Aufopferungen und Handlungen verstanden. Wesentlich aber ist er die Gesinnung, welche in dem gewöhnlichen Zustande und Lebensverhältnisse das Gemeinwesen für die substantielle Grundlage und Zweck zu wissen gewohnt ist. Dieses bei dem gewöhnlichen Lebensgange sich in allen Verhältnissen bewährende Bewußtsein ist es dann, aus dem sich auch die Aufgelegtheit zu außergewöhnlicher Anstrengung begründet. Wie aber die Menschen häufig lieber großmütig als rechtlich sind, so überreden sie sich leicht, jenen außerordentlichen Patriotismus zu besitzen, um sich diese wahrhafte Gesinnung zu ersparen, oder ihren Mangel zu entschuldigen. – Wenn ferner die Gesinnung als das angesehen wird, das für sich den Anfang machen, und aus subjektiven Vorstellungen und Gedanken hervorgehen könne, so wird sie mit der Meinung verwechselt, da sie bei dieser Ansicht ihres wahrhaften Grundes, der objektiven Realität, entbehrt.

§ 269

Ihren besonders bestimmten Inhalt nimmt die Gesinnung aus den verschiedenen Seiten des Organismus des Staats. Dieser Organismus ist die Entwickelung der Idee zu ihren Unterschieden und zu deren objektiven Wirklichkeit. Diese unterschiedenen Seiten sind so die verschiedenen Gewalten, und deren Geschäfte und Wirksamkeiten, wodurch das Allgemeine sich fortwährend und zwar indem sie durch die Natur des Begriffes bestimmt sind, auf notwendige Weise hervorbringt, und indem es eben so seiner Produktion vorausgesetzt ist, sich erhält; – dieser Organismus ist die politische Verfassung.

§ 270

Daß der Zweck des Staates das allgemeine Interesse als solches und darin als ihrer Substanz die Erhaltung der besonderen Interessen ist, ist seine 1) abstrakte Wirklichkeit oder Substantialität; aber sie ist 2) seine Notwendigkeit, als sie sich in die Begriffs-Unterschiede seiner Wirksamkeit dirimiert, welche durch jene Substantialität eben so wirkliche feste Bestimmungen, Gewalten, sind; 3) eben diese Substantialität ist aber der als durch | die Form der Bildung hindurch gegangene sich wissende und wollende Geist. Der Staat weiß daher, was er will, und weiß es in seiner Allgemeinheit, als Gedachtes; er wirkt und handelt deswegen nach gewußten Zwecken, gekannten Grundsätzen, und nach Gesetzen, die es nicht nur an sich, sondern für's Bewußtsein sind; und eben so, insofern seine Handlungen sich auf vorhandene Umstände und Verhältnisse beziehen, nach der bestimmten Kenntnis derselben.

* Es ist hier der Ort, das Verhältnis des Staats zur Religion zu berühren, da in neuern Zeiten so oft wiederholt worden ist, daß die Religion die Grundlage des Staates sei, und da diese Behauptung auch mit der Prätension gemacht wird, als ob mit ihr die Wissenschaft des Staats erschöpft sei, – und keine Behauptung mehr geeignet ist, so viele Verwirrung hervorzubringen, ja die Verwirrung selbst zur Verfassung des Staats, zur Form, welche die Erkenntnis haben solle, zu erheben. – Es kann zunächst verdächtig scheinen, daß die Religion vornehmlich auch für die Zeiten öffentlichen Elends, der Zerrüttung und Unterdrückung empfohlen und gesucht, und an sie für Trost gegen das Unrecht und für Hoffnung zum Ersatz des Verlustes gewiesen wird. Wenn es dann ferner als eine Anweisung der Religion angesehen wird, gegen die weltlichen Interessen, den Gang und die Geschäfte der Wirklichkeit gleichgültig zu sein, der Staat aber der Geist ist, der in der Welt steht: so scheint die Hinweisung auf die Religion entweder nicht geeignet, das Interesse und Geschäft des Staats zum wesentlichen ernstlichen Zweck zu erheben, oder scheint andererseits im Staatsregiment Alles für Sache gleichgültiger Willkür auszugeben, es sei, daß nur die Sprache geführt werde, als ob im Staate die Zwecke der Leidenschaften, unrechtlicher Gewalt u.s.f. das Herrschende wären, oder daß solches Hinweisen auf die Religion weiter für sich allein gelten, und das Bestimmen und Handhaben des Rechten in Anspruch nehmen will. Wie es für Hohn angesehen würde, wenn alle Empfindung gegen die Tyrannei damit abgewiesen würde, daß der Unterdrückte seinen Trost in der Religion finde: so ist eben so nicht zu vergessen, daß die Religion eine Form annehmen kann, welche die härteste Knechtschaft unter den Fesseln des Aberglaubens und die Degradation des Menschen unter das Tier (wie bei den Ägyptern und Indern, welche Tiere als ihre höhere Wesen verehren) zur Folge hat. Diese Erscheinung kann wenigstens darauf aufmerksam machen, daß nicht von der Religion ganz überhaupt zu sprechen sei, und gegen sie, wie sie in gewissen Gestalten ist, vielmehr eine rettende Macht gefordert ist, die sich der Rechte der Ver|nunft und des Selbstbewußtseins annehme. – Die wesentliche Bestimmung aber über das Verhältnis von Religion und Staat ergibt sich nur, indem an ihren Begriff erinnert wird. Die Religion hat die absolute Wahrheit zu ihrem Inhalt, und damit fällt auch das Höchste der Gesinnung in sie. Als Anschauung, Gefühl, vorstellende Erkenntnis, die sich mit Gott, als der uneingeschränkten Grundlage und Ursache, an der alles hängt, beschäftigt, enthält sie die Forderung, daß Alles auch in dieser Beziehung gefaßt werde, und in ihr seine Bestätigung, Rechtfertigung, Vergewisserung erlange. Staat und Gesetze, wie die Pflichten, erhalten in diesem Verhältnis für das Bewußtsein die höchste Bewährung und die höchste Verbindlichkeit; denn selbst Staat, Gesetze und Pflichten sind in ihrer Wirklichkeit ein Bestimmtes, das in eine höhere Sphäre als in seine Grundlage übergeht (Encyklop. der philos. Wissensch. § 453). Deswegen enthält die Religion auch den Ort, der in aller Veränderung und in dem Verlust wirklicher Zwecke, Interessen und Besitztümer, das Bewußtsein des Unwandelbaren und der höchsten Freiheit und Befriedigung gewährt.[1] Wenn nun die Religion so die **Grundlage** ausmacht, welche das Sittliche überhaupt und näher die Natur des Staats als den göttlichen Willen enthält, so ist es zugleich nur **Grundlage**, was sie ist, und hier ist es, worin beide auseinander gehen. Der Staat ist göttlicher Wille, als gegenwärtiger, sich zur wirklichen Gestalt und **Organisation einer Welt entfaltender Geist**. – Diejenigen, die bei der Form der Religion gegen den Staat stehen bleiben wollen, verhalten sich wie die, welche in der Erkenntnis das Rechte zu haben meinen, wenn sie nur immer beim **Wesen** bleiben und von diesem Abstraktum nicht zum Dasein fortgehen, oder wie die (s. oben § 140 Anm.) welche nur das **abstrakte Gute** wollen, und der Willkür das, was gut ist, zu bestimmen vorbehalten. Die Religion ist das **Verhältnis zum Absoluten in Form des Gefühls, der Vorstellung, des Glaubens,** und in ihrem Alles enthaltenden

---

[1] Die **Religion** hat, wie die **Erkenntnis und Wissenschaft**, eine eigentümliche von der des Staates verschiedene Form zu ihrem Prinzip; sie treten daher in den Staat ein, teils im Verhältnis von **Mitteln** der Bildung und Gesinnung, teils, insofern sie wesentlich **Selbstzwecke** sind, nach der Seite, daß sie äußerliches Dasein haben. In beiden Rücksichten verhalten sich die Prinzipien des Staates **anwendend** auf sie; in einer vollständig konkreten Abhandlung vom Staate müssen jene Sphären, so wie die Kunst, die bloß natürlichen Verhältnisse, u.s.f. gleichfalls in der Beziehung und Stellung, die sie im Staate haben, betrachtet werden; aber hier in dieser Abhandlung, wo es das Prinzip des Staats ist, das in seiner eigentümlichen Sphäre nach seiner Idee durchgeführt wird, kann von ihren Prinzipien und der Anwendung des Rechts des Staats auf sie nur beiläufig gesprochen werden.

Zentrum ist Alles nur als ein Akzidentelles, auch Verschwindendes. Wird an dieser Form auch in Beziehung auf den Staat so festgehalten, daß sie auch für ihn das wesentlich Bestimmende und Gültige sei, so ist er, als der zu bestehenden Unterschieden, Gesetzen und Einrichtungen entwickelte Organismus, dem Schwanken, der Unsicherheit und Zerrüttung preisgegeben. Das Objektive und Allgemeine, die Gesetze, anstatt als bestehend und gültig bestimmt zu sein, erhalten die Bestimmung eines Negativen gegen jene alles Bestimmte einhüllende und eben damit zum Subjektiven werdende Form, und für das Betragen der Menschen ergibt sich die Folge: dem Gerechten ist kein Gesetz gegeben, seid fromm, so könnt ihr sonst treiben, was ihr wollt, – ihr könnt der eigenen Willkür und Leidenschaft euch überlassen und die Anderen, die Unrecht dadurch erleiden, an den Trost und die Hoffnung der Religion verweisen, oder noch schlimmer, sie als irreligiös verwerfen und verdammen. Insofern aber dies negative Verhalten nicht bloß eine innere Gesinnung und Ansicht bleibt, sondern sich an die Wirklichkeit wendet und in ihr sich geltend macht, entsteht der religiöse Fanatismus, der, wie der politische, alle Staatseinrichtung und gesetzliche Ordnung als beengende der innern, der Unendlichkeit des Gemüts unangemessene Schranken, und somit Privateigentum, Ehe, die Verhältnisse und Arbeiten der bürgerlichen Gesellschaft u.s.f. als der Liebe und der Freiheit des Gefühls unwürdig verbannt. Da für wirkliches Dasein und Handeln jedoch entschieden werden muß, so tritt dasselbe ein, wie bei der sich als das Absolute wissenden Subjektivität des Willens überhaupt (§ 140) daß aus der subjektiven Vorstellung, d.i. dem M e i n e n und dem B e l i e b e n der W i l l k ü r entschieden wird. – Das Wahre aber gegen dieses in die Subjektivität des Fühlens und Vorstellens sich einhüllende Wahre ist der ungeheure Überschritt des Innern in das Äußere, der Einbildung der Vernunft in die Realität, woran die ganze Weltgeschichte gearbeitet, und durch welche Arbeit die gebildete Menschheit die Wirklichkeit und das Bewußtsein des vernünftigen Daseins, der Staatseinrichtungen und der Gesetze gewonnen hat. Von denen, die den Herrn suchen, und in ihrer ungebildeten Meinung alles unmittelbar zu haben sich versichern, statt sich die Arbeit aufzulegen, ihre Subjektivität zur Erkenntnis der Wahrheit und zum Wissen des objektiven Rechts und der Pflicht zu erheben, kann nur Zertrümmerung aller sittlichen Verhältnisse, Albernheit und Abscheu|lichkeit ausgehen, – notwendige Konsequenzen der auf ihrer Form ausschließend bestehenden und sich so gegen die Wirklichkeit und die in Form des Allgemeinen, der Gesetze, vorhandene Wahrheit wendenden Gesinnung der Religion. Doch ist nicht notwendig, daß diese Gesinnung so zur Verwirklichung fortgehe, sie kann mit ihrem negativen Standpunkt allerdings auch als ein Inneres bleiben, sich den Einrichtungen und Gesetzen fügen und es bei der Ergebung und dem Seufzen oder dem Verachten und Wünschen bewenden lassen. Es ist nicht die Kraft, sondern die Schwäche, welche in unsern Zeiten die Religiosität zu einer polemischen Art von Frömmigkeit gemacht hat, sie hänge nun mit einem wahren Bedürfnis, oder auch bloß mit nicht befriedigter Eitelkeit zusammen. Statt sein Meinen mit der Arbeit des Studiums zu bezwingen und sein Wollen der Zucht zu unterwerfen und es dadurch zum freien Gehorsam zu erheben, ist es das wohlfeilste, auf die Erkenntnis objektiver Wahrheit Verzicht zu tun, ein Gefühl der Gedrücktheit und damit den Eigendünkel zu bewahren, und an der Gottseligkeit bereits alle Erfordernis zu haben, um die Natur der Gesetze und der Staatseinrichtungen zu durchschauen, über sie abzusprechen und wie sie beschaffen sein sollten und müßten anzugeben, und zwar, weil solches aus einem frommen Herzen komme, auf eine unfehlbare und unantastbare Weise; denn dadurch, daß Absichten und Behauptungen die Religion zur Grundlage machen, könne man ihnen weder nach ihrer Seichtigkeit, noch nach ihrer Unrechtlichkeit etwas anhaben.

Insofern aber die Religion, wenn sie wahrhafter Art ist, ohne solche negative und polemische Richtung gegen den

Staat ist, ihn vielmehr anerkennt und bestätigt, so hat sie ferner für sich ihren Zustand und ihre Äußerung. Das Geschäft ihres Kultus besteht in Handlungen und Lehre; sie bedarf dazu Besitztümer und Eigentums, so wie dem Dienste der Gemeinde gewidmeter Individuen. Es entsteht damit ein Verhältnis von Staat und Kirchengemeinde. Die Bestimmung dieses Verhältnisses ist einfach. Es ist in der Natur der Sache, daß der Staat eine Pflicht erfüllt, der Gemeinde für ihren religiösen Zweck allen Vorschub zu tun und Schutz zu gewähren, ja, indem die Religion das ihn für das Tiefste der Gesinnung integrierende Moment ist, von allen seinen Angehörigen zu fordern, daß sie sich zu einer Kirchen-Gemeinde halten, – übrigens zu irgend einer, denn auf den Inhalt, insofern er sich auf das Innere der Vorstellung bezieht, kann sich der Staat nicht einlassen. Der in seiner Organisation ausgebildete und darum starke Staat | kann sich hierin desto liberaler verhalten, Einzelnheiten, die ihn berührten, ganz übersehen, und selbst Gemeinden (wobei es freilich auf die Anzahl ankommt) in sich aushalten, welche selbst die direkten Pflichten gegen ihn religiös nicht anerkennen, indem er nämlich die Mitglieder derselben der bürgerlichen Gesellschaft unter deren Gesetzen überläßt und mit passiver, etwa durch Verwandlung und Tausch vermittelter, Erfüllung der direkten Pflichten gegen ihn zufrieden ist.[1] – Insofern aber die kirchliche Gemeinde Eigen-

---

[1] Von Quäkern, Wiedertäufern u.s.f. kann man sagen, daß sie nur aktive Mitglieder der bürgerlichen Gesellschaft sind, und als Privatpersonen nur im Privatverkehr mit anderen stehen, und selbst in diesem Verhältnisse hat man ihnen den Eid erlassen; die direkten Pflichten gegen den Staat erfüllen sie auf eine passive Weise und von einer der wichtigsten Pflichten, ihn gegen Feinde zu verteidigen, die sie direkt verleugnen, wird etwa zugegeben, sie durch Tausch gegen andere Leistung zu erfüllen. Gegen solche Sekten ist es im eigentlichen Sinne der Fall, daß der Staat Toleranz ausübt; denn da sie die Pflichten gegen ihn nicht anerkennen, können sie auf das Recht, Mitglieder desselben zu sein, nicht Anspruch machen. Als einst im nordamerikanischen Kongreß die Abschaffung der Sklaverei der Neger mit größerm Nachdruck betrieben wurde, machte ein Deputierter aus den südlichen Provinzen die

tum besitzt, sonstige Handlungen des Kultus ausübt, und
Individuen dafür im Dienste hat, tritt sie aus | dem Innern
in das Weltliche und damit in das Gebiet des Staats herüber
und stellt sich dadurch unmittelbar unter seine Gesetze.
Der Eid, das Sittliche überhaupt, wie das Verhältnis der Ehe
führen zwar die innere Durchdringung und die Erhebung
der Gesinnung mit sich, welche durch die Religion ihre
tiefste Vergewisserung erhält; indem die sittlichen Verhältnisse
wesentlich Verhältnisse der wirklichen Vernünftigkeit
sind, so sind es die Rechte dieser, welche darin zuerst
zu behaupten sind, und zu welchen die kirchliche
Vergewisserung als die nur innere, abstraktere Seite hinzutritt.
– In Ansehung weiterer Äußerungen, die von der
kirchlichen Vereinigung ausgehen, so ist bei der Lehre das
Innere gegen das Äußere das überwiegendere als bei den
Handlungen des Kultus und andern damit zusammen-

treffende Erwiderung: »gebt uns die Neger zu, wir geben euch die Quäker
zu.« – Nur durch seine sonstige Stärke kann der Staat solche Anomalien
übersehen und dulden, und sich dabei vornehmlich auf die Macht der Sitten
und der innern Vernünftigkeit seiner Institutionen verlassen, daß diese, indem
er seine Rechte hierin nicht strenge geltend macht, die Unterscheidung vermindern
und überwinden werde. So formelles Recht man etwa gegen die
Juden in Ansehung der Verleihung selbst von bürgerlichen Rechten gehabt
hätte, indem sie sich nicht bloß als eine besondere Religions-Partei, sondern
als einem fremden Volke angehörig ansehen sollten, so sehr hat das aus
diesen und andern Gesichtspunkten erhobene Geschrei übersehen, daß sie zu
allererst Menschen sind und daß dies nicht nur eine flache, abstrakte Qualität
ist (§ 209 Anm.), sondern daß darin liegt, daß durch die zugestandenen
bürgerlichen Rechte vielmehr das Selbstgefühl, als rechtliche Personen
in der bürgerlichen Gesellschaft zu gelten, und aus dieser unendlichen von
Allem andern freien Wurzel die verlangte Ausgleichung der Denkungsart und
Gesinnung zu Stande kommt. Die den Juden vorgeworfene Trennung hätte
sich vielmehr erhalten und wäre dem ausschließenden Staate mit Recht zur
Schuld und Vorwurf geworden; denn er hätte damit sein Prinzip, die objektive
Institution und deren Macht verkannt (vergl. § 268 Anm. am Ende). Die
Behauptung dieser Ausschließung, indem sie aufs Höchste Recht zu haben
vermeinte, hat sich auch in der Erfahrung am törichsten, die Handlungsart
der Regierungen hingegen als das Weise und Würdige erwiesen. – |

hängenden Benehmungen, wo die rechtliche Seite wenigstens sogleich für sich als Sache des Staats erscheint; (wohl haben sich Kirchen auch die Exemtion ihrer Diener und ihres Eigentums von der Macht und Gerichtsbarkeit des Staates, sogar die Gerichtsbarkeit über weltliche Personen in Gegenständen, bei denen wie Ehescheidungssachen, Eidesangelegenheiten u.s.f. die Religion konkurriert, genommen). – Die polizeiliche Seite in Rücksicht solcher Handlungen ist freilich unbestimmter, aber dies liegt in der Natur dieser Seite eben so auch gegen andere ganz bürgerliche Handlungen (s. oben § 234). Insofern die religiöse Gemeinschaftlichkeit von Individuen sich zu einer Gemeinde, einer Korporation erhebt, steht sie überhaupt unter der oberpolizeilichen Oberaufsicht des Staats. – Die Lehre selbst aber hat ihr Gebiet in dem Gewissen, stehet in dem Rechte der subjektiven Freiheit des Selbstbewußtseins, – der Sphäre der Innerlichkeit, die als solche nicht das Gebiet des Staates ausmacht. Jedoch hat auch der Staat eine Lehre, da seine Einrichtungen und das ihm Geltende überhaupt über das Rechtliche, Verfassung u.s.f. wesentlich in der Form des Gedankens als Gesetz ist, und indem er kein Mechanismus, sondern das vernünftige Leben der selbstbewußten Freiheit, das System der sittlichen Welt ist, so ist die Gesinnung, sodann das Bewußtsein derselben in Grundsätzen ein wesentliches Moment im wirklichen Staate. Hinwiederum ist die Lehre der Kirche nicht bloß ein Inneres des Gewissens, sondern als Lehre vielmehr Äußerung, und Äußerung zugleich über einen Inhalt, der mit den sittlichen Grundsätzen und Staats-Gesetzen aufs innigste zusammenhängt oder sie unmittelbar selbst betrifft. Staat und Kirche treffen also hier | direkt zusammen oder gegen einander. Die Verschiedenheit beider Gebiete kann von der Kirche zu dem schroffen Gegensatz getrieben werden, daß sie als den absoluten Inhalt der Religion in sich enthaltend, das Geistige überhaupt und damit auch das sittliche Element als ihren Teil betrachtet, den Staat aber als ein mechanisches Gerüste für die ungeistigen äußerlichen Zwecke, sich als das

Reich Gottes oder wenigstens als den Weg und Vorplatz dazu, den Staat aber als das Reich der Welt, d. i. des Vergänglichen und Endlichen, sich damit als den Selbstzweck, den Staat aber nur als bloßes **Mittel** begreift. Mit dieser Prätension verbindet sich dann in Ansehung des **Lehrens** die Forderung, daß der Staat die Kirche darin nicht nur mit vollkommener Freiheit gewähren lasse, sondern unbedingten Respekt vor ihrem Lehren, wie es auch beschaffen sein möge, denn diese Bestimmung komme nur ihr zu, als Lehren habe. Wie die Kirche zu dieser Prätension aus dem ausgedehnten Grunde, daß das geistige Element überhaupt ihr Eigentum sei, kommt, die **Wissenschaft** und Erkenntnis überhaupt aber gleichfalls in diesem Gebiete steht, für sich wie eine Kirche sich zur Totalität von eigentümlichem Prinzipe ausbildet, welche sich auch als an die Stelle der Kirche selbst noch mit größerer Berechtigung tretend betrachten kann, so wird dann für die Wissenschaft dieselbe Unabhängigkeit vom Staate, der nur als ein Mittel für sie als einen Selbstzweck zu sorgen habe, verlangt. – Es ist für dieses Verhältnis übrigens gleichgültig, ob die dem Dienste der Gemeinde sich widmenden Individuen und Vorsteher es etwa zu einer vom Staate ausgeschiedenen Existenz getrieben haben, so daß nur die übrigen Mitglieder dem Staate unterworfen sind, oder sonst im Staate stehen und ihre kirchliche Bestimmung nur eine Seite ihres Standes sei, welche sie gegen den Staat getrennt halten. Zunächst ist zu bemerken, daß ein solches Verhältnis mit der Vorstellung vom Staat zusammen hängt, nach welcher er seine Bestimmung nur hat im Schutz und Sicherheit des Lebens, Eigentums und der Willkür eines Jeden, insofern sie das Leben und Eigentum und die Willkür der andern nicht verletzt, und der Staat so nur als eine Veranstaltung der Not betrachtet wird. Das Element des höheren Geistigen, des an und für sich Wahren, ist auf diese Weise als subjektive Religiosität oder als theoretische Wissenschaft jenseits des Staates gestellt, der als der Laie an und für sich, nur zu respektieren habe, und das eigentliche Sittliche fällt so bei ihm ganz aus. Daß es nun geschichtlich Zeiten und Zustände von | Barbarei gegeben, wo Alles höhere Geistige in der Kirche seinen Sitz hatte, und der Staat nur ein weltliches Regiment der Gewalttätigkeit, der Willkür und Leidenschaft, und jener abstrakte Gegensatz das Hauptprinzip der Wirklichkeit war (s. § 359), gehört in die Geschichte. Aber es ist ein zu blindes und seichtes Verfahren, diese Stellung als die wahrhaft der Idee gemäße anzugeben. Die Entwickelung dieser Idee hat vielmehr dies als die Wahrheit erwiesen, daß der Geist als frei und vernünftig, an sich sittlich ist, und die wahrhafte Idee die **wirkliche** Vernünftigkeit, und diese es ist, welche als Staat existiert. Es ergab sich ferner aus dieser Idee eben so sehr, daß die sittliche **Wahrheit** in derselben für das **denkende Bewußtsein**, als in die Form der **Allgemeinheit** verarbeiteter **Inhalt**, als **Gesetz**, ist, – der Staat überhaupt seine Zwecke **weiß**, sie mit bestimmtem Bewußtsein und nach Grundsätzen erkennt und betätigt. Wie oben bemerkt ist, hat nun die Religion das Wahre zu ihrem allgemeinen Gegenstande, jedoch als einen **gegebenen** Inhalt; der in seinen Grund-Bestimmungen nicht durch Denken und Begriffe erkannt ist; eben so ist das Verhältnis des Individuums zu diesem Gegenstande eine auf Autorität gegründete Verpflichtung, und das **Zeugnis des eigenen Geistes** und **Herzens**, als worin das Moment der Freiheit entalten ist, ist **Glaube** und **Empfindung**. Es ist die philosophische Einsicht, welche erkennt, daß Kirche und Staat nicht im Gegensatze des **Inhalts** der Wahrheit und Vernünftigkeit, aber im Unterschied der Form stehen. Wenn daher die Kirche in das **Lehren** übergeht (es gibt und gab auch Kirchen, die nur einen Kultus haben; andere, worin er die Hauptsache und das Lehren und das gebildetere Bewußtsein nur Nebensache ist) und ihr Lehren objektive **Grundsätze**, die Gedanken des Sittlichen und Vernünftigen betrifft, so geht sie in dieser Äußerung unmittelbar in das Gebiet des Staats herüber. Gegen ihren **Glauben** und ihre **Autorität** über das Sittliche, Recht, Gesetze, Institutionen, gegen ihre **subjektive Überzeugung** ist der Staat vielmehr das **Wis-**

sende; in seinem Prinzip bleibt wesentlich der Inhalt nicht in der Form des Gefühls und Glaubens stehen, sondern gehört dem bestimmten Gedanken an. Wie der an und für sich seiende Inhalt, in der Gestalt der Religion als besonderer Inhalt, als die der Kirche als religiöser Gemeinschaft eigentümlichen Lehren, erscheint, so bleiben sie außer dem Bereiche des Staats (im Protestantismus gibt es auch keine Geistlichkeit, welche ausschließender Depositär der kirch | lichen Lehre wäre, weil es in ihm keine Laien gibt); indem sich die sittlichen Grundsätze und die Staats-Ordnung überhaupt in das Gebiet der Religion herüber ziehen, und nicht nur in Beziehung darauf setzen lassen, sondern auch gesetzt werden sollen, so gibt diese Beziehung einer Seits dem Staate selbst die religiöse Beglaubigung; anderseits bleibt ihm das Recht und die Form der selbstbewußten, objektiven Vernünftigkeit, das Recht, sie geltend zu machen und gegen Behauptungen, die aus der subjektiven Gestalt der Wahrheit entspringen, mit welcher Versicherung und Autorität sie sich auch umgebe, zu behaupten. Weil das Prinzip seiner Form als Allgemeines, wesentlich der Gedanke ist, so ist es auch geschehen, daß von seiner Seite die Freiheit des Denkens und der Wissenschaft ausgegangen ist (und eine Kirche hat vielmehr den Jordanus Bruno verbrannt, den Galilei wegen der Darstellung des kopernikanischen Sonnensystems auf den Knien Abbitte tun lassen u.s.f.).[1] Auf seiner Seite hat darum auch

---

[1] Laplace Darstellung des Weltsystems, Vtes Buch. 4tes Kap. »Da Galilei die Entdeckungen (zu denen ihm das Teleskop verhalf, die Lichtgestalten der Venus u.s.f.), bekannt machte, zeigte er zugleich, daß sie die Bewegungen der Erde unwidersprechlich bewiesen. Aber die Vorstellung dieser Bewegung wurde durch eine Versammlung der Kardinäle für ketzerisch erklärt, Galilei, ihr berühmtester Verteidiger, vor das Inquisitionsgericht gefordert, und genötigt, sie zu widerrufen, um einem harten Gefängnis zu entgehen. Bei dem Manne von Geist ist die Leidenschaft für die Wahrheit eine der stärksten Leidenschaften, – Galilei, durch seine eigenen Beobachtungen von der Bewegung der Erde überzeugt, dachte lange Zeit auf ein neues Werk, worin er alle Beweise dafür zu entwickeln sich vorgenommen

die Wis|senschaft ihre Stelle; denn sie hat dasselbe Element der Form, als der Staat, sie hat den Zweck des **Erkennens**, und zwar der gedachten **objektiven** Wahrheit und Vernünftigkeit. Das denkende Erkennen kann zwar auch aus der Wissenschaft in das Meinen, und in das Räsonnieren aus Gründen herunterfallen, sich auf sittliche Gegenstände und die Staats-Organisation wendend in Widerspruch gegen deren Grundsätze sich setzen, und dies etwa auch mit denselben Prätensionen, als die Kirche für ihr Eigentümliches macht, auf dies **Meinen** als auf Vernunft und das Recht des subjektiven Selbstbewußtseins, in seiner Meinung und Überzeugung frei zu sein. Das Prinzip dieser Subjektivität

hatte. Aber um sich zugleich der Verfolgung zu entziehen, deren Opfer er hätte werden müssen, wählte er die Auskunft, sie in der Form von Dialogen zwischen drei Personen darzustellen; man sieht wohl, daß der Vorteil auf der Seite des Verteidigers des kopernikanischen Systems war; da aber Galilei nicht zwischen ihnen entschied, und den Einwürfen der Anhänger des Ptolemäus so viel Gewicht gab, als nur möglich war, so durfte er wohl erwarten, im Genusse der Ruhe, die sein hohes Alter und seine Arbeiten verdienten, nicht gestört zu werden. Er wurde in seinem siebzigsten Jahre aufs neue vor das Inquisitions-Tribunal gefordert; man schloß ihn in ein Gefängnis ein, wo man eine zweite Widerrufung seiner Meinungen von ihm forderte, unter Androhung der für die wieder abgefallenen Ketzer bestimmten Strafe. Man ließ ihn folgende Abschwörungsformel unterschreiben: »Ich Galilei, der ich in meinem siebzigsten Jahre mich persönlich vor dem Gerichte eingefunden, auf den Knien liegend, und die Augen auf die heiligen Evangelien, die ich mit meinen Händen berühre, | gerichtet, schwöre ab, verfluche und verwünsche mit redlichem Herzen und wahrem Glauben die Ungereimtheit, Falschheit und Ketzerei der Lehre von der Bewegung der Erde u.s.f.« Welch ein Anblick war das, einen ehrwürdigen Greis, berühmt durch ein langes, der Erforschung der Natur einzig gewidmetes Leben, gegen das Zeugnis seines eigenen Gewissens die Wahrheit, die er mit Überzeugungskraft erwiesen hatte, auf den Knien abschwören zu sehen. Ein Urteil der Inquisition verdammte ihn zu immerwährender Gefangenschaft. Ein Jahr hernach wurde er, auf die Verwendung des Großherzogs von Florenz, in Freiheit gesetzt. – Er starb 1642. Seinen Verlust betrauerte Europa, das durch seine Arbeiten erleuchtet, und über das von einem verhaßten Tribunale gegen einen so großen Mann gefällte Urteil aufgebracht war.« |

des Wissens ist oben (§ 140 Anm.) betrachtet worden; hieher gehört nur die Bemerkung, daß nach einer Seite der Staat gegen das Meinen, eben insofern es nur Meinung, ein subjektiver Inhalt ist und darum, es spreize sich noch so hoch auf, keine wahre Kraft und Gewalt in sich hat, eben so, wie die Maler, die sich auf ihrer Palette an die drei Grundfarben halten, gegen die Schulweisheit von den sieben Grundfarben, eine unendliche Gleichgültigkeit ausüben kann. Nach der andern Seite aber hat der Staat, gegen dies Meinen schlechter Grundsätze, indem es sich zu einem allgemeinen und die Wirklichkeit anfressenden Dasein macht, ohnehin insofern der Formalismus der unbedingten Subjektivität, der den wissenschaftlichen Ausgangspunkt zu seinem Grunde nehmen und die Lehrveranstaltungen des Staates selbst zu der Prätension einer Kirche gegen ihn erheben und kehren wollte, die objektive Wahrheit und die Grundsätze des sittlichen Lebens in Schutz zu nehmen, so wie er im Ganzen gegen die, eine unbeschränkte und unbedingte Autorität ansprechende, Kirche umgekehrt, das formelle Recht des Selbstbewußtseins an die eigne Einsicht, Überzeugung und | überhaupt Denken dessen, was als objektive Wahrheit gelten soll, geltend zu machen hat.

Die Einheit des Staats und der Kirche, eine auch in neuen Zeiten viel besprochene und als höchstes Ideal aufgestellte Bestimmung, kann noch erwähnt werden. Wenn die wesentliche Einheit derselben ist die der Wahrheit der Grundsätze und Gesinnung, so ist eben so wesentlich, daß mit dieser Einheit der Unterschied, den sie in der Form ihres Bewußtseins haben, zur besondern Existenz gekommen sei. Im orientalischen Despotismus ist jene so oft gewünschte Einheit der Kirche und des Staats, – aber damit ist der Staat nicht vorhanden, – nicht die selbstbewußte, des Geistes allein würdige Gestaltung in Recht, freier Sittlichkeit und organischer Entwicklung. – Damit ferner der Staat als die sich wissende, sittliche Wirklichkeit des Geistes zum Dasein komme, ist seine Unterscheidung von der Form der Autorität und des Glaubens notwendig; diese Unterscheidung tritt aber nur hervor, insofern die kirchliche Seite in sich selbst zur Trennung kommt; nur so, über den be- sondern Kirchen, hat der Staat die Allgemeinheit des Gedankens, das Prinzip seiner Form, gewonnen und bringt sie zur Existenz; um dies zu erkennen, muß man wissen, nicht nur was die Allgemeinheit an sich, sondern was ihre Existenz ist. Es ist daher so weit gefehlt, daß für den Staat die kirchliche Trennung ein Unglück wäre oder gewesen wäre, daß er nur durch sie hat werden können, was seine Bestimmung ist, die selbstbewußte Vernünftigkeit und Sitt- lichkeit. Eben so ist es das Glücklichste, was der Kirche für ihre eigene und was dem Gedanken für seine Freiheit und Vernünftigkeit hat widerfahren können.

§ 271

Die politische Verfassung ist fürs erste: die Organisation des Staates und der Prozeß seines organischen Lebens in Be- ziehung auf sich selbst, in welcher er seine Momente innerhalb seiner selbst unterscheidet und sie zum Bestehen entfaltet.

Zweitens ist er als eine Individualität ausschließendes Eins, welches sich damit zu Andern verhält, seine Unter- scheidung also nach Außen kehrt und nach dieser Bestim- mung seine bestehenden Unterschiede innerhalb seiner selbst in ihrer Idealität setzt. |

I.
INNERE VERFASSUNG FÜR SICH

§ 272

Die Verfassung ist vernünftig, insofern der Staat seine Wirksamkeit nach der Natur des Begriffs in sich unterscheidet und bestimmt, und zwar so, daß jede dieser Gewalten selbst in sich die Totalität dadurch ist, daß sie die andern Momente in sich wirksam hat und enthält, und daß sie, weil sie den Unterschied des Begriffs ausdrücken, schlechthin in seiner Idealität bleiben und nur Ein individuelles Ganzes ausmachen.

Es ist über Verfassung, wie über die Vernunft selbst, in neuern Zeiten unendlich viel Geschwätze, und zwar in Deutschland das schalste durch diejenigen in die Welt gekommen, welche sich überredeten, es am besten und selbst mit Ausschluß aller Andern und am ersten der Regierungen zu verstehen, was Verfassung sei, und die unabweisliche Berechtigung darin zu haben meinten, daß die Religion und die Frömmigkeit die Grundlage aller dieser ihrer Seichtigkeiten sein sollte. Es ist kein Wunder, wenn dieses Geschwätze die Folge gehabt hat, daß vernünftigen Männern die Worte Vernunft, Aufklärung, Recht u.s.f. wie Verfassung und Freiheit ekelhaft geworden sind, und man sich schämen möchte, noch über politische Verfassung auch mitzusprechen. Wenigstens aber mag man von diesem Überdrusse die Wirkung hoffen, daß die Überzeugung allgemeiner werde, daß eine philosophische Erkenntnis solcher Gegenstände nicht aus dem Räsonnement, aus Zwecken, Gründen und Nützlichkeiten, noch viel weniger aus dem Gemüt, der Liebe und der Begeisterung, sondern allein aus dem Begriffe hervorgehen könne, und daß diejenigen, welche das Göttliche für unbegreiflich und die Erkenntnis des Wahren für ein nichtiges Unternehmen halten, sich enthalten müssen, mitzusprechen. Was sie aus ihrem Gemüte und ihrer Begeisterung an unverdautem Gerede oder an Erbaulichkeit hervorbringen, beides kann wenigstens nicht die Prätension auf philosophische Beachtung machen.

Von den kursierenden Vorstellungen ist in Beziehung auf den § 269 die von der notwendigen Teilung der Gewalten des Staats zu erwähnen, – einer höchst wichtigen Bestimmung, welche mit Recht, wenn sie nämlich in ihrem wahren Sinne genommen worden wäre, als | die Garantie der öffentlichen Freiheit betrachtet werden konnte, – einer Vorstellung, von welcher aber gerade die, welche aus Begeisterung und Liebe zu sprechen meinen, nichts wissen und nichts wissen wollen; – denn in ihr ist es eben, wo das Moment der vernünftigen Bestimmtheit liegt. Das Prinzip der Teilung der Gewalten enthält nämlich das wesentliche Moment des Unterschiedes, der realen Vernünftigkeit; aber wie es der abstrakte Verstand faßt, liegt darin teils die falsche Bestimmung der absoluten Selbstständigkeit der Gewalten gegeneinander, teils die Einseitigkeit, ihr Verhältnis zu einander als ein Negatives, als gegenseitige Beschränkung aufzufassen. In dieser Ansicht wird es eine Feindseligkeit, eine Angst vor jeder, was jede gegen die Andere als gegen ein Übel hervorbringt, mit der Bestimmung sich ihr entgegenzusetzen und durch diese Gegengewichte ein allgemeines Gleichgewicht, aber nicht eine lebendige Einheit zu bewirken. Nur die Selbstbestimmung des Begriffs in sich, nicht irgend andere Zwecke und Nützlichkeiten, ist es, welche den absoluten Ursprung der unterschiedenen Gewalten enthält, und um derentwillen allein die Staatsorganisation als das in sich Vernünftige und das Abbild der ewigen Vernunft ist. – Wie der Begriff, und dann in konkreter Weise die Idee sich an ihnen selbst bestimmen und damit ihre Momente abstrakt der Allgemeinheit, Besonderheit und Einzelnheit setzen, ist aus der Logik, – freilich nicht der sonst gang und gäben – zu erkennen. Überhaupt das Negative zum Ausgangspunkt zu nehmen, und das Wollen des Bösen und das Mißtrauen dagegen zum Ersten zu machen, und von dieser Voraussetzung aus nun pfiffigerweise Dämme auszuklügeln, die als eine Wirksamkeit nur gegenseitiger Dämme bedürfen, charakterisiert dem Gedanken nach den **negativen Verstand** und der Gesinnung nach die Ansicht des Pöbels (s. oben § 244). – Mit der **Selbstständigkeit der Gewalten**, z.B. der, wie sie genannt worden sind, **exekutiven** und der **gesetzgebenden** Gewalt, ist, wie man dies auch im Großen gesehen hat, die Zertrümmerung des Staats unmittelbar gesetzt, oder, insofern der Staat sich wesentlich erhält, der Kampf, daß die eine Gewalt die andere unter sich bringt, dadurch zunächst die Einheit, wie sie sonst beschaffen sei, bewirkt und so allein das Wesentliche, das Bestehen des Staats rettet. |

§ 273

Der politische Staat dirimiert sich somit in die substantiellen Unterschiede,

a) die Gewalt, das Allgemeine zu bestimmen und festzusetzen, die **gesetzgebende Gewalt**,

b) der Subsumtion der **besondern** Sphären und einzelnen Fälle unter das Allgemeine; – die **Regierungsgewalt**,

c) der Subjektivität als der letzten Willensentscheidung, die **fürstliche Gewalt**, – in der die unterschiedenen Gewalten zur individuellen Einheit zusammengefaßt sind, die also die Spitze und der Anfang des Ganzen – der **konstitutionellen Monarchie**, ist.

Die Ausbildung des Staats zur konstitutionellen Monarchie ist das Werk der neuern Welt, in welcher die substantielle Idee die unendliche Form gewonnen hat. Die Geschichte dieser Vertiefung des Geistes der Welt in sich, oder was dasselbe ist, diese freie Ausbildung, in der die Idee ihre Momente – und nur ihre Momente sind es – als Totalitäten aus sich entläßt, und sie eben damit in der idealen Einheit des Begriffs enthält, als worin die reelle Vernünftigkeit besteht, – die Geschichte dieser wahrhaften Gestaltung des sittlichen Lebens ist die Sache der allgemeinen Weltgeschichte.

Die alte Einteilung der Verfassungen in Monarchie, Aristokratie und Demokratie, hat die noch ungetrennte substantielle Einheit zu ihrer Grundlage, welche zu ihrer innern Unterscheidung (einer entwickelten Organisation in sich) und damit zur Tiefe und konkreten Vernünftigkeit noch nicht gekommen ist. Für jenen Standpunkt der alten Welt ist daher diese Einteilung die wahre und richtige; denn der Unterschied als an jener noch substantiellen nicht zur absoluten Entfaltung in sich gediehenen Einheit ist wesentlich ein äußerlicher und erscheint zunächst als Unterschied der Anzahl (Encyklop. der Phil. § 82) derjenigen, in welchen jene substantielle Einheit immanent sein soll. Diese Formen, welche auf solche Weise verschiedenen Ganzen angehören, sind in der konstitutionellen Monarchie zu Momenten herabgesetzt; der Monarch ist Einer; mit der Regierungsgewalt treten Einige und mit der gesetzgebenden Gewalt tritt die Vielheit überhaupt ein. Aber solche bloß quantitative Unterschiede sind, wie gesagt, nur oberflächlich und geben nicht den Begriff der | Sache an. Es ist gleichfalls nicht passend, wenn in neuerer Zeit soviel vom demokratischen, aristokratischen Elemente in der Monarchie gesprochen worden ist; denn diese dabei gemeinten Bestimmungen, eben insofern sie in der Monarchie Statt finden, sind nicht mehr Demokratisches und Aristokratisches. – Es gibt Vorstellungen von Verfassungen, wo nur das Abstraktum von Staat oben hin gestellt ist, welches regiere und befehle, und es unentschieden gelassen und als gleichgültig angesehen wird, ob an der Spitze dieses Staates, Einer oder Mehrere oder Alle stehen. – »Alle diese Formen«, sagt so Fichte in s[einem] Naturrecht, 1. T., S. 196 »sind, wenn nur ein Ephorat (ein von ihm erfundenes, sein sollendes Gegengewicht gegen die oberste Gewalt) vorhanden, rechtsgemäß und können allgemeines Recht im Staate hervorbringen und erhalten.« – Eine solche Ansicht (wie auch jene Erfindung eines Ephorats) stammt aus der vorhin bemerkten Seichtigkeit des Begriffes vom Staate. Bei einem ganz einfachen

Zustande der Gesellschaft haben diese Unterschiede freilich wenig oder keine Bedeutung, wie denn Moses in seiner Gesetzgebung für den Fall, daß das Volk einen König verlange, weiter keine Abänderung der Institutionen, sondern nur für den König das Gebot hinzufügt, daß seine Kavallerie, seine Frauen und sein Gold und Silber nicht zahlreich sein solle (5. B. Mose 17, 16 ff.). – Man kann übrigens in einem Sinne allerdings sagen, daß auch für die Idee jene drei Formen (die monarchische mit eingeschlossen in der beschränkten Bedeutung nämlich, in der sie neben die aristokratische und demokratische gestellt wird) gleichgültig sind, aber in dem entgegengesetzten Sinne, weil sie insgesamt der Idee in ihrer vernünftigen Entwickelung (§ 272.) nicht gemäß sind und diese in keiner derselben ihr Recht und Wirklichkeit erlangen könnte. Deswegen ist es auch zur ganz müßigen Frage geworden, welche die vorzüglichste unter ihnen wäre; – von solchen Formen kann nur historischer Weise die Rede sein. – Sonst aber muß man auch in diesem Stücke, wie in so vielen anderen, den tiefen Blick Montesquieus in seiner berühmt gewordenen Angabe der Prinzipien dieser Regierungsformen anerkennen, aber diese Angabe, um ihre Richtigkeit anzuerkennen, nicht mißverstehen. Bekanntlich gab er als Prinzip der Demokratie die Tugend an; denn in der Tat beruht solche Verfassung auf der Gesinnung, als der nur substantiellen Form, in welcher die Vernünftigkeit des an und für sich seienden Willens in ihr noch existiert. Wenn Montesquieu aber hin|zufügt, daß England im siebzehnten Jahrhundert das schöne Schauspiel gegeben habe, die Anstrengungen, eine Demokratie zu errichten, als unmächtig zu zeigen, da die Tugend in den Führern gemangelt habe, – und wenn er ferner hinzusetzt, daß wenn die Tugend in der Republik verschwindet, der Ehrgeiz sich derer, deren Gemüt desselben fähig ist, und die Habsucht sich Aller bemächtigt, und der Staat alsdann, eine allgemeine Beute, seine Stärke nur in der Macht einiger Individuen und in der Ausgelassenheit Aller habe, – so ist darüber zu bemerken, daß bei einem ausgebildeteren Zustande der Gesellschaft und bei der Entwickelung und dem Freiwerden der Mächte der Besonderheit, die Tugend der Häupter des Staats unzureichend und eine andere Form des vernünftigen Gesetzes, als nur die der Gesinnung erforderlich wird, damit das Ganze die Kraft, sich zusammenzuhalten und den Kräften der entwickelten Besonderheit ihr positives wie ihr negatives Recht angedeihen zu lassen, besitze. Gleicherweise ist das Mißverständnis zu entfernen, als ob damit, daß in der demokratischen Republik die Gesinnung der Tugend die substantielle Form ist, in der Monarchie diese Gesinnung für entbehrlich oder gar für abwesend erklärt, und vollends als ob Tugend und die in einer gegliederten Organisation gesetzlich bestimmte Wirksamkeit einander gegengesetzt und unverträglich wäre. – Daß in der Aristokratie die Mäßigung das Prinzip sei, bringt die hier beginnende Abscheidung der öffentlichen Macht und des Privat-Interesses mit sich, welche zugleich sich so unmittelbar berühren, daß diese Verfassung in sich auf dem Sprunge steht, unmittelbar zum härtesten Zustande der Tyrannei oder Anarchie (man sehe die römische Geschichte) zu werden und sich zu vernichten. – Daß Montesquieu die Ehre als das Prinzip der Monarchie erkennt, daraus ergibt sich für sich schon, daß er nicht die patriarchalische oder antike überhaupt, noch die zu objektiver Verfassung gebildete, sondern die Feudal-Monarchie und zwar insofern die Verhältnisse ihres innern Staatsrechts zu rechtlichem Privat-Eigentume und Privilegien von Individuen und Korporationen befestigt sind, verstehet. Indem in dieser Verfassung das Staatsleben auf privilegierter Persönlichkeit beruhet, in deren Belieben ein großer Teil dessen gelegt ist, was für das Bestehen des Staats getan werden muß, so ist das Objektive dieser Leistungen nicht auf Pflichten, sondern auf Vorstellung und Meinung gestellt, somit statt der Pflicht nur die Ehre das, was den Staat zusammenhält. Eine andere Frage bietet sich leicht dar: wer die Verfassung machen soll? Diese Frage scheint deutlich, zeigt sich aber bei näherer Be|trachtung sogleich sinnlos. Denn sie setzt voraus, daß keine Verfassung vorhanden, somit ein bloßer atomistischer Haufen von Individuen beisammen sei. Wie ein Haufen, ob durch sich oder andere, durch Güte, Gedanken oder Gewalt, zu einer Verfassung kommen würde, müßte ihm überlassen bleiben, denn mit einem Haufen hat es der Begriff nicht zu tun. – Setzt aber jene Frage schon eine vorhandene Verfassung voraus, so bedeutet das Machen nur eine Veränderung, und die Voraussetzung einer Verfassung enthält es unmittelbar selbst, daß die Veränderung nur auf verfassungsmäßigem Wege geschehen könne. – Überhaupt aber ist es schlechthin wesentlich, daß die Verfassung, obgleich in der Zeit hervorgegangen, nicht als ein gemachtes angesehen werde; denn sie ist vielmehr das schlechthin an und für sich Seiende, das darum als das Göttliche und Beharrende, und als über der Sphäre dessen, was gemacht wird, zu betrachten ist.

§ 274

Da der Geist nur als das wirklich ist, als was er sich weiß, und der Staat, als Geist eines Volkes, zugleich das alle seine Verhältnisse durchdringende Gesetz, die Sitte und das Bewußtsein seiner Individuen ist, so hängt die Verfassung eines bestimmten Volkes überhaupt von der Weise und Bildung des Selbstbewußtseins desselben ab; in diesem liegt seine subjektive Freiheit, und damit die Wirklichkeit der Verfassung.

Einem Volke eine, wenn auch ihrem Inhalte nach mehr oder weniger vernünftige Verfassung a priori geben zu wollen, – dieser Einfall übersähe gerade das Moment, durch welches sie mehr als ein Gedankending wäre. Jedes Volk hat deswegen die Verfassung, die ihm angemessen ist, und für dasselbe gehört. |

a) DIE FÜRSTLICHE GEWALT

§ 275

Die fürstliche Gewalt enthält selbst die drei Momente der Totalität in sich (§ 272)[,] die Allgemeinheit der Verfassung und der Gesetze, die Beratung als Beziehung des Besondern auf das Allgemeine, und das Moment der letzten Entscheidung, als der Selbstbestimmung, in welche Alles Übrige zurückgeht, und wovon es den Anfang der Wirklichkeit nimmt. Dieses absolute Selbstbestimmen macht das unterscheidende Prinzip der fürstlichen Gewalt als solcher aus, welches zuerst zu entwickeln ist.

§ 276

1) Die Grundbestimmung des politischen Staats ist die substantielle Einheit als Idealität seiner Momente, in welcher α) die besonderen Gewalten und Geschäfte desselben eben so aufgelöst als erhalten, und nur so erhalten sind, als sie keine unabhängige, sondern allein eine solche und so weit gehende Berechtigung haben, als in der Idee des Ganzen bestimmt ist, von seiner Macht ausgehen und flüssige Glieder desselben als ihres einfachen Selbsts sind.

§ 277

β) Die besonderen Geschäfte und Wirksamkeiten des Staats sind als die wesentlichen Momente desselben ihm eigen, und an die Individuen, durch welche sie gehandhabt und betätigt werden, nicht nach deren unmittelbaren Persönlichkeit, sondern nur nach ihren allgemeinen und objektiven Qualitäten geknüpft und daher mit der besonderen Persönlichkeit als solcher, äußerlicher und zufälligerweise verbunden. Die Staatsgeschäfte und Gewalten können daher nicht Privat-Eigentum sein.

§ 278

Diese beiden Bestimmungen, daß die besonderen Geschäfte und Gewalten des Staats, weder für sich, noch in dem besonderen Willen von Individuen selbstständig und fest sind, sondern in der Einheit des Staats als ihrem einfachen Selbst ihre letzte Wurzel haben, macht die Souveränität des Staats aus. |

Dies ist die Souveränität nach Innen, sie hat noch eine andere Seite[,] die nach Außen s. unten. – In der ehemaligen Feudal-Monarchie war der Staat wohl nach Außen, aber nach Innen war nicht etwa nur der Monarch nicht, sondern der Staat nicht souverän. Teils waren (vergl. § 273 Anm.) die besonderen Geschäfte und Gewalten des Staats und der bürgerlichen Gesellschaft in unabhängigen Korporationen und Gemeinden verfaßt, das Ganze daher mehr ein Aggregat als ein Organismus, teils waren sie Privat-Eigentum von Individuen, und damit was von denselben in Rücksicht auf das Ganze getan werden sollte, in deren Meinung und Belieben gestellt. – Der Idealismus, der die Souveränität ausmacht, ist dieselbe Bestimmung, nach welcher im animalischen Organismus die sogenannten Teile desselben nicht Teile, sondern Glieder, organische Momente sind, und deren Isolieren und Für-sich-bestehen die Krankheit ist (s. Encyklop. der phil. Wissensch. § 293), dasselbe Prinzip, das im abstrakten Begriffe des Willens (s. folg. § Anm.) als die sich auf sich beziehende Negativität und damit zur Einzelnheit sich bestimmende Allgemeinheit vorkam (§ 7), in welcher alle Besonderheit und Bestimmtheit eine aufgehobene ist, der absolute sich selbst bestimmende Grund; um sie zu fassen, muß man überhaupt den Begriff dessen, was die Substanz und die wahrhafte Subjektivität des Begriffes ist, inne haben. – Weil die Souveränität die

Idealität aller besonderen Berechtigung ist, so liegt der Mißverstand nahe, der auch sehr gewöhnlich ist, sie für bloße Macht und leere Willkür und Souveränität für gleichbedeutend mit Despotismus zu nehmen. Aber der Despotismus bezeichnet überhaupt den Zustand der Gesetzlosigkeit, wo der besondere Wille als solcher, es sei nun eines Monarchen oder eines Volks (Ochlokratie), als Gesetz oder vielmehr statt des Gesetzes gilt, da hingegen die Souveränität gerade im gesetzlichen, konstitutionellen Zustande das Moment der Idealität der besondern Sphären und Geschäfte ausmacht, daß nämlich eine solche Sphäre nicht ein unabhängiges, in ihren Zwecken und Wirkungsweisen selbstständiges und sich nur in sich vertiefendes, sondern in diesen Zwecken und Wirkungsweisen vom Zwecke des Ganzen (den man im Allgemeinen mit einem unbestimmteren Ausdrucke das Wohl des Staats genannt hat) bestimmt und abhängig sei. Diese Idealität kommt auf die gedoppelte Weise zur Erscheinung. – Im friedlichen Zustande gehen die besonderen Sphären und Geschäfte den Gang der Befriedigung ihrer besonde|ren Geschäfte und Zwecke fort, und es ist teils nur die Weise der bewußtlosen Notwendigkeit der Sache, nach welcher ihre Selbstsucht in den Beitrag zur gegenseitigen Erhaltung und zur Erhaltung des Ganzen umschlägt (s. § 183), teils aber ist es die direkte Einwirkung von oben, wodurch sie sowohl zu dem Zwecke des Ganzen fortdauernd zurückgeführt und danach beschränkt (s. Regierungsgewalt § 289), als angehalten werden, zu dieser Erhaltung direkte Leistungen zu machen; – im Zustande der Not aber, es sei innerer oder äußerlicher, ist es die Souveränität, in deren einfachen Begriff der dort in seinen Besonderheiten bestehende Organismus zusammengeht, und welcher die Rettung des Staats mit Aufopferung dieses sonst Berechtigten anvertraut ist, wo denn jener Idealismus zu seiner eigentümlichen Wirklichkeit kommt (s. unten § 321).

§ 279

2) Die Souveränität, zunächst nur der allgemeine Gedanke dieser Idealität, existiert nur als die ihrer selbst gewisse Subjektivität und als die abstrakte, insofern grundlose Selbstbestimmung des Willens, in welcher das Letzte der Entscheidung liegt. Es ist dies das Individuelle des Staats als solches, der selbst nur darin Einer ist. Die Subjektivität aber ist in ihrer Wahrheit nur als Subjekt, die Persönlichkeit nur als Person, und in der zur reellen Vernünftigkeit gediehenen Verfassung, hat jedes der drei Momente des Begriffes seine für sich wirkliche ausgesonderte Gestaltung. Dies absolut entscheidende Moment des Ganzen ist daher nicht die Individualität überhaupt, sondern Ein Individuum, der Monarch.

Die immanente Entwickelung einer Wissenschaft, die Ableitung ihres ganzen Inhalts aus dem einfachen Begriffe (– sonst verdient eine Wissenschaft wenigstens nicht den Namen einer philosophischen Wissenschaft), zeigt das Eigentümliche, daß der eine und derselbe Begriff, hier der Wille, der Anfangs, weil es der Anfang ist, abstrakt ist, sich erhält, aber seine Bestimmungen und zwar eben so nur durch sich selbst verdichtet und auf diese Weise einen konkreten Inhalt gewinnt. So ist es das Grundmoment der zuerst im unmittelbaren Rechte abstrakten Persönlichkeit, welches sich durch seine verschiedenen Formen von Subjektivität fortgebildet hat, und hier im absoluten Rechte, dem Staate, | der vollkommen konkreten Objektivität des Willens, die Persönlichkeit des Staats ist, seine Gewißheit seiner selbst – dieses letzte, was alle Besonderheiten in dem einfachen Selbst aufhebt, das Abwägen der Gründe und Gegengründe, zwischen denen sich immer herüber und hinüber schwanken läßt, abbricht, und sie durch das: Ich will, beschließt, und alle Handlung und Wirklichkeit anfängt. – Die Persönlichkeit, und die Subjektivität überhaupt hat aber ferner, als unendliches sich auf sich beziehendes, schlechthin nur Wahrheit und zwar seine nächste unmittelbare Wahrheit als Person, für sich seiendes Subjekt, und das für sich seiende ist eben so schlechthin Eines. Die Persönlichkeit des Staates ist nur als eine Person, der Monarch, wirklich. – Persönlichkeit drückt den Begriff als solchen aus, die Person enthält zugleich die Wirklichkeit desselben, und der Begriff ist nur mit dieser Bestimmung, Idee, Wahrheit. – Eine sogenannte moralische Person, Gesellschaft, Gemeinde, Familie, so konkret sie in sich ist, hat die Persönlichkeit nur als Moment, abstrakt in ihr; sie ist darin nicht zur Wahrheit ihrer Existenz gekommen, der Staat aber ist eben diese Totalität, in welcher die Momente des Begriffs zur Wirklichkeit nach ihrer eigentümlichen Wahrheit gelangen. – Alle diese Bestimmungen sind schon für sich und in ihren Gestaltungen im ganzen Verlauf dieser Abhandlung erörtert, aber hier darum wiederholt worden, weil man sie zwar in ihren besondern Gestaltungen leicht zugibt, aber da sie gerade nicht wieder erkennt und auffaßt, wo sie in ihrer wahrhaften Stellung, nicht vereinzelt, sondern nach ihrer Wahrheit als Momente der Idee vorkommen. – Der Begriff des Monarchen ist deswegen der schwerste Begriff für das Räsonnement, d.h. für die reflektierende Verstandesbetrachtung, weil es in den vereinzelten Bestimmungen stehen bleibt, und darum dann auch nur Gründe, endliche Gesichtspunkte und das Ableiten aus Gründen kennt. So stellt es dann die Würde des Monarchen als etwas nicht nur der Form, sondern ihrer Bestimmung nach abgeleitetes dar; vielmehr ist sein Begriff, nicht ein abgeleitetes, sondern das schlechthin aus sich anfangende zu sein. Am nächsten trifft daher hiemit die Vorstellung zu, das Recht des Monarchen als auf göttliche Autorität gegründet zu betrachten, denn darin ist das Unbedingte desselben enthalten. Aber es ist bekannt, welche Mißverständnisse sich hieran geknüpft haben, und die Aufgabe der philosophischen Betrachtung ist, eben dies Göttliche zu begreifen. |

Volkssouveränität kann in dem Sinn gesagt werden, daß ein Volk überhaupt nach Außen ein selbstständiges sei und einen eigenen Staat ausmache, wie das Volk von Großbritannien, aber das Volk von England, oder Schottland, Irland, oder von Venedig, Genua, Ceylon u.s.f. kein souveränes Volks mehr sei, seitdem sie aufgehört haben, eigene Fürsten oder oberste Regierungen für sich zu haben. – Man kann so auch von der Souveränität nach Innen sagen, daß sie im Volke residiere, wenn man nur überhaupt vom Ganzen spricht, ganz so wie vorhin (§ 277, 278) gezeigt ist, daß dem Staate Souveränität zukomme. Aber Volkssouveränität als im Gegensatze gegen die im Monarchen existierende Souveränität genommen, ist der gewöhnliche Sinn, in welchem man in neuern Zeiten von Volkssouveränität zu sprechen angefangen hat, – in diesem Gegensatze gehört die Volkssouveränität zu den verworrenen Gedanken, denen die wüste Vorstellung des Volkes zu Grunde liegt. Das Volk, ohne seinen Monarchen und die eben damit notwendig und unmittelbar zusammenhängende Gliederung des Ganzen genommen, ist die formlose Masse, die kein Staat mehr ist und der keine der Bestimmungen, die nur in dem in sich geformten Ganzen vorhanden sind, – Souveränität, Regierung, Gerichte, Obrigkeit, Stände und was es sei, mehr zukommt. Damit daß solche auf eine Organisation, das Staatsleben, sich beziehende Momente in einem Volke hervortreten, hört es auf, dies unbestimmte Abstraktum zu sein, das in der bloß allgemeinen Vorstellung Volk heißt. – Wird unter der Volkssouveränität die Form der Republik und zwar bestimmter der Demokratie verstanden (denn unter Republik begreift man sonstige mannigfache empirische Vermischungen, die in eine philosophische Betrachtung ohnehin nicht gehören), so ist teils oben (bei § 273 in der Anmerkung) das Nötige gesagt, teils kann gegen die entwickelte Idee nicht mehr von solcher Vorstellung die Rede sein. – In einem Volke, das weder als ein patriarchalischer Stamm, noch in dem unentwickelten Zustande, in welchem die Formen der Demokratie oder Aristokratie möglich sind (s. Anm. ebend.), noch sonst in einem willkürlichen und unorganischen Zustande vorgestellt, sondern als eine in sich entwickelte, wahrhaft organische Totalität gedacht wird, ist die Souveränität als die

Persönlichkeit des Ganzen, und diese in der ihrem Begriffe gemäßen Realität, als die Person des Monarchen.
Auf der vorhin bemerkten Stufe, auf welcher die Einteilung der Verfassungen in Demokratie, Aristokratie und Monarchie gemacht worden | ist, dem Standpunkte der noch in sich bleibenden substantiellen Einheit, die noch nicht zu ihrer unendlichen Unterscheidung und Vertiefung in sich gekommen ist, tritt das Moment der letzten sich selbst bestimmenden Willensentscheidung nicht als immanentes organisches Moment des Staates für sich in eigentümliche Wirklichkeit heraus. Immer muß zwar auch in jenen unausgebildeteren Gestaltungen des Staats eine individuelle Spitze, entweder wie in den dahin gehörenden Monarchien, für sich vorhanden sein, oder wie in den Aristokratien, vornehmlich aber in den Demokratien, sich in den Staatsmännern, Feldherren, nach Zufälligkeit und dem besonderen Bedürfnis der Umstände erheben; denn alle Handlung und Wirklichkeit hat ihren Anfang und ihre Vollführung in der entschiedenen Einheit eines Anführers. Aber eingeschlossen in die gediegen bleibende Vereinung der Gewalten, muß solche Subjektivität des Entscheidens teils ihrem Entstehen und Hervortreten nach zufällig, teils überhaupt untergeordnet sein; nicht anderswo daher als jenseits solcher bedingten Spitzen konnte das unvermischte, reine Entscheiden, ein von außen her bestimmendes Fatum, liegen. Als Moment der Idee mußte es in die Existenz treten, aber außerhalb der menschlichen Freiheit und ihres Kreises, den der Staat befaßt, wurzelnd. – Hier liegt der Ursprung des Bedürfnisses, von Orakeln, dem Dämon (beim Sokrates), aus Eingeweiden der Tiere, dem Fressen und Fluge der Vögel u.s.f. die letzte Entscheidung über die großen Angelegenheiten und für die wichtigen Momente des Staats zu holen – eine Entscheidung, welche die Menschen, noch nicht die Tiefe des Selbstbewußtseins erfassend, und aus der Gediegenheit der substantiellen Einheit zu diesem Fürsichsein gekommen, noch nicht innerhalb des menschlichen Seins zu sehen die Stärke hatten. – Im Dämon des Sokra-

tes (vergl. oben § 138) können wir den Anfang sehen, daß der sich vorher nur jenseits seiner selbst versetzende Wille sich in sich verlegte und sich innerhalb seiner erkannte, – der Anfang der sich wissenden und damit wahrhaften Freiheit. Diese reelle Freiheit der Idee, da sie eben dies ist, jedem der Momente der Vernünftigkeit seine eigene, gegenwärtige, selbstbewußte Wirklichkeit zu geben, ist es, welche somit die letzte sich selbst bestimmende Gewißheit, die die Spitze im Begriffe des Willens ausmacht, der Funktion eines Bewußtseins zuteilt. Diese letzte Selbstbestimmung kann aber nur insofern in die Sphäre der menschlichen Freiheit fallen, als sie die Stellung der für sich abgesonderten, über alle Besonderung und Bedingung erhabenen Spitze hat; denn nur so ist sie nach ihrem Begriffe wirklich. |

§ 280

3) Dieses letzte Selbst des Staatswillens ist in dieser seiner Abstraktion einfach und daher unmittelbare Einzelnheit; in seinem Begriffe selbst liegt hiermit die Bestimmung der Natürlichkeit; der Monarch ist daher wesentlich als dieses Individuum, abstrahiert von allem anderen Inhalte, und dieses Individuum auf unmittelbare natürliche Weise, durch die natürliche Geburt, zur Würde des Monarchen bestimmt.

Dieser Übergang vom Begriff der reinen Selbstbestimmung in die Unmittelbarkeit des Seins und damit in die Natürlichkeit ist rein spekulativer Natur, seine Erkenntnis gehört daher der logischen Philosophie an. Es ist übrigens im Ganzen derselbe Übergang, welcher als die Natur des Willens überhaupt bekannt und der Prozeß ist, einen Inhalt aus der Subjektivität (als vorgestellten Zweck), in das Dasein zu übersetzen (§ 8). Aber die eigentümliche Form der Idee und des Überganges, der hier betrachtet wird, ist das unmittelbare Umschlagen der reinen Selbstbestimmung des Willens (des einfachen Begriffes selbst) in ein Dieses und natürliches Dasein, ohne die Vermittlung durch einen besondern Inhalt – (einen Zweck im Handeln). – Im sogenannten ontologischen Beweise vom Dasein Gottes ist es dasselbe Umschlagen des absoluten Begriffes in das Sein, was die Tiefe der Idee in der neuern Zeit ausgemacht hat, was aber in der neusten Zeit für das Unbegreifliche ausgegeben worden ist, – wodurch man denn, weil nur die Einheit des Begriffs und des Daseins (§ 23) die Wahrheit ist, auf das Erkennen der Wahrheit Verzicht geleistet hat. Indem das Bewußtsein des Verstandes diese Einheit nicht in sich hat und bei der Trennung der beiden Momente der Wahrheit stehen bleibt, gibt es etwa bei diesem Gegenstande noch einen Glauben an jene Einheit zu. Aber indem die Vorstellung des Monarchen, als dem gewöhnlichen Bewußtsein ganz anheimfallend angesehen wird, so bleibt hier um so mehr der Verstand bei seiner Trennung und den daraus fließenden Ergebnissen seiner räsonnierenden Gescheitheit stehen, und leugnet dann, daß das Moment der letzten Entscheidung im Staate an und für sich (d. i. im Vernunftbegriff) mit der unmittelbaren Natürlichkeit verbunden sei; woraus zunächst die Zufälligkeit dieser Verbindung, und indem die absolute Verschiedenheit jener Momente als das Vernünftige behauptet wird, weiter die Unvernünftigkeit solcher Verbindung gefolgert wird, so daß hieran sich die anderen, die Idee des Staats zerrüttenden, Konsequenzen knüpfen. |

§ 281

Beide Momente in ihrer ungetrennten Einheit, das letzte grundlose Selbst des Willens und die damit eben so grundlose Existenz, als der Natur anheimgestellte Bestimmung, – diese Idee des von der Willkür Unbewegten macht die Majestät des Monarchen aus. In dieser Einheit liegt die wirkliche Einheit des Staats, welche nur durch diese ihre innere und äußere Unmittelbarkeit, der Möglichkeit, in die Sphäre der Besonderheit, deren Willkür, Zwecke und Ansichten herabgezogen zu werden, dem Kampf der Faktionen gegen Faktionen um den Thron, und der Schwächung und Zertrümmerung der Staatsgewalt, entnommen ist.

Geburts- und Erbrecht machen den Grund der Legitimität als Grund nicht eines bloß positiven Rechts, sondern zugleich in der Idee aus. – Daß durch die festbestimmte Thronfolge, d.i. die natürliche Sukzession, bei der Erledigung des Throns den Faktionen vorgebeugt ist, ist eine Seite, die mit Recht für die Erblichkeit desselben längst geltend gemacht worden ist. Diese Seite ist jedoch nur Folge, und zum Grunde gemacht zieht sie die Majestät in die Sphäre des Räsonnements herunter, und gibt ihr, deren Charakter diese grundlose Unmittelbarkeit und dies letzte Insichsein ist, nicht die ihr immanente Idee des Staates, sondern etwas außer ihr, einen von ihr verschiedenen Gedanken, etwa das Wohl des Staates oder Volkes zu ihrer Begründung. Aus solcher Bestimmung kann wohl die Erblichkeit durch medios terminos gefolgert werden; sie läßt aber auch andere medios terminos und damit andere Konsequenzen zu, – und es ist nur zu bekannt, welche Konsequenzen aus diesem Wohl des Volkes (salut du peuple) gezogen worden sind. – Deswegen darf auch nur die Philosophie diese Majestät denkend betrachten, denn jede andere Weise der Untersuchung, als die spekulative der unendlichen, in sich selbst begründeten Idee, hebt an und für sich die Natur der Majestät auf. – Das Wahlreich scheint leicht die natürlichste Vorstellung zu sein, d.h. sie liegt der Seichtigkeit des Gedankens am nächsten; weil es die Angelegenheit und das Interesse des Volks sei, das der Monarch zu besorgen habe, so müsse es auch der Wahl des Volkes überlassen bleiben, wen es mit der Besorgung seines Wohls beauftragen wolle, und nur aus dieser Beauftragung entstehe das Recht zur Regierung. Diese Ansicht, wie die Vorstellungen vom Monarchen, als obersten Staatsbeamten, von einem Vertragsverhältnisse zwischen demselben und dem Volke u.s.f. geht von dem Willen, als Belieben, Meinung und Willkür der Vielen aus, – einer Bestimmung, | die, wie längst betrachtet worden, in der bürgerlichen Gesellschaft als erste gilt, oder vielmehr sich nur geltend machen will, aber weder das Prinzip der Familie, noch weniger des Staats ist, überhaupt der Idee der Sittlichkeit entgegensteht. – Daß das Wahlreich vielmehr die schlechteste der Institutionen ist, ergibt sich schon für das Räsonnement aus den Folgen, die für dasselbe übrigens nur als etwas Mögliches und Wahrscheinliches erscheinen, in der Tat aber wesentlich in dieser Institution liegen. Die Verfassung wird nämlich in einem Wahlreich durch die Natur des Verhältnisses, daß in ihm der partikuläre Wille zum letzten Entscheidenden gemacht ist, zu einer Wahlkapitulation, d.h. zu einer Ergebung der Staatsgewalt auf die Diskretion des partikulären Willens, woraus die Verwandlung der besonderen Staatsgewalten in Privateigentum, die Schwächung und der Verlust der Souveränität des Staats, und damit seine innere Auflösung und äußere Zertrümmerung, hervorgeht.

§ 282

Aus der Souveränität des Monarchen fließt das Begnadigungs-Recht der Verbrecher, denn ihr nur kommt die Verwirklichung der Macht des Geistes zu, das Geschehene ungeschehen zu machen, und im Vergeben und Vergessen das Verbrechen zu vernichten.

Das Begnadigungsrecht ist eine der höchsten Anerkennungen der Majestät des Geistes. – Dies Recht gehört übrigens zu den Anwendungen oder Reflexen der Bestimmungen der höheren Sphäre auf eine vorhergehende. – Dergleichen Anwendungen aber gehören der besonderen Wissenschaft an, die ihren Gegenstand in seinem empirischen Umfange abzuhandeln hat (vergl. § 270 Anm.[1]). – Zu solchen Anwendungen gehört auch, daß die Verletzungen des Staats überhaupt, oder der Souveränität, Majestät und der Persönlichkeit des Fürsten, unter den Begriff des Verbrechens, der früher (§ 95 bis 102) vorgekommen ist, subsumiert, und zwar als die höchsten Verbrechen, die besondere Verfahrungsart u.s.f. bestimmt werden.

§ 283

Das zweite in der Fürstengewalt enthaltene ist das Moment der Besonderheit, oder des bestimmten Inhalts und der Subsumtion desselben unter | das Allgemeine. Insofern es eine besondere Existenz erhält, sind es oberste beratende Stellen und Individuen, die den Inhalt der vorkommenden Staatsangelegenheiten oder der aus vorhandenen Bedürfnissen nötig werdenden gesetzlichen Bestimmungen, mit ihren objektiven Seiten, den Entscheidungsgründen, darauf sich beziehenden Gesetzen, Umständen u.s.f. zur Entscheidung vor den Monarchen bringen. Die Erwählung der Individuen zu diesem Geschäfte wie deren Entfernung fällt, da sie es mit der unmittelbaren Person des Monarchen zu tun haben, in seine unbeschränkte Willkür.

§ 284

Insofern das Objektive der Entscheidung, die Kenntnis des Inhalts und der Umstände, die gesetzlichen und andere Bestimmungsgründe, allein der Verantwortung, d.i. des Beweises der Objektivität fähig ist und daher einer von dem persönlichen Willen des Monarchen als solchem unterschiedenen Beratung zukommen kann, sind diese beratenden Stellen oder Individuen allein der Verantwortung unterworfen, die eigentümliche Majestät des Monarchen, als die letzte entscheidende Subjektivität ist aber über alle Verantwortlichkeit für die Regierungshandlungen erhoben.

§ 285

Das dritte Moment der fürstlichen Gewalt betrifft das an und für sich Allgemeine, welches in subjektiver Rücksicht in dem Gewissen des Monarchen, in objektiver Rücksicht im Ganzen der Verfassung und in den Gesetzen besteht; die fürstliche Gewalt setzt insofern die anderen Momente voraus, wie jedes von diesen sie voraussetzt.

§ 286

Die objektive Garantie der fürstlichen Gewalt, der rechtlichen Sukzession nach der Erblichkeit des Thrones u.s.f. liegt darin, daß wie diese Sphäre ihre von den anderen durch die Vernunft bestimmten Momenten ausgeschiedene Wirklichkeit hat, eben so die anderen für sich die eigentümlichen Rechte und Pflichten ihrer Bestimmung haben; jedes Glied, indem es sich für sich erhält, erhält im vernünftigen Organismus eben damit die anderen in ihrer Eigentümlichkeit.

Die monarchische Verfassung zur erblichen nach Primogenitur festbestimmten Thronfolge herausgearbeitet zu haben, so daß sie hiermit | zum patriarchalischen Prinzip, von dem sie geschichtlich ausgegangen ist, aber in der höheren Bestimmung als die absolute Spitze eines organisch entwickelten Staats zurück geführt worden, ist eins der späteren Resultate der Geschichte, das für die öffentliche Freiheit und vernünftige Verfassung am wichtigsten ist, obgleich es, wie vorhin bemerkt, wenn schon respektiert, doch häufig am wenigsten begriffen wird. Die ehemaligen bloßen Feudalmonarchien, so wie die Despotien zeigen in der Geschichte darum diese Abwechselung von Empörungen, Gewalttaten der Fürsten, innerlichen Kriegen, Untergang fürstlicher Individuen und Dynastien, und die daraus hervorgehende innere und äußere, allgemeine Verwüstung und Zerstörung, weil in solchem Zustand die Teilung des Staatsgeschäfts, indem seine Teile Vasallen, Paschas u.s.f. übertragen sind, nur mechanisch, nicht ein Unterschied der Bestimmung und Form, sondern nur ein Unterschied größerer oder geringerer Gewalt ist. So erhält und bringt jeder Teil, indem er sich erhält, nur sich und darin nicht zugleich die anderen hervor, und hat zur unabhängigen Selbstständigkeit alle Momente vollständig an ihm selbst. Im organischen Verhältnisse, in welchem Glieder, nicht Teile, sich zu einander verhalten, erhält jedes die anderen, indem es seine eigne Sphäre erfüllt, jedem ist für die eigene Selbsterhaltung, eben so die Erhaltung der anderen Glieder substantieller Zweck und Produkt. Die Garantien, nach denen gefragt wird, es sei für die Festigkeit der Thronfolge, der fürstlichen Gewalt überhaupt, für Gerechtigkeit, öffentliche Freiheit, u.s.f. sind Sicherungen durch Institutionen. Als subjektive Garantien können Liebe des Volks, Charakter, Eide, Gewalt u.s.f. angesehen werden, aber so wie von Verfassung gesprochen wird, ist die Rede nur von objektiven Garantien, den Institutionen, d.i. den organisch verschränkten und sich bedingenden Momenten. So sind sich öffentliche Freiheit überhaupt, und Erblichkeit des Thrones gegenseitige Garantien, und stehen im absoluten Zusammenhang, weil die öffentliche Freiheit die vernünftige Verfassung ist, und die Erblichkeit der fürstlichen Gewalt das, wie gezeigt, in ihrem Begriffe liegende Moment. |

b) DIE REGIERUNGS-GEWALT

§ 287

Von der Entscheidung ist die Ausführung und Anwendung der fürstlichen Entscheidungen, überhaupt das Fortführen und im Stande Erhalten des bereits Entschiedenen, der vorhandenen Gesetze, Einrichtungen, Anstalten für gemeinschaftliche Zwecke u. dergl. unterschieden. Dies Geschäft der Subsumtion überhaupt begreift die Regierungsgewalt in sich, worunter eben so die richterlichen und polizeilichen Gewalten begriffen sind, welche unmittelbarer auf das Besondere der bürgerlichen Gesellschaft Beziehung haben, und das allgemeine Interesse in diesen Zwecken geltend machen.

§ 288

Die gemeinschaftlichen besonderen Interessen, die in die bürgerliche Gesellschaft fallen, und außer dem an und für sich seienden Allgemeinen des Staats selbst liegen (§ 256) haben ihre Verwaltung in den Korporationen (§ 251) der Gemeinden und sonstiger Gewerbe und Stände und deren Obrigkeiten, Vorsteher, Verwalter und dergleichen. Insofern diese Angelegenheiten, die sie besorgen, einerseits das Privateigentum und Interesse dieser besondern Sphären sind, und nach dieser Seite ihre Autorität mit auf dem Zutrauen ihrer Standesgenossen und Bürgerschaften beruhet, anderseits diese Kreise den höheren Interessen des Staats untergeordnet sein müssen, wird sich für die Besetzung dieser Stellen im Allgemeinen eine Mischung von gemeiner Wahl dieser Interessenten und von einer höhern Bestätigung und Bestimmung ergeben.

§ 289

Die Festhaltung des allgemeinen Staatsinteresses und des Gesetzlichen in diesen besonderen Rechten und die Zurückführung derselben auf jenes erfordert eine Besorgung durch Abgeordnete der Regierungsgewalt, die exekutiven Staatsbeamten und die höheren beratenden insofern kollegialisch konstituierten Behörden, welche in den obersten, den Monarchen berührenden Spitzen, zusammenlaufen.

∗ Wie die bürgerliche Gesellschaft der Kampfplatz des individuellen Privatinteresses Aller gegen Alle ist, so hat hier der Konflikt desselben gegen | die gemeinschaftlichen besonderen Angelegenheiten, und dieser zusammen mit jenem gegen die höheren Gesichtspunkte und Anordnungen des Staats, seinen Sitz. Der Korporationsgeist, der sich in der Berechtigung der besondern Sphären erzeugt, schlägt in sich selbst zugleich in den Geist des Staats um, indem er an dem Staate das Mittel der Erhaltung der besonderen Zwecke hat. Dies ist das Geheimnis des Patriotismus der Bürger nach dieser Seite, daß sie den Staat als ihre Substanz wissen, weil er ihre besondern Sphären, deren Berechtigung und Autorität wie deren Wohlfahrt, erhält. In dem Korporationsgeist, da er die Einwurzelung des Besonderen in das Allgemeine unmittelbar enthält, ist insofern die Tiefe und die Stärke des Staates, die er in der Gesinnung hat.

Die Verwaltung der Korporationsangelegenheiten durch ihre eigenen Vorsteher wird, da sie zwar ihre eigentümlichen Interessen und Angelegenheiten, aber unvollständiger den Zusammenhang der entfernteren Bedingungen und die allgemeinen Gesichtspunkte kennen und vor sich haben, häufig ungeschickt sein – außerdem daß weitere Umstände dazu beitragen, z.B. die nahe Privatberührung und sonstige Gleichheit der Vorsteher mit den ihnen auch untergeordnet sein sollenden, ihre mannigfachere Abhängigkeit u.s.f. Diese eigene Sphäre kann aber, als dem Moment der formellen Freiheit überlassen angesehen werden, wo das eigene Erkennen, Beschließen und Ausführen, so wie die kleinen Leidenschaften und Einbildungen einen Tummelplatz haben, sich zu ergehen, – und dies um so mehr, je weniger der Gehalt der Angelegenheit, die dadurch verdorben, weniger gut, mühseliger u. s. f. besorgt wird, für das Allgemeinere des Staats von Wichtigkeit ist, und je mehr die mühselige oder törichte Besorgung solcher geringfügiger Angelegenheit in direktem Verhältnisse mit der Befriedigung und Meinung von sich steht, die daraus geschöpft wird.

§ 290

In dem Geschäfte der Regierung findet sich gleichfalls die Teilung der Arbeit (§ 198) ein. Die Organisation der Behörden hat insofern die formelle, aber schwierige Aufgabe, daß von unten, wo das bürgerliche Leben konkret ist, dasselbe auf konkrete Weise regiert werde, daß dies Geschäft aber in seine abstrakte Zweige geteilt sei, die von eigentümlichen Behörden als unterschiedenen Mittelpunkten behandelt werden, deren Wirksamkeit nach unten, so wie in der obersten Regierungsgewalt in eine konkrete Übersicht wieder zusammenlaufe. |

§ 291

Die Regierungsgeschäfte sind objektiver, für sich ihrer Substanz nach bereits entschiedener Natur (§ 287) und durch Individuen zu vollführen und zu verwirklichen. Zwischen beiden liegt keine unmittelbare natürliche Verknüpfung; die Individuen sind daher nicht durch die natürliche Persönlichkeit und die Geburt dazu bestimmt. Für ihre Bestimmung zu demselben ist das objektive Moment die Erkenntnis und der Erweis ihrer Befähigung, – ein Erweis, der dem Staate sein Bedürfnis, und als die einzige Bedingung zugleich jedem Bürger die Möglichkeit, sich dem allgemeinen Stand zu widmen, sichert.

§ 292

Die subjektive Seite, daß dieses Individuum aus mehreren, deren es, da hier das Objektive nicht (wie z.B. bei der Kunst) in Genialität liegt, notwendig unbestimmt Mehrere gibt, unter denen der Vorzug nichts absolut bestimmbares ist, zu einer Stelle gewählt und ernannt, und zur Führung des öffentlichen Geschäfts bevollmächtigt wird, diese Verknüpfung des Individuums und des Amtes, als zweier für sich gegeneinander immer zufälligen Seiten, kommt der fürstlichen, als der entscheidenden und souveränen Staatsgewalt zu.

§ 293

Die besonderen Staatsgeschäfte, welche die Monarchie den Behörden übergibt, machen einen Teil der objektiven Seite der dem Monarchen innewohnenden Souveränität aus; ihr bestimmter Unterschied ist eben so durch die Natur der Sache gegeben; und wie die Tätigkeit der Behörden eine Pflichterfüllung, so ist ihr Geschäft auch ein der Zufälligkeit entnommenes Recht.

§ 294

Das Individuum, das durch den souveränen Akt (§ 292) einem amtlichen Berufe verknüpft ist, ist auf seine Pflichterfüllung, das Substantielle seines Verhältnisses, als Bedingung dieser Verknüpfung angewiesen, in welcher es als Folge dieses substantiellen Verhältnisses das Vermögen und die gesicherte Befriedigung seiner Besonderheit (§ 264) und Befreiung seiner äußern Lage und Amtstätigkeit von sonstiger subjektiver Abhängigkeit und Einfluß findet. |

Der Staat zählt nicht auf willkürliche, beliebige Leistungen (eine Rechtspflege z.B., die von fahrenden Rittern ausgeübt wurde) eben weil sie beliebig und willkürlich sind, und sich die Vollführung der Leistungen nach subjektiven Ansichten, eben so wie die beliebige Nichtleistung und die Ausführung subjektiver Zwecke vorbehalten. Das andere Extrem zum fahrenden Ritter wäre in Beziehung auf den Staatsdienst das des Staatsbedienten, der bloß nach der Not, ohne wahrhafte Pflicht und eben so ohne Recht seinem Dienste verknüpft wäre. – Der Staatsdienst fordert vielmehr die Aufopferung selbstständiger und beliebiger Befriedigung subjektiver Zwecke, und gibt eben damit das Recht, sie in der pflichtmäßigen Leistung[,] aber nur in ihr zu finden. Hierin liegt nach dieser Seite die Verknüpfung des allgemeinen und besonderen Interesses, welche den Begriff und die innere Festigkeit des Staats ausmacht (§ 260). – Das Amtsverhältnis ist gleichfalls kein Vertragsverhältnis (§ 75), obgleich ein gedoppeltes Einwilligen und ein Leisten von beiden Seiten vorhanden ist. Der Bedienstete ist nicht für eine einzelne zufällige Dienstleistung berufen, wie der Mandatarius, sondern legt das Hauptinteresse seiner geistigen und besonderen Existenz in dies Verhältnis. Eben so ist es nicht eine ihrer Qualität nach äußerliche, nur besondere Sache, die er zu leisten hätte und die ihm anvertraut wäre; der Wert einer solchen ist als inneres von ihrer Äußerlichkeit verschieden und wird bei der Nichtleistung des Stipulierten noch nicht verletzt (§ 77). Was aber der Staatsdiener zu leisten hat, ist wie es unmittelbar ist, ein Wert an und für sich. Das Unrecht durch Nichtleistung oder positive Verletzung (dienstwidrige Handlung, und beides ist eine solche) ist daher Verletzung des allgemeinen Inhalts selbst (verglichen § 95 ein negativ unendliches Urteil), deswegen Vergehen oder auch Verbrechen. – Durch die gesicherte Befriedigung des besonderen Bedürfnisses ist die äußere Not gehoben, welche, die Mittel dazu auf Kosten der Amtstätigkeit und Pflicht zu suchen, veranlassen kann. In der allgemeinen Staatsgewalt finden die mit seinen Geschäften Beauftragten Schutz gegen die andere subjektive Seite, gegen die Privatleidenschaften der Regierten, deren Privatinteresse u.s.f. durch das Geltendmachen des Allgemeinen dagegen, beleidigt wird. |

§ 295

Die Sicherung des Staats und der Regierten gegen den Mißbrauch der Gewalt von Seiten der Behörden und ihrer Beamten liegt einerseits unmittelbar in ihrer Hierarchie und Verantwortlichkeit, andererseits in der Berechtigung der Gemeinden, Korporationen, als wodurch die Einmischung subjektiver Willkür in die den Beamten anvertraute Gewalt für sich gehemmt und die in das einzelne Benehmen nicht reichende Kontrolle von Oben, von Unten ergänzt wird.

Im Benehmen und in der Bildung der Beamten liegt der Punkt, wo die Gesetze und Entscheidungen der Regierung die Einzelnheit berühren und in der Wirklichkeit geltend gemacht werden. Dies ist somit die Stelle, von welcher die Zufriedenheit und das Zutrauen der Bürger zur Regierung, so wie die Ausführung oder Schwächung und Vereitelung ihrer Absichten nach der Seite abhängt, daß die Art und Weise der Ausführung von der Empfindung und Gesinnung leicht so hoch angeschlagen wird, als der Inhalt des Auszuführenden selbst, der schon für sich eine Last enthalten kann. In der Unmittelbarkeit und Persönlichkeit dieser Berührung liegt es, daß die Kontrolle von Oben von dieser Seite unvollständiger ihren Zweck erreicht, der auch an dem gemeinschaftlichen Interesse der Beamten als eines gegen die Untergebenen und gegen die Obern sich zusammenschließenden Standes, Hindernisse finden kann, deren Beseitigung insbesondere bei etwa sonst noch unvollkommenern Institutionen, das höhere Eingreifen der Souveränität (wie z.B. Friedrichs II. in der berüchtigt-gemachten Müller Arnoldschen Sache) erfordert und berechtigt.

§ 296

Daß aber die Leidenschaftslosigkeit, Rechtlichkeit und Milde des Benehmens Sitte werde, hängt teils mit der direkten sittlichen und Gedankenbildung zusammen, welche dem, was die Erlernung der sogenannten Wissenschaften der Gegenstände dieser Sphären, die erforderliche Geschäftseinübung, die wirkliche Arbeit u.s.f. von Mechanismus und dergleichen in sich hat, das geistige Gleichgewicht hält; teils ist die Größe des Staats ein Hauptmoment, wodurch sowohl das Gewicht von Familien- und anderen Privatverbindungen geschwächt, als auch Rache, Haß und andere solche Leidenschaften ohnmächtiger und damit stumpfer werden; in der Beschäftigung mit den in dem großen Staate vorhandenen großen Interessen gehen für sich | diese subjektiven Seiten unter und erzeugt sich die Gewohnheit allgemeiner Interessen, Ansichten und Geschäfte.

§ 297

Die Mitglieder der Regierung und die Staatsbeamten machen den Hauptteil des Mittelstandes aus, in welchen die gebildete Intelligenz und das rechtliche Bewußtsein der Masse eines Volkes fällt. Daß er nicht die isolierte Stellung einer Aristokratie nehme und Bildung und Geschicklichkeit nicht zu einem Mittel der Willkür und einer Herrenschaft werde, wird durch die Institutionen der Souveränität von Oben herab, und der Korporations-Rechte von Unten herauf, bewirkt.

So hatte sich vormals die Rechtspflege, deren Objekt das eigentümliche Interesse aller Individuen ist, dadurch, daß die Kenntnis des Rechts sich in Gelehrsamkeit und fremde Sprache und die Kenntnis des Rechtsganges in verwickelten Formalismus verhüllte, in ein Instrument des Gewinns und der Beherrschung verwandelt. |

c) DIE GESETZGEBENDE GEWALT

§ 298

Die gesetzgebende Gewalt betrifft die Gesetze als solche, insofern sie weiterer Fortbestimmung bedürfen, und die ihrem Inhalte nach ganz allgemeinen innern Angelegenheiten. Diese Gewalt ist selbst ein Teil der Verfassung, welche ihr vorausgesetzt ist und insofern an und für sich außer deren direkten Bestimmung liegt, aber in der Fortbildung der Gesetze und in dem fortschreitenden Charakter der allgemeinen Regierungsangelegenheiten ihre weitere Entwickelung erhält.

§ 299

Diese Gegenstände bestimmen sich in Beziehung auf die Individuen näher nach den zwei Seiten: α) was durch den Staat ihnen zu Gute kömmt und sie zu genießen und β) was sie demselben zu leisten haben. Unter jenem sind die privatrechtlichen Gesetze überhaupt, die Rechte der Gemeinden und Korporationen und ganz allgemeine Veranstaltungen und indirekt (§ 298) das Ganze der Verfassung begriffen. Das zu Leistende aber kann nur, indem es auf Geld, als den existierenden allgemeinen Wert der Dinge und der Leistungen, reduziert wird, auf eine gerechte Weise und zugleich auf eine Art bestimmt werden, daß die besonderen Arbeiten und Dienste, die der Einzelne leisten kann, durch seine Willkür vermittelt werden.

Was Gegenstand der allgemeinen Gesetzgebung und was der Bestimmung der Administrativ-Behörden und der Regulierung der Regierung überhaupt anheim zu stellen sei, läßt sich zwar im Allgemeinen so unterscheiden, daß in jene nur das dem Inhalte nach ganz Allgemeine der gesetzlichen Bestimmungen, in diese aber das Besondere und die Art und Weise der Exekution falle. Aber völlig bestimmt ist diese Unterscheidung schon dadurch nicht, daß das Gesetz, damit es Gesetz, nicht ein bloßes Gebot überhaupt sei (Wie »du sollst nicht töten«, vergl. mit Anm. zum § 140, S. 144 f.), in sich bestimmt sein muß; je bestimmter es aber ist, desto mehr nähert sich sein Inhalt der Fähigkeit, so wie es ist, ausgeführt zu werden. Zugleich aber würde die so weit gehende Bestimmung den Gesetzen eine empirische Seite geben, welche in der wirklichen Ausführung Abänderungen unterworfen werden müßte, was dem Charakter von Gesetzen Abbruch täte. In der organischen Einheit der Staatsgewalten liegt es selbst, daß es Ein Geist ist, der das Allgemeine | festsetzt, und der es zu seiner bestimmten Wirklichkeit bringt und ausführt. – Es kann im Staate zunächst auffallen, daß von den vielen Geschicklichkeiten, Besitztümern, Tätigkeiten, Talenten, und darin liegenden unendlich mannigfaltigen lebendigen Vermögen, die zugleich mit Gesinnung verbunden sind, der Staat keine direkte Leistung fordert, sondern nur das eine Vermögen in Anspruch nimmt, das als Geld erscheint. – Die Leistungen, die sich auf die Verteidigung des Staats gegen Feinde beziehen, gehören erst zu der Pflicht der folgenden Abteilung. In der Tat ist das Geld aber nicht ein besonderes Vermögen neben den übrigen, sondern es ist das Allgemeine derselben, insofern sie sich zu der Äußerlichkeit des Daseins produzieren, in der sie als eine Sache gefaßt werden können. Nur an dieser äußerlichsten Spitze ist die quantitative Bestimmtheit und damit die Gerechtigkeit und Gleichheit der Leistungen möglich. – Plato läßt in seinem Staate die Individuen den besondern Ständen durch die Obern zuteilen, und ihnen ihre besondern Leistungen auflegen (vergl. § 185 Anm.); in der Feudal-Monarchie hatten Vasallen eben so unbestimmte Dienste, aber auch in ihrer Besonderheit z.B. das Richteramt u.s.f. zu leisten; die Leistungen im Orient, Ägypten für die unermeßlichen Architekturen u.s.f. sind eben so von besonderer Qualität u.s.f. In diesen Verhältnissen mangelt das Prinzip der subjektiven Freiheit, daß das substantielle Tun des Individuums, das in solchen Leistungen ohnehin seinem Inhalte nach ein Besonderes ist, durch seinen besonderen Willen vermittelt sei; – ein Recht, das allein durch die Forderung der Leistungen in der Form des allgemeinen Wertes möglich, und das der Grund ist, der diese Verwandlung herbeigeführt hat.

§ 300

In der gesetzgebenden Gewalt als Totalität sind zunächst die zwei andern Momente wirksam, das monarchische als dem die höchste Entscheidung zukommt, – die Regierungsgewalt als das, mit der konkreten Kenntnis und Übersicht des Ganzen in seinen vielfachen Seiten und den darin festgewordenen wirklichen Grundsätzen, so wie mit der Kenntnis der Bedürfnisse der Staatsgewalt insbesondere, beratende Moment, – endlich das ständische Element.

§ 301

Das ständische Element hat die Bestimmung, daß die allgemeine Angelegenheit nicht nur an sich, sondern auch für sich, d.i. daß das Moment | der subjektiven formellen Freiheit, das öffentliche Bewußtsein als empirische Allgemeinheit der Ansichten und Gedanken der Vielen, darin zur Existenz komme.

Der Ausdruck: die Vielen (οἱ πολλοί), bezeichnet die empirische Allgemeinheit richtiger, als das gang und gäbe: Alle. Denn wenn man sagen wird, daß es sich von selbst verstehe, daß unter diesen Allen zunächst wenigstens die Kinder, Weiber u.s.f. nicht gemeint seien, so versteht es sich hiemit noch mehr von selbst, daß man den ganz bestimmten Ausdruck: Alle nicht gebrauchen sollte, wo es sich um noch etwas ganz Unbestimmtes handelt. – Es sind überhaupt so unsäglich viele schiefe und falsche Vorstellungen und Redensarten über Volk, Verfassung und Stände in den Umlauf der Meinung gekommen, daß es eine vergebliche Mühe wäre, sie aufführen, erörtern und berichtigen zu wollen. Die Vorstellung, die das gewöhnliche Bewußtsein über die Notwendigkeit oder Nützlichkeit der Konkurrenz von Ständen zunächst vor sich zu haben pflegt, ist vornehmlich etwa, daß die Abgeordnete aus dem Volk oder gar das Volk es am besten verstehen müsse, was zu seinem Besten diene, und daß es den ungezweifelt besten Willen für dieses Beste habe. Was das erstere betrifft, so ist vielmehr der Fall, daß das Volk, insofern mit diesem Worte ein besonderer Teil der Mitglieder eines Staats bezeichnet ist, den Teil ausdrückt, der nicht weiß was er will. Zu wissen was man will, und noch mehr was der an und für sich seiende Wille, die Vernunft, will, ist die Frucht tiefer Erkenntnis und Einsicht, welche eben nicht die Sache des Volks ist. – Die Gewährleistung, die für das allgemeine Beste und die öffentliche Freiheit in den Ständen liegt, findet sich bei einigem Nachdenken nicht in der besonderen Einsicht derselben – denn die höchsten Staatsbeamten haben notwendig tiefere und umfassendere Einsicht in die Natur der Einrichtungen und Bedürfnisse des Staats, so wie die größere Geschicklichkeit und Gewohnheit dieser Geschäfte und können ohne Stände das Beste tun, wie sie auch fortwährend bei den ständischen Versammlungen das Beste tun müssen, – sondern sie liegt teils wohl in einer Zutat von Einsicht der Abgeordneten vornehmlich in das Treiben der den Augen der höheren Stellen ferner stehenden Beamten, und insbesondere in dringendere und speziellere Bedürfnisse und Mängel, die sie in konkreter Anschauung vor sich haben, teils aber in derjenigen Wirkung, welche die zu erwartende Zensur Vieler und zwar eine öffentliche Zensur mit sich führt, schon im Voraus die beste Einsicht auf die Geschäfte und vorzulegenden Entwürfe zu verwenden und sie nur den reinsten | Motiven gemäß einzurichten – eine Nötigung, die eben so für die Mitglieder der Stände selbst wirksam ist. Was aber den vorzüglich guten Willen der Stände für das allgemeine Beste betrifft, so ist schon oben (§ 272 Anm.) bemerkt worden, daß es zu der Ansicht des

Pöbels, dem Standpunkte des Negativen überhaupt gehört, bei der Regierung einen bösen oder weniger guten Willen vorauszusetzen; – eine Voraussetzung, die zunächst, wenn in gleicher Form geantwortet werden sollte, die Rekrimination zur Folge hätte, daß die Stände, da sie von der Einzelnheit, dem Privat-Standpunkt und den besonderen Interessen herkommen, für diese auf Kosten des allgemeinen Interesses ihre Wirksamkeit zu gebrauchen geneigt seien, da hingegen die andern Momente der Staatsgewalt schon für sich auf den Standpunkt des Staates gestellt, und dem allgemeinen Zwecke gewidmet sind. Was hiermit die Garantie überhaupt betrifft, welche besonders in den Ständen liegen soll, so teilt auch jede andere der Staats-Institutionen dies mit ihnen, eine Garantie des öffentlichen Wohls und der vernünftigen Freiheit zu sein, und es gibt darunter Institutionen, wie die Souveränität des Monarchen, die Erblichkeit der Thronfolge, Gerichtsverfassung u.s.f. in welchen diese Garantie noch in viel stärkerem Grade liegt. Die eigentümliche Begriffsbestimmung der Stände ist deshalb darin zu suchen, daß in ihnen das subjektive Moment der allgemeinen Freiheit, die eigene Einsicht und der eigene Wille der Sphäre, die in dieser Darstellung bürgerliche Gesellschaft genannt worden ist, in **Beziehung auf den Staat zur Existenz** kommt. Daß dies Moment eine Bestimmung der zur Totalität entwickelten Idee ist, diese innere Notwendigkeit, welche nicht mit **äußeren Notwendigkeiten** und **Nützlichkeiten** zu verwechslen ist, folgt wie überall, aus dem philosophischen Gesichtspunkte.

§ 302

Als **vermittelndes Organ** betrachtet stehen die Stände zwischen der Regierung überhaupt einerseits, und dem in die besondern Sphären und Individuen aufgelösten Volke andererseits. Ihre Bestimmung fordert an sie so sehr den **Sinn und die Gesinnung des Staats und der Regierung**, als der

Interessen der besonderen Kreise und der Einzelnen. Zugleich hat diese Stellung die Bedeutung einer mit der organisierten Regierungsgewalt gemeinschaftlichen Vermittelung, daß weder die fürstliche Gewalt als Ex|trem isoliert, und dadurch als bloße Herrschergewalt und Willkür erscheine, noch daß die besonderen Interessen der Gemeinden, Korporationen und der Individuen sich isolieren, oder noch mehr, daß die Einzelnen nicht zur Darstellung einer Menge und eines Haufens, zu einem somit unorganischen Meinen und Wollen, und zur bloß massenhaften Gewalt gegen den organischen Staat kommen.

Es gehört zu den wichtigsten logischen Einsichten, daß ein bestimmtes Moment, das als im Gegensatze stehend die Stellung eines Extrems hat, es dadurch zu sein aufhört und organisches Moment ist, daß es zugleich Mitte ist. Bei dem hier betrachteten Gegenstand ist es um so wichtiger, diese Seite herauszuheben, weil es zu den häufigen, aber höchst gefährlichen Vorurteilen gehört, Stände hauptsächlich im Gesichtspunkte des Gegensatzes gegen die Regierung, als ob dies ihre wesentliche Stellung wäre, vorzustellen. Organisch, d.i. in die Totalität aufgenommen, beweist sich das ständische Element nur durch die Funktion der Vermittlung. Damit ist der Gegensatz selbst zu einem Schein herabgesetzt. Wenn er, insofern er seine Erscheinung hat, nicht bloß die Oberfläche beträfe, sondern wirklich ein substantieller Gegensatz würde, so wäre der Staat in seinem Untergange begriffen. – Das Zeichen, daß der Widerstreit nicht dieser Art ist, ergibt sich der Natur der Sache nach dadurch, wenn die Gegenstände desselben nicht die wesentlichen Elemente des Staatsorganismus, sondern speziellere und gleichgültigere Dinge betreffen, und die Leidenschaft, die sich doch an diesen Inhalt knüpft, zur Parteisucht um ein bloß subjektives Interesse, etwa um die höheren Staatsstellen, wird.

§ 303

Der allgemeine, näher dem Dienst der Regierung sich widmende Stand, hat unmittelbar in seiner Bestimmung, das Allgemeine zum Zwecke seiner wesentlichen Tätigkeit zu haben; in dem ständischen Elemente der gesetzgebenden Gewalt kommt der Privatstand zu einer politischen Bedeutung und Wirksamkeit. Derselbe kann nun dabei weder als bloße ungeschiedene Masse, noch als eine in ihre Atome aufgelöste Menge erscheinen, sondern als das, was er bereits ist, nämlich unterschieden in den auf das substantielle Verhältnis, und in den auf die besondern Bedürfnisse und die sie vermittelnde Arbeit sich gründenden Stand (§ 201 ff.). Nur so knüpft sich in dieser Rücksicht wahrhaft das im Staate wirkliche Besondere an das Allgemeine an. |

Dies gehet gegen eine andere gangbare Vorstellung, daß, indem der Privatstand zur Teilnahme an der allgemeinen Sache in der gesetzgebenden Gewalt erhoben wird, er dabei in Form der Einzelnen erscheinen müsse, sei es daß sie Stellvertreter für diese Funktion wählen, oder daß gar selbst jeder eine Stimme dabei exerzieren solle. Diese atomistische, abstrakte Ansicht verschwindet schon in der Familie wie in der bürgerlichen Gesellschaft, wo der Einzelne, nur als Mitglied eines Allgemeinen zur Erscheinung kommt. Der Staat aber ist wesentlich eine Organisation von solchen Gliedern, die für sich Kreise sind, und in ihm soll sich kein Moment als eine unorganische Menge zeigen. Die Vielen als Einzelne, was man gerne unter Volk versteht, sind wohl ein Zusammen, aber nur als die Menge, – eine formlose Masse, deren Bewegung und Tun eben damit nur elementarisch, vernunftlos, wild und fürchterlich wäre. Wie man in Beziehung auf Verfassung noch vom Volke, dieser unorganischen Gesamtheit, sprechen hört, so kann man schon zum Voraus wissen, daß man nur Allgemeinheiten und schiefe Deklamationen zu erwarten hat. – Die Vorstellung, welche die in jenen Kreisen schon vorhandenen Gemeinwesen, wo sie ins Politische, d.i. in den Standpunkt der höchsten konkreten Allgemeinheit eintreten, wieder in eine Menge von Individuen auflöst, hält eben damit das bürgerliche und das politische Leben von einander getrennt, und stellt dieses, so zu sagen, in die Luft, da seine Basis nur die abstrakte Einzelnheit der Willkür und Meinung, somit das Zufällige, nicht eine an und für sich feste und berechtigte Grundlage sein würde. – Obgleich in den Vorstellungen sogenannter Theorien die Stände der bürgerlichen Gesellschaft überhaupt, und die Stände in politischer Bedeutung weit auseinander liegen, so hat doch die Sprache noch diese Vereinigung erhalten, die früher ohnehin vorhanden war.

§ 304

Den in den früheren Sphären bereits vorhandenen Unterschied der Stände, enthält das politisch-ständische Element zugleich in seiner eigenen Bestimmung. Seine zunächst abstrakte Stellung, nämlich des Extrems der empirischen Allgemeinheit gegen das fürstliche oder monarchische Prinzip überhaupt, – in der nur die Möglichkeit der Übereinstimmung, und damit eben so die Möglichkeit feindlicher Entgegensetzung liegt, – diese abstrakte Stellung wird nur dadurch zum vernünftigen Verhältnisse (zum Schlusse, vergl. Anm. zu § 302), daß ihre Vermittelung zur Exi|stenz kommt. Wie von Seiten der fürstlichen Gewalt die Regierungsgewalt (§ 300) schon diese Bestimmung hat, so muß auch von der Seite der Stände aus ein Moment derselben nach der Bestimmung gekehrt sein, wesentlich als das Moment der Mitte zu existieren.

§ 305

Der eine der Stände der bürgerlichen Gesellschaft enthält das Prinzip, das für sich fähig ist, zu dieser politischen Beziehung konstituiert zu werden, der Stand der natürlichen Sittlichkeit nämlich, der das Familienleben und in Rücksicht der Subsistenz den Grundbesitz zu seiner Basis, somit in Rücksicht seiner Besonderheit ein auf sich beruhendes Wollen, und die Naturbestimmung, welche das fürstliche Element in sich schließt, mit diesem gemein hat.

§ 306

Für die politische Stellung und Bedeutung wird er näher konstituiert, insofern sein Vermögen eben so unabhängig vom Staatsvermögen, als von der Unsicherheit des Gewerbes, der Sucht des Gewinns und der Veränderlichkeit des Besitzes überhaupt, – wie von der Gunst der Regierungsgewalt so von der Gunst der Menge, und selbst **gegen die eigene Willkür** dadurch festgestellt ist, daß die für diese Bestimmung berufenen Mitglieder dieses Standes, des Rechts der anderen Bürger, teils über ihr ganzes Eigentum frei zu disponieren, teils es nach der Gleichheit der Liebe zu den Kindern, an sie übergehend zu wissen, entbehren; – das Vermögen wird so ein **unveräußerliches, mit dem Majorate belastetes Erbgut.**

§ 307

Das Recht dieses Teils des substantiellen Standes ist auf diese Weise zwar einerseits auf das Naturprinzip der Familie gegründet, dieses aber zugleich durch harte Aufopferungen für den **politischen Zweck** verkehrt, womit dieser Stand wesentlich an die Tätigkeit für diesen Zweck angewiesen, und gleichfalls in Folge hievon ohne die Zufälligkeit einer Wahl durch die **Geburt** dazu berufen und berechtigt ist. Damit hat er die feste, substantielle Stellung zwischen der subjektiven Willkür oder Zufälligkeit der beiden Extreme, und wie er (s. vorherg. §) ein Gleichnis des Moments der fürstlichen Gewalt in sich trägt, so teilt er auch mit dem anderen Extreme | die im übrigen gleichen Bedürfnisse und gleichen Rechte, und wird so zugleich Stütze des Thrones und der Gesellschaft.

§ 308

In den andern Teil des ständischen Elements fällt die bewegliche Seite der bürgerlichen Gesellschaft, die äußerlich wegen der Menge ihrer Glieder, wesentlich aber wegen der Natur ihrer Bestimmung und Beschäftigung, nur durch Abgeordnete eintreten kann. Insofern diese von der bürgerlichen Gesellschaft abgeordnet werden, liegt es unmittelbar nahe, daß dies diese tut als das, was sie ist, – somit nicht als in die Einzelnen atomistisch aufgelöst und nur für einen einzelnen und temporären Akt sich auf einen Augenblick ohne weitere Haltung versammelnd, sondern als in ihre ohnehin konstituierten Genossenschaften, Gemeinden und Korporationen gegliedert, welche auf diese Weise einen politischen Zusammenhang erhalten. In ihrer Berechtigung zu solcher von der fürstlichen Gewalt aufgerufenen Abordnung, wie in der Berechtigung des ersten Standes zur Erscheinung (§ 307) findet die Existenz der Stände und ihrer Versammlung eine konstituierte, eigentümliche Garantie.

Daß Alle einzeln an der Beratung und Beschließung über die allgemeinen Angelegenheiten des Staats Anteil haben sollen, weil diese Alle, Mitglieder des Staats und dessen Angelegenheiten die Angelegenheiten Aller sind, bei denen sie mit ihrem Wissen und Willen zu sein ein Recht haben, – diese Vorstellung, welche das demokratische Element ohne alle vernünftige Form in den Staatsorganismus, der nur durch solche Form es ist, setzen wollte, liegt darum so nahe, weil sie bei der abstrakten Bestimmung, Mitglied des Staats zu sein, stehen bleibt, und das oberflächliche Denken sich an Abstraktionen hält. Die vernünftige Betrachtung, das Bewußtsein der Idee, ist konkret, und trifft insofern mit dem wahrhaften praktischen Sinne, der selbst nichts anderes als der vernünftige Sinn, der Sinn der Idee ist, zusammen, – der jedoch nicht mit bloßer Geschäftsroutine und dem Horizonte einer beschränkten Sphäre zu verwechseln ist. Der konkrete Staat ist das in seine besonderen Kreise gegliederte Ganze; das Mitglied des Staates ist ein Mitglied eines solchen Standes; nur in dieser seiner objektiven Bestimmung kann es im Staate in Betracht kommen. Seine allgemeine Bestimmung überhaupt enthält das gedoppelte Moment, Privatperson und als denkendes eben so sehr Bewußtsein und Wollen des Allgemeinen zu sein; dieses Bewußtsein und Wollen aber ist | nur dann nicht leer, sondern erfüllt und wirklich lebendig, wenn es mit der Besonderheit, – und diese ist der besondere Stand und Bestimmung, – erfüllt ist; oder das Individuum ist Gattung, hat aber seine immanente allgemeine Wirklichkeit als nächste Gattung. – Seine wirkliche und lebendige Bestimmung für das Allgemeine erreicht es daher zunächst in seiner Sphäre der Korporation, Gemeinde u.s.f. (§ 251), wobei ihm offen gelassen ist, durch seine Geschicklichkeit in jede, für die es sich befähigt, worunter auch der allgemeine Stand gehört, einzutreten. Eine andere Voraussetzung, die in der Vorstellung, daß Alle an den Staatsangelegenheiten Teil haben sollen, liegt, daß nämlich Alle sich auf diese Angelegenheiten verstehen, ist eben so abgeschmackt, als man sie dessen ungeachtet häufig hören kann. In der öffentlichen Meinung (s. § 316) aber ist jedem der Weg offen, auch sein subjektives Meinen über das Allgemeine zu äußern und geltend zu machen. –

§ 309

Da die Abordnung zur Beratung und Beschließung über die allgemeinen Angelegenheiten geschieht, hat sie den Sinn, daß durch das Zutrauen solche Individuen dazu bestimmt werden, die sich besser auf diese Angelegenheiten verstehen, als die Abordnenden, wie auch, daß sie nicht das besondere Interesse einer Gemeinde, Korporation gegen das allgemeine, sondern wesentlich dieses geltend machen. Sie haben damit nicht das Verhältnis, kommittierte oder Instruktionen überbringende Mandatarien zu sein, um so weniger als die Zusammenkunft die Bestimmung hat, eine lebendige, sich gegenseitig unterrichtende und überzeugende, gemeinsam beratende Versammlung zu sein.

§ 310

Die Garantie der diesem Zweck entsprechenden Eigenschaften und der Gesinnung, – da das unabhängige Vermögen schon in dem ersten Teile der Stände sein Recht verlangt, – zeigt sich bei dem zweiten Teile, der aus dem beweglichen und veränderlichen Elemente der bürgerlichen Gesellschaft hervorgeht, vornehmlich in der, durch wirkliche Geschäftsführung, in obrigkeitlichen oder Staatsämtern erworbenen und durch die Tat bewährten Gesinnung, Geschicklichkeit und Kenntnis der Einrichtungen und Interessen des Staats und der bürgerlichen Gesellschaft, und dem dadurch gebildeten und erprobten obrigkeitlichen Sinn und Sinn des Staats. |

Die subjektive Meinung von sich findet leicht die Forderung solcher Garantien, wenn sie in Rücksicht auf das sogenannte Volk gemacht wird, überflüssig, ja selbst etwa beleidigend. Der Staat hat aber das Objektive, nicht eine subjektive Meinung und deren Selbstzutrauen zu seiner Bestimmung; die Individuen können nur das für ihn sein, was an ihnen objektiv erkennbar und erprobt ist, und er hat hierauf bei diesem Teile des ständischen Elements um so mehr zu sehen, als derselbe seine Wurzel in den auf das Besondere gerichteten Interessen und Beschäftigungen hat, wo die Zufälligkeit, Veränderlichkeit und Willkür ihr Recht sich zu ergehen hat. – Die äußere Bedingung, ein gewisses Vermögen, erscheint bloß für sich genommen, als das einseitige Extrem der Äußerlichkeit gegen das andere eben so einseitige, das bloß subjektive Zutrauen und die Meinung der Wählenden. Eins wie das andere macht in seiner Abstraktion einen Kontrast gegen die konkreten Eigenschaften, die zur Beratung von Staatsgeschäften erforderlich, und die in den im § 302 angedeuteten Bestimmungen enthalten sind. – Ohnehin hat bei der Wahl zu obrigkeitlichen und anderen Ämtern der Genossenschaften und Gemeinden die Eigenschaft des Vermögens schon die Sphäre, wo sie ihre Wirkung hat ausüben können, besonders wenn manche dieser Geschäfte unentgeldlich verwaltet werden, und direkt in Rücksicht auf das ständische Geschäft, wenn die Mitglieder kein Gehalt beziehen.

§ 311

Die Abordnung als von der bürgerlichen Gesellschaft ausgehend, hat ferner den Sinn, daß die Abgeordneten mit deren speziellen Bedürfnissen, Hindernissen, besondern Interessen bekannt seien, und ihnen selbst angehören. Indem sie nach der Natur der bürgerlichen Gesellschaft von ihren verschiedenen Korporationen ausgeht (§ 308), und die einfache Weise dieses Ganges nicht durch Abstraktionen und die atomistischen Vorstellungen gestört wird, so erfüllt sie damit unmittelbar jenen Gesichtspunkt, und Wählen ist entweder überhaupt etwas überflüssiges oder reduziert sich auf ein geringes Spiel der Meinung und der Willkür.

Es bietet sich von selbst das Interesse dar, daß unter den Abgeordneten sich für jeden besonderen großen Zweig der Gesellschaft, z.B. für den Handel, für die Fabriken u.s.f. Individuen befinden, die ihn gründlich kennen und ihm selbst angehören; – in der Vorstellung eines losen unbestimmten Wählens ist dieser wichtige Umstand nur der Zufälligkeit preis gegeben. Jeder solcher Zweig hat aber gegen den andern gleiches | Recht, repräsentiert zu werden. Wenn die Abgeordneten als Repräsentanten betrachtet werden, so hat dies einen organisch vernünftigen Sinn nur dann, daß sie nicht Repräsentanten als von Einzelnen, von einer Menge seien, sondern Repräsentanten einer der wesentlichen Sphären der Gesellschaft, Repräsentanten ihrer großen Interessen. Das Repräsentieren hat damit auch nicht mehr die Bedeutung, daß Einer an der Stelle eines Andern sei, sondern das Interesse selbst ist in seinem Repräsentanten wirklich gegenwärtig, so wie der Repräsentant für sein eigenes objektives Element da ist. – Von dem Wählen durch die vielen Einzelnen kann noch bemerkt werden, daß notwendig besonders in großen Staaten, die Gleichgültigkeit gegen das Geben seiner Stimme, als die in der Menge eine unbedeutende Wirkung hat, eintritt, und die Stimmberechtigten, diese Berechtigung mag ihnen als etwas noch so hohes angeschlagen und vorgestellt werden, eben zum Stimmgeben nicht erscheinen; – so daß aus solcher Institution vielmehr das Gegenteil ihrer Bestimmung erfolgt, und die Wahl in die Gewalt Weniger, einer Partei, somit des besonderen, zufälligen Interesses fällt, das gerade neutralisiert werden sollte.

§ 312

Von den zwei im ständischen Elemente enthaltenen Seiten (§ 305, 308) bringt jede in die Beratung eine besondere Modifikation; und weil überdem das eine Moment die eigentümliche Funktion der Vermittlung innerhalb dieser Sphäre und zwar zwischen Existierenden hat, so ergibt sich für dasselbe gleichfalls eine abgesonderte Existenz; die ständische Versammlung wird sich somit in zwei Kammern teilen.

§ 313

Durch diese Sonderung erhält nicht nur die Reife der Entschließung vermittelst einer Mehrheit von Instanzen ihre größere Sicherung, und wird die Zufälligkeit einer Stimmung des Augenblicks, wie die Zufälligkeit, welche die Entscheidung durch die Mehrheit der Stimmenanzahl annehmen kann, entfernt, sondern vornehmlich kommt das ständische Element weniger in den Fall, der Regierung direkt gegenüber zu stehen, oder im Falle das vermittelnde Moment sich gleichfalls auf der Seite des zweiten Standes befindet, wird das Gewicht seiner Ansicht um so mehr verstärkt, als sie so unparteiischer und sein Gegensatz neutralisiert erscheint. |

§ 314

Da die Institution von Ständen nicht die Bestimmung hat, daß durch sie die Angelegenheit des Staats an sich aufs beste beraten und beschlossen werde, von welcher Seite sie nur einen Zuwachs ausmachen (§ 301), sondern ihre unterscheidende Bestimmung darin besteht, daß in ihrem Mitwissen, Mitberaten und Mitbeschließen über die allgemeinen Angelegenheiten, in Rücksicht der an der Regierung nicht teilhabenden Glieder der bürgerlichen Gesellschaft, das Moment der formellen Freiheit sein Recht erlange, so erhält zunächst das Moment der allgemeinen Kenntnis, durch die Öffentlichkeit der Ständeverhandlungen seine Ausdehnung.

§ 315

Die Eröffnung dieser Gelegenheit von Kenntnissen hat die allgemeinere Seite, daß so die öffentliche Meinung erst zu wahrhaften Gedanken und zur Einsicht in den Zustand und Begriff des Staates und dessen Angelegenheiten, und damit erst zu einer Fähigkeit, darüber vernünftiger zu urteilen, kommt; sodann auch die Geschäfte, die Talente, Tugenden und Geschicklichkeiten der Staatsbehörden und Beamten kennen und achten lernt. Wie diese Talente an solcher Öffentlichkeit eine mächtige Gelegenheit der Entwickelung und einen Schauplatz hoher Ehre erhalten, so ist sie wieder das Heilmittel gegen den Eigendünkel der Einzelnen und der

Menge und ein Bildungsmittel für diese und zwar eines der größten.

§ 316

Die formelle subjektive Freiheit, daß die Einzelnen als solche ihr eigenes Urteilen, Meinen und Raten über die allgemeinen Angelegenheiten haben und äußern, hat in dem Zusammen, welches öffentliche Meinung heißt, ihre Erscheinung. Das an und für sich Allgemeine, das Substantielle und Wahre, ist darin mit seinem Gegenteile, dem für sich Eigentümlichen und Besonderen des Meinens der Vielen verknüpft; diese Existenz ist daher der vorhandene Widerspruch ihrer selbst, – das Erkennen als Erscheinung; die Wesentlichkeit eben so unmittelbar als die Unwesentlichkeit. |

§ 317

Die öffentliche Meinung enthält daher in sich die ewigen substantiellen Prinzipien der Gerechtigkeit, den wahrhaften Inhalt und das Resultat der ganzen Verfassung, Gesetzgebung und des allgemeinen Zustandes überhaupt, in Form des gesunden Menschenverstandes, als der durch alle in Gestalt von Vorurteilen hindurch gehenden sittlichen Grundlage, so wie die wahrhaften Bedürfnisse und richtigen Tendenzen der Wirklichkeit. – Zugleich wie dies Innere ins Bewußtsein tritt, und in allgemeinen Sätzen zur Vorstellung kommt, teils für sich, teils zum Behuf des konkreten Räsonnierens über Begebenheiten, Anordnungen und Verhältnisse des Staats und gefühlte Bedürfnisse, so tritt die ganze Zufälligkeit des Meinens, seine Unwissenheit und Verkehrung, falsche Kenntnis und Beurteilung ein. Indem es dabei um das Bewußtsein der Eigentümlichkeit der Ansicht und Kenntnis zu tun ist, so ist eine Meinung, je schlechter ihr Inhalt ist, desto eigentümlicher; denn das Schlechte ist das in seinem Inhalte ganz Besondere und Eigentümliche, das Vernünftige dagegen das an und für sich Allgemeine, und das **Eigentümliche** ist das, worauf das Meinen **sich etwas einbildet.**

Es ist darum nicht für eine Verschiedenheit subjektiver Ansicht zu halten, wenn es das Einemal heißt;

Vox populi, vox dei;

und das andere Mal (bei Ariosto[1] z.B.);

Che'l Volgare ignorante ogn' un riprenda
E parli più di quel che meno intenda.

Beides liegt zumal in der öffentlichen Meinung. – Indem in ihr Wahrheit und endloser Irrtum so unmittelbar vereinigt ist, so ist es mit dem einen oder dem anderen nicht wahrhafter **Ernst**. Womit es Ernst ist, dies kann schwer zu unterscheiden scheinen; in der Tat wird es dies auch sein, wenn man sich an die **unmittelbare Äußerung** der öffentlichen Meinung hält. Indem aber das Substantielle ihr Inneres ist, so ist es nur mit diesem wahrhaft Ernst; dies kann aber nicht aus ihr, sondern eben darum, weil es das Substantielle ist, nur aus und für sich selbst erkannt werden. Welche Leidenschaft in das Gemeinte auch gelegt sei, | und wie ernsthaft behauptet oder angegriffen und gestritten werde, so ist dies kein Kriterium über das, um was es in der Tat zu tun sei; aber dies Meinen würde am allerwenigsten sich darüber verständigen lassen, daß seine Ernsthaftigkeit nichts Ernstliches sei. – Ein großer Geist hat die Frage zur öffentlichen Beantwortung aufgestellt, **ob es erlaubt sei, ein Volk zu täuschen?** Man mußte antworten, daß ein Volk über seine substantielle Grundlage, das **Wesen** und bestimmten Charakter seines Geistes sich nicht täuschen lasse, aber über die Weise, wie es diesen weiß und nach dieser Weise seine Handlungen, Ereignisse u.s.f. beurteilt, – **von sich selbst getäuscht wird.**

---

[1] Oder bei **Goethe**:
Zuschlagen kann die Masse,
Da ist sie respektabel;
Urteilen gelingt ihr miserabel. |

§ 318

Die öffentliche Meinung verdient daher eben so geachtet, als verachtet zu werden, dieses nach ihrem konkreten Bewußtsein und Äußerung, jenes nach ihrer wesentlichen Grundlage, die, mehr oder weniger getrübt, in jenes Konkrete nur scheint. Da sie in ihr nicht den Maßstab der Unterscheidung noch die Fähigkeit hat, die substantielle Seite zum bestimmten Wissen in sich herauf zu heben, so ist die Unabhängigkeit von ihr, die erste formelle Bedingung zu etwas Großem und Vernünftigem (in der Wirklichkeit wie in der Wissenschaft). Dieses kann seinerseits sicher sein, daß sie es sich in der Folge gefallen lassen, anerkennen und es zu einem ihrer Vorurteile machen werde.

§ 319

Die Freiheit der öffentlichen Mitteilung – (deren eines Mittel, die Presse, was es an weitreichender Berührung vor dem andern, der mündlichen Rede, voraus hat, ihm dagegen an der Lebendigkeit zurück steht) – die Befriedigung jenes prickelnden Triebes, seine Meinung zu sagen und gesagt zu haben, hat ihre direkte Sicherung in den ihre Ausschweifungen teils verhindernden, teils bestrafenden polizeilichen und Rechtsgesetzen und Anordnungen; die indirekte Sicherung aber in der Unschädlichkeit, welche vornehmlich in der Vernünftigkeit der Verfassung, der Festigkeit der Regierung, dann auch in der Öffentlichkeit der Stände-Versammlungen begründet ist, – in letzterem, insofern sich in diesen Versammlungen die gediegene und gebildete Einsicht über die Interessen des Staats ausspricht, und Anderen wenig Bedeutendes zu sagen übrig läßt, hauptsächlich die Meinung ihnen benommen wird, als ob solches Sagen von eigentümlicher Wichtigkeit und Wirkung sei; – ferner aber in der Gleichgültigkeit und Verachtung gegen | seichtes und gehässiges Reden, zu der es sich notwendig bald herunter gebracht hat.

Pressfreiheit definieren als die Freiheit, zu reden und zu schreiben, was man will, stehet dem parallel, wenn man die Freiheit überhaupt als die Freiheit angibt, zu tun, was man will. – Solches Reden gehört der noch ganz ungebildeten Rohheit und Oberflächlichkeit des Vorstellens an. Es ist übrigens der Natur der Sache nach nirgends, daß der Formalismus so hartnäckig festhält und so wenig sich verständigen läßt, als in dieser Materie. Denn der Gegenstand ist das Flüchtigste, Zufälligste, Besonderste, Zufälligste des Meinens in unendlicher Mannigfaltigkeit des Inhalts und der Wendungen; über die direkte Aufforderung zum Diebstahl, Mord, Aufruhr u.s.f. hinaus liegt die Kunst und Bildung der Äußerung, die für sich als ganz allgemein und unbestimmt erscheint, aber teils zugleich auch eine ganz bestimmte Bedeutung versteckt, teils mit Konsequenzen zusammenhängt, die nicht wirklich ausgedrückt sind und von denen es unbestimmbar ist, sowohl ob sie richtig folgen, als auch ob sie in jener Äußerung enthalten sein sollen. Diese Unbestimmbarkeit des Stoffes und der Form läßt die Gesetze darüber diejenige Bestimmtheit nicht erreichen, welche vom Gesetz gefordert wird, und macht das Urteil, indem Vergehen, Unrecht, Verletzung hier die besonderste subjektiveste Gestalt haben, gleichfalls zu einer ganz subjektiven Entscheidung. Außerdem ist die Verletzung an die Gedanken, die Meinung und den Willen der Anderen gerichtet, diese sind das Element, in welchem sie eine Wirklichkeit erlangt; dieses Element gehört aber der Freiheit der Anderen an, und es hängt daher von diesen ab, ob jene verletzende Handlung eine wirkliche Tat ist. – Gegen die Gesetze kann daher sowohl ihre Unbestimmtheit aufgezeigt werden, als sich für die Äußerung Wendungen und Formierungen des Ausdrucks erfinden lassen, wodurch man die Gesetze umgeht oder die richterliche Entscheidung als ein subjektives Urteil behauptet wird. Ferner kann dagegen, wenn die Äußerung als eine verletzende Tat behandelt wird, behauptet werden, daß es keine Tat, sondern sowohl nur ein Meinen und Denken als nur ein Sagen sei; so wird in einem Atem aus der bloßen Subjektivität des Inhalts und der Form, aus der Unbedeutenheit und Unwichtigkeit eines bloßen Meinens und Sagens die Straflosigkeit desselben, und für eben dieses Meinen als für mein und zwar geistigstes Eigentum und für das Sagen als für die Äußerung und Gebrauch dieses meines Eigentums, der hohe Respekt und Achtung gefordert. – Das Substantielle aber ist und bleibt, | daß Verletzung der Ehre von Individuen überhaupt, Verleumdung, Schmähung, Verächtlichmachung der Regierung, ihrer Behörden und Beamten, der Person des Fürsten insbesondere, Verhöhnung der Gesetze, Aufforderung zum Aufruhr u.s.f. Verbrechen, Vergehen mit den mannigfaltigsten Abstufungen sind. Die größere Unbestimmbarkeit, welche solche Handlungen durch das Element erhalten, worin sie ihre Äußerung haben, hebt jenen ihren substantiellen Charakter nicht auf, und hat deswegen nur die Folge, daß der subjektive Boden, auf welchem sie begangen werden, auch die Natur und Gestalt der Reaktion bestimmt; dieser Boden des Vergehens selbst ist es, welcher in der Reaktion, sei sie nun als polizeiliche Verhinderung der Verbrechen, oder als eigentliche Strafe bestimmt, die Subjektivität der Ansicht, Zufälligkeit u. dergl. zur Notwendigkeit macht. Der Formalismus legt sich hier, wie immer darauf, aus einzelnen Seiten, die der äußerlichen Erscheinung angehören, und aus Abstraktionen, die er daraus schöpft, die substantielle und konkrete Natur der Sache weg zu räsonnieren. – Die Wissenschaften aber, da sie, wenn sie nämlich anders Wissenschaften sind, sowohl sich überhaupt nicht auf dem Boden des Meinens und subjektiver Ansichten befinden, als auch ihre Darstellung nicht in der Kunst der Wendungen, des Anspielens, halben Aussprechens und Versteckens, sondern in dem unzweideutigen, bestimmten und offenen Aussprechen der Bedeutung und des Sinnes besteht, fallen nicht unter die Kategorie dessen, was die öffentliche Meinung ausmacht (§ 316). – Übrigens, indem, wie vorhin bemerkt, das Element, in welchem die Ansichten und deren Äußerungen, als solche zu einer ausgeführten Handlung werden, und ihre wirkliche Existenz erreichen, die Intelligenz, Grundsätze, Meinungen Anderer sind, so hängt diese Seite der Handlungen, ihre eigentliche Wirkung und die Gefährlichkeit für die Individuen, die Gesellschaft und den Staat (vergl. § 218), auch von der Beschaffenheit dieses Bodens ab, wie ein Funke auf einen Pulverhaufen geworfen eine ganz andere Gefährlichkeit hat, als auf feste Erde, wo er spurlos vergeht. – Wie daher die wissenschaftliche Äußerung ihr Recht, und ihre Sicherung in ihrem Stoffe und Inhalt hat, so kann das Unrecht der Äußerung auch eine Sicherung, oder wenigstens eine Duldung in der Verachtung erhalten, in welche sie sich versetzt hat. Ein Teil solcher für sich auch gesetzlich strafbaren Vergehen kann auf die Rechnung derjenigen Art von Nemesis kommen, welche die innere Ohnmacht, die sich durch die überwiegenden Talente und Tugenden gedrückt fühlt, auszuüben gedrungen ist, um gegen solche Übermacht zu sich selbst zu | kommen, und der eigenen Nichtigkeit ein Selbstbewußtsein wiederzugeben, wie die römischen Soldaten an ihren Imperatoren im Triumphzug, für den harten Dienst und Gehorsam, vornehmlich dafür, daß ihr Name in jener Ehre nicht zum Zählen kam, durch Spottlieder eine harmlosere Nemesis ausübten, und sich in eine Art von Gleichgewicht mit ihnen setzten. Jene schlechte und gehässige Nemesis wird durch die Verachtung um ihren Effekt gebracht, und dadurch, wie das Publikum, das etwa einen Kreis um solche Geschäftigkeit bildet, auf die bedeutungslose Schadenfreude und die eigene Verdammnis, die sie in sich hat, beschränkt.

§ 320

Die Subjektivität, welche als Auflösung des bestehenden Staatslebens in dem seine Zufälligkeit geltend machen wollenden, und sich eben so zerstörenden Meinen und Räsonnieren ihre äußerlichste Erscheinung hat, hat ihre wahrhafte Wirklichkeit in ihrem Gegenteile, der Subjektivität, als identisch mit dem substantiellen Willen, welche den Begriff der fürstlichen Gewalt ausmacht, und welche als Idealität des Ganzen in dem bisherigen noch nicht zu ihrem Rechte und Dasein gekommen ist. |

II.
DIE SOUVERÄNITÄT GEGEN AUSSEN

§ 321

Die Souveränität nach Innen (§ 278) ist diese Idealität insofern, als die Momente des Geistes und seiner Wirklichkeit, des Staates, in ihrer Notwendigkeit entfaltet sind, und als Glieder desselben bestehen. Aber der Geist als in der Freiheit unendlich negative Beziehung auf sich, ist eben so wesentlich Für-sich-sein, das den bestehenden Unterschied in sich aufgenommen hat, und damit ausschließend ist. Der Staat hat in dieser Bestimmung Individualität, welche wesentlich als Individuum, und im Souverän als wirkliches, unmittelbares Individuum ist (§ 279).

§ 322

Die Individualität, als ausschließendes Für-sich-sein erscheint als Verhältnis zu andern Staaten, deren jeder selbstständig gegen die andern ist. Indem in dieser Selbstständigkeit das Für-sich-sein des wirklichen Geistes sein Dasein hat, ist sie die erste Freiheit und die höchste Ehre eines Volkes.

Diejenigen, welche von Wünschen einer Gesamtheit, die einen mehr oder weniger selbstständigen Staat ausmacht und ein eigenes Zentrum hat, sprechen, – von Wünschen, diesen Mittelpunkt und seine Selbstständigkeit zu verlieren, um mit einem Anderen ein Ganzes auszumachen, wissen wenig von der Natur einer Gesamtheit und dem Selbstgefühl, das ein Volk in seiner Unabhängigkeit hat. – Die erste Gewalt, in welcher Staaten geschichtlich auftreten, ist daher diese Selbstständigkeit überhaupt, wenn sie auch ganz abstrakt ist, und keine weitere innere Entwickelung hat; es gehört deswegen zu dieser ursprünglichen Erscheinung, daß ein Individuum an ihrer Spitze steht, Patriarch, Stammeshaupt u.s.f.

§ 323

Im Dasein erscheint so diese negative Beziehung des Staates auf sich, als Beziehung eines Andern auf ein Anderes, und als ob das Negative ein Äußerliches wäre. Die Existenz dieser negativen Beziehung hat darum die Gestalt eines Geschehens und der Verwickelung mit zufälligen Begebenheiten, die von Außen kommen. Aber sie ist sein höchstes eigenes Moment, | – seine wirkliche Unendlichkeit als die Idealität alles Endlichen in ihm, – die Seite, worin die Substanz als die absolute Macht gegen alles Einzelne und Besondere, gegen das Leben, Eigentum und dessen Rechte, wie gegen die weiteren Kreise, die Nichtigkeit derselben zum Dasein und Bewußtsein bringt.

§ 324

Diese Bestimmung, mit welcher das Interesse und das Recht der Einzelnen als ein verschwindendes Moment gesetzt ist, ist zugleich das Positive nämlich ihrer nicht zufälligen und veränderlichen, sondern an und für sich seienden Individualität. Dies Verhältnis und die Anerkennung desselben ist daher ihre substantielle Pflicht, – die Pflicht, durch Gefahr und Aufopferung ihres Eigentums und Lebens, ohnehin ihres Meinens und alles dessen, was von selbst in dem Umfange des Lebens begriffen ist, diese substantielle Individualität, die Unabhängigkeit und Souveränität des Staats zu erhalten.

Es gibt eine sehr schiefe Berechnung, wenn bei der Forderung dieser Aufopferung der Staat nur als bürgerliche Gesellschaft, und als sein Endzweck nur die Sicherung des Lebens und Eigentums der Individuen betrachtet wird; denn diese Sicherheit wird nicht durch die Aufopferung dessen erreicht, was gesichert werden soll; – im Gegenteil. – In dem Angegebenen liegt das sittliche Moment des Krieges, der nicht als absolutes Übel und als eine bloß äußere Zufälligkeit zu betrachten ist, welche, sei es in was es wolle, in den Leidenschaften der Machthabenden oder der Völker, in Ungerechtigkeiten u.s.f., überhaupt in solchem, das nicht sein soll, seinen somit selbst zufälligen Grund habe. Was von der Natur des Zufälligen ist, dem widerfährt das Zufällige, und dieses Schicksal eben ist somit die Notwendigkeit, – wie überhaupt der Begriff und die Philosophie den Gesichtspunkt der bloßen Zufälligkeit verschwinden macht und in ihr, als dem Schein, ihr Wesen, die Notwendigkeit, erkennt. Es ist notwendig, daß das Endliche, Besitz und Leben als Zufälliges gesetzt werde, weil dies der Begriff des Endlichen ist. Diese Notwendigkeit hat einerseits die Gestalt von Naturgewalt und alles Endliche ist sterblich und vergänglich. Im sittlichen Wesen aber, dem Staate, wird der Natur diese Gewalt abgenommen, und die Notwendigkeit zum Werke der Freiheit, einem Sittlichen erhoben; – jene Vergänglichkeit wird ein gewolltes Vorübergehen, und die zum Grunde liegende Negativität zur substantiellen eigenen Individualität des sittlichen Wesens. – Der Krieg als der Zustand, in welchem mit der Eitelkeit der zeitlichen Güter und Dinge | die sonst eine erbauliche Redensart zu sein pflegt, Ernst gemacht wird, ist hiermit das Moment, worin die Idealität des Besonderen ihr Recht erhält und Wirklichkeit wird; – er hat die höhere Bedeutung, daß durch ihn, wie ich es anderwärts ausgedrückt habe, »die sittliche Gesundheit der Völker in ihrer Indifferenz gegen das Festwerden der endlichen Bestimmtheiten erhalten wird, wie die Bewegung der Winde die See vor der Fäulnis bewahrt, in welche sie eine dauernde Ruhe, wie die Völker ein dauernder oder gar ein ewiger Friede versetzen würde«. – Daß dies übrigens nur philosophische Idee, oder wie man es anders auszudrücken pflegt, eine Rechtfertigung der Vorsehung ist, und daß die wirklichen Kriege noch einer anderen Rechtfertigung bedürfen, davon hernach. – Daß die Idealität, welche im Kriege als in einem zufälligen Verhältnisse nach Außen liegend, zum Vorschein kommt, und die Idealität, nach welcher die inneren Staatsgewalten organische Momente des

Ganzen sind, – dieselbe ist, kommt in der geschichtlichen Erscheinung unter andern in der Gestalt vor, daß glückliche Kriege innere Unruhen verhindert und die innere Staatsmacht befestigt haben. Daß Völker die Souveränität nach Innen nicht ertragen wollend oder fürchtend, von Andern unterjocht werden, und mit um so weniger Erfolg und Ehre sich für ihre Unabhängigkeit bemüht haben, je weniger es nach Innen zu einer ersten Einrichtung der Staatsgewalt kommen konnte (– ihre Freiheit ist gestorben an der Furcht zu sterben –); – daß Staaten, welche die Garantie ihrer Selbstständigkeit nicht in ihrer bewaffneten Macht, sondern in anderen Rücksichten haben (wie z.B. gegen Nachbarn unverhältnismäßig kleine Staaten), bei einer innern Verfassung bestehen können, die für sich weder Ruhe nach Innen, noch nach Außen verbürgte u.s.f. – sind Erscheinungen, die eben dahin gehören.

§ 325

Indem die Aufopferung für die Individualität des Staates das substantielle Verhältnis Aller und hiermit **allgemeine Pflicht** ist, so wird es zugleich als die **Eine Seite** der Idealität gegen die Realität des besondern Bestehens, selbst zu einem besondern Verhältnis, und ihm ein eigener Stand, der **Stand der Tapferkeit** gewidmet. |

§ 326

Zwiste der Staaten mit einander können irgend eine **besondere** Seite ihres Verhältnisses zum Gegenstand haben; für diese Zwiste hat auch der **besondere**, der Verteidigung des Staats gewidmete, Teil seine Hauptbestimmung. Insofern aber der Staat als solcher, seine Selbstständigkeit, in Gefahr kommt, so ruft die Pflicht alle seine Bürger zu seiner Verteidigung auf. Wenn so das Ganze zur Macht geworden, und aus seinem innern Leben in sich nach Außen gerissen ist, so gehet damit der Verteidigungskrieg in Eroberungskrieg über.

Daß die bewaffnete Macht des Staats, ein stehendes Heer, und die Bestimmung für das besondere Geschäft seiner Verteidigung zu einem Stande wird, ist dieselbe Notwendigkeit, durch welche die anderen besondern Momente, Interessen und Geschäfte zu einer Ehe, zu Gewerbs-, Staats-, Geschäfts- u.s.f. Ständen werden. Das Räsonnement, das an Gründen herüber und hinüber gehet, ergehet sich in Betrachtungen über die größern Vorteile oder über die größern Nachteile der Einführung stehender Heere, und die Meinung entscheidet sich gern für das Letztere, weil der Begriff der Sache schwerer zu fassen ist als einzelne und äußerliche Seiten, und dann weil die Interessen und Zwecke der Besonderheit (die Kosten mit ihren Folgen, größern Auflagen u.s.f.) in dem Bewußtsein der bürgerlichen Gesellschaft für höher angeschlagen werden, als das an und für sich notwendige, das auf diese Weise nur als ein Mittel für jene gilt.

§ 327

Die Tapferkeit ist für sich eine formelle Tugend, weil sie die höchste Abstraktion der Freiheit von allen besonderen Zwecken, Besitzen, Genuß und Leben, aber diese Negation auf eine äußerlich-wirkliche Weise, und die Entäußerung, als Vollführung, an ihr selbst nicht geistiger Natur ist, die innere Gesinnung dieser oder jener Grund und ihr wirkliches Resultat auch nicht für sich und nur für andere sein kann.

§ 328

Der Gehalt der Tapferkeit als Gesinnung liegt in dem wahrhaften absoluten Endzweck, der Souveränität des Staates; – die Wirklichkeit dieses Endzwecks als Werk der Tapferkeit hat das Hingeben der persönlichen | Wirklichkeit zu ihrer Vermittlung. Diese Gestalt enthält daher die Härte der höchsten Gegensätze, die Entäußerung selbst aber als Existenz der Freiheit; – die höchste Selbstständigkeit des Fürsichseins, deren Existenz zugleich in dem Mechanischen einer äußern Ordnung und des Dienstes ist, – gänzlichen Gehorsam und Abtun des eigenen Meinens und Räsonnierens, so Abwesenheit des eigenen Geistes, und intensivste und umfassende augenblickliche Gegenwart des Geistes und Entschlossenheit, – das feindseligste und dabei persönlichste Handeln gegen Individuen, bei vollkommen gleichgültiger, ja guter Gesinnung gegen sie als Individuen.

Das Leben daran setzen, ist freilich mehr als den Tod nur fürchten, aber ist sonach das bloß Negative, und hat darum keine Bestimmung und Wert für sich; – das Positive, der Zweck und Inhalt gibt diesem Mute erst die Bedeutung; Räuber, Mörder, mit einem Zwecke, welcher Verbrechen ist, Abenteurer mit einem sich in seiner Meinung gemachten Zwecke u.s.f. haben auch jenen Mut, das Leben daran zu setzen. – Das Prinzip der modernen Welt, der Gedanke und das Allgemeine, hat der Tapferkeit die höhere Gestalt gegeben, daß ihre Äußerung mechanischer zu sein scheint und nicht als Tun dieser besondern Person, sondern nur als Gliedes eines Ganzen, – eben so daß sie als nicht gegen einzelne Personen, sondern gegen ein feindseliges Ganze überhaupt gekehrt, somit der persönliche Mut als ein nicht persönlicher erscheint. Jenes Prinzip hat darum das Feuergewehr erfunden, und nicht eine zufällige Erfindung dieser Waffe hat die bloß persönliche Gestalt der Tapferkeit in die abstraktere verwandelt.

§ 329

Seine Richtung nach Außen hat der Staat darin, daß er ein individuelles Subjekt ist. Sein Verhältnis zu Andern, fällt daher in die fürstliche Gewalt, der es deswegen unmittelbar und allein zukommt, die bewaffnete Macht zu befehligen, die Verhältnisse mit den anderen Staaten durch Gesandte u.s.f. zu unterhalten, Krieg und Frieden, und andere Traktaten zu schließen. |

B
DAS ÄUSSERE STAATSRECHT

§ 330

Das äußere Staatsrecht geht von dem Verhältnisse selbstständiger Staaten aus; was an und für sich in demselben ist, erhält daher die Form des Sollens, weil, daß es wirklich ist, auf unterschiedenen souveränen Willen beruht.

§ 331

Das Volk als Staat ist der Geist in seiner substantiellen Vernünftigkeit und unmittelbaren Wirklichkeit, daher die absolute Macht auf Erden; ein Staat ist folglich gegen den andern in souveräner Selbstständigkeit. Als solcher für den andern zu sein, d. i. von ihm anerkannt zu sein, ist seine erste absolute Berechtigung. Aber diese Berechtigung ist zugleich nur formell, und die Forderung dieser Anerkennung des Staats, bloß weil er ein solcher sei, abstrakt; ob er ein so an und für sich seiendes in der Tat sei, kommt auf seinen Inhalt, Verfassung, Zustand an, und die Anerkennung, als eine Identität beider enthaltend, beruht eben so auf der Ansicht und dem Willen des Andern.

So wenig der Einzelne eine wirkliche Person ist ohne Relation zu andern Personen (§ 71 u. sonst); so wenig ist der Staat ein wirkliches Individuum ohne Verhältnis zu andern Staaten (§ 322). Die Legitimität eines Staats und näher, insofern er nach Außen gekehrt ist, seiner fürstlichen Gewalt, ist einerseits ein Verhältnis, das sich ganz nach Innen bezieht (ein Staat soll sich nicht in die innern Angelegenheiten des anderen mischen) – anderseits muß sie eben so wesentlich durch die Anerkennung der andern Staaten vervollständigt werden. Aber diese Anerkennung fordert eine Garantie, daß er die andern, die ihn anerkennen sollen, gleichfalls anerkenne, d. i. sie in ihrer Selbstständigkeit respektieren werde, und somit kann es ihnen nicht gleichgültig sein, was in seinem Innern vorgeht. – Bei einem nomadischen Volke z.B., überhaupt bei einem solchen, das auf einer niedern Stufe der Kultur steht, tritt sogar die Frage ein, in wiefern es als ein Staat betrachtet werden könne. Der religiöse Gesichtspunkt (ehemals bei dem jüdischen Volke, den mahomedanischen Völkern) kann noch eine höhere Entgegensetzung enthalten, welche die allgemeine Identität, die zur Anerkennung gehört, nicht zuläßt. |

§ 332

Die unmittelbare Wirklichkeit, in der die Staaten zu einander sind, besondert sich zu mannigfaltigen Verhältnissen, deren Bestimmung von der beiderseitigen selbstständigen Willkür ausgeht, und somit die formelle Natur von Verträgen überhaupt hat. Der Stoff dieser Verträge ist jedoch von unendlich geringerer Mannigfaltigkeit, als in der bürgerlichen Gesellschaft, in der die einzelnen nach den vielfachsten Rücksichten in gegenseitiger Abhängigkeit stehen, da hingegen selbstständige Staaten vornehmlich sich in sich befriedigende Ganze sind.

§ 333

Der Grundsatz des Völkerrechts, als des allgemeinen, an und für sich zwischen den Staaten gelten sollenden Rechts, zum Unterschiede von dem besondern Inhalt der positiven Traktate, ist, daß die Traktate, als auf welchen die Verbindlichkeiten der Staaten gegen einander beruhen, gehalten werden sollen. Weil aber deren Verhältnis ihre Souveränität zum Prinzip hat, so sind sie insofern im Naturzustande gegen einander, und ihre Rechte haben nicht in einem allgemeinen zur Macht über sie konstituierten, sondern in ihrem besonderen Willen ihre Wirklichkeit. Jene allgemeine Bestimmung bleibt daher beim Sollen und der Zustand wird eine

Abwechselung von dem den Traktaten gemäßen Verhältnisse, und von der Aufhebung desselben.

Es gibt keinen Prätor, höchstens Schiedsrichter und Vermittler zwischen Staaten, und auch diese nur zufälligerweise, d.i. nach besondern Willen. Die Kantische Vorstellung eines ewigen Friedens durch einen Staatenbund, welcher jeden Streit schlichtete, und als eine von jedem einzelnen Staate anerkannte Macht jede Mißhelligkeit beilegte, und damit die Entscheidung durch Krieg unmöglich machte, setzt die Einstimmung der Staaten voraus, welche auf moralischen, religiösen oder welchen Gründen und Rücksichten, überhaupt immer auf besonderen souveränen Willen beruhte, und dadurch mit Zufälligkeit behaftet bliebe.

§ 334

Der Streit der Staaten kann deswegen, insofern die besondern Willen keine Übereinkunft finden, nur durch Krieg entschieden werden. Welche Verletzungen aber, deren in ihrem weit umfassenden Bereich und bei den vielseitigen Beziehungen durch ihre Angehörigen, leicht und in Menge | vorkommen können, als bestimmter Bruch der Traktate oder Verletzung der Anerkennung und Ehre anzusehen seien, bleibt ein an sich Unbestimmbares, indem ein Staat seine Unendlichkeit und Ehre in jede seiner Einzelnheiten legen kann, und um so mehr zu dieser Reizbarkeit geneigt ist, je mehr eine kräftige Individualität durch lange innere Ruhe dazu getrieben wird, sich einen Stoff der Tätigkeit nach Außen zu suchen und zu schaffen.

§ 335

Überdem kann der Staat als Geistiges überhaupt nicht dabei stehen bleiben, bloß die Wirklichkeit der Verletzung beachten zu wollen, sondern es kommt die Vorstellung von einer solchen als einer von einem anderen Staate drohenden

Gefahr, mit dem Herauf- und Hinabgehen an größeren oder geringeren Wahrscheinlichkeiten, Vermutungen der Absichten u.s.f. als Ursache von Zwisten hinzu.

§ 336

Indem die Staaten in ihrem Verhältnisse der Selbstständigkeit, als **besondere Willen** gegen einander sind, und das Gelten der Traktate selbst hierauf beruht, der **besondere Wille des Ganzen** aber **nach seinem Inhalte sein Wohl überhaupt** ist, so ist dieses das höchste Gesetz in seinem Verhalten zu andern, um so mehr als die Idee des Staats eben dies ist, daß in ihr der Gegensatz von dem Rechte als abstrakter Freiheit, und vom erfüllenden besonderen Inhalte, dem Wohl, aufgehoben sei, und die erste Anerkennung der Staaten (§ 331) auf sie als **konkrete Ganze** geht.

§ 337

Das substantielle Wohl des Staats ist sein Wohl als eines **besondern** Staats in seinem bestimmten Interesse und Zustande und den eben so eigentümlichen äußern Umständen nebst dem besonderen Traktatenverhältnisse; die Regierung ist somit eine **besondere Weisheit**, nicht die allgemeine Vorsehung (vergl. § 324 Anm.) – so wie der Zweck im Verhältnisse zu andern Staaten und das Prinzip für die Gerechtigkeit der Kriege und Traktate, nicht ein allgemeiner (philanthropischer) Gedanke, sondern das wirklich gekränkte oder bedrohte Wohl **in seiner bestimmten Besonderheit** ist.

* Es ist zu einer Zeit der Gegensatz von Moral und Politik, und die Forderung, daß die zweite der erstern gemäß sei, viel besprochen wor|den. Hieher gehört nur darüber überhaupt zu bemerken, daß das Wohl eines Staats eine ganz andere Berechtigung hat als das Wohl des Einzelnen, und die sittliche Substanz, der Staat, ihr Dasein, d.i. ihr Recht

unmittelbar in einer nicht abstrakten, sondern in konkreter Existenz hat, und daß nur diese konkrete Existenz, nicht einer der vielen für moralische Gebote gehaltenen allgemeinen Gedanken, Prinzip ihres Handelns und Benehmens sein kann. Die Ansicht von dem vermeintlichen Unrechte, das die Politik immer in diesem vermeintlichen Gegensatze haben soll, beruht noch vielmehr auf der Seichtigkeit der Vorstellungen von Moralität, von der Natur des Staats und dessen Verhältnisse zum moralischen Gesichtspunkte.

§ 338

Darin, daß die Staaten sich als solche gegenseitig anerkennen, bleibt auch im Kriege, dem Zustande der Rechtlosigkeit, der Gewalt und Zufälligkeit, ein Band, in welchem sie an und für sich seiend für einander gelten, so daß im Kriege selbst der Krieg als ein vorübergehensollendes bestimmt ist. Er enthält damit die völkerrechtliche Bestimmung, daß in ihm die Möglichkeit des Friedens erhalten, somit z.B. die Gesandten respektiert, und überhaupt, daß er nicht gegen die innern Institutionen und das friedliche Familien- und Privatleben, nicht gegen die Privatpersonen geführt werde.

§ 339

Sonst beruht das gegenseitige Verhalten im Kriege (z.B. daß Gefangene gemacht werden) und was im Frieden ein Staat den Angehörigen eines Andern an Rechten für den Privatverkehr einräumt u.s.f., vornehmlich auf den Sitten der Nationen, als der innern unter allen Verhältnissen sich erhaltenden Allgemeinheit des Betragens.

§ 340

In das Verhältnis der Staaten gegeneinander, weil sie darin als **besondere** sind, fällt das höchst bewegte Spiel der innern Besonderheit der Leidenschaften, Interessen, Zwecke, der Talente und Tugenden, der Gewalt, des Unrechts und der Laster, wie der äußern Zufälligkeit, in den größten Dimensionen der Erscheinung, – ein Spiel, worin das sittliche Ganze selbst, die Selbstständigkeit des Staats, der Zufälligkeit ausgesetzt wird. Die Prinzipien der | **Volksgeister** sind um ihrer Besonderheit willen, in der sie als **existierende** Individuen, ihre objektive Wirklichkeit und ihr Selbstbewußtsein haben, überhaupt beschränkte, und ihre Schicksale und Taten in ihrem Verhältnisse zu einander sind die erscheinende Dialektik der Endlichkeit dieser Geister, aus welcher der **allgemeine Geist**, der **Geist der Welt**, als unbeschränkt eben so sich hervorbringt, als er es ist, der sein Recht, – und sein Recht ist das allerhöchste, – an ihnen in der **Weltgeschichte**, als dem **Weltgerichte**, ausübt. |

C

DIE WELTGESCHICHTE

§ 341

Das Element des Daseins des allgemeinen Geistes, welches in der Kunst Anschauung und Bild, in der Religion Gefühl und Vorstellung, in der Philosophie der reine, freie Gedanke ist, ist in der Weltgeschichte die geistige Wirklichkeit in ihrem ganzen Umfange von Innerlichkeit und Äußerlichkeit. Sie ist ein Gericht, weil in seiner an und für sich seienden Allgemeinheit das Besondere, die Penaten, die bürgerliche Gesellschaft und die Völkergeister in ihrer bunten Wirklichkeit, nur als ideelles sind, und die Bewegung des Geistes in diesem Elemente ist, dies darzustellen.

§ 342

Die Weltgeschichte ist ferner nicht das bloße Gericht seiner Macht, d.i. die abstrakte und vernunftlose Notwendigkeit eines blinden Schicksals, sondern weil er an und für sich Vernunft, und ihr Für-sich-sein im Geiste Wissen ist, ist sie die aus dem Begriffe nur seiner Freiheit notwendige Entwickelung der Momente der Vernunft und damit seines Selbstbewußtseins und seiner Freiheit, – die Auslegung und Verwirklichung des allgemeinen Geistes.

§ 343

Die Geschichte des Geistes ist seine Tat, denn er ist nur, was er tut, und seine Tat ist, sich und zwar hier als Geist sich zum Gegenstande seines Bewußtseins zu machen, sich für sich selbst auslegend zu erfassen. Dies Erfassen ist sein Sein und Prinzip, und die Vollendung eines Erfassens ist zugleich seine Entäußerung und sein Übergang. Der, formell ausgedrückt, von neuem dies Erfassen erfassende, und was dasselbe ist, aus der Entäußerung in sich gehende Geist, ist der Geist der höhern Stufe gegen sich, sich wie er in jenem erstern Erfassen stand.

* Die Frage über die Perfektibilität und Erziehung des Menschengeschlechts fällt hieher. Diejenigen, welche diese Perfektibilität behauptet haben, haben etwas von der
* Natur des Geistes geahnet, seiner Natur, Γνῶθι σεαυτὸν zum Gesetze seines Seins zu haben, und indem er das erfaßt, was er ist, eine höhere Gestalt als diese, die sein Sein ausmachte, zu sein. Aber denen, welche diesen Gedanken verwer|fen, ist der Geist ein leeres Wort geblieben, so wie die Geschichte ein oberflächliches Spiel zufälliger sogenannter nur menschlicher Bestrebungen und Leidenschaften. Wenn sie dabei auch in den Ausdrücken von Vorsehung und Plan der Vorsehung den Glauben eines höheren Waltens aussprechen, so bleiben dies unerfüllte Vorstellungen, indem sie auch ausdrücklich den Plan der Vorsehung für ein ihnen Unerkennbares und Unbegreifliches ausgeben.

§ 344

Die Staaten, Völker und Individuen in diesem Geschäfte des Weltgeistes, stehen in ihrem besonderen bestimmten Prinzipe auf, das an ihrer Verfassung und der ganzen Breite ihres Zustandes seine Auslegung und Wirklichkeit hat, deren sie sich bewußt und in deren Interesse vertieft, sie zugleich bewußtlose Werkzeuge und Glieder jenes innern Geschäftes sind, worin diese Gestalten vergehen, der Geist an und für sich aber, sich den Übergang in seine nächste höhere Stufe vorbereitet und erarbeitet.

§ 345

Gerechtigkeit und Tugend, Unrecht, Gewalt und Laster, Talente und ihre Taten, die kleinen und die großen Leidenschaften, Schuld und Unschuld, Herrlichkeit des individuellen und des Volkslebens, Selbstständigkeit, Glück und Unglück der Staaten und der Einzelnen haben in der Sphäre der bewußten Wirklichkeit ihre bestimmte Bedeutung und Wert, und finden darin ihr Urteil und ihre, jedoch unvollkommene, Gerechtigkeit. Die Weltgeschichte fällt außer diesen Gesichtspunkten; in ihr erhält dasjenige notwendige Moment der Idee des Weltgeistes, welches gegenwärtig seine Stufe ist, sein absolutes Recht, und das darin lebende Volk und dessen Taten erhalten ihre Vollführung, und Glück und Ruhm.

§ 346

Weil die Geschichte die Gestaltung des Geistes in Form des Geschehens, der unmittelbaren natürlichen Wirklichkeit ist, so sind die Stufen der Entwickelung als unmittelbare natürliche Prinzipien vorhanden, und diese, weil sie natürliche sind, sind als eine Vielheit außer einander, somit ferner so, daß Einem Volke eines derselben zukommt, – seine geographische und anthropologische Existenz. |

§ 347

Dem Volke, dem solches Moment als natürliches Prinzip zukommt, ist die Vollstreckung desselben in dem Fortgange des sich entwickelnden Selbstbewußtseins des Weltgeistes, übertragen. Dieses Volk ist in der Weltgeschichte, für diese Epoche, – und es kann (§ 346) in ihr nur Einmal Epoche machen, das Herrschende. Gegen dies sein absolutes Recht, Träger der gegenwärtigen Entwickelungsstufe des Weltgeistes zu sein, sind die Geister der andern Völker rechtlos, und sie, wie die, deren Epoche vorbei ist, zählen nicht mehr in der Weltgeschichte.

Die spezielle Geschichte eines welthistorischen Volks enthält teils die Entwickelung seines Prinzips von seinem kindlichen eingehüllten Zustande aus bis zu seiner Blüte, wo es zum freien sittlichen Selbstbewußtsein gekommen, nun in die allgemeine Geschichte eingreift – teils auch die Periode des Verfalls und Verderbens; – denn so bezeichnet sich an ihm das Hervorgehen eines höheren Prinzips als nur des Negativen seines eigenen. Damit wird der Übergang des Geistes in jenes Prinzip und so der Weltgeschichte an ein anderes Volk angedeutet, – eine Periode, von welcher aus jenes Volk das absolute Interesse verloren hat, das höhere Prinzip zwar dann auch positiv in sich aufnimmt und sich hineinbildet, aber darin als in einem Empfangenen nicht mit immanenter Lebendigkeit und Frische sich verhält, – vielleicht seine Selbstständigkeit verliert, vielleicht auch sich als besonderer Staat oder ein Kreis von Staaten, fortsetzt oder fortschleppt, und in mannigfaltigen innern Versuchen und äußern Kämpfen nach Zufall herumschlägt.

§ 348

An der Spitze aller Handlungen, somit auch der welthistorischen, stehen Individuen als die das Substantielle verwirklichenden Subjektivitäten (§ 279 Anm., S. 278). Als diesen Lebendigkeiten der substantiellen Tat des Weltgeistes und so unmittelbar identisch mit derselben, ist sie ihnen selbst verborgen und nicht Objekt und Zweck (§ 344), sie haben auch die Ehre derselben und Dank nicht bei ihrer Mitwelt (ebendas.) noch bei der öffentlichen Meinung der Nachwelt, sondern als formelle Subjektivitäten nur bei dieser Meinung ihren Teil als unsterblichen Ruhm. |

§ 349

Ein Volk ist zunächst noch kein Staat, und der Übergang einer Familie, Horde, Stammes, Menge u.s.f. in den Zustand eines Staats macht die formelle Realisirung der Idee überhaupt in ihm aus. Ohne diese Form ermangelt es als sittliche Substanz, die es an sich ist, der Objektivität, in Gesetzen, als gedachten Bestimmungen, ein allgemeines und allgemeingültiges Dasein für sich und für die Andern zu haben, und wird daher nicht anerkannt; seine Selbstständigkeit, als ohne objektive Gesetzlichkeit und für sich feste Vernünftigkeit nur formell, ist nicht Souveränität.

Auch in der gewöhnlichen Vorstellung nennt man einen patriarchalischen Zustand nicht eine Verfassung, noch ein Volk in diesem Zustande einen Staat, noch seine Unabhängigkeit Souveränität. Vor den Anfang der wirklichen Geschichte fällt daher einerseits die interesselose, dumpfe Unschuld, andererseits die Tapferkeit des formellen Kampfs des Anerkennens und der Rache (vergl. § 331 u. S. 72).

§ 350

In gesetzlichen Bestimmungen und in objektiven Institutionen, von der Ehe und dem Ackerbau ausgehend (s. § 203 Anm.), hervorzutreten, ist das absolute Recht der Idee, es sei daß die Form dieser ihrer Verwirklichung als göttliche Gesetzgebung und Wohltat, oder als Gewalt und Unrecht erscheine; – dies Recht ist das Heroenrecht zur Stiftung von Staaten.

§ 351

Aus derselben Bestimmung geschieht, daß zivilisierte Nationen andere, welche ihnen in den substantiellen Momenten des Staats zurückstehen (Viehzuchttreibende die Jägervölker, die Ackerbauenden beide u.s.f.) als Barbaren, mit dem Bewußtsein eines ungleichen Rechts und deren Selbstständigkeit als etwas formelles betrachten und behandeln.

In den Kriegen und Streitigkeiten, die unter solchen Verhältnissen entspringen, macht daher das Moment, daß sie Kämpfe des Anerkennens in Beziehung auf einen bestimmten Gehalt sind, den Zug aus, der ihnen eine Bedeutung für die Weltgeschichte gibt. |

§ 352

Die konkreten Ideen, die Völkergeister, haben ihre Wahrheit und Bestimmung in der konkreten Idee, wie sie die absolute Allgemeinheit ist, – dem Weltgeist, um dessen Thron sie als die Vollbringer seiner Verwirklichung, und als Zeugen und Zierraten seiner Herrlichkeit stehen. Indem er als Geist nur die Bewegung seiner Tätigkeit ist, sich absolut zu wissen, hiermit sein Bewußtsein von der Form der natürlichen Unmittelbarkeit zu befreien und zu sich selbst zu kommen, so sind die Prinzipien der Gestaltungen dieses Selbstbewußtseins in dem Gange seiner Befreiung, – der welthistorischen Reiche, Viere.

§ 353

In der ersten als unmittelbaren Offenbarung hat er zum Prinzip die Gestalt des substantiellen Geistes, als der Identität, in welcher die Einzelnheit in ihr Wesen versenkt und für sich unberechtigt bleibt. –

Das zweite Prinzip ist das Wissen dieses substantiellen Geistes, so daß er der positive Inhalt und Erfüllung und das Fürsichsein als die lebendige Form desselben ist, die schöne sittliche Individualität. –

Das dritte ist das in sich Vertiefen des wissenden Fürsichseins zur abstrakten Allgemeinheit und damit zum unendlichen Gegensatze gegen die somit ebenso Geistverlassene Objektivität. –

Das Prinzip der vierten Gestaltung ist das Umschlagen dieses Gegensatzes des Geistes, in seiner Innerlichkeit seine Wahrheit und konkretes Wesen zu empfangen und in der Objektivität einheimisch und versöhnt zu sein, und weil dieser zur ersten Substantialität zurückgekommene Geist der aus dem unendlichen Gegensatze zurückgekehrte ist, diese seine Wahrheit als Gedanke und als Welt gesetzlicher Wirklichkeit zu erzeugen und zu wissen.

§ 354

Nach diesen vier Prinzipien sind der welthistorischen Reiche die Viere: 1) das Orientalische, 2) das Griechische, 3) das Römische, 4) das Germanische. |

§ 355
1) Das Orientalische Reich

Dies erste Reich ist die vom patriarchalischen Naturganzen ausgehende, in sich ungetrennte, substantielle Weltanschauung, in der die weltliche Regierung Theokratie, der Herrscher auch Hoherpriester oder Gott, Staatsverfassung und Gesetzgebung zugleich Religion, so wie die religiösen und moralischen Gebote oder vielmehr Gebräuche eben so Staats- und Rechtsgesetze sind. In der Pracht dieses Ganzen gehet die individuelle Persönlichkeit rechtlos unter, die äußere Natur ist unmittelbar göttlich oder ein Schmuck des Gottes, und die Geschichte der Wirklichkeit Poesie. Die nach den verschiedenen Seiten der Sitten, Regierung und des Staats hin sich entwickelnden Unterschiede werden, an der Stelle der Gesetze, bei einfacher Sitte, schwerfällige, weitläuftige, abergläubische Zeremonien, – Zufälligkeiten persönlicher Gewalt und willkürlichen Herrschens, und die Gegliederung in Stände eine natürliche Festigkeit von Kasten. Der orientalische Staat ist daher nur lebendig in seiner Bewegung, welche, da in ihm selbst nichts stet und, was fest ist, versteinert ist, nach außen geht, ein elementarisches Toben und Verwüsten wird; die innerliche Ruhe ist ein Privatleben und Versinken in Schwäche und Ermattung.

  Das Moment der noch substantiellen, natürlichen Geistigkeit in der Staatsbildung, das als Form in der Geschichte jedes Staats den absoluten Ausgangspunkt macht, ist an den besondern Staaten geschichtlich zugleich mit tiefem Sinn und mit Gelehrsamkeit, in der Schrift: Vom Untergange der Naturstaaten Berlin 1812 (vom Hrn. Dr. Stuhr) hervorgehoben und nachgewiesen, und damit der vernünftigen Betrachtung der Geschichte der Verfassung und der Geschichte überhaupt der Weg gebahnt. Das Prinzip der Subjektivität und selbstbewußten Freiheit ist dort gleichfalls in der germanischen Nation aufgezeigt, jedoch, indem die Abhandlung nur bis zum Untergang der Naturstaaten geht, auch nur bis dahin geführt, wo es teils als unruhige Beweglichkeit, menschliche Willkür und Verderben, teils in seiner besonderen Gestalt als Gemüt erscheint, und sich nicht bis zur Objektivität der selbstbewußten Substantialität, zu organischer Gesetzlichkeit, entwickelt hat. |

§ 356
2) Das Griechische Reich

Dieses hat jene substantielle Einheit des Endlichen und Unendlichen, aber nur zur mysteriösen, in dumpfe Erinnerung, in Höhlen und in Bilder der Tradition zurückgedrängten Grundlage, welche aus dem sich unterscheidenden Geiste zur individuellen Geistigkeit und in den Tag des Wissens herausgeboren, zur Schönheit und zur freien und heiteren Sittlichkeit gemäßigt und verklärt ist. In dieser Bestimmung geht somit das Prinzip persönlicher Individualität sich auf, noch als nicht in sich selbst befangen, sondern in seiner idealen Einheit gehalten; – teils zerfällt das Ganze darum in einen Kreis besonderer Volksgeister, teils ist einerseits die letzte Willensentschließung noch nicht in die Subjektivität des für sich seienden Selbstbewußtseins, sondern in eine Macht, die höher und außerhalb desselben sei, gelegt (vergl. § 279 Anm.), und andererseits ist die dem Bedürfnisse angehörige Besonderheit noch nicht in die Freiheit aufgenommen, sondern an einen Sklavenstand ausgeschlossen.

§ 357
3) Das Römische Reich

In diesem Reiche vollbringt sich die Unterscheidung zur unendlichen Zerreißung des sittlichen Lebens in die Extreme persönlichen privaten Selbstbewußtseins, und abstrakter Allgemeinheit. Die Entgegensetzung, ausgegangen von der substantiellen Anschauung einer Aristokratie gegen das Prinzip freier Persönlichkeit in demokratischer Form, entwickelt sich nach jener Seite zum Aberglauben und zur Behauptung kalter, habsüchtiger Gewalt, nach dieser zur Verdorbenheit eines Pöbels, und die Auflösung des Ganzen endigt sich in das allgemeine Unglück und den Tod des sittlichen Lebens, worin die Völkerindividualitäten in der Einheit eines Pantheons ersterben, alle Einzelne zu Privatpersonen und zu Gleichen mit formellem Rechte, herabsinken, welche hiermit nur eine abstrakte ins Ungeheure sich treibende Willkür zusammenhält.

§ 358
4) Das Germanische Reich

Aus diesem Verluste seiner selbst und seiner Welt und dem unendlichen Schmerz desselben, als dessen Volk das israelitische bereit gehalten war, erfaßt der in sich zurückgedrängte Geist in dem Extreme seiner absoluten | Negativität, dem an und für sich seienden Wendepunkt, die unendliche Positivität dieses seines Innern, das Prinzip der Einheit der göttlichen und menschlichen Natur, die Versöhnung als der innerhalb des Selbstbewußtseins und der Subjektivität erschienenen objektiven Wahrheit und Freiheit, welche dem nordischen Prinzip der **germanischen Völker** zu vollführen übertragen wird.

§ 359

Die Innerlichkeit des Prinzips, als die noch abstrakte, in Empfindung als Glauben, Liebe und Hoffnung existierende, Versöhnung und Lösung alles Gegensatzes, entfaltet ihren Inhalt, ihn zur Wirklichkeit und selbstbewußten Vernünftigkeit zu erheben, zu einem vom Gemüte, der Treue und Genossenschaft Freier ausgehenden **weltlichen Reiche**, das in dieser seiner Subjektivität eben so ein Reich der für sich seienden rohen Willkür und der Barbarei der Sitten ist – gegenüber einer jenseitigen Welt, einem **intellektuellen Reiche**, dessen Inhalt wohl jene Wahrheit seines Geistes, aber als noch **ungedacht** in die Barbarei der Vorstellung gehüllt ist, und als geistige Macht über das wirkliche Gemüt, sich als eine unfreie fürchterliche Gewalt gegen dasselbe verhält.

§ 360

Indem in dem harten Kampfe dieser im Unterschiede, der hier seine absolute Entgegensetzung gewonnen, stehenden und zugleich in Einer Einheit und Idee wurzelnden Reiche, – das Geistliche die Existenz seines Himmels zum irdischen Diesseits und zur gemeinen Weltlichkeit, in der Wirklichkeit und in der Vorstellung, degradiert, – das Weltliche dagegen sein abstraktes Fürsichsein zum Gedanken und dem Prinzipe vernünftigen Seins und Wissens, zur Vernünftigkeit des Rechts und Gesetzes hinaufbildet, ist **an sich** der Gegensatz zur marklosen Gestalt geschwunden; die Gegenwart hat ihre Barbarei und unrechtliche Willkür und die Wahrheit hat ihr Jenseits und ihre zufällige Gewalt abgestreift, so daß die wahrhafte Versöhnung objektiv geworden, welche den **Staat** zum Bilde und zur Wirklichkeit der Vernunft entfaltet, worin das Selbstbewußtsein die Wirklichkeit seines substantiellen Wissens und Wollens in organischer Entwickelung, wie in der Religion das Gefühl und die Vorstellung dieser seiner Wahrheit als idealer Wesenheit, in | der Wissenschaft aber die freie begriffene Erkenntnis dieser Wahrheit als Einer und derselben in ihren sich ergänzenden Manifestationen, dem Staate, der Natur und der ideellen Welt, findet. |

ANMERKUNGEN

Die Anmerkungen beschränken sich auf Nachweise der im Text vorkommenden Zitate und Bezugnahmen auf andere Schriften sowie auf Verweise innerhalb des Textes. Weiterhin geben sie für das Textverständnis notwendige Erläuterungen zu historischen Personen, Ereignissen und sonstigen Sachverhalten und informieren insbesondere über (im weitesten Sinne) rechtswissenschaftliche Diskussionszusammenhänge, von denen anzunehmen ist, daß sie Hegel vor Augen gestanden haben, auch wenn seine Kenntnis spezifischer diesbezüglicher Werke nicht direkt nachweisbar ist. Die Anmerkungen sind nicht als Kommentar zu verstehen. Die in der Akademie-Ausgabe enthaltenen ausführlichen Zitatbelege konnten wegen des beschränkten Raumes in die vorliegende Studienausgabe nicht übernommen werden, auf sie wird jeweils an den entsprechenden Stellen verwiesen. Gegenüber GW 14,3 sind hier einige Anmerkungen korrigiert bzw. erweitert worden. Angeführt werden diejenigen Ausgaben, von denen wir mit Sicherheit wissen oder mit einiger Wahrscheinlichkeit vermuten können, daß Hegel sie benutzt hat; sonst werden nach Möglichkeit die jeweiligen Erstausgaben herangezogen, bei älteren häufig überarbeiteten Werken auch die letzte, zu Lebzeiten des Verfassers erschienene Auflage; gegebenenfalls wird die Nummer des betreffenden Werkes nach dem Bibliothekskatalog angegeben (KHB mit numerus currens). Bei Zitaten werden stets die Schreibung und die Zeichensetzung der zugrunde gelegten Ausgaben beibehalten. Soweit möglich werden die betreffenden Stellen zusätzlich nach Band und Seite der heute gebräuchlichen Gesamtausgaben nachgewiesen. Den Belegen aus den Werken des Aristoteles ist durchweg in der üblichen Form die Seiten-, Kolumnen- und Zeilenzählung nach der Ausgabe Aristotelis Opera edidit Academia Regia Borussica. Aristoteles graece ex recognitione Immanuelis Bekkeri. 2 Bde. Berlin 1831 *(bzw.* Aristotelis Opera. Ex recensione Immanuelis Bekkeri edidit Academia Regia Borussica. Editio altera quam curavit Olof Gigon. Bd 1–2. Berlin 1960) beigegeben. Bei den Verweisen auf die Edition von Hegels* Encyklopädie *von 1817 in den Gesammelten Werken Bd 13 wird gegebenenfalls die dort korrigierte Paragraphennumerierung ohne weiteren Hinweis angeführt. (Zum Sachverhalt s. den Editorischen Bericht in GW 13. 615 f.)*

Einfache Textauszeichnungen in der zitierten Literatur (wie Sperrung, Kursivierung, Schwabacher, größere Schrifttype) werden hier stets durch Sperrung, doppelte oder mehrfache Textauszeichnungen (doppelte Sperrung, gesperrte Kursive oder wenn beispielsweise Schwabacher als gesteigerte Textauszeichnung fungiert) durchweg durch Kapitälchen *und jeweils ohne besondere Angabe wiedergegeben. Die in den Drucktexten verwendeten Fraktur- und Antiquaschriften werden hier durchgehend mit Bembo wiedergegeben. Die in den lateinischen Buchtiteln vorkommenden v für vokalisches u sowie* u *für konsonantisches* v *werden hier in der Regel als* u *respective* v *geschrieben, nur bei frühen Drucken und einigen charakteristischen Ausnahmen bleibt die originale Schreibung gewahrt. Das Frakturzeichen für* et *in der Abkürzung* etc. *wird hier durch* & *ersetzt. Die in den frühen Drucken lateinischer und griechischer Werke gebräuchlichen Ligaturen und Abbreviaturen (einschließlich des noch im 19. Jh. gebräuchlichen griechischen* ›ς‹ (Stigma) *für* στ *und des lateinischen* ›;‹ *für* ›ue‹ *in* ›-que‹ *und des Striches oder Bogens über Vokal für* ›m‹ *und* ›n‹ *sowie der Ligatur für* ›quam‹*) werden hier nachweislos aufgelöst.*

Die fetter gedruckten Ziffern zu Anfang jeder Anmerkung verweisen auf die zugehörige Textstelle im vorliegenden Band. Dabei ist, ebenso wie bei Verweisen innerhalb der Anmerkungen, die Zeilenzahl in kleinerem Schriftgrad gesetzt.

In den Anmerkungen werden folgende Zeichen, Siglen und Abkürzungen verwendet:

|	*neue Seite*
/	*neue Zeile*
[ ]	*Hinzufügungen des Herausgebers*
[...]	*Auslassungen des Herausgebers*
]	*Abgrenzung des Lemmas*
r, v	*geben als Abkürzungen von recto und verso an, ob es sich um die Vorder- oder Rückseite eines Blattes handelt*
GW:	G. W. F. Hegel: Gesammelte Werke. In Verbindung mit der Deutschen Forschungsgemeinschaft hrsg. von der Rheinisch-Westfälischen Akademie der Wissenschaften. *Seit 1995:* ... der Nordrhein-Westfälischen Akademie der Wissenschaften. *Seit 2009:* ... der Nordrhein-Westfälischen Akademie der Wissenschaften und der Künste. *Hamburg 1968 ff.*
KHB:	Georg Wilhelm Friedrich Hegel: Gesammelte Werke. Band 31. Supplement. In zwei Teilbänden. Hamburg 2017. – Katalog der Bibliothek Georg Wilhelm Friedrich Hegels. Herausgegeben von Manuela Köppe. [...] 2 Bde. Hamburg 2017.
Abt.	*Abteilung*
Anm.	*Anmerkung*
Art.	*Artikel*
Bd, Bde	*Band, Bände*
bzw.	*beziehungsweise*
ca.	*circa*
d. h.	*das heißt*
d. i.	*das ist*
ed.	*edidit*
fol.	*folium*
H.	*Heft*
hrsg.	*herausgegeben*

Anmerkungen

Jh.	Jahrhundert
Kap.	Kapitel
Ms	Manuskript
Nr	Nummer
o.O.	ohne Ort
P.	Pars
Rez.	Rezension
s.	siehe
s.v.	sub voce
S.	Seite
sc.	scilicet
Sp.	Spalte
T.	Teil
u.a.	unter anderem
v.	von
vgl.	vergleiche
z.B.	zum Beispiel

Die Schriften des Alten und Neuen Testamentes werden mit den in Religion in Geschichte und Gegenwart. Handwörterbuch für Theologie und Religionswissenschaft. Vierte, völlig neu bearbeitete Auflage herausgegeben von Hans Dieter Betz, Don S. Browning, Bernd Janowski, Eberhard Jüngel. *8 Bde und Registerband. Tübingen 1998–2007. verwendeten Abkürzungen angegeben.*

Öfter herangezogene Schriften oder solche mit besonders umfangreichen Titeln werden wie folgt zitiert:

Allgemeines Landrecht. 1794.
    Allgemeines Landrecht für die Preußischen Staaten. Zweyte Auflage. *4 Bde. Berlin 1794. (als erste Auflage gilt:* Allgemeines Gesetzbuch für die Preussischen Staaten. T. 1, Bd 1–2. T. 2, Bd 3–4. *Berlin 1791, das in dieser Form nicht in Kraft getreten ist)*
Allgemeines Landrecht. 1806.
    Allgemeines Landrecht für die Preußischen Staaten. Neue Ausgabe. *(=* Landrecht. In zwei Theilen oder vier Bänden.*) 4 Bde. Berlin 1806.*
Aristoteles.
    Ἀριστοτέλους ἅπαντα. Aristotelis summi semper viri, et in quem unum vim suam universam contulisse natura rerum videtur, opera, quæcunque impressa hactenus extiterunt omnia, summa cum vigilantia excusa. Per Des. Eras. Roterodamum [...]. *2 Bde [in 1 Bd]. Basel 1531. (KHB 471)*
Bacon: Opera omnia.
    Francisci Baconi Baronis de Verulamio, Vice-Comitis S. Albani, Summi

Angliæ Cancellarii, Opera omnia, Quæ extant: Philosophica, Moralia, Politica, Historica. Tractatus nempe de Dignitate & Augmentis Scientiarum. Novum Organum Scientiarum, cum Parasceve ad Historiam Naturalem & Experimentalem. Historia Ventorum. Historia Vitæ & Mortis. Scripta de Naturali & Universali Philosophia. Sylva Sylvarum, sive Historia Naturalis. Nova Atlantis. Historia Regni Henrici VII. Regis Angliæ: Opus verè Politicum. Sermones fideles, sive Interiora Rerum. Tractatus de Sapientia Veterum. Dialogus de Bello Sacro. Opus Illustre in felicem memoriam Elisabethæ Reginæ. Imago Civilis Iulij Cæsaris. Imago Civilis Augusti Cæsaris. In quibus complures alii tractatus, quos brevitatis causa prætermittere visum est, comprehensi sunt. Hactenus nunquam conjunctim edita, Jam vero summo studio collecta, uno volumine comprehensa, & ab innumeris Mendis repurgata: Cum Indice Rerum ac Verborum Universali absolutissimo. His præfixa est Auctoris vita. *Frankfurt am Main 1665.* (KHB 13)

Beccaria: Von Verbrechen und Strafen.

Des Herren Marquis [Cesare] von Beccaria unsterbliches Werk von Verbrechen und Strafen. [...] Auf das Neue selbst aus dem Italiänischen übersezet *[von Philip Jacob Fladen]* mit durchgängigen Anmerkungen des Ordinarius zu Leipzig Herren Hofrath [Karl Ferdinand] Hommels. *Breslau 1778.*

Blackstone: Commentaries on the Laws of England.

Commentaries on the 𝔏𝔞𝔴𝔰 𝔬𝔣 𝔈𝔫𝔤𝔩𝔞𝔫𝔡, in four books. By Sir William Blackstone, Knt. one of the Justices of His Majesty's Court of Common Pleas. The twelfth edition, with the last corrections of the Author; and with notes and additions By Edward Christian, Esq. Barrister at Law, and Professor of the laws of England in the University of Cambridge. *4 Bde. London 1793–1795.*

Carpzov: Practica nova.

[Haupttitelblatt:] Practica nova Imperialis Saxonica Rerum Criminalium In partes III diuisa Autore Benedicto Carpzouio I.V.D. Elect: Saxon: Scabin: Assessore. *Wittenberg 1635.*

[Einzeltitelblätter:] Practicæ novæ Imperialis Saxonicæ Rerum Criminalium Pars I. Quæstionum ferè universarum in Materia cujusque generis Homicidiorum, Fractæ pacis publicæ, Læsæ Majestatis, tàm humanæ quàm divinæ, Falsificationis Monetarum, Blasphemiarum, Perjurii & Sortilegiorum. Ex Jure civili Romano, Imperiali, Saxonico, Ordinat. & Constitut. Elector. Decisiones Absolutas, Responsis Scabinorum Lipsensium approbatas & usu ac observantiâ fori Saxonici confirmatas exhibens. Autore Benedicto Carpzovio U.J.D. & Elector. Saxon. Scabinat. Assessore. *Wittenberg 1635.*

Practicæ novæ Imperialis Saxonicæ Rerum Criminalium Pars II. Quæstionum ferè universarum in Materia Delictorum Carnis, Furtorum, Rapinæ, Sacrilegii, Falsi & Injuriarum Ex Jure civili Romano, Imperiali, Saxonico: Ordinat. & Constitut. Elector. Decisiones Absolutas, Responsis Scabinorum Lipsensium approbatas & usu ac observantia fori Saxonici confirmatas exhibens. Autore Benedicto Carpzovio U.J.D. & Elector. Saxon. Scabinat. Assessore. *Wittenberg 1635.*

Practicæ novæ Imperialis Saxonicæ Rerum Criminalium Pars III. Quæstionum ferè universarum in Materiâ Processus Criminalis tàm ordinarii, quàm inquisitorii, Torturæ, Executionis & Remissionis ac mitigationis pœnarum Ex Jure Civili Romano, Imperiali, Saxonico, Ordinat. & Constitut. Electoral. Decisiones Absolutas, Responsis Scabinorum Lipsensium approbatas, & usu ac observantiâ fori Saxonici confirmatas exhibens. Autore Benedicto Carpzovio U.J.D. & Elector. Saxon. Scabinatus Assessore. *Wittenberg 1635.*

Corpus Iuris Civilis Romani.

CORPUS IURIS CIVILIS ROMANI, in quo Institutiones, Digesta ad codicem Florentinum emendata, Codex item et Novellæ, nec non Justiniani Edicta, Leonis et aliorum imperatorum Novellæ, Canones Apostolorum, Feudorum libri, Leges XII. Tabb. et alia ad jurisprudentiam ante-justinianeam pertinentia scripta, cum optimis quibusque editionibus collata, exhibentur. Cum notis integris Dionysii Gothofredi, quibus et aliæ aliorum Jctorum celeberrimorum, quas editioni suæ Simon van Leeuwen inseruit, accesserunt. Additi quoque locis convenientibus indices titulorum ac legum emendatissimi. Præmissa est Historia et Chronologia Juris Civilis Romani, quæ singulari methodo legum latarum tempus designat. Editio novissima Sacratissimo ac Invictissimo Principi ac Domino Dn. Carolo VI. Rom. Imperatori Augustissimo &c.&c.&c. dicata. Cum privilegiis Sacræ Cæsareæ Majestatis, Regiæque Majest. Polon. et Ser. Elect. Saxoniæ, ut et Reg. Majest. Boruss. et Ser. Electoris Brandenb. *[2 T. in 1 Bd] Leipzig 1720.*

Deutsches Wörterbuch.

Deutsches Wörterbuch von Jacob Grimm und Wilhelm Grimm. *16 Bde [in 32] und Quellenverzeichnis. Leipzig 1854–1971.*

Diogenes Laërtios.

Diogenis Laertii de vitis, dogmatibus et apophthegmatibus clarorum philosophorum libri decem graece et latine. *Leipzig 1759. (KHB 511)*

Feuerbach: Lehrbuch des gemeinen in Deutschland gültigen peinlichen Rechts

Lehrbuch des gemeinen in Deutschland gültigen peinlichen Rechts von P. J. Anselm Ritter von Feuerbach Königl. Baierischem wirklichem Geheimen Rathe, Präsidenten des Appellationsgerichts für den Retzat-Kreis, Commenthur des Ordens der Baierischen Krone, Ritter des Russischen St. Annen-Ordens II. Cl. etc. etc. Sechste von neuem durchgesehene Auflage. *Gießen 1818.*

Feuerbach: Ueber die Strafe als Sicherungsmittel.

Ueber die Strafe als Sicherungsmittel vor künftigen Beleidigungen des Verbrechers. Nebst einer näheren Prüfung der Kleinischen Strafrechtstheorie. Als Anhang zu der Revision des peinlichen Rechts von Paul Johann Anselm Feuerbach der Ph. u. b. R. Doctor und Lehrer auf der Universität zu Jena. *Chemnitz 1800.*

Fichte: Beitrag.

[Johann Gottlieb Fichte:] Beitrag zur Berichtigung der Urtheile des Publikums über die französische Revolution. Erster Theil. Zur Beurtheilung ihrer Rechtmäßigkeit. *[S. [200]:* Beitrag zur Berichtigung der Urtheile des Publikums über die französische Revolution. Des ersten Theils zur Beurtheilung ihrer Rechtmäßigkeit Zweites Heft. *[fortlaufend paginiert]] o. O. 1793. (KHB 1220)*

Fichte: Grundlage der gesammten Wissenschaftslehre.

Grundlage der gesammten Wissenschaftslehre als Handschrift für seine Zuhörer von Iohann Gottlieb Fichte. *Leipzig 1794[–1795]. (KHB 87)*

Fichte: Grundlage des Naturrechts. T. 1.

Grundlage des Naturrechts nach Principien der Wissenschaftslehre von Iohann Gottlieb Fichte. *Iena und Leipzig 1796. (KHB 88)*

Fichte: Grundlage des Naturrechts. T. 2.

Grundlage des Naturrechts nach Principien der Wissenschaftslehre Zweiter Theil oder Angewandtes Naturrecht von Iohann Gottlieb Fichte. *Iena und Leipzig 1797. (KHB 89)*

Fichte: System der Sittenlehre.

Das System der Sittenlehre nach den Principien der Wissenschaftslehre von Johann Gottlieb Fichte. *Jena und Leipzig 1798. (KHB 85)*

Fichte: Gesamtausgabe.

Johann Gottlieb Fichte: Gesamtausgabe der Bayerischen Akademie der Wissenschaften. Hrsg. von Reinhard Lauth und Hans Jacob *[bzw.]* Reinhard Lauth und Hans Gliwitzky. *Abt. 1. Stuttgart-Bad Cannstatt 1964ff.*

Fries: Ethik.

Handbuch der praktischen Philosophie oder der philosophischen Zwecklehre. Erster Theil. Ethik, oder die Lehren der Lebensweisheit. Erster Band. von Jakob Friedrich Fries. D. d. Phil. und Med., Großh. S. Weim. Hofrath, ord. Prof. der Phil. zu Jena, corr. Mitglied der königl. Akad. zu München und Berlin. *[...] Heidelberg 1818.*

Fries: Wissen, Glaube und Ahndung.

Wissen, Glaube und Ahndung von Jakob Friedrich Fries, ordentlichem Professor der Philosophie in Heidelberg. *Jena 1805.*

Gellius: Noctes Atticae.

A. Gellii luculentissimi scriptoris Noctes Atticae. *Köln 1526 [beigebunden:]* Annotationes Petri Mosellani Protogensis in Clarissimas Auli Gellij Noctes Atticas. *(Hegel besaß die zweite von Johann Soter (Heyl) in Köln 1533 gedruckte Ausgabe des Gellius: KHB 526)*

Goethe: Werke.

Goethes Werke. Hrsg. im Auftrage der Großherzogin Sophie von Sachsen. *Abteilungen I, II, III, IV. 113 Bde [in 143]. Weimar 1887–1919.*

Grolman: Grundsätze der Criminalrechtswissenschaft.

Grundsätze der Criminalrechtswissenschaft nebst einer systematischen Darstellung des Geistes der deutschen Criminalgesetze von D. Karl Grolman. *Giessen 1798.*

Grolman: Grundsätze der Criminalrechtswissenschaft. Dritte, verbesserte Auflage.

Grundsätze der Criminalrechtswissenschaft von D. Karl von Grolman Kanzler der Großherzoglich-Hessischen Universität Gießen. Dritte, verbesserte Auflage. *Gießen 1818.*

Haller: Restauration der Staats-Wissenschaft.

Restauration der Staats-Wissenschaft oder Theorie des natürlich-geselligen Zustands der Chimäre des künstlich-bürgerlichen entgegengesezt von Carl Ludwig von Haller, *[Bd 1–4:]* des souverainen wie auch des geheimen Raths der Republik Bern, der Königl. Gesellschaft der Wissenschaften zu Göttingen correspondirendem Mitglied &c. *[Bd 5–6:]* vormals des souverainen wie auch des geheimen Raths der Republik Bern &c. *[...] 6 Bde. Winterthur 1816–1834. (Hegel hat die bis 1818 erschienenen Bde 1–3 benutzt)*

Hegel: Encyklopädie.

Encyklopädie der philosophischen Wissenschaften im Grundrisse. Zum Gebrauch seiner Vorlesungen von D. Georg Wilhelm Friedrich Hegel, Professor der Philosophie an der Universität zu Heidelberg. *Heidelberg 1817.*

Hegel: Phänomenologie des Geistes.

System der Wissenschaft von Ge. Wilh. Fr. Hegel, D. u. Professor der Philosophie zu Jena, der Herzogl. Mineralog. Societät daselbst Asseßor und andrer gelehrten Gesellschaften Mitglied. Erster Theil, die Phänomenologie des Geistes. *Bamberg und Würzburg 1807.*

Hegel: Wissenschaft der Logik. Bd 1, 1.

Wissenschaft der Logik. Von D. Ge. Wilh. Friedr. Hegel, Professor und Rector am Königl. Bayerischen Gymnasium zu Nürnberg. Erster Band. Die objective Logik. *Nürnberg 1812.*

Hegel: Wissenschaft der Logik. *Bd 1,2.*
Wissenschaft der Logik. Von D. Ge. Wilh. Friedr. Hegel, Professor und Rector am Königl. Bayerischen Gymnasium zu Nürnberg. Erster Band. Die objective Logik. Zweytes Buch. Die Lehre vom Wesen. *Nürnberg 1813.*

Hegel: Wissenschaft der Logik. Bd 2.
Wissenschaft der Logik. Von Dr. Ge. Wilh. Friedr. Hegel, Professor und Rector am Königl. Bayerischen Gymnsium zu Nürnberg. Zweiter Band. Die subjective Logik oder Lehre vom Begriff. *Nürnberg 1816.*

Heineccius: Elementa.
Elementa iuris civilis secundum ordinem Institutionum, commoda auditoribus methodo adornata, a Io. Gottl. Heineccio, IC. Pot. Pruss. Reg. a Consil. secret. iurium ac philos. in ill. Frid. P. P. O. et Indicibus necessariis aucta. Cum privilegio Pot. Reg. Pol. et Elect. Sax. *Leipzig 1758. (KHB 1269)*

Heineccius: Syntagma.
Io. Gottl. Heinecci ICti Cons. quond. aulae Regiae Pruss. et in ill. Viadrina pand. et phil. rat. et mor. p. p. ord. Antiquitatum Romanarum iurisprudentiam illustrantium Syntagma secundum ordinem Institutionum Iustiniani digestum qua multa iuris Romani atque auctorum veterum loca explicantur atque illustrantur. Editio nova prioribus emendatior et locupletatior. Cum S. R. Imp. Reg. Pol. et Elect. Sax. privilegiis. *Straßburg 1755. [beigebunden ist mit eigener Paginierung:]*

Heineccius: Syntagma. Pars II.
Io. Gottl. Heinecci ICti Antiquitatum Romanarum iurisprudentiam illustrantium Syntagma secundum ordinem Institutionum Iustiniani Pars II. Editio nova prioribus emendatior et locupletatior. *Straßburg 1755. (beide Teile: KHB 1270).*

Henke: Grundriß einer Geschichte des deutschen peinlichen Rechts.
Grundriß einer Geschichte des deutschen peinlichen Rechts und der peinlichen Rechtswissenschaft. Ein Versuch von Eduard Henke, der Rechte Doctor und Privatdocent auf der Universität zu *[T. 1:]* Erlangen *[T. 2:]* Landshut. *T. 1–2. Sulzbach 1809.*

Herodot.
ΗΡΟΔΟΤΟΥ ΑΛΙΚΑΡΝΑΣΣΗΟΣ ΊΣΤΟΡΙΩΝ ΛΌΓΟΙ Θ, Ἐπιγραφόμενοι Μοῦσαι. Τοῦ αὐτοῦ Ἐξήγησις περὶ τῆς Ὁμήρου βιοτῆς. HERODOTI HALICARNASSEI HISTORIARVM LIB. IX, IX Musarum nominibus inscripti. Eiusdem Narratio de vita Homeri. Cum Vallæ interpret. Latina historiarum Herodoti, ab Henr. Stephano recognita. Item cum iconibus structurarum ab Herodoto descriptarum. Ctesiæ quædam de reb. Pers. & Ind. EDITIO SECVNDA. Excudebat Henricus Stephanus. *[Genf] 1592. (KHB 533)*

Hobbes: De Cive.
> Elementa Philosophica de Cive, Auctore Thom. Hobbes Malmesburiensi. *Amsterdam 1696. (KHB 166)*

Hobbes: Opera latina.
> Thomæ Hobbes Malmesburiensis Opera philosophica quæ latine scripsit omnia in unum corpus nunc primum collecta studio et labore Gulielmi Molesworth. *5 Bde. London 1839–1845.*

Hobbes: Philosophical Works. *Bd 2.*
> Thomas Hobbes: De Cive. The Latin Version entitled in the first edition ELEMENTORVM PHILOSOPHIÆ SECTIO TERTIA DE CIVE and in later editions ELEMENTA PHILOSOPHICA de CIVE. A critical edition by Howard Warrender. *Oxford 1983.* (= The Clarendon Edition of the Philosophical Works of Thomas Hobbes. Volume II. De Cive. Latin Version.)

Hufeland: Lehrsätze des Naturrechts.
> Lehrsätze des Naturrechts und der damit verbundenen Wissenschaften zu Vorlesungen von Gottlieb Hufeland, d. W. W. u. b. R. D., ord. öff. Lehrer des Lehnrechts und außerord. Beysitzer der Juristenfacultät und des Schöppenstuls *[sic]* auf der Universität zu Jena. Zweyte gänzlich umgearbeitete Ausgabe. *Jena 1795. (KHB 1274)*

Hugo: Lehrbuch.
> *[linkes Titelblatt:]* Lehrbuch der Geschichte des Römischen Rechts, vom Hofrath [Gustav] Hugo in Göttingen. Fünfte, sehr veränderte Auflage. *Berlin 1815.* *[rechtes Titelblatt:]* Lehrbuch eines civilistischen Cursus, vom Hofrath [Gustav] Hugo in Göttingen. Dritter Band, welcher die Geschichte des Römischen Rechts enthält. Fünfte, sehr veränderte Auflage. *Berlin 1815. (KHB 1275, 1276; Hegel besaß zwei Exemplare)*

Jacobi: Werke. Gesamtausgabe.
> Friedrich Heinrich Jacobi: Werke. Gesamtausgabe hrsg. von Klaus Hammacher und Walter Jaeschke. *Hamburg / Stuttgart-Bad Cannstatt 1998 ff.*

Kant: Critik der practischen Vernunft.
> Critik der practischen Vernunft von Immanuel Kant. *Riga 1788. (KHB 184)*

Kant: Critik der reinen Vernunft. *B*
> Critik der reinen Vernunft von Immanuel Kant, Professor in Königsberg, der Königl. Academie der Wissenschaften in Berlin Mitglied. Zweyte hin und wieder verbesserte Auflage. *Riga 1787.*

Kant: Grundlegung.
> Grundlegung zur Metaphysik der Sitten von Immanuel Kant. *Riga 1785.*

Kant: Rechtslehre.
> Die Metaphysik der Sitten in zwey Theilen. Abgefaßt von Immanuel

Kant. *Königsberg 1797. [zweites Titelblatt:]* Metaphysische Anfangsgründe der Rechtslehre von Immanuel Kant. *Königsberg 1797. (KHB 190)*
Kant: Zum ewigen Frieden.
Zum ewigen Frieden. Ein philosophischer Entwurf von Immanuel Kant. Neue vermehrte Auflage. *Königsberg 1796. (KHB 192; GW 31,1. verzeichnet die erste Auflage; welche Auflage Hegel besaß, ist wegen der falschen Angabe im Versteigerungskatalog seiner Bibliothek nicht mehr feststellbar)*
Kant: Werke.
Kant's gesammelte Schriften. Hrsg. von der Königlich Preußischen Akademie der Wissenschaften. Erste Abtheilung: Werke. *9 Bde. Berlin und Leipzig 1910–1923.*
Klein: Grundsätze des gemeinen deutschen peinlichen Rechts.
Grundsätze des gemeinen deutschen peinlichen Rechts nebst Bemerkung der preussischen Gesetze von Ernst Ferdinand Klein Königl. Preussischem Geheimen Justiz- und Cammergerichts-Rath, Director der Universität und Vorsteher der Juristenfacultät zu Halle, Doctor der Rechtswissenschaft und der Philosophie, Mitglied der Academie der Wissenschaften zu Berlin. Zweyte, vermehrte und verbesserte Ausgabe. *Halle 1799. (KHB 1296)*
Kleinschrod: Systematische Entwickelung der Grundbegriffe und Grundwahrheiten des peinlichen Rechts.
Gallus Aloys [Kaspar] Kleinschrod's Hofraths und Professors der Rechte auf der Julius-Universität zu Wirzburg systematische Entwickelung der Grundbegriffe und Grundwahrheiten des peinlichen Rechts nach der Natur der Sache und der positiven Gesetzgebung. *T. 1–3. Erlangen 1794–1796.*
Livius.
T. Livii Patavini Historiarum ab urbe condita libri, qui supersunt, omnes, cum notis integris Laur. Vallae, M. Ant. Sabellici, Beati Rhenani, Sigism. Gelenii, Henr. Loriti Glareani, Car. Sigonii, Fulvii Ursini, Franc. Sanctii, J. Fr. Gronovii, Tan. Fabri, Henr. Valesii, Jac. Perizonii, Jac. Gronovii; excerptis Petr. Nannii, Justi Lipsii, Fr. Modii, Jani Gruteri; nec non ineditis Jani Gebhardi, Car. And. Dukeri, & aliorum: Curante Arn. Drakenborch, Qui & suas adnotationes adjecit. Accedunt Supplementa deperditorum T. Livii Librorum a Joh. Freinshemio concinnata. *7 Bde. Leiden und Amsterdam 1738–1746.*
Meister: Principia Iuris Criminalis Germaniae Communis.
D. Geo. Iac. Frid. Meisteri Consiliarii Regii Aulici Iurium Professoris et Assessoris Facultat. Iurid. in Academia Georgia Augusta Principia Iuris Criminalis Germaniae Communis. Editio quarta insigniter immutata. *[beigefügt mit eigener Paginierung ist:]* Kaiser Carls des fünften und des Heil.

Röm. Reichs Peinliche Gerichtsordnung. Nach der ältesten Ausgabe vom Jahr 1533 abgedruckt. *Göttingen 1802.*

Michaelis: Mosaisches Recht.

Johann David Michaelis Mosaisches Recht. *T. 1–6. Frankfurt am Main 1770–1775.*

Montesquieu: De l'Esprit des Loix.

[Charles Louis de Secondat de La Brède et de Montesquieu:] De l'Esprit des Loix Ou du rapport que les loix doivent avoir avec la Constitution de chaque Gouvernement, les Moeurs, le Climat, la Religion, le Commerce, &c. à quoi l'Auteur a ajouté Des recherches nouvelles sur les Loix Romaines touchant les Successions, sur les Loix Françoises, & sur les Loix Féodales. *2 Bde. Genf [1748].*

Pascal: Les Provinciales.

Les Provinciales, ou Lettres écrites par Louis de Montalte *[d.i. Blaise Pascal]* à un Provincial de ses Amis, Et aux RR. PP. Jesuites sur la Morale & la Politique de ces Peres. Avec les notes de Guillaume Wendrock *[d.i. Pierre Nicole]*, Docteur en Theologie dans l'Université de Saltzbourg en Allemagne, Traduites en François. Nouvelle Edition, Revue, corrigée & augmentée. *3 Bde. [Cologne] 1712. (KHB 269–271)*

Platon.

ΠΛΑΤΩΝΟΣ ΑΠΑΝΤΑ ΤΑ ΣΩΖΟΜΕΝΑ. PLATONIS opera quæ extant omnia. Ex nova Ioannis Serrani Interpretatione, perpetuis eiusdem notis illustrata: quibus & methodus & doctrinæ summa breviter & perspicuè indicatur. Eiusdem Annotationes in quosdam suæ illius interpretationis locos. Henr. Stephani de quorundam locorum interpretatione iudicium, & multorum contextus Græci emendatio. *3 Bde. [Genf] 1578. (KHB 611–613)*

Platon. Ed. Bipontina.

ΠΛΑΤΩΝ. Platonis Philosophi quae exstant graece ad editionem Henrici Stephani accurate expressa. Praemittitur l. III Laertii de vita et dogm. Plat. cum notitia literaria. Cum Marsilii Ficini interpretatione accedit varietas lectionis studiis Societatis Bipontinae. *11 Bde. Zweibrücken 1781–1787.*

Quistorp: Grundsätze des deutschen Peinlichen Rechts.

Johann Christian Edlen von Quistorps, des heiligen Römischen Reichs Ritter, Königlich-Schwedischen Ober-Appellations-Raths, auch ordentlichen Beysitzers beym Wismarschen hohen Tribunal- und Ober-Appellations-Gericht in Sr. Königl. Majestät von Schweden deutschen Staaten, Grundsätze des deutschen Peinlichen Rechts. *T. 1–2.* Fünfte vermehrte und verbesserte Auflage. Mit Churfürstl. Sächß. allergn. Privilegio. *Rostock und Leipzig 1794.*

Rehberg: Untersuchungen über die Französische Revolution.

Untersuchungen über die Französische Revolution nebst kritischen Nachrichten von den merkwürdigsten Schriften welche darüber in Frankreich erschienen sind. Von August Wilhelm Rehberg, Geheime Canzleysecretair *[T. 2:]* Geheime-Canzley Secretair in Hannover. *T. 1–2. [Erster Theil, welcher Untersuchungen über das neue französische System der Staatsverfassung enthält. – Zweyter Theil, welcher historische Untersuchungen über die Revolution enthält.] Hannover und Osnabrück 1793.*

Reinhold: Briefe.
Briefe über die Kantische Philosophie. Von Carl Leonhard Reinhold. Erster Band. Zweyter Band. *Leipzig 1790–1792.*

Rousseau: Du Contract social.
Du Contract social; ou Principes du droit politique. Par J. J. Rousseau, Citoyen de Geneve. *[...] Amsterdam 1762. (KHB 1417; dem Versteigerungskatalog ist nicht zu entnehmen, welcher der zahlreichen Drucke und Nachdrucke aus dem Jahre 1762*[1] *sich in Hegels Besitz befand)*

Rousseau: Œuvres complètes.
Jean-Jacques Rousseau: Œuvres complètes. Édition publiée sous la direction de Bernard Gagnebin et Marcel Raymond *[...]. 5 Bde. Paris 1959–1995.*

Runde: Grundsätze des gemeinen deutschen Privatrechts.
Grundsätze des gemeinen deutschen Privatrechts von D. Justus Friedrich Runde Hofrath und Professor der Rechte; wie auch Ordinarius der Juristen-Facultät auf der Georg-Augustus Universität zu Göttingen &c. Vierte rechtmäßige Auflage. *Göttingen 1806. (KHB 1422)*

Savigny: Vom Beruf unsrer Zeit für Gesetzgebung und Rechtswissenschaft.
Vom Beruf unsrer Zeit für Gesetzgebung und Rechtswissenschaft. Von D. Friedrich Carl von Savigny, ordentl. Professor der Rechte an der Königl. Universität zu Berlin, und ordentl. Mitglied der Königl. Akademie der Wissenschaften daselbst. *Heidelberg 1814. (KHB 1424)*

Schiller: Werke. Nationalausgabe.
Schillers Werke. Nationalausgabe. 1940 begründet von Julius Petersen. Fortgeführt von Lieselotte Blumenthal, Benno von Wiese, Siegfried Seidel. Hausgegeben im Auftrag der Klassik Stiftung Weimar und des Deut-

---

[1] *Siehe dazu* Recherches Bibliographique sur les œuvres imprimées de J.-J. Rousseau suivies de l'inventaire des papiers de Rousseau conservés à la Bibliothèque de Neuchatel par Théophile Dufour Archiviste-paléographe, ancien directeur des Archives et de la Bibliothèque publique de Genève. Introduction de Pierre-Paul Plan. *2 Bde. Paris 1925. Bd 1. [117]–138. Zitiert wird hier nach dem zweiten Druck, der definitiven Erstausgabe (Type B), vgl. ebenda Bd 1. [117] Nr 133.*

schen Literaturarchivs Marbach von Norbert Oellers. Redaktor Georg Kurscheidt. *[...] Weimar 1943 ff. (seit 2003 unter diesem Gesamttitel; Einzelbände gegebenenfalls mit dem Zusatz ›N‹ für ›Neue Ausgabe‹, seit 2010)*
Schmalz: Handbuch der Rechtsphilosophie.
Handbuch der Rechtsphilosophie vom Geheimen Justizrath [Theodor Anton Heinrich] Schmalz zu Halle. *Halle 1807.*
Schmalz: Lehrbuch des teutschen Privatrechts.
Lehrbuch des teutschen Privatrechts; Landrecht und Lehnrecht enthaltend.Vom Geheimen Rath [Theodor Anton Heinrich] Schmalz zu Berlin. *Berlin 1818.*
Schmalz: Naturrecht.
Das reine Naturrecht.VonTheodor [Anton Heinrich] Schmalz, D. Professor der Rechte zu Königsberg. *Königsberg 1792.*
Sophokles:Tragoediae.
ΣΟΦΟΚΛΕΟΥΣ ΤΡΑΓΩΔΙΑΙ ΕΠΤΑ. SOPHOCLIS TRAGOEDIAE SEPTEM. ΤΑ ΤΩΝ ΤΡΑΓΩδιῶν ὀνόματα. Tragœdiarum nomina. Αἴας μαστιγοφόρος Aiax flagellifer. Ἠλέκτρα. Electra. Οἰδίπους τύραννος. Oedipus tyrannus *[sic]* Ἀντιγόνη. Antigone. Οἰδίπους ἐπὶ Κολωνῷ *[sic]* Oedipus coloneus. Τραχινίαι. Trachiniæ. Φιλοκτήτης. Philoctetes. 1449 αφμθ. *Frankfurt 1550. (Hegel besaß die Ausgabe von 1555: KHB 669)*
Sophokles:Tragoediae (ed. Brunck).
Sophoclis Tragœdiæ septem ad optimorum exemplarium fidem emendatæ cum versione et notis ex editione Rich. Franc. Phil. Brunck. *2 Bde. Straßburg 1786. (KHB 666–667)*
Spinoza: Opera (ed. Gebhardt).
Spinoza: Opera. Im Auftrag der Heidelberger Akademie der Wissenschaften hrsg. von Carl Gebhardt. *4 Bde. Heidelberg [1925].*
Spinoza: Opera (ed. Paulus).
Benedicti de Spinoza opera quae supersunt omnia. Iterum edenda curavit, praefationes, vitam auctoris, nec non notitias, quae ad historiam scriptorum pertinent addidit Henr. Eberh. Gottlob Paulus. *2 Bde. Jena 1802–1803. (KHB 358–359)*
Thibaut: System des Pandekten-Rechts.
System des Pandekten-Rechts von Anton Friedrich Justus Thibaut, Hofrath und ordentlichem Professor des Rechts in Heidelberg; Correspondenten der Kaiserlichen Gesetzcommission in Petersburg. Zweyte, durchaus vermehrte und verbesserte Auflage. *3 Bde. Jena 1805.*
Tittmann: Handbuch der Strafrechtswissenschaft.
Handbuch der Strafrechtswissenschaft und der deutschen Strafgesetzkunde von D. Carl August Tittmann Kurfürstlich Sächsischem Ober-Consistorial-Rathe in Dresden. *T. 1–4. Halle 1806–1810. [nach dem zweiten*

Titelblatt auch unter dem Titel:] Handbuch des gemeinen deutschen Peinlichen Rechts von D. Carl August Tittmann Kurfürstlich Sächsischem Ober-Consistorial-Rathe in Dresden. *T. 1–4. Halle 1806–1810.*
Xenophon.
ΞΕΝΟΦΩΝΤΟΣ ΤΑ ΣΩΖΟΜΕΝΑ ΒΙΒΛΙΑ. XENOPHONTIS (viri armorum & literarum laude celeberrimi) QVÆ EXTANT OPERA. Annotationes Henrici Stephani, multum locupletatæ: quæ varia ad lectionem Xenophontis longè vtilißima habent. Editio secvnda, ad qvam esse factam maximam diligentiæ accessionem, statim cognosces. *[Genf] 1581. (KHB 692)*

7,2–5 *Zu Hegels nach der Veröffentlichung des Kompendiums gehaltenen Vorlesungen über Rechtsphilosophie siehe den Editorischen Bericht in GW 14,3. 858–860.*

7,5–10 Siehe Hegel: Encyklopädie. *259–278 (*C. Die Philosophie des Geistes. Zweyter Theil. Der objective Geist. *§§ 440–452); GW 13. 224–239.*

7,32–33 *Über ihre die Entscheidung für einen der Freier verzögernde List, des Nachts einen tagsüber gewebten, angeblich zum Leichengewand für ihren Schwiegervater Laërtes bestimmten Stoff wieder aufzulösen, berichtet Penelope in* Homer: Odyssee. *XIX, 137–156.*

8,20–22 *Siehe insbesondere* Hegel: Wissenschaft der Logik. *Bd 1,1. [III]–X der* Vorrede *und [I]–XXVIII der* Einleitung*; GW 11. 5–8, 15–29 sowie den Abschnitt* Die Idee *in* Hegel: Wissenschaft der Logik. *Bd 2. 267–400; GW 12. 173–253.*

9,11–12 *Siehe Lk 16, 29.*

12,16–21 *Hegel bezieht sich hier auf Fries, dessen Ausführungen er kondensiert, s. zunächst* Fries: Wissen, Glaube und Ahndung. *64:* Man hat bisher die Unterscheidungen des Fürwahrhaltens so genommen, dass im Grunde jede vollständige Überzeugung ein Wissen seyn musste. Ich sage hingegen, Wissen heisst nur die Überzeugung einer vollständigen Erkenntniss, deren Gegenstände durch Anschauung erkannt werden; Glaube hingegen ist eine nothwendige Überzeugung aus blosser Vernunft, welche uns nur in Begriffen, das heisst in Ideen zum Bewustseyn kommen kann; Ahndung aber ist eine nothwendige Überzeugung aus blossem Gefühl. *S. ferner ausführlich* Fries: Ethik. *3–7 (§ 2):* Die Ueberzeugung vom Werth und Zweck des Menschenlebens und vom Zweck der Welt sind Eigenthum theils des Gewissens oder des sittlichen Gefühls, theils des Glaubens und der Ahndung oder des religiösen Gefühls. / Wie nun? Wenn diese Ueberzeugungen dem Gewissen und Glauben gehören, werden sie da nicht einem Gefühl zugewiesen, welches grade dem Wissen und der Wissenschaft entgegen gesetzt ist? Das Gewissen sagt ja dem Menschen in jedem Augenblick durch lebendiges Gefühl, was ihm jetzt zu thun das rechte und geistigschöne ist. Warnen wir im Leben nicht dagegen, daß der Mensch in Sachen des sittlichen Gefühls sich nicht in Klügeln wissenschaftlicher Art gegen die Sprüche seines Gewissens einlassen solle. Müssen wir es nicht gleichsam wie eine Gemüthskrankheit ansehen, wenn ein verklügelter Mensch keine reine und klare Stimme des lebendigen sittlichen Gefühls mehr vernimmt, sondern anstatt dessen sein sittliches Thun in jedem Augenblick bis ins kleinste mit dem Begriffe fest halten will? / Noch vielmehr aber der Glaube. Setzen wir nicht grade allem Wissen und aller Wissenschaft um die endlichen Erscheinungen der Dinge den höheren Glauben an die ewige Gotteswahrheit entgegen, welche letztere nur durch die Gefühle der Andacht das Walten der urschöpferischen heiligen Liebe menschlich anerkennt, in der unendlichen Schönheit, welche in | allen Umwandlungen der Natur vor unsern Blicken ausgebreitet liegt? / Wie wird denn da das Eigenthum von Gefühl und Glaube doch eine Aufgabe für die Wissenschaft? Wir antworten mit folgendem. / 1) Die Gefühle des Gewissens und des Glaubens sind der Ausbildung fähig, welche nur der wissenschaftlich thätige Verstand ihnen geben kann. / *[...|..]* Die Ueberzeugungen des Gewissens können selbst wissenschaftlich ausgebildet werden, die des Glaubens aber keinesweges. / 2) Alle Wahrheit, welche das Gewissen lehrt, kann auch in wissenschaftlichen Vorschriften begriffen werden. Es ist freylich das wahre sittliche Urtheil ein Urtheil über geistige Schönheit der menschlichen Handlungen und ein solches Urtheil kann zunächst nur in lebendigem Gefühl sprechen: *[.|..]* / 3) Für den Glauben aber heißt es, wenn er schon dem Wissen und der Wissenschaft grade entgegengesetzt wird, so bleibt doch dem Verstande die Aufgabe, nachzuweisen: welcher Glaube und wie der Glaube in der Brust des Menschen lebe und nothwendig lebe. / Die religiösen Ueberzeugungen vom heiligen Ursprung aller Dinge, vom Daseyn Gottes und dem ewi-|gen Leben sollen nicht wissenschaftlich gestützt und bewiesen, auch nicht wissenschaftlich als Grundsätze der Beweise verwendet werden, sondern sie sind einzig die unmittelbaren Grundgedanken jener lebendigen Gefühle der Ahndung, welche durch Begeisterung und Andacht in der Schönheit der Naturerscheinungen und vor allem in der Geistesschönheit des Menschenlebens die ewige Wahrheit anerkennen. / Es läßt sich daher der Glaube selbst nicht in eine Wissenschaft entfalten oder verwandeln, aber von dem Glauben gibt es uns eine höchst wichtige Wissenschaft, und diese ist die Religionslehre. Der wissenschaftliche Verstand verwandelt hier nicht den Glauben in Wissen, sondern er nimmt sich den lebendigen Glauben des Menschen nur zum Gegenstand seiner Betrachtung, will die glaubende Vernunft zur klaren Selbsterkenntniß führen und ihr am Ende zeigen, wie der Glaube dem vernünftigen Geistesleben gleichsam eingeboren sey. *39–41 (§ 13):* Im vielfarbigen Spiel sinnlicher Empfindungen kündigt sich dem Menschen innerlich geistiges, äußerlich körperliches Daseyn der Dinge an, die Vernunft faßt dies wechselnde Spiel vorübergehender Erscheinungen unter die festen Gesetze nothwendiger Einheit zusammen und bildet so die menschliche Erkenntniß zu einer körperlichen und einer geistigen Weltansicht aus. / Aber in dem Unbestand der sinnlichen Erscheinungen und in der Unvollendbarkeit aller Größe fühlt ihre philosophische Selbstthätigkeit die eigne Beschränktheit und scheidet so die menschliche An-|sicht der Dinge nach sinnlichen Anschauungen und Begriffen von den Ideen des ewigen Wesens der Dinge oder der reinen göttlichen Wahrheit. Nur um jene sinnliche Erscheinung der Dinge wissen wir, an das wahre Wesen der Dinge glauben wir und nur das Gefühl läßt uns die Bedeutung des Glaubens an den Erscheinungen ahnden. / [...] Das erste geistige oder das spekulative Ziel der Ausbildung des Menschenlebens wird die selbstständige und selbsterworbene Wahrheit in den Wissenschaften. Allein in den Wissenschaften bildet sich nur das Wissen, also die Erkenntniß um die endliche menschliche Ansicht der Dinge aus. Neben diesem stehen noch im Reiche der Wahrheit | der Glaube an ewige Wahrheit und dessen ahndende Gefühle. Daher schließt sich den Wissenschaften in der Ausbildung des Geistes die dem Glauben und seiner Ahndung dienende religiös-ästhetische Ueberzeugung nahe an. *149 (§ 36):* Der Mensch ordnet sich, die ihm gewordenen sinnlichen Erscheinungen der Dinge, zuerst nach den allgemeinen Regelbegriffen der Natur in wissenschaftlicher Erkenntniß, dann aber erhebt er sich zur Deutung dieser sinnlichen Erscheinungen auf ewige und göttliche Wahrheit, zu den Ideen des Glaubens. Im Glauben wird ihm der tiefste Grundgedanke aller seiner Ueberzeugungen die Idee vom ewigen Ursprung aller Dinge durch die Welten erschaffende heilige Allmacht, welche die ewige Liebe ist. Aber nicht in wissenschaftlichen Erkenntnissen, sondern nur in den ästhetischen Ideen des Geschmackes, in den Ideen des Geistes der Schönheit, welcher durch alles Leben der Natur waltet, gelten uns die Ideen des Glaubens, für die sinnlichen Erscheinungen. *326–329 (§ 89):* In Vaterlandsliebe und religiöser Begeisterung erkennen wir also die größten schaffenden Kräfte der geistigen Fortbildung des Menschengeschlechtes, diese aber kommen in der Geschichte unsrer | Völkerausbildung selbst in Widerstreit mit einander. / Vaterlandsliebe steht mit der Sorge für die Selbstständigkeit volksthümlicher Ausbildung im Dienst der Ehre, welcher oft den Kampf gegen rohe Gewalt, den Haß neben der Freundschaft fordert. / Christlich religiöse Begeisterung kann uns hingegen jetzt schon allbesänftigend den Geist der Friedfertigkeit und allgemeinen Menschenfreundschaft bringen, indem sie von jedem Anfang roher Gewalt, jeder Anmaaßung abmahnt, für den rechten Friedensdienst der Gerechtigkeit. *[...]* / Noch gelten in unserm Völkerleben die patriotischen Ideale männlich der Kraft und That, die reinen religiösen Ideale hingegen weiblich dem Gefühl und seiner Bildung. / Und darum wird unsern Völkern gefordert, daß kämpfender vaterländischer Gemeingeist religiös werde. / Dessen Ideal aber ist, das in den Dienst des gerechten Gemeingeistes genommene und so | ganz zum öffentlichen Leben ausgebildete Leben des Volkes. / In solchem Volksleben würde der Geist der Gerechtigkeit und der Haß des Betruges die Rechtlichkeit vor Gericht mit Flammenblicken schützen und jeden Treubruch hart rächen. / Das Bestreben nach ehrenden Auszeichnungen würde nicht in Reichthum, Titeln und Bändern sondern in Opfern an die Vaterlandsliebe seine Befriedigung suchen. So würde Ernst und Ehrlichkeit die Verwaltung aller öffentlichen Geschäfte leicht ausführbar machen. / Im Familienleben würde reiner und feiner Sinn ritterlicher Liebe Reinheit und Keuschheit bewahren. / Die Erziehung würde in allen Idealen der Geistesschönheit erblühen, aber dem eignen Leben dieses Volkes huldigen. / Jedem Geschäft der öffentlichen Angelegenheit würde das Leben von unten aus dem Volke kommen. Nicht die Form des Gesetzes und der Oberaufsicht, nicht der Privatzwang der Amtspflicht, sondern der Geist der Untergebenen würde den Einzelnen treiben; – Wißbegierde und Streben der Schüler den Lehrer zu Eifer; der Geist des Volkes den Richter zur Gerechtigkeit. / Jedem öffentlichen Geschäft würden sich lebendige Gesellschaften widmen unverbrüchlich vereinigt durch die heiligen Ketten der Freundschaft; | – Sitte und Gebräuche würden im Volk die Rechte der Freundschaft fester anerkennen machen. / Das ganze Leben dieses Volkes aber würde unter dem Schutz einer religiösen Vereinigung stehen, welche nicht durch ständische Gerechtsame einer Geistlichkeit, nicht durch Verstandesformen einer heiligen Dogmatik gebildet wäre, sondern frey in heilig gehaltenen Gebräuchen lebte, ähnlich der Vereinigung des ganzen griechischen Volkes in seinen Theorien und seinen olympischen Spielen. Jede wahrhaft lebendige Gestalt des öffentlichen Lebens nimmt mit dem, daß darin das Volksleben in eigner Schönheit erblüht, die religiös-ästhetische Bedeutung von selbst an.

12,24 *Siehe Ps 127, 2.*

12,28–13,4 *Auf Einladung der Jenaer Burschenschaft hatten sich am 18. und 19. Oktober 1817 etwa 500 Studenten von weiteren dreizehn deutschen Universitäten (Berlin, Breslau, Erlangen, Gießen, Göttingen, Greifswald, Heidelberg, Kiel, Königsberg, Leipzig, Marburg, Rostock und Tübingen) zur Feier des 300. Jahrestages der Reformation (mit Luthers Anschlag der Thesen am 31. Oktober 1517) und zum Gedenken an die Völkerschlacht bei Leipzig (16. bis 19. Oktober 1813)* zu einem ›Nationalfest‹ auf der Wartburg versammelt, an dem auch einige Professoren der Jenaer Universität (Jakob Friedrich Fries, Dietrich Georg Kieser, Lorenz Oken und Christian Wilhelm Schweitzer) teilnahmen. Nach den friedlichen und solennen Reden und Gesängen und dem anschließenden Festessen gesellte sich am Ende des ersten Tages ein Teil der Studenten (Turner) mit einem Fackelzug zu den mit einem Siegesfeuer das Andenken an die Völkerschlacht feiernden Angehörigen des Landsturms auf dem Wartenberg, wo der Student Ludwig Rödiger eine Rede hielt. Hier kam es dann, spontan wie es schien, und nach einer kurzen Rede von Maßmann, in der er an Luthers Verbrennung der päpstlichen Bulle 1520 in Wittenberg erinnerte und die undeutsche Gesinnung der Verfasser dieser Schandschriften des Vaterlandes (23) anprangerte, zur bejubelten symbolischen Verbrennung von Büchern (in Form von entsprechend beschrifteten Makulaturballen), vgl. den Bericht und die Wiedergabe der Rede in [Hans Ferdinand Maßmann:] Kurze und wahrhaftige Beschreibung des großen Burschenfestes auf der Wartburg bei Eisenach am 18ten und 19ten des Siegesmonds 1817. (Nebst Reden und Liedern.) Gedruckt in diesem Jahr. [o. O. 1817] 21–29 sowie die Darstellung Kiesers (selbst kein Augenzeuge der Vorgänge auf dem Wartenberg) in Das Wartburgsfest am 18. October 1817. In seiner Entstehung, Ausführung und Folgen. Nach Actenstücken und Augenzeugnissen, von Dr. D[ietrich] G[eorg] Kieser, Professor zu Jena, Königlich-Preußischem Hofrathe, Großherzogl. Sächs. Weim. Medicinalrathe &c. Nebst einer Apologie der akademischen Freiheit und 15 Beilagen. Jena 1818. 34–38, besonders 36: Daß die versammelte Menge jubelnd einstimmte, war leicht zu erwarten, wenn auch blos des neuen Schauspieles und der Strafe undeutscher Gesinnungen wegen, da der größte Theil der Bücher ihr selbst unbekannt sein mochte. Maßmann (ebenda 24–27) und Kieser (ebenda 37f) liefern eine 28 Positionen umfassende Liste der verbrannten Bücher (Maßmann gibt auch die Losungen wieder), darunter Schriften von Jean Pierre Frédéric Ancillon, Christoph Christian Dabelow, Carl Ludwig von Haller, Karl Leberecht Immermann, August von Kotzebue, Ludwig Theobul Kosegarten, Theodor Anton Heinrich Schmalz, Saul Ascher, Zacharias Werner und Karl Salomo Zachariä, der Code Napoléon, der von Karl Christoph Albert Heinrich von Kamptz herausgegebene Allgemeine Codex der Gendarmerie (d. i. eine Sammlung europäischer Gesetze und Instruktionen zur Organisation der Polizei und zum Polizeidienst) und einige Schriften gegen die Turnkunst. Im Anschluß daran wurden noch ein Schnürleib, d. i. ein Teil einer preußischen Ulanenuniform, ein zur hessischen Soldatenuniform gehöriger Haarzopf und ein österreichischer Korporalstock als Insignien des Gamaschendienstes (wie es bei Maßmann 28 heißt) verbrannt. – Bei der Versammlung am 19. Oktober wurde die vorher bereits als Flugblatt verbreitete Rede Fries' An die deutschen Burschen von Rödiger verlesen. Hegel zitiert und kondensiert folgende Passage aus J. F. Fries: An die deutschen Burschen. Zum 18. October 1817. o. O. 1817. 4: Wenn aber eines Volkes Geist zu ächtem Gemeingeist gediehen wäre: so würde in diesem Volke Gerechtigkeit, Keuschheit und sich aufopfernde Vaterlandsliebe herrschen, dabey aber würde in diesem Volke jedem Geschäft der öffentlichen Angelegenheit das Leben von unten aus dem Volke kommen. Nicht die Form des Gesetzes und der Oberaufsicht allein, nicht nur Privatzwang der Amtspflicht, sondern der Geist der Untergebenen würde den Einzelnen treiben; Wißbegierde und Streben des Schülers den Lehrer zum Eifer, der Geist des Volkes den Richter zur Gerechtigkeit. – Und in diesem Volke würden jedem einzelnen Werk der Volksbildung und des volksthümlichen Dienstes sich lebendige Gesellschaften weihen durch die **heilige Kette der Freundschaft** unverbrüchlich vereinigt. Fest würden der Freundschaft heilige Rechte im geselligen Leben anerkannt werden; jedes edle Werk des öffentlichen Lebens würde, wie im Kreise Jahnischer Freunde, seinen **Freundschaftsbund** erhalten, seine heilige Zunftvereinigung, die nur Geistesverwandschaft schließt, aus der nur Geistesfeindschaft bannt! *Die Rede wurde mehrfach nachgedruckt, so als* Feierrede des Professor Fries an die Teutschen Burschen. Zum 18. Oct. 1817. *In:* Oppositions-Blatt oder Weimarische Zeitung. Mit Großherzoglich Sächsischem Privilego. *Weimar.* Donnerstag. Nro. 257. 30. October 1817. *Sp. [2049]–2052, als* Feierrede des Professor Fries an die deutschen Burschen auf der Wartburg. Zum 18ten October 1817. *In:* Deutscher Beobachter oder privilegirte Hanseatische Zeitung. N°· 576. Hamburg, Freytag, den 7. November. *[keine Paginierung oder Spaltenzählung], als* Rede von Fries. An die Deutschen Burschen. Zum 18. October 1817. *in dem oben angegebenen Buch von Maßmann, 47–54, in* [Carl Hoffmeister:] Beschreibung des Festes auf der Wartburg. Ein Sendschreiben an die Gutgesinnten. Gedruckt in Deutschland und für Deutsche. [Essen] 1818. *41–49 sowie als* Beilage No. 9. Rede an die deutschen Burschen. Zum 18. Oct. 1817. Vom Hofrath Fries. *in der oben angeführten Schrift von Kieser, 127–132. – Fries hat diese Passage fast vollständig und fast wörtlich übernommen in* Fries: Ethik. *328f (§ 89).*

12,35–36 *Siehe* Hegel: Wissenschaft der Logik. *Bd 1,1. XVII der Einleitung Fußnote:* Eine so eben erschienene neueste Bearbeitung dieser Wissenschaft, »System der Logik von Fries,« kehrt zu den anthropologischen Grundlagen zurück. Die Seichtigkeit der dabey zu Grunde liegenden Vorstellung oder Meynung an und für sich, und der Ausführung überhebt mich der Mühe, irgend eine Rücksicht auf diese bedeutungslose Erscheinung zu nehmen.*; GW 11. 23,34–38.*

13,14–15 *Siehe die Anm. zu 12,16–21.*

13,15–18 *Hegel bezieht sich hier wohl auf die Epikureische Lehre von der* δόξα *als eines Momentes des Kriteriums der Wahrheit; vgl. dazu* Diogenes Laërtios. *666b–667a (X, 33f).*

13,25–28 *Hegel gibt die Rede des Mephistopheles etwas verkürzt wieder, vgl.*

Faust. Ein Fragment. *In:* Goethe's Schriften. Siebenter Band. *Leipzig 1790. 24 f:* Verachte nur Vernunft und Wissenschaft, / Des Menschen allerhöchste Kraft, / Laß nur in Blend- und Zauberwerken / Dich von dem Lügengeist bestärken, / So hab' ich dich schon unbedingt – / Ihm hat das Schicksal einen Geist gegeben, / Der ungebändigt immer vorwärts dringt, / Und dessen übereiltes Streben | / Der Erde Freuden überspringt. / Den schlepp' ich durch das wilde Leben, / Durch flache Unbedeutenheit, / Er soll mir zappeln, starren, kleben, / Und seiner Unersättlichkeit / Soll Speis' und Trank vor gier'gen Lippen schweben; / Er wird Erquickung sich umsonst erflehn, / Und hätt' er sich auch nicht dem Teufel übergeben, / Er müßte doch zu Grunde gehn!; Goethe: Werke. *Abt. I. Bd 14. 88 (1851–1867). Hegel hatte diese Stelle – ebenfalls verkürzt und abgewandelt – auch sonst angeführt in Hegel:* Phänomenologie des Geistes. *299; GW 9. 199,1–4.*

14,27–30 *Vgl. 241,13 in der Fußnote zum § 258. –* Schibboleth *bezeichnet das Losungswort, auf Grund dessen unterschiedlicher Aussprache die Gileaditer die eigenen von den fremden Leuten unterschieden, vgl. Ri 12,5–6.*

15,1–6 *Hegel dürfte hierbei (und bei den folgenden Bemerkungen) an die von der Deutschen Bundesversammlung am 20. September 1819 beschlossenen gesetzlichen Regelungen (›Karlsbader Beschlüsse‹) denken. Vgl. zu den Einzelheiten der Beschlüsse den Editorischen Bericht in GW 14,3. 848–854.*

15,13–14 (– wie man ... lassen)] *Man würde in diesem Kontext vielleicht eine Bezugnahme Hegels auf eine Regierungsmaßnahme aus der seit 1815 bestehenden Restaurationsepoche erwarten, doch hat es einen Sachverhalt, auf den diese Formulierung zuträfe, nicht gegeben. – Im Gefolge der Revolution (von 1793 an) wurden die Universitäten alter Ordnung für aufgelöst und durch spezielle Fachschulen (für Recht, Medizin etc.) ersetzt erklärt, doch blieb die Organisationsstruktur des höheren Unterrichts bis zum Beginn des Kaiserreichs uneinheitlich, unübersichtlich und unbestimmt. Die Napoléonische Reorganisation des höheren Unterrichts (seit 1808) schuf eine ›Université‹ genannte Administration für den Gesamtbereich des öffentlichen Unterrichts; die einzelnen Wissenschaftsfächer wurden Fakultäten zugeordnet, in denen allein auf die zukünftige Berufstätigkeit zugeschnittene Ausbildungsgänge absolviert werden sollten (die facultés des lettres et des sciences sollten der Lehrerausbildung dienen), und der (im eigentlichen Sinne universitäre) wissenschaftliche Unterricht erfolgte im Collège de France, im Muséum oder an der École polytechnique. In der ersten Zeit der Restauration wurde diese Organisationsform zunächst beibehalten, allerdings wurde die Leitungsstruktur verändert und der Einfluß des Klerus auf den öffentlichen Unterricht wurde in kurzer Zeit durchschlagend. – Der ausschließlich als Berufsausbildung konzipierte höhere Unterricht und die lediglich der Titelverleihung ohne eigentliche Lehre gewidmeten facultés des lettres et des sciences boten dem Philosophieunterricht kein günstiges Klima. Vermutlich auf diese Situation bezieht Hegel sich an dieser Stelle.*

15,25–29 *Zu den Prinzipien der Sophisten vgl. insgesamt* Platon: Protagoras. *(*Platon. *Bd 1. 309 A–362) und speziell zur sophistischen Dialektik vgl.* Platon: Sophistes. *besonders 259 b–d (*Platon. *Bd 1. 259 B–D).*

16,6–7 *Vgl.* Deutsches Wörterbuch. *Bd 1. Sp. 280f s.v.* AMT, *Sp. 281:* wem gott ein amt gibt, dem gibt er auch den verstand.

16,36.17,27–30 *Vgl.* Johannes von Müller sämmtliche Werke. Siebenter Theil. Herausgegeben von Johann Georg Müller. *[...] Tübingen 1812. 56f (Brief an den Bruder, 15. Jänner 1803. 55–60). (Zum Kontext dieses Exzerpts s. GW 22. 47–50 und 453–460.)*

18,4 was ich ... habe] *Siehe 11,8ff.*

18,10–22 *Siehe 189f die Anm. des Paragraphen 185.*

19,17–19 *Siehe* Platon: Nomoi. *Z (VII) 789c, 790c–d (*Platon. *Bd 2. 789 A, 790 C–D).*

19,19–23 *Hegel bezieht sich auf* Fichte: Grundlage des Naturrechts. *T. 2. 146;* Fichte: Gesamtausgabe. *Bd 4. 87.*

20,3–4 *Griechische und lateinische Fassung der sprichwörtlich gewordenen ›Moral‹ der Äsopischen Fabel vom Aufschneider (*ἀνὴρ κομπαστής, *nach neuerer Zählung die 33. Fabel), s.* ΑΙΣΩΠΟΥ ΜΥΘΟΙ. Fabulae Aesopicae graecae quae Maximo Planudi tribuuntur ad veterum librorum fidem emendatas Ioannis Hudsonis suisque adnotationibus illustratas atque indice verborum locupletissimo instructas edidit Io. Michael Heusinger editio auctior et emendatior curavit et praefatus est Christ. Adolph. Klotzius. *Eisenach und Leipzig 1776. (KHB 445) 14. – S. auch* ERASMI ROTERODAMI ADAGIORVM CHILIADES QVATVOR, CENTVRIAE´QVE TOTIDEM. QVIBVS ETIAM QVINTA ADDITVR IMPERFECTA. ALDVS. *[ed. Stefanus Asulanus] Venedig 1520. fol. 227ʳ (*CHILIADES TERTIAE CENTVRIA TERTIA. XXVIII.*) (ausführliche Zitatbelege s. GW 14,3. 1046).*

20,6–8 *Auf den Künstler gemünzt findet sich die Formulierung vom Sohn seiner Zeit in:* Schiller: Ueber die ästhetische Erziehung des Menschen in einer Reyhe von Briefen. (1. bis 9. Brief) *In:* Die Horen eine Monatsschrift herausgegeben von Schiller. *Tübingen 1795–1797. (KHB 983–1012)* Erster Jahrgang. Erstes Stück. *7–48, 44 (*Neunter Brief. *43–48):* Der Künstler ist zwar der Sohn seiner Zeit, aber schlimm für ihn, wenn er zugleich ihr Zögling oder gar noch ihr Günstling ist.*;* Schiller: Werke. Nationalausgabe. *Bd 20. 333. – Das Dictum, die Wahrheit sei die Tochter der Zeit, findet sich wohl erstmals belegt bei* Aulus Gellius, *s.* Gellius: Noctes Atticae. *247 (XII, 11, 7):* Alius quidam ueterum poëtarum, cuius nomen mihi nunc memoriæ non est, ueritatem temporis filiam esse dixit.*;* Die Attischen Nächte des Aulus Gellius zum ersten Male vollständig übersetzt und mit Anmerkungen versehen von Fritz Weiss. *2 Bde. Leipzig 1875 [ND Darmstadt 1981]. Bd 2. 156.* Auch irgend ein Anderer unter den alten Dichtern, dessen Name mir eben

jetzt nicht gleich einfällt, sagt: »dass die Wahrheit eine Tochter der Zeit sei.«
– *Vgl. noch* Bacon: Novum Organum Scientiarum. sive Iudicia vera de Interpretatione Naturæ. *[Frankfurt am Main] 1664. in:* Bacon: Opera Omnia. *Sp. [265]–418; Sp. 302f (Liber I. Aphorismus LXXXIV.):* Recte enim Veritas, | Temporis filia dicitur, non Authoritatis.

20,15–16 *Das griechische Wort für ›Rose‹ ist* τὸ ῥόδον, *wovon der Name der Insel Rhodos sich herleiten soll.*

20,31–32 was oben … ist,] *Siehe oben 8,32–10,4.*

21,8–12 *Siehe dazu etwa* Bacon: De Dignitate & Augmentis Scientiarum, Lib IX. sive Instaurationis magnæ Pars Prima. *[Frankfurt am Main] 1664. in:* Bacon: Opera omnia. *Sp. [unpag.]–264; Sp. 5 (Lib. I.). Siehe ferner* Physiognomische Fragmente, zur Beförderung der Menschenkenntniß und Menschenliebe, von Johann Caspar Lavater. Gott schuf den Menschen sich zum Bilde! *4 Bde. Leipzig und Winterthur 1775–1778. Bd 3. 290 (*Dritter Versuch. Mit vielen Kupfern. *1777.* Eilfter Abschnitt. Frauenspersonen. I. Fragment. Allgemeine Betrachtungen über das weibliche Geschlecht.*):* Gewiß, denk' ich oft, geht's der Physiognomik nicht besser, als der Philosophie, Poesie, Arzneykunst, und was sonst Wissenschaft und Kunst heißen mag. Halbe Philosophie führt zum Atheismus; ganze zum Christenthum. So dürft' es der Physiognomik auch gehen! *und insbesondere* Sendschreiben an J. C. Lavater und J. G. Fichte über den Glauben an Gott von C[arl] L[eonhard] Reinhold. *Hamburg 1799. (KHB 290) 61:* Die halbe Philosophie hat uns von Gott abgeführt, die Ganze wird uns zu ihn zurückführen; denn nur sie ist wahr und gut genug, um mit dem Gewissen GEMEINE Sache machen zu können.

21,13–14 weder kalt … wird] *Siehe Apk 3, 15–16.*

28,8 *Es handelt sich um eine in die Digesten aufgenommene Rechtsregel des Iavolenus Priscus (C. Octavius Tidius Tossianus L. Iavolenus Priscus), s.* Corpus Iuris Civilis Romani. *[T. 1.] 1028b (*Digestorum seu Pandectarum Domini Nostri Sacratissimi Principis Justiniani juris enucleati, ex omni vetere jure collecti libri L. ad Pandectas Florentinas fideliter expressi. Cum notis Dionysii Gothofredi Jc. repetitis, emendatis, auctioribus. *[57]–1028b; Lib. L.* TIT. XVII. DE DIVERSIS REGULIS JURIS ANTIQUI. *1017b–1028b, Nr 202):* Omnis definitio *[Anm.: …]* in jure civili periculosa est: parum *[Anm.: …]* est enim, ut non subverti possit.

29,8–17 *Wohl in Reminiszenz an das Kantische Factum der Vernunft (s.* Kant: Critik der practischen Vernunft. *55f (§. 7.* Grundgesetz der reinen practischen Vernunft. *54–58);* Kant: Werke. *Bd 5. 31) gebraucht Karl Leonhard Reinhold in seinen Aufsätzen zur elementarphilosophischen Begründung der Philosophie die Wendung vom* Factum *bzw. von der* Thatsache des Bewußtseyns *(noch ohne Inhaltsbezug), s.* Beyträge zur Berichtigung bisheriger Mißverständnisse der Philosophen von Karl Leonhard Reinhold. Erster Band das Fundament der Elementarphilosophie betreffend. *Jena 1790. 144:* 6. Dieses Faktum kann eben darum in nichts anderm als Im Bewußtseyn selbst bestehn, und der Satz, durch den es ausgedrückt wird, muß dieß Bewußtseyn, soweit dasselbe vorstellbar ist, ausdrücken. / 7. Dieser Satz heißt: Die Vorstellung wird im Bewußtseyn vom Vorgestellten und Vorstellenden unterschieden und auf beyde bezogen.; *vgl. auch 167, 219, 224, 280, 357, 393, 417 und 444. Kaum später in den im zweiten Band der* Briefe über die Kantische Philosophie *gesammelten Aufsätzen ist dann (vornehmlich im moralphilosophischen Kontext) auch von mehreren* Thatsachen des Bewußtseyns *die Rede, s. insgesamt* Reinhold: Briefe. Bd 2. *180, 244, 248, 263, 277, 280, 283f, 304, 309f, 346f, 349f, 354f, 357f, 361, 384ff;* Karl Leonhard Reinhold: Gesammelte Schriften. Kommentierte Ausgabe. Hrsg. von Martin Bondeli. *Bd 2/2.* Basel 2008. *133, 173, 175, 184, 190–194, 204, [207]f, 226–228, 231, 234f, 238, 254f; zur Pluralisierung des* Thatsachen-*Konzeptes (und seiner Engführung mit der (empirischen) Psychologie) vgl.* Beyträge zur Berichtigung bisheriger Mißverständnisse der Philosophen von Karl Leonhard Reinhold. Zweyter Band die Fundamente des philosophischen Wissens, der Metaphysik, Moral, moralischen Religion und Geschmackslehre betreffend. *Jena 1794. 58–65, 176–179, 185f. – Dies Konzept wurde früh beispielsweise von Fichte übernommen, s.* Versuch einer Kritik aller Offenbarung. Von Johann Gottlieb Fichte. Zweite, vermehrte, und verbesserte Auflage. *Königsberg 1793. 15;* Fichte: Gesamtausgabe. *Bd 1. 140; aber bald auch in seiner Tragfähigkeit von ihm bezweifelt, s.* Fichte: Grundlage der gesammten Wissenschaftslehre. *245 Fußnote:* Eine Philosophie, die an allen Enden, wo sie nicht weiter fortkommen kann, sich auf eine Thatsache des Bewußtseyns beruft, ist um weniges gründlicher als die verrufne Popular-Philosophie.; Fichte: Gesamtausgabe. *Bd 2. 396. Zur Verbreitung der Begrifflichkeit vgl. noch* Salomon Maimon: Ueber die ersten Gründe des Naturrechts. *In:* Philosophisches Journal einer Gesellschaft Teutscher Gelehrten. Herausgegeben von Friedrich Immanuel Niethammer Professor der Philosophie zu Jena. Ersten Bandes zweites Heft. *Neu-Strelitz 1795. 141–174, 141f. – Nachhaltig prägend für seine wiederholte Kritik an der Rede von den* Thatsachen des Bewußtseyns *dürfte Hegels Auseinandersetzung mit der* Kritik der theoretischen Philosophie *von Gottlob Ernst Schulze, Hofrath und Professor in Helmstädt. 2 Bde. Hamburg 1801. gewesen sein, s.* Verhältniß des Skepticismus zur Philosophie, Darstellung seiner verschiedenen Modificationen, und Vergleichung des neuesten mit dem alten. *In:* Kritisches Journal der Philosophie herausgegeben von Fr. Wilh. Joseph Schelling und Ge. Wilhelm Fr. Hegel. Ersten Bandes zweytes Stück. *Tübingen 1802. [1]–74;* GW 4. *197–238; s. dazu vor allem folgende Ausführungen Schulzes, ebenda Bd 1. 51–53 (Dritter Abschnitt. Von dem Zwecke der theoretischen Philosophie.*

51–75). – Vermutlich richtet sich Hegels Kritik auch gegen die ebenfalls dem That-sachen-*Konzept verpflichteten Wendungen in* Ueber Offenbarung, in Beziehung auf Kantische und Fichtesche Philosophie, von Friedrich Köppen. *[...]* Zweyte vermehrte und umgearbeitete Ausgabe. *Lübeck und Leipzig 1802. 17f (ausführliche Zitatbelege s. GW 14,3.1047–1049).*

29,33–30,3   *Siehe die Anm. zu 30,29–31,1.*

30,11–14   *Siehe nochmals die Anm. zu 12,16–21.*

30,28–29   Verhältnis von … Pandekten] *Gemeint ist damit, wie das Verhältnis eines Lehrbuchs zu den aus ihm herzuleitenden konkreten Fallanwendungen, nach den wichtigsten Bestandteilen des Corpus Iuris Civilis Romani. Die Institutionen stellen das autoritative Lehrbuch zur Einführung in Pandekten und Codex Iustinianus (zur Zeit der Publikation des Corpus 533 noch gültige Kaisergesetze) dar, und die Pandekten oder Digesten enthalten Auszüge aus den Schriften römischer Juristen.*

30,29–31,1   *Siehe (speziell auch zur Programmatik)* Montesquieu: De l'Esprit des Loix. *Bd 1. 9–11 (*LIVRE PREMIER. DES LOIX EN GÉNÉRAL. CHAPITRE III. Des Loix positives. *7–11) (Zitatbeleg s. GW 14,3. 1050).*

32,35–33,13   *Siehe* Hugo: Lehrbuch. *53f (§ 53) (Zitatbeleg s. GW 14,3. 1050f). – Die Auseinandersetzung des Favorinus (Rhetor, Vertreter der zweiten Sophistik; um 80/90 bis Mitte des 2. Jh.s) mit den Zwölftafelgesetzen im Verlaufe eines Gespräches mit dem Rechtsgelehrten Sextus Caecilius Africanus (2. Jh.) ist Gegenstand des ersten Kapitels des zwanzigsten Buches von Gellius'* Noctes Atticae *(vgl.* Gellius: Noctes Atticae. *402–409). – Zur Entstehungsgeschichte der Zwölf Tafeln und zur Herrschaft der Decemvirn s. die Erzählung in* Titus Livius: Ab urbe condita. *III, 33–58;* Livius. *Bd 1. 671–789.*

33,13–28   *Siehe* Gellius: Noctes atticae. *405 (XX, 1, 22f);* Die Attischen Nächte des Aulus Gellius. *Bd 2. 472f:* 22. auch verachte mir deshalb nur nicht gleich diese alterthümliche Gesetzsammlung, weil in vielen Stücken das römische Volk aufgehört hat, sich nach diesen Bestimmungen zu richten. Denn Du weist ganz sicher selbst recht wohl, dass die gesetzlichen zweckentsprechenden Hülfs- und Heilmittel, (wenn sie wirksam und heilsam sein sollen,) sich immer und immer wieder umwandeln und verändern, je nach den Sitten der Zeit, je nach den Bedürfnissen und Entwicklungsstufen der Staatsverfassung, ferner je nach den jedesmaligen Verhältnissen und Rücksichten in Bezug auf die Bedürfnisse der Gegenwart und endlich je nach den mancherlei Aufwallungen und dem Hange zu fehlerhaften Ausschreitungen, denen vorgebeugt und abgeholfen werden soll, und dass also (alle staatlichen Satzungen) nicht auf demselben Punkt und in derselben Beschaffenheit verharren dürfen, ohne durch die Strömung der Verhältnisse und des Zufalls (d.h. durch besondere Sturmperioden) nicht gerade so der Abänderung unterworfen zu sein, wie die Gestalt und das Aussehen des Himmels und des Meeres. 23. Was nun konnte z.B. wohl heilsamer scheinen, als jener Gesetzes-Vorschlag des Stolo, den Besitz einer vorgeschriebenen Anzahl von Hufen Landes betreffend? Was nützlicher als der Gemeinbeschluss des Voconius, die Einschränkung von den Erbschaften der Weiber betreffend? Was hielt man einst für so nothwendig zur Abwehr der Ueberhandnahme | bürgerlicher Prunkliebe und Vergnügungssucht, als die licinische und fannische Verordnung und desgleichen noch mehrere andere Aufwandsgesetze? Und doch sind sie alle in Vergessenheit gerathen und in den Schatten gestellt durch die ausserordentliche Wohlhabenheit des Staates, der gleichsam (wie ein wild aufgeregtes Meer) durch seinen Wogenschwall (Alles) überfluthet (und die Ufer durchbricht). – *Auf das Plebiscit des Volkstribunen Q. Voconius Saxa (lex Voconia, 169 v. Ch.), genauer auf Catos Stellungnahme dazu, geht Gellius an zwei Stellen (Gellius: Noctes atticae. 163 (VI (VII), 13, 3) und 348f (XVII, 6, 1–11)) ein, allerdings nur bei dem Versuch, die Bedeutung einiger Wörter zu klären. Die lex Voconia verbot den Bürgern der ersten Zensusklasse, Frauen als Erben einzusetzen, gestattete aber, ihnen Legate zu vermachen, die den Anteil der Erben nicht überschreiten durften. (Vgl. Cicero: Actio in Verrem secunda. I, 106–108.) – Über die leges sumptuariae, insbesondere die lex Fannia (161 v. Chr.) und die lex Licinia (100 v. Chr.), s. ausführlich Gellius: Noctes atticae. 59–61 (II, 24, 1–15). (Für die lateinischen Zitatbelege s. GW 14,3. 1051f.)*

33,37–34,25 *Siehe* Gellius: Noctes Atticae. *405 (XX, 1, 19–22);* Die Attischen Nächte des Aulus Gellius. *Bd 2. 471:* 19. Denn über jene (gesetzliche erlaubte) Grausamkeit, welche mehreren Gläubigern erlaubt, den Körper ihres Schuldners zu zerschneiden und unter sich zu theilen, wenn dieser Unglückliche wegen seiner Geldschuld verurtheilt und jenen (Gläubigern) von den Richtern zugesprochen worden ist, mag ich gar nicht weiter nachdenken, und es erfüllt mich schon mit Widerwillen, diesen Fall überhaupt nur zu erwähnen. Denn was kann empörender und grausamer scheinen, was mit dem Wesen des Menschen mehr in grellerem Widerspruche stehen, als dass man die Gliedmassen eines armen, mittellosen Schuldners durch Zerstückelung (bei lebendigem Leibe) verkaufen konnte, gerade so, wie man heut zu Tage ihre Güter zerstückeln (und verkaufen) kann. 20. Hier erfasste Sextus Caecilius den Favorin mit beiden Händen und | sagte: Du, wahrhaftig, bist in der Jetztzeit der einzigste *[sic]* und gründlichste Kenner nicht nur (aller) griechischen Vorgänge, sondern auch der römischen (Rechts-)Geschäfte. Denn welcher unter den Philosophen hat wohl die Lehrsätze seiner Schule so durch und durch inne, als Du unsere Gesetze der Zehnmänner genau kennst? 21. Allein ich muss Dich doch bitten, auf einen Augenblick von Deinem akademischen Streitwagen herabzusteigen und einmal abzustehen von der euch beliebigen Neigung, je nach Gefallen etwas als irrthümlich hinzustellen, oder es in Schutz zu nehmen und (mit mir) jetzt recht ernstlich in Erwägung zu ziehen, wie es mit den Einzelheiten (dieser Satzungen) sich verhält, die Du Deine *[sic]* Tadel unterzogen hast; 22. auch verachte mir deshalb nur nicht gleich diese alterthümliche Gesetzsammlung, weil in vielen Stücken das römische Volk aufgehört hat, sich nach diesen Bestimmungen zu richten. – *407–409 (XX, 1, 39–54);* Die Attischen Nächte des Aulus Gellius. *Bd 2. 477–481:* 39. Nun bleibt mir nur noch übrig, Dir auf die Ansicht zu antworten, dass Dir das Gesetz bezüglich der Zerschneidung und Theilung des Körpers von dem Schuldigen, als zu grausam und unmenschlich erschienen ist. Durch gewissenhafte Ausübung und strenge Beobachtung aller Arten von Tugenden hat sich das römische Volk vom kleinsten Ursprung bis zum Gipfelpunkt einer so grossen Machtvollkommenheit emporgeschwungen, aber vor allen Dingen vorzüglich und hauptsächlich dadurch, dass es Treue und Glauben streng beobachtete und sowohl gegen den einzelnen Menschen, als auch im Allgemeinen hoch und heilig hielt. 40. So hat das römische Volk (oft) selbst seine Consuln *[Fußnote: ...]*, seine hervorragendsten ehrenwerthesten Männer, zur Bestätigung seines gegebenen öffentlichen Wortes in Feindeshänden gelassen, und so erachtete es auch für dringend, den in Schutz genommenen Hörigen *[Fußnote: ...]* (Clienten) werther und theurer zu halten, als selbst die eigenen nächsten Angehörigen und sogar gegen Blutsverwandte in Schutz zu nehmen, und es galt kein Verbrechen für schändlicher, als wenn Einem konnte nachgewiesen werden, seinen Hörigen (Clienten) Gewinnes halber der Uebervortheilung Preis gegeben (ihn mit Trug umstrickt und dem Spott und der Beleidigung blossgestellt) zu haben. 41. Allein diese Treue (das einmal gegebene Wort) verordneten unsere Vorfahren nicht nur bei gegenseitigen Verpflichtungen, sondern auch bei Ver- | trägen in Privat- und Staatsangelegenheiten als heilig und unverbrüchlich, besonderns aber (in Geldangelegenheiten, d.h.) bei dem im Handel und Wandel geliehenen Gelde. Denn sie meinten, dass dieses Schutz- und Zufluchtmittel, dessen das Leben eines Jeden im Allgemeinen bei (eintretender) zeitweiser Mittellosigkeit (und bei vorkommendem Mangel an baarem Gelde) höchst nöthig bedarf und unmöglich entbehren kann, (dem Verkehr) ganz würde entzogen werden, wenn die Treulosigkeit und Wortbrüchigkeit der Schuldner ohne harte Ahndung (ihr Spiel treiben und) schadlos durchschlüpfen könnte. 42. Den wegen einer bereits anerkannten Geldschuld Verurtheilten wurden 30 Tage Zeit gegeben zur Auftreibung der Schuldsumme, welche sie abzutragen hatten, 43. und diese (30) Rechtsfrist-Tage nannten die Decemvirn die gesetzmässigen (justi), also gleichsam einen Zeitraum der Gerichtshemmung (justitium, i. e. juris stitium, von jus und sisto), d.h. gleichsam einen Stillstand und ein Ruhen des Processes unter den Parteien, während welcher Zeitfrist mit dem Beklagten auf Grund dieses Rechtsverhältnisses vor der Hand kein weiterer Anspruch angestrengt werden konnte; 44. wenn aber (nach Ablauf des Termines) sie die Schuld noch nicht in Ordnung gebracht hatten, so wurden sie vor den Praetor bestellt und von diesem den Gläubigern, denen sie zugesprochen worden waren, feierlich in aller Form des Rechts überantwortet und konnten sogar auch mit Ketten und Banden gefesselt (in die Knechtschaft abgeführt) werden. 45. Die Gesetzesworte lauten, glaub' ich, so: »Hat Einer die Schuld eingestanden und ist solche zu Recht gesprochen (d.h. hat die Verurtheilung in Rechtsform stattgefunden), so soll er 30 gesetzmässige Tage (Frist zur Abtragung der Schuld) haben. | Nach Ablauf derselben soll Hand an ihn gelegt und er vor das Gericht gebracht werden, wenn er diesem Rechtserkenntnisse nicht Folge leistet, oder Einer vor Gericht sich (nicht) für ihn verbürgt, soll er (vom Gläubiger) abgeführt werden können und kann gebunden werden, entweder mit einem Riemen, oder mit 15 Pfund schweren Fusschellen, nicht darunter, aber so jener (Gläubiger) es will, auch mit schwererern. Will der (der Schuldner) es, kann er auf eigene Kosten leben; will er sich nicht selbst beköstigen, so soll ihn Der, der ihn in Fesseln halten lässt, täglich ein Pfund Mehl reichen lassen müssen. Will er, so darf er ihm auch mehr verabreichen lassen.« 46. Indessen stand aber dem Schuldner das Recht zu, sich mit dem Gläubiger zu setzen (zu vergleichen) und kam kein Vergleich zu Stande, so dauerte die Gefangenschaft 60 Tage fort. 47. Innerhalb dieser 60 Tage wurde er (der Schuldner) an drei unmittelbar hinter einander folgenden Markttagen vor den Praetor (= Consul) an Gerichtsstelle geführt und es wurde öffentlich bekannt gemacht, einer wie grossen Schuld halber er war verurtheilt worden. Allein am dritten Markttage verurtheilte man ihn zum Tode, oder er konnte (von dem Gläubiger) jenseits der Tiber über Land (d.h. ausserhalb der Stadt auch) als Sklave verkauft werden. 48. Von Seiten der Gesetzgeber wurde, wie ich bereits bemerkte, diese, durch ihr zu Schautragen der höchsten Strenge, so entsetzliche | und durch ihre aussergewöhnlichen Schreckmittel (geheimes) Grauen erweckende Verfügung der Todesstrafe nur (als ein äusseres Schreckbild) erlassen zur Heilighaltung der Treue und des gegebenen Wortes. Waren jedoch mehrere Gläubiger vorhanden, so wurde den Gläubigern von Gesetzes wegen erlaubt, den Lieb des ihnen zugesprochenen Schuldners zu zerscheiden, wenn sie wollten, und unter sich zu vertheilen. 49. Und damit Du nicht glaubst, ich fürchte wegen ihrer Gehässigkeit etwa Deinen Vorwurf, will ich Dir gleich die betreffenden Gesetzesworte selbst anführen; sie lauten: »Am dritten Markttage mögen sie ihn (den Schuldner) in Stücke zerschneiden: mögen sie ihn dann nun aber in grössere oder kleinere Stücke zerschnitten haben, soll ihnen das ohne Gefählnde sein und nicht zur Schuld angerechnet werden (se fraude esto).« 50. Es könnte freilich nichts Grausameres und

Unmenschlicheres gedacht werden (als diese Verordnung), wenn dieses ungeheuerliche Strafgesetz nicht in der alleinigen Voraussicht, wie es doch ganz offenbar ist, laut und drohend verkündet worden wäre (und man nicht gleich angenommen hätte), dass man es nie dahin würde kommen lassen (dasselbe wirklich in Anwendung bringen zu sehen.) 51. Und doch ist die Schlechtigkeit heutigen Tages so weit gediehen, dass wir sehr oft Schuldner (ihren Gläubigern) zugesprochen und in Fesseln erblicken, weil sie sich aus der Strafe (und Schande) der Fesselung gar nichts mehr machen. 52. Ich habe aber auch weder gelesen, noch gehört, dass in alten Zeiten irgend wer (Schulden halber) sei zerstückelt worden; weil die Grausamkeit und Härte einer solchen strafgesetzlichen Drohung unmöglich konnte (ohne Eindruck bleiben und) verachtet werden. 53. Oder glaubst Du wohl, mein lieber Favorin, wenn man nicht auch jenes (andere) Strafgesetz wegen falscher Zeugenaussagen aus den Zwölftafelgesetzen (abgeschafft und) in Vergessenheit gerathen lassen hätte, oder, wenn auch heutigen Tages noch, wie früher, Einer, der falsch Zeugniss abgelegt zu haben überführt worden ist, vom tarpejischen Felsen herabgestürzt würde, dass (dann) immer noch so Viele (lügen und) falsches Zeugniss ablegen würden, wie wir sie jetzt zu sehen bekommen? Denn von jeher ist Härte und Strenge bei | Bestrafung der Frevelthaten das beste Zuchtmittel (disciplina) und die beste Anweisung zu einem guten und geziemenden Lebenswandel gewesen. 54. Auch ist mir die Geschichte von Mettus Fuffetius Albanus durchaus nicht unbekannt geblieben, obgleich ich nicht viele Geschichtsbücher lese, der, weil er seinen mit dem König des römischen Volkes (Tullus Hostilius) abgeschlossenen Vertrag und seine Zusage treulos gebrochen hatte, gebunden, durch zwei nach entgegengesetzten Richtungen angetriebene Viergespanne zerrissen (d.h. geviertheilt) wurde; eine schreckliche und grausame Bestrafung, wer leugnet das? Allein bedenke, was unser herrlichster Dichter (Vergil. Aen. VIII, 643 sagt: / − − Ach! hätt'st Du Albaner beharrt in der Treue.) *(Für die lateinischen Zitatbelege s. GW 14,3. 1052f.)* − *Shylock läßt sich als Sicherheit für einen kurzfristigen Kredit (drei Monate Laufzeit) an Bassanio ein Pfund Fleisch von dessen für ihn bürgenden Freund Antonio vertraglich sichern, s.* Wilhelm Shakspears Schauspiele. Neue verbesserte Auflage. Dritter Band. Mit kaiserlichem und kurpfälzischem Privilegio. *Mannheim 1783. 33f (*Der Kaufmann von Venedig. *[3]–165; Erster Aufzug. Dritter Auftritt. 26–36; zitiert wird hier nach der Ausgabe, die Hegel sehr wahrscheinlich besessen hat, vgl. GW 1. 351f Anm. zu 8,13– 14):* Shylock. Und so gefällig will ich izt gegen Sie *[sc. Antonio]* seyn. Kommen Sie mit mir zu einem Notarius, und verschreiben Sie mir da blos Ihre | Bürgschaft; und lassen Sie, bloß zum Spaß, beyfügen, daß, wenn Sie an dem nämlichen Tage, an dem nämlichen Orte, die nämliche Summe, wie in dem Instrumente bestimmt seyn wird, mir nicht wieder bezahlen, daß ich dann berechtigt seyn soll, gegen Verlust der Schuld ein volles Pfund von Ihrem schönen Fleisch, aus was für einem Theile Ihres Leibes es mir gefallen wird, herauszuschneiden, und wegzunehmen. *Ausschlaggebendes Motiv für diese Vertragsklausel, auf die sich Antonio unbedenklich einläßt, ist dessen wiederholt öffentlich bekundete vehemente Ablehnung des Geldverleihs auf Zinsen, als Wucher verunglimpft, und damit verbunden die Verächtlichmachung von professionellen – also in dieser Zeit und in diesem Falle jüdischen – Geldverleihern, direkt und persönlich auch von Shylock selbst, dessen angesprochene* Gefälligkeit *nun eben darin besteht, daß er keine Zinsen nehmen will. Er wird auch, als sich Antonios Zahlungsunfähigkeit erweist und es zum Prozeß vor dem freilich falschen Richter (Portia) kommt, die Tilgung der Kreditschuld durch andere ablehnen und statt dessen die Erfüllung der Verschreibung fordern (IV, 2; ebenda 128–133). Es wird dann zwar formal sein Recht anerkannt, er wird aber an der Realisierung seines Rechtes gehindert durch den Hinweis auf die Folgen, s. ebenda 136:* Portia. Noch eine kleine Gedult; es ist noch etwas weniges vorher auszumachen. Diese Verschreibung hier giebt dir nicht ein Tröpfchen Blut; die Worte lauten ausdrücklich: »ein Pfund Fleisch.« Nimm also, was dir verschrieben ist, nimm dein Pfund Fleisch; aber wofern du im Ausschneiden desselben nur einen einzigen Tropfen Christenbluts vergießest, so fallen, kraft der Geseze von Venedig, alle deine liegenden und unbeweglichen Güter der Republik anheim. *Zwar wäre die den Zwölf Tafeln spezifische ausdrückliche Rechtsfolgenregelung bei der Schuldvollstreckung auch für Shylock wünschenswert gewesen, gleichwohl darf, unangesehen der zeitliche und komödiantische Kontext, darauf hingewiesen werden, daß Shylock Unrecht zugefügt wird, da hier eine Grundregel des Vertragsrechts, daß die Einwilligung in eine Klausel die unausdrückliche Einwilligung in die absehbaren Folgen (im Falle Antonios gravierende gesundheitliche Schäden durch das Ausschneiden eines Stückes Fleisch) der Klausel beinhaltet, zu seinem Nachteil verletzt wird. – Zur Sache ist noch zu bemerken, daß diese Regelung der Zwölf Tafeln eher nicht die in der Ausführung der Aufteilung vielleicht etwas ungeschickte Zerstückelung des Schuldners indemniert, sondern, wie die neuere rechtshistorische Forschung begründet annimmt (s. Das römische Zivilprozeßrecht von Max Kaser em. o. Professor an der Universität Hamburg Honorarprofessor an der Universität Salzburg. Zweite Auflage, neu bearbeitet von Karl Hackl o. Professor an der Universität Salzburg. München 1996. (=* Rechtsgeschichte des Altertums im Rahmen des Handbuchs der Altertumswissenschaft. Dritter Teil. Vierter Band. = Handbuch der Altertumswissenschaft *begründet von Iwan von Müller erweitert von Walter Otte fortgeführt von Hermann Bengtson †. Zehnte Abteilung. Dritter Teil. Vierter Band.) 144), die Prozedur des Aufteilens der Schuldablösung (etwa auch des durch den Verkauf des Schuldners ins Ausland (trans Tiberim) erzielten Erlöses) in Form von ungemünztem Rohkupfer (aes rude, Brockengeld), das geschnitten und gewogen werden mußte, etwas vereinfacht, ein bereits für Gellius, Quintilian (vgl.* Quintilian:

Institutio oratoria. *III, 6, 84) oder Tertullian (vgl.* Tertullian: Apologeticum. *IV, 9) wohl nicht mehr verfügbares antiquarisches Wissen.*

34,25–26 *Siehe die Anm. zu 32,35–33,13.*

34,32–35,10 *Hegel bezieht sich hier auf zwei Stellen bei Gellius, s.* Gellius: Noctes Atticae. *403f (XX, 1, 10f);* Die Attischen Nächte des Aulus Gellius. Bd 2. 468f: 10. Allein das ganze römische Volk kann doch gewiss nicht für einen leichtsinnigen und keineswegs zu unterschätzenden Richter gelten, welchem alle diese Vergehungen zwar strafwürdig erschienen, die darauf gesetzten Strafen aber allzuhart vorkamen, denn es hat sich ja geduldig gefallen lassen, dass diese Gesetze, eine so übermässige Strafe betreffend, als vermodert und veraltet ausser Kraft traten und ausstarben (emori). 11. So wie es auch jene grausam rohe Verordnung stark missbilligte, dass, wenn Jemand, der vor Gericht gerufen worden, von Krankheit oder vom Alter sehr angegegriffen war, also sich zu schwach fühlte, hinzugehen, ihn nicht ein Wagen (zurecht gemacht und) geliefert wird, sondern er selbst sich aufmachen und auf ein (Saum-)Thier sich setzen lassen muss und so aus seinem Hause vor den Praetor *[Fußnote: …]* (= Consul) an den Gerichtsort zum | Verhör auf diese (ungewöhnliche) neue Art der Beerdigung (gleichsam als eine lebendige Leiche) gebracht wird. Denn wodurch soll man es entschuldigen können, dass Einer, der durch Krankheit entkräftet und also nicht in der nöthigen Verfassung ist, in eigener Person (zur Gerichtsstätte sich zu verfügen und) den nöthigen Bescheid vor Gericht zu geben, auf ein Saumthier geladen, auf Veranlassung der Gegenpartei zur Gerichtsstätte gebracht werden darf? *und 405f (XX, 1, 24–30);* Die Attischen Nächte des Aulus Gellius. Bd 2. 473–475: 24. Aber warum dünkt Dich gerade dies eine Gesetz unmenschlich, was mir wenigstens nach meiner Meinung unter allen das allermenschlichste und rücksichtsvollste zu sein scheint (ich meine das Gesetz: »wenn Einer einen Andern von Gericht fordert«), welches einem Kranken oder einem Hochbejahrten von Dem, auf dessen Veranlassung er vor Gericht erscheinen soll, ein Saumthier (jumentum) stellen lässt? 25. Es betrifft also die Gesetzesstelle: »wenn Einer einen Andern vor Gericht ruft«. Der (vollständige) Wortlaut der Stelle ist folgender: »Wenn Einer einen Andern vor Gericht ruft (so soll dieser unbedingt erscheinen); wenn er (aber) an Krankheit oder Altersschwäche leidet, so soll Der, welcher ihn vor Gericht ruft, ein Saumthier [oder Joch, jumentum] geben; will das Jener nicht (annehmen), so soll er ihm einen bedeckten Waren [arcera] zu stellen nicht gehalten sein.« 26. Oder meinst Du etwa, dass hier unter dem Worte: Krankheit (morbus) eine schwere, lebensgefährliche Unpässlichkeit, verbunden mit heftigem Fieber und Schüttelfrost, zu verstehen sei, und unter dem Ausdruck: Saumthier (jumentum) allein ein einzelnes Lastthier gemeint sei, auf dessen Rücken man reitet? und du meinst also, dass es deshalb doch weniger menschlich gewesen sei, einen Kranken und Siechen, der zu Hause (eigentlich) das Bett hüten sollte, auf ein Joch zu setzen und so nach dem Gerichtshof hinzuschleppen? 27. Nein, mein lieber Favorin, so verhält es sich keineswegs. Denn in | diesem Gesetze ist nicht die Rede von einer mit Fieber verbundenen oder sonstigen gefährlichen Krankheit, sondern von einem Leiden an Kräftemangel und Siechthum; keineswegs aber, wo sich eine Gefahr für's Leben herausstellt. Uebrigens benennen die Verfasser jener Gesetze an einer andern Stelle eine schon heftigere Krankheit, welche (leicht) einen gefährlichen Ausgang nehmen kann, nicht (schlechtweg) an und für sich mit dem (einfachen) Worte: Krankheit (morbus), sondern: morbus sonticus (d.h. bedenkliche, gefährliche Krankheit), 28. Auch hat das Wort »jumentum«, d.h. Joch, nicht allein die Bedeutung, die man ihm jetzt giebt, sondern bedeutet (geradezu) auch einen Wagen (vectabulum), welcher von vorgespannten Zugthieren (junctis pecoribus) gezogen wurde; denn unsere Alten bildeten das Wort »jumentum« von »jungere« (binden, zusammenspannen, koppeln), also gleichsam (Koppel-)Gespann. 29. »Arcera« aber hiess ein von allen Seiten bedeckter und wohlverwahrter (siechkorbartiger) Wagen, gleichsam eine mit Decken und Teppischen wohlverwahrte Arche, worin sehr gebrechliche und altersschwache Leute bequem liegen und fortgeschafft werden konnten. 30. Welche Härte und Grausamkeit scheint Dir nun also noch in diesem Gesetze enthalten zu sein, wenn die Gesetzgeber die Bestimmung vorsahen, einem armseligen oder hülflosen Menschen, der vielleicht schwach und krank auf den Füssen war, oder wegen eines anderen Zufalles sich (persönlich) nicht einstellen konnte, dass ihm dann, wenn er vor Gericht gefordert worden war, ein Wagen (plostrum) *[Fußnote: ...]* zugeschickt werden musste? Wenn gleich dabei auch nicht gesagt ist, dass sie verordneten, einen ganz prächtig und bequem (delicate) eingerichteten Wagen zu stellen, weil ein beliebiges (bequemes) Fuhrwerk jedem | gebrechlichen Mensch (als Beförderungsmittel) schon hinlänglich genügen kann. Und dies verordneten sie deshalb, damit die (Ausrede) Vorschützung und Entschuldigung mit Körperkrankheit nicht einen fortwährenden Grund zum Ausbleiben abgeben möchte für Die, welche (gern) sich jeder rechtlichen Verpflichtung entziehen und gerichtliche Versammlungen und Termine zu umgehen (und abzulehnen) suchen. *(Für die lateinischen Zitatbelege s. GW 14,3. 1054f.)*

35,16–36 *Siehe Hugo: Lehrbuch. 37–39 (Erster Zeitraum, Von den ältesten Zeiten bis auf die zwölf Tafeln. Geschichte der Quellen. [31]–55). – Im § 35 handelt Hugo vom NationalCharacter der Römer (34f) (Zitatbelege s. GW 14,3. 1055f). – Der Vorwurf, daß Hugo wohl den Sinn Montesquieus erfüllt, nicht aber den Geist getroffen habe, unterstellt, daß er zwar die für die Gesetzbildung relevanten Elemente aufgeführt, aber nicht in Beziehung zu den positiven Gesetzen gestellt habe; vgl. die Anm. zu 30,29–31,1.*

35,36–36,13 *Siehe* Hugo: Lehrbuch. *432–435 (*Dritter Zeitraum, Von Cicero bis auf Alexander Sever. Geschichte der Bearbeitung. *432–467). – Zu Hugos im angeführten Text enthaltenen Leibniz-Zitaten s.* Gothofredi Guillelmi Leibnitii, S. Cæsar. Majestatis Consiliarii, & S. Reg. Majest. Britanniarum a Consiliis Justitiæ intimis, nec non a scribendâ Historiâ, Opera Omnia, Nunc primum collecta, in Classes distributa, præfationibus & indicibus exornata, studio Ludovici Dutens. Tomus quartus, In tres partes distributus, quarum I. Continet Philosophiam in genere, & opuscula Sinenses attingentia. II. Historiam & Antiquitates. III. Jurisprudentiam. *Genf 1768. P. 3. 267f und* Viri illustris Godefridi Guil. Leibnitii Epistolae ad diversos, theologici, iuridici, medici, philosophici, mathematici, historici et philologici argumenti, e msc. auctoris cum annotationibus suis primum divulgavit Christian. Kortholtus, A. M. Ordinis Philosophici in Academia Lipsiensi Assessor, et Collegii Minoris Principum Collegiatus. *[Bd 1.] Leipzig 1734. 170f. – Was die Auflagenzahl anbetrifft, so erschien Hugos Rechtsgeschichte im Jahre 1820 in siebter Auflage (vgl.* Lehrbuch der Geschichte des Römischen Rechts bis auf Justinian, vom GeheimenJustizRath Ritter [Gustav] Hugo in Göttingen. Siebente, mit wiederholter Rücksicht auf Gajus sehr veränderte Auflage. *Berlin 1820. [zweites Titelblatt:]* Lehrbuch eines civilistischen Cursus, vom GeheimenJustizRath Ritter [Gustav] Hugo in Göttingen. Dritter Band, welcher die Geschichte des Römischen Rechts bis auf Justinian enthält. Siebente, mit wiederholter Rücksicht auf Gajus sehr veränderte Auflage. *Berlin 1820.) (ausführliche Zitatbelege s. GW 14,3. 1056–1058).*

36,13–19 *Die in der vorangehenden Anm. zu 35,36–36,13 bereits nachgewiesenen Leibniz-Zitate finden sich auch angeführt in:* Versuche über einzelne Theile der Theorie des Rechts von Anton Friedrich Justus Thibaut, Hofrath und Professor des Rechts in Heidelberg, Correspondenten der Kaiserlichen Gesetzcommission in Petersburg. Zweyte verbesserte Ausgabe. *2 Bde. Jena 1817. Bd 1. 137f Fußnote. – Vgl. auch* Ueber die Nothwendigkeit eines allgemeinen bürgerlichen Rechts für Deutschland. Von A[nton] F[riedrich] J[ustus] Thibaut, Hofrath und Professor des Rechts in Heidelberg; Correspondenten der Kaiserl. Gesetzgebungs-Commission in Petersburg. *Heidelberg 1814. (KHB 1455) 18f.*

36,19–28 *Zur Bonorum possessio s.* Thibaut: System des Pandekten-Rechts. *Bd 2. 105–107 (§ 674). Vgl. dazu auch* Hugo: Lehrbuch. *297–301 (*Zweyter Zeitraum, Von den zwölf Tafeln bis auf Cicero. Das Römische Recht selbst, am Ende dieses Zeitraums. II. Lehre von den Sachen. *274– 331). – Zur Rechtsfiktion s.* Heineccius: Syntagma. *52f. Vgl. dazu noch* Hugo: Lehrbuch. *237f (§ 171 Anm. 6) und 394–397 (§ 271) (ausführliche Zitatbelege s. GW 14,3. 1058–1061).*

37,17–20 *Von der Freiheit als einer Tatsache des Bewußtseins (allerdings nicht* *als einer Glaubenssache) spricht bereits Reinhold, vgl.* Reinhold: Briefe. *Bd 2. 284 und 361;* Karl Leonhard Reinhold: Gesammelte Schriften. Kommentierte Ausgabe. Hrsg. von Martin Bondeli. *Bd 2/2.* Basel *2008. 194, 238. Vgl. auch noch* Fichte: System der Sittenlehre. *58 f;* Fichte: Gesamtausgabe. *Bd 5. 65 (Zitatbelege s. GW 14,3. 1061).*

37,22–31 *Siehe* Hegel: Encyklopädie. *234–258 (§§ 363–399) (C. Die Philosophie des Geistes. Erster Theil. Der subjective Geist. C. Der Geist.); GW 13. 204–223.*

37,31–38,1 *Siehe* Hegel: Encyklopädie. *237 f; GW 13. 206 f.*

40,5–15 *Siehe* Fichte: Grundlage der gesammten Wissenschaftslehre. *[3]–23 (§§ 1–2), speziell etwa 10 und 21 f;* Fichte: Gesamtausgabe. *Bd 2. 255– 267, 259. – Zu Kant vgl. etwa* Kant: Critik der reinen Vernunft. *B 131–136, 157–159 (Der Deduction der reinen Verstandesbegriffe Zweiter Abschnitt. Transcendentale Deduction der reinen Verstandesbegriffe. §§ 16, 25).*

41,11–16 *Siehe* Hegel: Encyklopädie. *80–83 (§§ 112–114) (A. Die Wissenschaft der Logik. Dritter Theil. Die Lehre vom Begriff. A. Der subjective Begriff. a.) Der Begriff als solcher.); GW 13. 73–75 (§§ 111–113).*

42,10–15 *Siehe* Hegel: Encyklopädie. *235 (§ 363); GW 13. 204 f.*

44,3–7 *Hegel könnte hierbei etwa an Carus denken, s.* Friedrich August Carus Professors der Philosophie in Leipzig Nachgelassene Werke. Erster Theil. Der Psychologie erster Band. *Leipzig 1808. [2. Titelblatt:]* Friedrich August Carus Professors der Philosophie in Leipzig Psychologie. Erster Band. *Leipzig 1808. 295–365 (Theorie des Triebes.). Vgl. auch die Anm. zu 48,20–25.*

44,7–10 *Siehe oben 48 f.*

46,26–30 *Es ist zu vermuten, daß Hegel sich hiermit auf die durch die pietistische Interpretation von Wolffs Darlegung des Satzes vom zureichenden Grunde (s.* Vernünfftige Gedancken von GOTT/ der Welt und der Seele des Menschen/ Auch allen Dingen überhaupt/ Den Liebhabern der Wahrheit mitgetheilet/ von Christian Wolffen/ Königl. Preuß. Hof-Rathe und Matem. & Natur. Prof. P. O. Der Königl. Groß-Britannischen/ wie auch der Königl. Preußischen Societät der Wissenschaften Mit-Gliede. Mit K. Pohln. u. Churf. Sächs. allergn. PRIVILEGIO. *Halle 1720. 13 (§ 30)) genährten und nach der Prorektoratsrede vom 12. Juli 1721 insbesondere von Joachim Lange namens der theologischen Fakultät der Universität zu Halle gegen Wolff erhobenen Vorwürfe, vornehmlich den, er lehre den Determinismus, der schließlich in seine Vertreibung aus Halle mündete, beziehe, vgl.* Des Herrn Doct. und Prof. Joachim Langens Oder: Der Theologischen Facultæt zu Halle Anmerckungen Uber Des Herrn Hoff-Raths und Professor Christian Wolffens Metaphysicam Von denen darinnen befindlichen so genannten der Natürlichen und geoffenbarten Religion und Moralität entgegen stehenden Lehren. Nebst beygefügter Hr. Hoff-R. und Prof. Christian Wolffens Gründlicher Antwort. *Kassel 1724.*

Ob er dabei bestimmte Akteure namentlich im Sinn hat, ist nicht ersichtlich. Über die Teilnehmer an der Auseinandersetzung und die Fülle an Streitschriften (bis zum Jahr 1736) informiert Ausführlicher Entwurff einer vollständigen Historie der Wolffischen Philosophie, Zum Gebrauch Seiner Zuhörer herausgegeben von Carl Günther Ludovici, Ordentlichem Professor der Welt-Weißheit auf der Academie zu Leipzig. *[T. 3:* Ordentlichen Professorn der Weltweisheit auf der Academie zu Leipzig, und Mitgliede der Königl. Preußischen Gesellschafft der Wissenschafften zu Berlin.*]* Andere weitvermehrtere und mit Kupffern sowohl als dreyfachem Register versehene Auflage. T. 1–3. *Leipzig 1737–1738.* T. 1. *191–310,* T. 2. *504–651.*

47,5–8 *Siehe* Kant: Critik der practischen Vernunft. *58 f (§.* 8. Lehrsatz IV.*);* Kant: Werke. *Bd 5. 33. – Zum Begriff der Freiheit bei Fries s.* Fries: Wissen, Glaube und Ahndung. *282–308 (Die Beziehung der Idee der Freyheit auf die Erscheinung, oder die Freyheit des Willens.), insbesondere 284–286. Vgl. auch* Fries: Ethik. *123–125 (§ 32) und 184 f (§ 47) (Zitatbelege s. GW 14,3. 1062 f).*

48,20–25 *Eine Auffächerung der Willensbestimmungen in eine Vielzahl von einzelnen Trieben ganz unterschiedlicher kategorialer Zuordnung findet sich in rechts- und moralphilosophischen Kontexten, die theoretisch und begrifflich an die Philosophie des ›moral sense‹ und die französische Gefühlsphilosophie anschließen wie beispielsweise bei Feder, vgl.* Lehrbuch der praktischen Philosophie von Johann Georg Heinrich Feder Professor der Philosophie auf der Georg-Augusts-Universität. Vierte vermehrte und verbesserte Auflage. *Göttingen 1776. 6–112 (§§ 2–43), ferner* Untersuchungen über den menschlichen Willen dessen Naturtriebe, Verschiedenheiten, Verhältniß zur Tugend und Glückseligkeit und die Grundregeln, die menschlichen Gemüther zu erkennen und zu regieren von Johann Georg Heinrich Feder, Königlich Großbritannischem Churf. Braunschweig-Lüneburgischem Hofrath und Professor der Philosophie auf der G. A. Universität zu Göttingen. T. 1–2: Zweyte verbesserte Auflage. *Göttingen und Lemgo 1785 bzw. Göttingen 1787;* T. 3–4. *Göttingen 1786–1793.* T. 1. *84–480 (§§ 15–121) sowie* Grundlehren zur Kenntniß des Menschlichen Willens und der natürlichen Gesetze des Rechtverhaltens von Johann Georg Heinrich Feder Hofrath und Prof. der Philosophie. Dritte Auflage. *Göttingen 1789. 33–57 (Allgemeine Praktische Philosophie. Kap. III. Von den lezten Gründen und dem Zusammenhange der merkwürdigsten Willenstriebe und Neigungen. §§ 20–34).*

48,26–32 *Siehe die Anm. zu 29,8–17.*

50,11–20 *Dies dürfte wohl wiederum als Anspielung auf Fries bzw. die Gefühls- oder Glaubensphilosophie insgesamt anzusehen sein, vgl. die Anm. zu 12,16–21.*

50,25–28 *Zur Begrifflichkeit vgl.* Aristoteles: Physica. *III, 8 (208a5–6).*

51,24–26 *Siehe* Hegel: Encyklopädie. *86–90 (§§ 118–126)* (A. Die Wissenschaft der Logik. Dritter Theil. Die Lehre vom Begriff. A. Der subjective Begriff. b.) Das Urtheil.*); GW 13. 78–81 (§§ 117–125).*

52,14 Ich = Ich] *Anspielung auf Fichtes ersten, schlechthin unbedingten Grundsatz der Wissenschaftslehre, vgl.* Fichte: Grundlage der gesammten Wissenschaftslehre. *7 f, 25;* Fichte: Gesamtausgabe. *Bd 2. 257, 269.*

54,19–23 *Hegel formuliert frei nach Kant:* Rechtslehre. *XXXIII (*Einleitung in die Rechtslehre §. B. Was ist Recht?*):* Das Recht ist also der Inbegriff der Bedingungen, unter denen die Willkühr des einen mit der Wüllkühr des andern nach einem allgemeinen Gesetze der Freyheit zusammen vereinigt werden kann. *und (§. C. Allgemeines Princip des Rechts.):* »Eine jede Handlung ist recht, die oder nach deren Maxime die Freyheit der Willkühr eines jeden mit jedermanns Freyheit nach einem allgemeinen Gesetze zusammen bestehen kann &c.«; Kant: Werke. *Bd 6. 230.*

54,28–55,2 *Siehe dazu* Rousseau: Du Contract social. *29–31 (LIVRE I. CHAPITRE VI. Du pacte Social. 26–31);* Rousseau: Œuvres complètes. *Bd 3. 361 f. Siehe auch 56–59;* Rousseau: Œuvres complètes. *Bd 3. 371 f.*

55,2–6 *Siehe dazu* Rousseau: Du Contract social. *35 f (LIVRE I. CHAPITRE VII. Du Souverain. 35–40 (20–23));* Rousseau: Œuvres complètes. *Bd 3. 363 f.*

56,18–23 *Vermutlich hat Hegel hier insbesondere die aporetisch endenden Dialoge Platons wie* Menon, Protagoras *oder* Theaitetos *im Sinn.*

56,23–27 *Hegel bezieht sich hier vermutlich wohl auf die skeptische Urteilszurückhaltung* (ἐποχή), *s. dazu* Sextus Empiricus: Hypotyposes Pyrrhonicae. *1, 12, 26 f. Siehe auch* Sextus Empiricus: Hypotyposes Pyrrhonicae. *1, 33, 232. Vgl. ferner* Sextus Empiricus: Adversus Mathematicos. *7, 150–158 (ausführliche Zitatbelege s. GW 14,3. 1065).*

59,17–23 der Kantische ... empören.] *Hegel bezieht sich bei seiner Kritik an Kant hier pauschal auf die* Critik der practischen Vernunft *und die* Metaphysik der Sitten.

62,6–14 *Siehe* Hegel: Phänomenologie des Geistes. *101–104; GW 9. 103,4–104,31 und* Hegel: Encyklopädie. *229 (§ 344); GW 13. 199.*

64,6–10 *Siehe* Heineccius: Elementa. *19 (Lib. I. TITVLVS II. DE IVRE NAT. GENTIVM ET CIVILI.). Siehe auch* Thibaut: System des Pandekten-Rechts. *Bd 1. 45 (§ 61); vgl. Bd 2. [3] (§ 550).*

64,14–17 *Siehe* Kant: Rechtslehre. *79 f (§. 10. Allgemeines Princip der äußeren Erwerbung.);* Kant: Werke. *Bd 6. 259 f.*

64,27–36 *Siehe* Heineccius: Elementa. *19 (Lib. I. TIT. III. DE IVRE PERSONARVM.) sowie 59 f (Lib. I. TIT. XVI. DE CAPITIS DEMINVTIONE.) (Zitatbelege s. GW 14,3. 1066).*

64,36–37 *Siehe* Kant: Rechtslehre. *105–118 (*Erster Theil. Zweytes

Hauptstück. Dritter Abschnitt. Von dem auf dingliche Art persönlichen Recht. *§§ 22–30), besonders 106 (§ 23):* Die Erwerbung nach diesem Gesetz ist dem Gegenstande nach dreyerley: Der Mann erwirbt ein Weib, das Paar erwirbt Kinder und die Familie Gesinde. – Alles dieses Erwerbliche ist zugleich unveräußerlich, und das Recht des Besitzers dieser Gegenstände das allerpersönlichste.; Kant: Werke. *Bd 6. 276–284; 277.*

65,3–5 späterhin wird … hat.] *Siehe oben 170–177.*

65,8–11 *Siehe* Kant: Rechtslehre. *96–105 (*Erster Theil. Zweytes Hauptstück. Zweyter Abschnitt.Vom persönlichen Recht. *§§ 18–21). – Siehe ferner* Heineccius: Elementa. *205; vgl. auch* Heineccius: Syntagma. Pars II. *68 (Zitatbelege s. GW 14,3. 1066f).*

67,28 (s. unten)] *Siehe oben 86–90.*

67,33–35 Nach der … Kinder,] *Hegel bezieht sich mit dieser Feststellung auf das altrömische väterliche Verkaufsrecht bzw. die patria potestas insgesamt. Vgl. dazu die Nachweise in der Anm. zu 181,15–20.*

68,26–32 *Hegel mag hier wohl einerseits an Hume oder an die französischen Materialisten denken oder möglicherweise auch an seine frühere an Jacobi geübte Kritik anschließen; zum anderen wird er an Kant denken. Vgl. dazu im einzelnen* [David Hume:] An Abstract of A Book lately Published; Entituled, A Treatise of Human Nature, &c. Wherein The Chief Argument of that Book is farther Illustrated and Explained. *London 1740. 25, sodann* [Paul Henri Dietrich Thiry d'Holbach:] Système de la Nature, ou Les loix du monde Physique, & du Monde Moral. Par M. Mirabaud, Secretaire perpétuel & l'un des Quarante de l'Académie Françoise. *[…] 2 Bde. A Londres [Amsterdam] 1771. (KHB 168–169) Bd 1. 49 und* Hegel: Glauben und Wissen oder die Reflexionsphilosophie der Subjectivität, in der Vollständigkeit ihrer Formen, als Kantische, Jacobische, und Fichtesche Philosophie. *In:* Kritisches Journal der Philosophie herausgeben von Fr. Wilh. Schelling und Ge. Wilhelm Fr. Hegel. Zweyten Bandes erstes Stück. *Tübingen 1802. [1]–188, [63]–135; GW 4. 315–414, 346–385.*

69,25–29 *Hegel dürfte hier in erster Linie an die lex de modo agrorum denken (von der Livius berichtet, s. dazu* Titus Livius: Ab urbe condita. *VI, 35, 4f), ferner an die Bodenreformpläne der Brüder Ti. Sempronius Gracchus (mit der lex Sempronia agraria von 133 v. Chr.) und C. Sempronius Gracchus (mit seinen Versuchen bis 122, den Reformprozeß wieder in Gang zu setzen) sowie an die vom Volkstribun Spurius Thorius 119/118 eingebrachte lex Thoria und die lex agraria vom Jahr 111, die nachhaltig die rechtliche Verteilung von Staats- und Privatbesitz am italischem Boden festschrieben. Vermutlich wird er auch die vom Volkstribunen P. Servilius Rullus im Dezember 62 eingebrachte lex agraria, bekannt durch Ciceros Gegenreden (s.* Cicero: De lege agraria contra P. Servilium Rullum. *I–III), im Sinn gehabt haben. Bis zum Ende der römischen Republik sorgten dann noch die Ackergesetze C. Iulius Caesars für weitere größere Umschichtungen der Eigentumsverhältnisse.*

69,29–31 *Hegel bezieht sich hier nicht auf die römisch-rechtlichen Bestimmungen zur fideikommissarischen Erbschaft, sondern auf das später im deutschen Recht entwickelte Institut des Familienfideikommisses; s. dazu die Anm. zu 186,8–29.*

70,8–10 *Siehe die bereits von Aristoteles an Platons Eigentumsvorstellungen in der* Politeia *geübte Kritik,* Aristoteles: Politica. B 5 (1262b37–1264b25); Aristoteles. Bd 2. fol. 79ʳ–80ʳ.

70,17–22 *Siehe* Diogenes Laërtios. 653a (X, 11).

70,31–71,4 *Siehe* Hegel: Encyklopädie. 180–185 (§§ 259–272), 110–112 (§ 161), 115 (§ 164), 204 (§ 298), 214 f (§ 318); GW 13. 155–160 (§§ 260–273), 98 f (§ 162), 101 (§ 165), 175 (§ 299), 187 (§ 318).

71,18–23 *Vgl. hierzu die Ausführungen in der Nachschrift v. Griesheim, s.* GW 26,3. 1128,12–20; *sie korrespondieren mit Bemerkungen, die Hegel Jahre zuvor schon vorgetragen hatte, s.* GW 26,1. 29,29–33; *doch haben sich für keine seiner Angaben bislang Belege finden lassen, weder bei Fichte und Rehberg noch anderswo sonst.*

71,26–29 *Siehe* Hegel: Wissenschaft der Logik. Bd 1,1. 49–53; GW 11. 60–63.

73,8–20 *Hegels Ausführungen gelten der Regel der Besitzergreifung (occupatio)* ›res nullius cedit primo occupanti‹; *vgl.* Heineccius: Elementa. 92 f. *Vgl. auch* Thibaut: System des Pandekten-Rechts. Bd 2. 33–35 (§ 593) (*Zitatbelege s.* GW 14,3. 1068–1070).

75,18–20 *Im Unterschied zu anderen Naturrechtsentwürfen gründet für den frühen Fichte das Eigentumsrecht zunächst ausschließlich auf Formation, vgl.* Fichte: Beitrag. 131–144; Fichte: Gesamtausgabe. Bd 1. 266–273. *Später, mit der Philosophie der Wissenschaftslehre, ändert Fichte seine Ansicht, knüpft das Eigentum an den Besitzwillen und gründet es auf gegenseitige Anerkennung, s.* Fichte: Grundlage des Naturrechts. T. 1. 152–154; Fichte: Gesamtausgabe. Bd 3. 417 f.

76,5–21 *Zum Begriff der* accessio *vgl.* Heineccius: Elementa. 97 f (Lib. II. Tit. I.). *Vgl. ferner* Thibaut: System des Pandekten-Rechts. Bd 2. 35–40 (§§ 594–600) (*ausführliche Zitatbelege s.* GW 14,3. 1070–1072).

77,25–35 *Vermutlich hat Hegel hier die anthropologischen Schriften Christoph Meiners' im Sinn, in denen dieser, fußend auf der Grundüberzeugung von der natürlichen Ungleichheit der Menschen, eine Theorie der zwei Hauptstämme des menschlichen Geschlechts, des mongolischen einerseits und des (tartarisch-)kaukasischen andererseits, entwickelte, die konsequent auf eine Konfrontation der schwarzen und häßlichen und der weißen und schönen, also der intellektuell und charakterlich minderwertigen und der besser ausgestatteten und überlegenen Völker hinausläuft, s.* Grundriß der Geschichte der Menschheit, von C[hristoph] Meiners, ordentlichen Lehrer der Weltweisheit in Göttingen. Frankfurt und Leipzig 1786. [Nachdruck; Erstausgabe. Lemgo 1785] *in der unpaginierten Vorrede (Bogenzählung **3ʳ–**4ʳ) und ferner* 16–81 (Zweytes Capitel. Ueber die ursprünglichen Verschiedenheiten der Menschen, und deren physische Ursachen.) und Grundriß der Geschichte der Menschheit von C[hristoph] Meiners, Königl. Großbritannischem Hofrath, und ordentlichem Lehrer der Weltweisheit in Göttingen. Zweyte sehr verbesserte Ausgabe. *Lemgo 1793. 58–128. Auf der Grundlage dieser terminologisch noch nicht gefestigten, gleichwohl rassentheoretisch ausgerichteten und auf ästhetischen, moralischen und kognitiven Kriterien gründenden Bewertung einzelner Völker und Nationen (Ethnien) macht sich Meiners zum Befürworter der Sklaverei und des Sklavenhandels, denn obgleich er eingangs des folgenden Artikels angibt (398), das Für und Wider des Sklavenhandels abwägen zu wollen, so überwiegen in der Folge doch die Argumente zugunsten dessen angenehmer Seiten, s.* Ueber die Rechtmässigkeit des Negern-Handels. *In:* Göttingisches Historisches Magazin von C[hristoph] Meiners und L[udwig] T[imotheus] Spittler. II^{ten} Bandes 3tes Stück. *Hannover 1788. 398–416, 409f. – Siehe ferner* Ueber die Natur der Afrikanischen Neger, und die davon abhangende Befreyung, oder Einschränkung der Schwarzen. *In:* Göttingisches Historisches Magazin von C[hristoph] Meiners und L[udwig] T[imotheus] Spittler. VI^{ten} Bandes 3tes Stück. *Hannover 1790. [385]–456. Vgl. auch die Fortsetzung dieser Abhandlung unter dem Titel* Von den Varietäten und Abarten der Neger. *In:* Göttingisches Historisches Magazin von C[hristoph] Meiners und L[udwig] T[imotheus] Spittler. VI^{ten} Bandes 4tes Stück. *Hannover 1790. 625–645. Der Artikel* Historische Nachrichten über die wahre Beschaffenheit des Sclaven-Handels, und der Knechtschaft der Neger in West-Indien [...]. *ebenda 645–679 dient der Verharmlosung der von den Gegnern der Sklaverei angeprangerten Praktiken des Sklavenfangs und -transports und der Lebensumstände der Sklaven überhaupt und ist eine weitere Apologie der Sklaverei (ausführliche Zitatbelege s. GW 14,3. 1072–1075, dort auch die einschlägigen Äußerungen Gustav Hugos).*

77,35–78,6 *Hegel könnte hier durchaus Rousseau im Auge haben, der jede Form von Legitimation der Sklaverei ablehnt, s.* Rousseau: Du Contract social. *13–22 (LIVRE I.* CHAPITRE IV. De l'esclavage.*), insbesondere 22;* Rousseau: Œuvres complètes. *Bd 3. 358.*

78,24–30 *Hegel bezieht sich hier wohl auf das ganze Kapitel* A. Selbstständigkeit und Unselbstständigkeit des Selbstbewußtseyns; Herrschafft und Knechtschafft.*, s.* Hegel: Phänomenologie des Geistes. *114–128; GW 9. 109–116. Und s.* Hegel: Encyklopädie. *231–234 (§§ 352–358); GW 13. 201–203.*

80,24–28 *Zur (römisch-rechtlichen) Eigentumsdefinition bei Heineccius s. die Anm. zu 81,29–34; vgl. ferner* Thibaut: System des Pandekten-Rechts. *Bd 2. 7–9 (§§ 558, 560–561). – Vgl. auch die definitorischen Ausführungen in* Ausführliche Darstellung der Lehre vom Eigenthum und solchen Rechten, die ihm nahe kommen. Besonders nach Grundsätzen des Römischen Rechts von Dr. F[ranz] C[arl] Gesterding. *Greifswald 1817. [3]f und in* Das Recht des Besitzes. Eine civilistische Abhandlung von Friedrich Carl von Savigny. Dritte, vermehrte und verbesserte Auflage. *Gießen 1818. 2f (Zitatbelege s. GW 14,3. 1076f).*

81,6–20 ›*Abstraktes Eigentum*‹ *oder etwa* ›*dominium abstractum*‹ *sind keine juristischen Begriffe. Worauf Hegel an dieser Stelle zielt, sind einerseits im Lehnsrecht enthaltene eigentumsrechtliche Bestimmungen, andererseits solche Rechtsdistinktionen wie dominium directum und dominium utile, s. dazu die Anm. zu 81,35–82,6. Der Ausdruck* leere Herrenschaft *dürfte Hegels eigene Übertragung des Begriffs* ›*nudum dominium*‹ *(vgl. (hier mit Bezug auf das dominium quiritarum und bonitarium, s. dazu unten die Anm. zu 81,29–34)* M. AVRELII GALVANI FERRARIENSIS DE VSVFRVCTV DISSERTATIONES VARIÆ. TRACTATIBVS NONNVLLIS PER OCCASIONEM INTERCISÆ AC POTISSIMVM DE JVRE NATVRÆ GENTIVM et CIVIVM. DE JVRE FAMILIÆ. DE JVRE TESTAMENTORVM. DE VSVCAPIONIBVS et LONGI TEMPORIS PRÆSRCIPTIONIBVS. DE EXÆQVATIONE LEGATORVM et FIDEICOMMISSORVM. DE POLLICITATIONBVS. DE PACTIS NVDIS. DE CONTRACTIBVS. DE DOTIS SVBSTANTIA. DE DOMINIO. DE POSSESSIONE. ET, QVOD LEGES CODICIS NON CORRIGANT LEGES DIGESTORVM. QVIBVS JVSTINIANICVM JVS PARTIM AD ANTIQVA PRINCIPIA, CVM ROMANÆ, TVM ATTICÆ SAPIENTIÆ REVOCATVR, PARTIM MVLTIPLICI VSV VETERVM HISTORIARVM ILLVSTRATVR. EDITIO NOVA EMENDATIOR. *Tübingen 1788. 281:* Cum igitur ante Iustinianum divideretur dominium in bonitarium, & quiritarium: itemque cum bonitarium & quiritarium esset subdivisum in plenum, ac nudum: & adhuc quiritarium nudum esset aliud cum re, aliud sine re, observo Imperatorem in d. l. unic. ex jure veteri, quædam confirmasse, quædam mutasse, quædam omnino sustulisse. Confirmavit quoad dominium plenum, sive illud bonitarium esset, sive quiritarium, hoc enim prorsus reliquit intactum usque adeo, ut statuerit omne dominium hodie plenissimum esse ibi: Sed sit plenissimus, & legitimus quisque dominus, &c. quamobrem & abrogatio juris antiqui ad solum nudum dominium restringitur in titulo ejus constitutionis, ut patet. Mutavit autem, ac transformavit jus vetus, partim quo ad bonitarium, partim quo ad quiritarium dominium nudum: quo ad bonitarium in eo, quod augens ejus naturam effecit, ut illud hodie amplius nudum non esset, sed plenum, utpote novissimi juris civilis auctoritate suffultum: quo ad quiritarium dominium nudum in eo, quod ea species, quæ olim erat dominium quiritarium nudum cum re, hodie facta est dominium plenum, sive ut ipse loquitur plenissimum: quia in summa vult ipse, nullam hodie superesse differentiam eorum dominiorum, quæ olim diversis naturis bonitarii, & quiritarii niterentur, statuens in universum, ut sit plenissimus, & legitimus quisque dominus. Qua in re Imperator non fecit, ut quod erat olim mere civile, hodie sit simul naturale dominium, nam aliquid esse, aut non esse naturale, non pendet a potestate civilium legislatorum, sed fecit, ut usu, atque effectu juris considerato, illud dominium, quod olim erat quiritarium nudum, hodie perinde habeatur ac si utroque jure civili ac etiam naturali niteretur: quamobrem si quis hodie usucapiat, si hæreditatem adeat, si legatum agnoscat, is vere quidem adquirit solum legitimum, non etiam naturale dominium, sed tamen effectu plenus dominus esse existimatur. Omnino autem sustulit Iustinianus duo, hoc est, nomen dominii quiritarii, sive ex jure Quiritium, & substantiam donimii quiritarii nudi sine re: quo duo breviter comprobemus.) *oder an den Begriff der ›nuda proprietas‹ angelehnt sein (vgl. etwa* DISSERTATIO IVRIDICA DE NVDA PROPRIETATE Vom Recht und Gebrauch eigenthümlicher Güter. QVAM PRAESIDE BVRCKHARDO BARDILI J. V. D. ET PROFESSORE EXTRAORDINARIO AD DIEM AVGVSTI MDCLVIII SVBIICIT IOANNES EBERHARDVS Ecther TVBINGENSIS. *Wittenberg 1751.).*

81,20–25 *Siehe* Corpus Iuris Civilis Romani. *[T. 1.] 19b (*D. Justiniani Sacratissimi Principis Institutionum Juris libri quatuor compositi per Tribonianum vir. magn. et exquæstorem sacr. palat. nec non Theophilum et Dorotheum v.v. illustres et antecessores. *[1]–56. Lib. II.* TIT. IV. DE USUFRUCTU. *19b–20a). Vgl.* Das CORPUS IURIS CIVILIS in's Deutsche übersetzt von einem VEREINE RECHTSGELEHRTER und herausgegeben von Dr. Carl Ed. Otto, Dr. Bruno Schilling, Professoren der Rechte an der Universität Leipzig, und Dr. Carl Friedrich Ferdinand Sintenis, als Redactoren. *Bd 1. Leipzig 1830. 45:* Niessbrauch ist das Recht, fremde Sachen, unbeschadet deren Substanz, zu gebrauchen und zu benutzen. *46:* Damit jedoch die Eigenthumsrechte nicht für immer und ewig unnütz wären, wenn der Niessbrauch auf immer fehlte, so ist bestimmt worden, dass der Niessbrauch auf gewisse Weise erlöschen und zum Eigenthumsrecht zurückfallen solle.

81,29–34 *Zu den (dem alten römischen Recht zugehörigen) Unterscheidungen von* res mancipi *und* nec mancipi *sowie* dominium Quiritarium *und* Bonitarium *s.* Heineccius: Elementa. *89 und 90f.*

81,35–82,6 *Zur Begrifflichkeit vgl. zunächst die Bemerkungen von Heineccius in* Heineccius: Elementa. *91. Zum emphyteutischen Vertrag s.* Heineccius: Elementa. *246. Siehe auch* Thibaut: System des Pandekten-Rechts. *Bd 2. 6f (§ 557), 23f (§ 580), 66–70 (§§ 629–632). – Für die Darstellung der entsprechenden für Lehn- und vor allem Bauergüter geltenden Rechtsbestimmungen nach deutschem Recht (bzw. der aus dem römischen Recht übernommenen Bestimmungen) vgl.* Runde: Grundsätze des gemeinen deutschen Privatrechts. *452–477 (§§ 517–535) und vgl.* Schmalz: Lehrbuch des teutschen Privatrechts. *94–97 (§ 186–193); speziell zum Erbzins 94f (§§ 187–188). – Zum Bedeutungszu-*

sammenhang und zum Gebrauch des Wortes Gilte bzw. Gülte s. Deutsches Wörterbuch. *Bd 9. Sp. 1074–1081 s.v.* GÜLTE. – *Zum Problem der Begriffe des* dominium directum *und* utile *und dem damit verknüpften Eigentumsverständnis s. ausführlich noch Thibauts kritische Darstellung der Begriffsgeschichte Dritte Abhandlung.* Ueber dominium directum und utile. *in:* Versuche über einzelne Theile der Theorie des Rechts von Anton Friedrich Justus Thibaut, Hofrath und Professor des Rechts in Heidelberg, Correspondenten der Kaiserlichen Gesetzcommission in Petersburg. Zweyte verbesserte Ausgabe. *2 Bde. Jena 1817. Bd 2. [67]–99. Vgl. noch Thibauts Eilfte Abhandlung.* Ueber die Natur der Rechte des Emphyteuta. *in:* Civilistische Abhandlungen von Anton Friedrich Justus Thibaut, Hofrath und Professor des Rechts in Heidelberg; Correspondenten der Kaiserl. Gesetzgebungs-Commission in Petersburg. *Heidelberg 1814. 266–284 (ausführliche Zitatbelege s. GW 14,3. 1078–1082).*
– Vgl. schließlich noch die ausführlichen gesetzlichen Bestimmungen zum getheilten Eigenthume in Allgemeines Landrecht. *1794. Bd 2. 737–845 (T. I. Titel XVIII. Abschnitte I–II. §§ 1–819);* Allgemeines Landrecht. *1806. Bd 2. 314–420. (In der Ausgabe von 1794 sind die beiden Teile (T. I. = Bd 1–2 und T. II. = Bd 3–4) jeweils durchgehend paginiert.)*

83,12–14 *Vgl. dazu* Runde: Grundsätze des gemeinen deutschen Privatrechts. *464 f.*

83,23–32 *Siehe dazu* Ueber Besitz und Verjährung von A[nton] F[riedrich] J[ustus] Thibaut ord. Prof. d. Rechts in Jena. *Jena 1802. insbesondere [3]–106 und s. auch* Thibaut: System des Pandekten-Rechts. *Bd 2. 396–407 (§§ 1016–1032). – Vgl. zur Rechtsgeschichte und -systematik noch* Über die Verjährung von Christoph Christian Dabelow. *T. 1–2 [T. 2: Zweyter Theil. Nebst einer kurzen systematischen Darstellung der Lehre von der Verjährung nach heutigen Rechten und einem vollständigen Register über das Ganze.] Halle 1805–1807. T. 1. 39–302 (§§ 1–63) (Rechtsgeschichte), 303–446 (§§ 64–100) (Systematik).*

84,2–5 *Um 1820 gehörten Festlandsgriechenland und die griechischen Inseln mit Ausnahme der Ionischen Inseln noch zum Osmanischen Reich, und bis zum französischen Ägyptenfeldzug gehörte Ägypten einschließlich Oberägyptens ebenfalls zum osmanischen Herrschaftsbereich, verselbständigte sich jedoch seit Beginn des 19. Jh.s unter der Herrschaft Muhammad Ali Paschas (türkisch: Mehmet Ali Paşa). – Welche in Privatbesitz übergegangenen Kunstwerke aus Ägypten Hegel hier speziell im Sinn haben mag, ist nicht klar, denn der Abtransport (man denke etwa an die Obelisken) begann recht früh. Bei den griechischen Kunstwerken wird Hegel an die Bildwerke und Statuen der Athener Akropolis, insbesondere des Parthenon denken, die Thomas Bruce, 7th Lord Elgin, von 1799 bis 1803 Britischer Botschafter beim Osmanischen Reich, in den Jahren 1801 bis 1812 mit Genehmigung der Hohen Pforte abbauen und nach England transportieren ließ und die unter dem Namen El-*

gin Marbles bekannt geworden sind. 1816 wurden sie von der Britischen Regierung aufgekauft und der Öffentlichkeit zugänglich gemacht.

85,4–6 Siehe Spinoza: Ethica. *Pars I, Definitio I:* Per causam sui intelligo id, cujus essentia involvit existentiam; sive id, cujus natura non potest concipi, nisi existens. *Vgl.* Spinoza: Opera (ed. Paulus). *Bd 2. 35;* Spinoza: Opera (ed. Gebhardt). *Bd 2. 45;* Baruch de Spinoza: Ethik in geometrischer Ordnung dargestellt. Neu übersetzt, herausgegeben, mit einer Einleitung versehen von Wolfgang Bartuschat. Lateinisch-Deutsch. *Hamburg 1999.* Baruch de Spinoza: Sämtliche Werke. Band 2. *(= Philosophische Bibliothek Band 92.) 5:* Unter Ursache seiner selbst verstehe ich das, dessen Essenz Existenz einschließt, anders formuliert das, dessen Natur nur als existierend begriffen werden kann.

88,19–20 (es ist ... foetura)] *Siehe die Anm. zu 81,35–82,6.*

88,21–25 *Siehe die Anm. zu 81,35–82,6.*

89,24–28 *Vgl. zur Bestimmung der Rechtslage etwa* Runde: Grundsätze des gemeinen deutschen Privatrechts. *162–164. – Vgl. auch die strafrechtliche Bewertung bei Tittmann, der den Büchernachdruck zu den Betrugsdelikten zählt,* Tittmann: Handbuch der Strafrechtswissenschaft. *T. 3. 425–427 (§ 523). – Zu den gesetzlichen Bestimmungen in Preußen vgl.* Allgemeines Landrecht. 1794. *Bd. 1. 399–405 (T. I. Titel XI. Abschnitt VIII. §§ 996–1036);* Allgemeines Landrecht. 1806. *Bd 1. 405–410 und* Allgemeines Landrecht. 1794. *Bd 4. 1359f (T. II. Titel XX. Abschnitt XV. §§ 1294–1297 d). – Obgleich in Deutschland lokale und einzelstaatliche gesetzliche Bestimmungen gegen den Büchernachdruck bereits früh erlassen wurden (etwa 1623 in Nürnberg), gelang es wegen der politischen Zersplitterung nicht, im Deutschen Reich und nach 1806 bzw. nach 1815 in den Staaten des deutschen Bundes verbindliche positiv-rechtliche Regelungen durchzusetzen. Im Artikel 18 der Bundesakte vom 8. Juni 1815 wurde eine Gesetzesinitiative lediglich versprochen, ein Gesetz wurde aber erst 1837 erlassen. – Mangels allgemein gültiger positiver gesetzlicher Grundlagen waren die juristischen Auseinandersetzungen mit diesem Problem daher auf eine Argumentation aus (dem Zusammenwirken von) göttlichem und menschlichem, natürlichem und bürgerlichem Rechte (und politischer Konvenienz) angewiesen. – In Basel wurde vom Rat der Stadt am 28. Oktober 1531 das europaweit erste allgemeine Nachdruckverbot erlassen; in England das erste Urheberrechtsschutzgesetz 1710 (Statute of Anne bzw. Act 8 Anne c. 19, betitelt* An Act for the Encouragement of Learning, by vesting the Copies of printed Books, in the Authors or Purchasers of such Copies, during the Times therein mentioned.*), in Frankreich im Zusammenhang mit den Dekreten vom 13.–19. Januar 1791 und vom 19.–24. Juli 1793; s. noch GW 14,3. 1086–1088 die Auszüge aus einigen Beiträgen zur Diskussion über das Nachdrucken.*

93,20–23 *Siehe ausführlich* Kant: Rechtslehre. *106–111 (Des Rechts der* häuslichen Gesellschaft erster Titel: Das Eherecht.*)*; Kant: Werke. *Bd 6. 277–280.*

93,23–26 *Bei Hobbes findet sich die Vertragsformel im Kontext der Entfaltung der Theorie der allgemeinen souveränen Gewalt, s.* Hobbes: De Cive. 80 ([Imperium.] Caput V. VII.*)*; Hobbes: Opera latina. *Bd 2. 213f;* Hobbes: Philosophical Works. *Bd 2. 133f;* Thomas Hobbes: Vom Bürger. Dritte Abteilung der Elemente der Philosophie. Vom Menschen. Zweite Abteilung der Elemente der Philosophie. Neu übersetzt, mit einer Einleitung und Anmerkungen herausgegeben von Lothar R. Waas. *Hamburg 2017.* (= Philosophische Bibliothek Band 665*)* 96: VII. Diese Unterwerfung des Willens aller unter den Willen eines Menschen oder einer Versammlung erfolgt dann, wenn sich jeder einzelne durch ein Übereinkommen mit jedem anderen dazu verpflichtet, dem Willen desjenigen Menschen oder derjenigen Versammlung keinen Widerstand zu leisten, dem er sich unterworfen hat, das heißt, diesem nicht den Gebrauch seiner Fähigkeiten und Kräfte gegenüber wem auch immer zu verweigern [außer gegenüber sich selbst] (da ja anzunehmen ist, daß sich jeder das Recht vorbehält, sich gegen Gewalt zu verteidigen). Und dies nennt man eine VEREINIGUNG. Unter dem Willen einer Versammlung ist dabei der Wille der Mehrheit der Menschen zu verstehen, aus denen die Versammlung besteht. *Siehe ferner* Leviathan, or The Matter, Forme, & Power of a Common-Wealth Ecclesiasticall and Civill. By Thomas Hobbes of Malmesbury. *London 1651.* 87 *(II, 17);* The English Works of Thomas Hobbes of Malmesbury; now first collected and edited by Sir William Molesworth, Bart. Vol *[sic]* III. *London 1839. 157f; vgl.* Leviathan, sive De Materia, Forma, & Potestate Civitatis Ecclesiasticæ et Civilis. Authore Thoma Hobbes, Malmesburiensi. *Amsterdam 1670.* 85; Thomas Hobbes: Leviathan. Aus dem Englischen übertragen von Jutta Schlösser. Mit einer Einführung und herausgegeben von Hermann Klenner. *Hamburg 1996.* (= Philosophische Bibliothek Band 491*)* 144f. – *Bei Pufendorf sind es die einzelnen, die in die Vertragsformel aufgenommen werden und sich vergesellschaften (und erst durch einen weiteren Vertrag das Herrschaftsverhältnis herstellen), s.* Samuelis Pufendorfii de Jure Naturæ et Gentium Libri octo. Editio nova, avctior mvlto, et emendatior. Cum gratia & Privilegio Sacræ Cæs. Majest. & Serenisss. Electoris Saxoniæ. *Frankfurt am Main 1694.* 965f *(VII, 2, 7);* Samuel Pufendorf: Gesammelte Werke. Hrsg. von Wilhelm Schmidt-Biggemann. *Bd 4.1/2.* De jure naturae et gentium. Hrsg. von Frank Böhling. *Berlin 1998.* 644. – *Hegel dürfte sich hier wohl auch auf Fichte beziehen, s.* Fichte: Beitrag. *111f und 113–199* (Drittes Kapitel. Ist das Recht, die Staatsverfassung zu ändern, durch den Vertrag Aller mit Allen veräußerlich?*), besonders 114;* Fichte: Gesamtausgabe. *Bd 1. 257–296, besonders 259; s. auch* Fichte: Grundlage des Naturrechts. *T. 2. 8, 31, 97f;* Fichte: Gesamtausgabe. *Bd 4. 9, 22, 59f; vgl.*

auch Der geschloßne Handelsstaat. Ein philosophischer Entwurf als Anhang zur Rechtslehre, und Probe einer künftig zu liefernden Politik *von Johann Gottlieb Fichte. Tübingen Im Spät-Jahre 1800. 120ff;* Fichte: Gesamtausgabe. *Bd 7. 88 (ausführliche Zitatbelege s. GW 14,3. 1089–1091).*

93,30–94,4 *Bereits in den* Fragmenten einer Kritik der Verfassung Deutschlands *diagnostiziert Hegel die privatrechtliche Ausformung der älteren und zeitgenössischen Staatsrechtstheorien, s. insbesondere GW 5. 60f.*

94,28–95,3 Die Bestimmung, ... übersteigt)] *Vgl. dazu etwa* Thibaut: System des Pandekten-Rechts. *Bd 1. 148f. Vgl. auch die gesetzlichen Regelungen in* Allgemeines Landrecht. 1794. *Bd 1. 278f (T. I. Titel XI. Abschnitt I. §§ 58–69);* Allgemeines Landrecht. 1806. *Bd 1. 281f.*

95,6–10 *Siehe* Heineccius: Elementa. *219f (Lib. III.* TIT. XVI. DE VERBORVM OBLIGATIONIBVS.*).*

95,10 wovon nachher] *Siehe oben 95f.*

95,14–24 *Zu dieser Unterscheidung der Verträge s.* Heineccius: Elementa. *209 (Lib. III. Tit. XIV.). Vgl. auch* Thibaut: System des Pandekten-Rechts. *Bd 1. 127–129. – Zum Begriff der* actio *vgl. noch* Heineccius. Elementa. *290 (Lib. IV.* TIT. VI. DE ACTIONIBVS.*) (Zitatbelege s. GW 14,3. 1091–1093). Zur Quelle s.* Corpus Iuris Civilis Romani. *[T. 1.] 45a–47b (*Institutionum Lib. IV. TIT. VI. DE ACTIONIBUS.*). Siehe auch die Anm. zu 64,6–10.*

95,29–96,4 *Siehe* Hegel: Encyklopädie. *246–248 (§§ 379–380); GW 13. 213f. Zur* Stipulation *s. die Anm. zu 95,6–10 und 96,29–31.*

96,29–31 *Siehe* Heineccius: Elementa. *207f (Lib. III. Tit. XIV.). Vgl. auch* Thibaut: System des Pandekten-Rechts. *Bd 1. 122–124 (Zitatbelege s. GW 14,3. 1093f).*

96,31–97,4 *Siehe* Fichte: Beitrag. *123:* Wenn ich auf die Wahrhaftigkeit des Andern nie ein vollkommnes Recht habe, wie kann ich es denn durch meine eigne Wahrhaftigkeit bekommen? Verbindet meine Moralität den Andern zu der gleichen Moralität? Ich bin nicht Executor des Sittengesetzes überhaupt; das ist Gott. Dieser hat die Lügenhaftigkeit zu strafen: ich bin nur Executor meiner durch das Sittengesez mir verstatteten Rechte, und unter diese Rechte gehört die Aufsicht über die Herzensreinigkeit Andrer nicht. / Also selbst durch die Leistung von meiner Seite bekomme ich kein Recht auf die Leistung des Andern, wenn nicht sein freier Wille, dessen Richtung ich nicht kenne, mir dieses Recht gegeben hat, und fortgiebt.*;* Fichte: Gesamtausgabe. *Bd 1. 263.*

97,19–36 *Siehe die Anm. zu 96,29–31 und s.* Heineccius: Elementa. *211f (Lib. III.* TIT. XV. QVIBVS MODIS RE CONTRAHITVR OBLIGATIO.*).*

98,8–14 *Siehe* Kant: Rechtslehre. *120f (*Dogmatische Eintheilung aller erwerblichen Rechte aus Verträgen. *§ 31);* Kant: Werke. *Bd 6. 285f. – Zur Dif-*

ferenzierung von contractus nominati und innominati sowie Real- und Konsensual-Kontracten siehe die Anm. zu 96,29–31 und auch zu 97,19–36.

98,17–20 Siehe Heineccius: Elementa. *212f (Lib. III. Tit. XV.). Vgl. auch* Thibaut: System des Pandekten-Rechts. *Bd 2. 286–290 (Zitatbelege s. GW 14,3. 1095–1097).*

98,24–26 Siehe Heineccius: Elementa. *215 (Lib. III. Tit. XV.). Vgl. auch* Thibaut: System des Pandekten-Rechts. *Bd 2. 290–293 (Zitatbelege s. GW 14,3. 1097f).*

98,26–32 Siehe Heineccius: Elementa. *123–125 (Lib. II. TIT. VII. DE DONATIONIBVS.). Vgl. auch* Thibaut: System des Pandekten-Rechts. *Bd 2. 297–299. Vgl. ferner 299–302 (§§ 903–905) und 302–306 (ausführliche Zitatbelege s. GW 14,3. 1098–1101).*

98,33–36 *Siehe* Thibaut: System des Pandekten-Rechts. *Bd 2. 294 (§ 895).*

99,1–5 *Siehe* Heineccius: Elementa. *237 (Lib. III. TIT. XXIV. DE EMTIONE ET VENDITIONE.). Vgl. auch* Thibaut: System des Pandekten-Rechts. *Bd 2. 263–266 (Zitatbelege s. GW 14,3. 1101f).*

99,6–8 *Siehe* Heineccius: Elementa. *242f (Lib. III. TIT. XXV. DE LOCATIONE ET CONDVCTIONE.). Vgl. auch* Thibaut: System des Pandekten-Rechts. *Bd 2. 266–268. Vgl. außerdem noch 268–272 (§§ 862–864) (Zitatbelege s. GW 14,3. 1102f).*

99,13 mutuum, jenes ... commodatum] *Siehe die Anm. zu 98,17–20.*

99,19–22 *Siehe die Anm. zu 99,6–8.*

99,23–27 *Vgl.* Heineccius: Elementa. *251f (Lib. III. TIT. XXVII. DE MANDATO.). Vgl. auch* Thibaut: System des Pandekten-Rechts. *Bd 2. 272f. Vgl. ferner auch 274–277 (§§ 867–869) (ausführliche Zitatbelege s. GW 14,3. 1103f).*

99,28–29 *Siehe die Anm. zu 99,36–100,12.*

99,36–100,12 *Siehe* Heineccius: Elementa. *217f (Lib. III. TIT. XV. QVIBVS MODIS RE CONTRAHITVR OBLIGATIO.). Vgl. auch* Thibaut: System des Pandekten-Rechts. *Bd 2. 72f. Vgl. ferner die sich anschließenden eingehenden Ausführungen zum Pfandrecht 73–102 (§§ 638–667) und s. 336–338 (§ 951). Und vgl. noch 338f (§§ 952–953) (ausführliche Zitatbelege s. GW 14,3. 1104–1106).*

103,25–27 *Siehe* Hegel: Encyklopädie. *88 (§ 121); GW 13. 79f (§ 120).*

105,29 Heroenrecht] *Siehe oben 332,25 (§ 350).*

106,7–10 *Vgl. dazu* Hufeland: Lehrsätze des Naturrechts. *60–66 (§§ 99–110), besonders 61f (§§ 101–102). – Vgl. auch* Philosophische Rechtslehre oder Naturrecht, Von Ludwig Heinrich Jakob Doktor und Professor der Philosophie. *Halle 1795. 5 (§ 7 Anm. 1). – Vgl. ferner* Fichte: Naturrecht. *T. 1. 107–109 und 164–178;* Fichte: Gesamtausgabe. *Bd 3. 391f und 424–*

432. – *Und vgl.* Grundriß des Naturrechts, für Vorlesungen von Carl Christian Erhard Schmid, Prof. der Philos. zu Iena. *Iena und Leipzig 1797. 3 und ferner dazu 36 (§ 106), 38f (§ 111), 62f (§ 152), 69–71 (§§ 168–170). Und s.* Kant: Rechtslehre. *XXXV (*Einleitung in die Rechtslehre. §. D. Das Recht ist mit der Befugniß zu zwingen verbunden.*);* Kant: Werke. *Bd 6. 231. S. ferner* Naturrecht von D. Daniel Christoph Reidenitz Königl. Ostpreuß. Regierungsrath und ordentl. Professor der Rechte zu Königsberg. *Königsberg 1803. 17f (§ 24).* – *Ältere Vertreter der Zwangsrechtstheorie sind beispielsweise Achenwall (vgl.* Prolegomena Iuris Naturalis in usum auditorum auctore Gottfriedo Achenwall Professore Philos. Ord. et Iur. Extraord. in Acad. Georgia Augusta. Curatius exarata et nunc primum separatim edita. *Göttingen 1758. 82–93 (§§ 98–110;* CAPVT VI. DE OBLIGATONE NATVRALI PERFECTA.*)* und Ius Naturae in usum auditorum auctore Gottfr[iedo] Achenwall Consil. Reg. Aul. Iuris Nat. et Gent. atque Politic. in Acad. Georgia Augusta Prof. Publ. Ordin. Editio sexta emendatior. *2 Bde. Göttingen 1767–1768. Bd 1. 20–40 (§§ 34–60;* Tɪᴛᴠʟᴠs III. ᴅᴇ LEGIBVS PERFECTIS.*), Höpfner (vgl.* Naturrecht des einzelnen Menschen der Gesellschaften und der Völker. von D. Ludwig Julius Friedrich Höpfner. Zweyte verbesserte Auflage. *Gießen 1783. 22 (§ 27) und Feder (vgl.* Grundlehren zur Kenntniß des Menschlichen Willens und der natürlichen Gesetze des Rechtverhaltens von Johann Georg Heinrich Feder Hofrath und Prof. der Philosophie. Dritte Auflage. *Göttingen 1789. 196–199 (§ 2;* Grundsätze des Naturrechtes. *[193]–314). Vgl. dazu auch noch* Vermischte Versuche von M. Johann Friderich Flatt. *Leipzig 1785. [1]–114 (*Ideen zur Revision des Naturrechts oder Prolegomena eines künftigen Zwangsrechts.*).*

106,14–16 *Siehe* Hegel: Wissenschaft der Logik. *Bd 2. 99; GW 12. 70,4–14.*

107,12–13 *Siehe etwa* Diogenes Laërtios. *472b–473a (VII, 1, 125–126).*

107,13–14 die Drakonische ... bestraft] *Siehe dazu (als locus classicus)* Plutarch: Vitae parallelae. Solon. *17, 1–4.* – *Drakon (um 624) gilt als der Verfasser der ersten schriftlich aufgezeichneten Gesetze Athens.*

107,33 wovon nachher] *Siehe oben 120–158.*

109,3–6 *Vgl. dazu auch* Feuerbach: Ueber die Strafe als Sicherungsmittel. *3–5 (ausführlicher Zitatbeleg s. GW 14,3. 1108).*

109,7–12 *Siehe* Klein: Grundsätze des gemeinen deutschen peinlichen Rechts. *6–8 (*Einleitung. Erster Abschnitt. Philosophische Grundbegriffe und Grundsätze.*):* §. 9. / Unter Strafe im allgemeinsten Sinne versteht man das Uebel, welches auf die gesetzwidrige Handlung als eine solche folget. Insofern ein solches Uebel zur Bewirkung künftiger gesetzmäßiger Handlungen oder Unterlassungen gebraucht wird, ist eine Strafe in der gewöhnlichen Bedeutung vorhanden. Eine eigentliche Strafe setzt voraus, daß das Uebel mit der unerlaubten Handlung zu dem ebengedachten Zwekke willkürlich sey verbunden worden. Dergleichen Strafen sind besonders alsdann nothwendig, wenn durch die bloße Verfolgung des Rechts entweder der vorige Zustand nicht wieder hergestellt werden kann, oder der Beleidiger dabei nichts weiter als den gehofften Vortheil verliert, gleichwohl aber der Reiz der Fortsetzung | oder Erneuerung der Beleidigung geblieben ist. (§. 6. 7. 8.) (Schaumanns Naturrecht §. 271.) / *[das folgende ist die Anmerkung zu diesem Paragraphen]* Unter Handlung verstehe ich auch die Unterlassung, als negative Handlung. / Ich weiß wohl, was Kleinschrod in der systematischen Entwikkelung der Grundbegriffe und Grundwahrheiten des peinlichen Rechts, Erlangen 1794. P. 1. §. 3. – Jacobs in den Ideen über die Kriminalgesetzgebung, Leipz. 1793. S. 214 f. – Heydenreich im System des Naturrechts, Th. 1. p. 189. sq. – Konopack in Diss. de juribus ex laesione oriundis ad juris naturae principia dijudicatis, Halae 1797. – und Leisler im Versuch über das Strafrecht, Frft. am Mayn 1796. – und andere mehr gegen das naturliche *[sic]* Strafrecht einwenden; aber die dagegen gemachten Zweifel heben sich, wenn man erwägt, 1) daß es unvernünftig sey, ein Uebel blos deswegen zu wollen, weil schon ein andres Uebel vorhanden ist; 2) daß wir das Mittel mit dem Zwekke, die moralische Misbilligung mit der Strafgerechtigkeit, die Züchtigung mit der Strafe verwechseln, wenn wir die Strafe nicht auf die Verhütung der Verbrechen, sondern auf deren Wiedervergeltung beziehen; 3) daß die Nothwendigkeit der Strafe zum Zwekke der Selbstvertheidigung allgemein anerkannt sey; 4) daß die Zeit, binnen welcher das mit Gewalt abzuwendende Uebel zu besorgen ist, in dem Rechte selbst keinen Unterschied mache; 5) daß das Recht der Prävention noch verstärkt wird, wenn die schon zugefügte Beleidigung die Erwartung der künftigen noch gewisser macht; 6) daß das Sicherheitsmittel, wozu der Beleidiger den Beleidigten nöthiget, durch Schuld des erstern nothwendig wurde; 7) daß zwar die Frage: ob die Strafe im gegebenen Falle als Sicherheitsmittel notwendig sey, als quaestio facti nach Wahrscheinlichkeit entschieden werden müsse, daß aber das Recht zu strafen selbst eine nothwendige Folge des Vertheidigungsrechts, und also das Straf-|recht nur in concreto, nicht in abstracto zweifelhaft sey; 8) daß das nicht zu bezweifelnde Recht, mit der Strafe zu drohen, ohne deren Vollziehung lächerlich wäre, aber hierzu auch keine Einwilligung von Seiten des Gestraften nöthig ist; 9) daß das Strafrecht außer dem Staat von einer geringeren Anwendbarkeit ist, als im Staate, daß aber auch im letztern sich die Ueberbleibsel des natürlichen Strafrechts nicht verkennen lassen. Das Misverständniß scheint nur darin zu liegen, daß man das, was in der That schon Strafe ist, nicht so nennt, ob man es gleich einem jeden als ein Mittel der Selbstvertheidigung sogar im Staate erlaubt. So wird z.B.

niemand läugnen, daß man das Recht habe, die Nekkereyen eines Schwarms muthwilliger Knaben dadurch abzuhalten, daß man dem Ersten dem Besten einen Schlag versetzt, obgleich der Geschlagene in der That für eine vorhergehende Beleidigung leidet und also gestraft wird. Größtentheils stimmt mit mir überein Schmalz im reinen Naturrecht §. 82. p. 55. Dagegen aber ergiebt sich aus dem vorstehenden, daß ich mit Kant in der Rechtslehre p. 195. sqq. und mit Johann Heinrich Abicht in der Lehre von Strafen und Belohnungen nicht einerley Meinung bin. *(Klein ist der Verfasser des strafrechtlichen Teils des Preußischen Allgemeinen Landrechts.)*

109,12–17 *Zu den einzelnen Strafzwecktheorien s. die ausführliche Darstellung in GW 14,3. 1109–1122.*

109,19–30 *Hegel wendet sich hier, ohne selbst zu differenzieren, gegen durchaus unterschiedliche Straftheorien (ausführliche Zitatbelege zu den verschiedenen theoretischen Ansätzen s. GW 14,3. 1122–1129).*

110,19–23 *Siehe* Beccaria: Von Verbrechen und Strafen. *131f (§. XXVII. Von der Todesstrafe.) (Zitatbeleg s. GW 14,3. 1129f).*

110,23–29 *Siehe die Anm. zu 93,23–26 und 237,27–238,5.*

111,6–7 oder in ... Besserung.] *Siehe den Verweis in der Anm. zu 109,12–17.*

111,26–27 und dem ... hat.] *Siehe Lev 24, 17–21:* 17. Wer irgend einen Menschen erschlägt, der soll des Todes sterben. / 18. Wer aber ein Vieh erschlägt, der solls bezahlen, Leib um Leib. / 19. Und wer seinen Nächsten verletzet, dem soll man thun, wie er gethan hat, / 20. Schade um Schade, Auge um Auge, Zahn um Zahn; wie er hat einen Menschen verletzet, so soll man ihm wieder thun. / 21. Also, daß, wer ein Vieh schlägt, der solls bezahlen; wer aber einen Menschen schlägt, der soll sterben. – *Siehe auch die Anm. zu 113,23–34.*

111,32–112,3 *Vgl. zum Problem der Strafbemessung die Überlegungen bei dem ebenfalls von der Wiedervergeltung als absolutem Strafzweck ausgehenden Zachariä in* Anfangsgründe des philosophischen Criminal-Rechtes. Mit einem Anhange über die juristische Vertheidigungskunst. Von Karl Salomo Zachariä, öffentlichem Rechtslehrer auf der Universität Wittenberg. Leipzig 1805. *30–36 (§§ 44–45).*

112,29–31 *Vgl. Ex 21, 24 und Lev 24, 20.*

113,1 s. oben] *Siehe 94,20–27.*

113,15–21 *Siehe die Anm. zu 109,7–12.*

113,23–34 *Vgl. dazu auch* Michaelis: Mosaisches Recht. *T. 5. 55–88 (§§ 240–242).*

114,1–5 *Zur Begrifflichkeit vgl.* Heineccius: Elementa. *268f; s. ferner 341–349; vgl. auch* Heineccius: Syntagma. Pars II. *331f. Vgl. ebenso* Quistorp: Grundsätze des deutschen Peinlichen Rechts. *T. 1. 28–30 (§ 27 Einheilung* der Verbrechen nach römischem Recht.) – *In Bezug auf jüdische Rechtsvorstellungen dürfte Hegel hier an das Institut des Bluträchers denken, vgl. dazu ausführlich Michaelis: Mosaisches Recht. T. 2. 385–425 (§§ 131–136). – An welche spezifischen Bestimmungen des englischen Rechts Hegel hier denken mochte, muß offen bleiben.*

122,6 (actio)] *Siehe die Anm. zu 64,6–10 und 95,14–24.*

126,15–17 *Hegels etymologische Verknüpfung von ›Absicht‹ mit einer verbalen Verbindung wie ›absehen von‹ ist schwerlich haltbar, vgl.* Deutsches Wörterbuch. Bd 1. Sp. 113f s.v. ABSEHEN *und* Bd 1. Sp. 118f s.v. ABSICHT *sowie* Deutsches Wörterbuch von Jacob Grimm und Wilhelm Grimm. Neubearbeitung. Hrsg. von der Akademie der Wissenschaften der DDR in Zusammenarbeit mit der Akademie der Wissenschaften zu Göttingen. 1. Band. A–AFFRIKATA. […] Leipzig 1983. Sp. 905–909 s.v. ABSEHEN *und* Sp. 945–948 s.v. ABSICHT. *Erst um die Mitte der zweiten Hälfte des 18. Jh.s ist ›absehen‹ im übertragenen Sinne von ›etwas außer Acht lassen‹, ›etwas nicht berücksichtigen‹, ›etwas nicht in Betracht ziehen‹ belegt, s. ebenda Sp. 908f unter Nr 8. – Die Einführung des Wortes ›Absicht‹ (als Entsprechung für das lateinische ›intentio‹) in die philosophische Sprache geht wohl auf Wolff zurück, seit 1719 in seiner deutschen Metaphysik, vgl.* Vernünftige Gedancken Von GOTT, Der Welt und der Seele des Menschen, Auch allen Dingen überhaupt, Den Liebhabern der Wahrheit mitgetheilet Von Christian Freyherrn von Wolff, Sr. Königl. Majest. in Preussen Geheimten Rathe und Cantzler der Universität Halle, wie auch Professore Juris Naturæ & Gentium ac Matheseos daselbst, Professore honorario zu St. Petersburg, der Königl. Academie der Wissenschaften zu Paris, wie auch der Königl. Groß-Britannischen und der Königl. Preußl. [sic] Societät der Wissenschaften Mitgliede. Neue Auflage hin und wieder vermehret. Mit allergnädigsten PRIVILEGIIS. Halle 1751. *563f:* §. 910. Wollen bestehet in einer Bemühung eine gewisse Empfindung hervorzubringen (§. 878.). Dasjenige nun, was durch diese Empfindung vorgestellet wird, ist es, was wir die Absicht zu nennen pflegen. Und demnach ist die Absicht dasjenige, was wir durch unser Wollen zu erhalten gedencken, und pflegen wir dannenhero nicht ohne Grund zu sagen: Der Wille strebe nach der Absicht, und suche sie zu erreichen. / | §. 911. Weil der Wille aus der Vernunft herkommet (§. 889.), die sinnliche Begierde aber aus den Sinnen und der Einbildungs-Kraft (§. 434.); so handelt ein vernünftiger Mensch stets aus Absichten: hingegen ein Sclave (§. 491.), ingleichen die Thiere (§. 892.), ohne Absichten (§. 910.), wenigstens ohne ihnen bekannte Absichten.

127,8–9 *Hegel bezieht sich an dieser Stelle auf eine rechtstheoretische Kontroverse, die zurückgeht auf die Einführung des Begriffes eines dolus indirectus (bzw. eines animus indirectus bzw. einer intentio indirecta) in die Strafiatsbewertung, die motiviert war durch die in der deutschen Jurisprudenz seit dem ausgehenden 16. Jh.*

vorhandene Tendenz, die Differenz zwischen Vorsatz und grober, strafwürdiger Fahrlässigkeit (dolus und culpa lata) aufzuheben, um so eine vermutete, der fahrlässigen Handlung aber nicht direkt nachweisbar zugrundeliegende unrechtliche bzw. rechtsverachtende Motivik — die Gesinnung — sanktionieren zu können (wodurch fahrlässige Tötung, Totschlag und vorsätzlicher Mord unter die gleiche Strafsanktion fallen konnten). Vorbereitet wurde die Begrifflichkeit argumentativ durch Carpzov, s. Carpzov: Practica nova. *P. I. 6 (*QUÆSTIO I. De Pœna Homicidii, an semper requiratur animus occidendi, ut ea locum habeat? Nr 29) und P. I. 7 (Nr 36f). — Als begriffsprägend galt Nettelbladt, s. ausführlich* Dissertatio iuridica de Homicidio ex Intentione indirecta commisso quam Praeside viro illustri excellentissimo atque consultissimo D. Daniele Nettelbladt Augustiss. Pruss. Regi a Consiliis Aulicis et Fridericianae Professore Iurium Ordinario D. II. Octobr. A. R. S. MDCCLVI. publico eruditorum examini submittit auctor Christ. Georg. Eberhard. Glaentzer Magdeburgensis I. U. C. Editio tertia, revisa a. MDCCLXXII. Halle *[1772]. 5–9 (ausführliche Zitatbelege s.* GW *14,3. 1132–1134; zum Verfolg der Kontroverse s. ebenda 1134–1136; vgl. auch die zeitgenössische geschichtliche Darstellung in* Henke: Grundriß einer Geschichte des deutschen peinlichen Rechts. *T. 2. 339–345). — Hegel selbst gebraucht den Begriff im Sinne einer schuldhaften Zurechnung der nicht beabsichtigten, unvorsätzlichen, aber absehbaren oder zwangsläufig mit ihr verknüpften Folgen einer Handlung (wobei letzteres insbesondere für die griechische Tragödie gilt).*

129,1–11 *Vermutlich spielt Hegel hier an auf das Gespräch zwischen Solon und Kroisos, s.* Herodot. *12 B–15 B (I, 30–33), in dem Kroisos mit Hinweis auf seine Reichtümer Solon davon überzeugen möchte, daß er ein sehr glücklicher Mensch sei, während Solon, der als Gesetzgeber Athens bereits für einen allgemeinen Zweck tätig gewesen war, sich von dessen Schätzen unbeeindruckt zeigt und darauf beharrt, daß über niemanden vor seinem Tode zu urteilen sei, ob er glücklich sei oder nicht, mit dem Fazit:* σκοπέειν δὲ χρὴ παντὸς χρήματος τὴν τελευτὴν κῇ ἀποβήσεται. *(*Herodot. *15 B (I, 32)); vgl.* Herodot: Historien. Griechisch-deutsch. *Hrsg. von* Josef Feix. *2 Bde. München 1980. Bd 1. 33:* Überall muß man auf das Ende und den Ausgang sehen.

129,7–8 *Siehe* Hegel: Encyklopädie. *256–258 (§§ 395–398);* GW *13. 221f.*

130,18 *Siehe* Schiller: Xenien. *In:* Musen-Almanach für das Jahr 1797. *herausgegeben von* Schiller. *Tübingen [1796]. 296:* Gewissenscrupel. // Gerne dien ich den Freunden, doch thu ich es leider mit Neigung, / Und so wurmt es mir oft, daß ich nicht tugendhaft bin. // Decisum. // Da ist kein anderer Rath, du mußt suchen, sie zu verachten, / Und mit Abscheu alsdann thun, wie die Pflicht dir gebeut.*; Schiller: Werke. Nationalausgabe. Bd 1. 357.*

130,35–131,4 *Siehe* Hegel: Phänomenologie des Geistes. *616;* GW *9. 358,32–36 und dort die Anm. zu 358,32–33. Im Text der* Phänomenologie *ist* *übrigens nicht, wie die Anführungszeichen suggerieren, von* psychologischen Kammerdienern, *sondern nur von schlichten* Kammerdienern *die Rede.*

131,26–132,3 *Nach dem Zeugnis der Nachschrift des Anonymus (Kiel) von 1821/22 sollen diese Bemerkungen vornehmlich auf August von Kotzebue gemünzt sein, vgl. GW 26,2. 672,20–23. – Eine Durchsicht von Kotzebues Theaterproduktion (vgl.* Theater von August v. Kotzebue. *[...] 50 Bde. Wien 1830–1833.) brachte kein Hegels Ausführungen nahe kommendes Ergebnis. Dagegen treffen diese Bemerkungen, insbesondere was die moralisierende Tendenz angeht, recht gut auf die frühen Dramen August Wilhelm Ifflands zu.*

132,19–22 *Siehe oben 130 f.*

133,1–5 *Zum beneficium competentiae vgl.* Heineccius: Elementa. *311 und auch* Thibaut: System des Pandekten-Rechts. *Bd 1. 77 (§ 106).*

134,16–17 fiat justitia ... mundus] Fiat iustitia, & pereat mundus *war die Devise (das Symbolum) Ferdinands I. (1503–1564), seit 1556 Kaiser, s.* LOCORVM COMMVNIVM COLLECTANEA: A IOANNE MANLIO PER MVLtos annos, tùm ex Lectionibus D. PHILIPPI MENLANCHTHONIS, tùm ex aliorum doctißimorum uirorum relationibus excerpta, & nuper in ordinem ab eodem redacta, tamquam postremum recognita. IN QVIBVS VARIA, NON SOLVM vetera, sed in primis recentia nostri temporis Exempla, Similitudines, Sententiæ, Consilia, Bellici apparatus, Stratagemata, Historiæ, Apologi, Allegoriæ, Sales, & id genus alia vtilissimma continentur: non solùm Theologis, Iurisperitis, Medicis, studiosis artium, verumetiam Rempublicam bene & feliciter administraturis, cognitu cumprimis necessaria. CVM PRÆFATIONE D. SIMOnis Sulceti, Acad. Basilien. Rectoris: & Rerum atque verborum Indice copioso. *Frankfurt am Main 1568. 418. – Der Satz wird auch angeführt in* Kant: Zum ewigen Frieden. *92;* Kant: Werke. *Bd 8. 378 und von Fichte, s.* Fichte: System der Sittenlehre. *484.;* Fichte: Gesamtausgabe. *Bd 5. 311.*

136,28–37 *Siehe dazu etwa* Allgemeines Landrecht. *1794. Bd 1. 4 f (Einleitung.);* Allgemeines Landrecht. *1806. Bd 1. 4 f.*

137,7–18 *Zur juristischen Bestimmung der Unzurechnungsfähigkeit (mangelnden Imputativität) in den von Hegel aufgeführten Fällen vgl. etwa* Abhandlung von der Criminal-Gesetzgebung. Eine von der ökonomischen Gesellschaft in Bern gekrönte Preisschrift des Herrn Hans Ernst von Globig, im Kurfürstl. Sächs. geheimen Cabinet, und Herrn Johann Georg Huster, Kurfürstl. Sächs. geheimen- und Finanz-Sekretarius in Dresden. *Zürich 1783. 116–118, 134–139;* Anfangsgründe des peinlichen Rechts vom geheimen Rath und Kanzler [Johann Christoph] Koch. *Jena und Leipzig 1790. 41 f (§ 37);* Lehrbuch des teutschen Criminalrechts von Christian Julius Ludwig Steltzer, Königl. Preuß. Prinzl. Justizrath und Justizamtmann, Königl. Justizcommussar Magdeburgschen Departements und beyder Rechte Doctor. *[...]. Halle*

1793. 53–55 (§§ 113–117), 57f (§§ 121–122); Kleinschrod: Systematische Entwickelung der Grundbegriffe und Grundwahrheiten des peinlichen Rechts. *T. 1. 168–194 (§§ 107–128);* Grundsäze der Gesezgebung über Verbrechen und Strafen eine der oekonomischen Gesellschaft in Bern zugeschikte, und von ihr des Druks würdig erkannte Abhandlung von D. Christian Gottlieb Gmelin, Herzogl. Würtembergischen Rath, und der Rechte ordentlichen öffentlichen Lehrer zu Tübingen. *Tübingen 1785. 13–16 (§ 8);* Quistorp: Grundsätze des deutschen Peinlichen Rechts. *T. 1. 41–54 (§§ 38–46);* Grolman: Grundsätze der Criminalrechtswissenschaft. *30f (§§ 70–71);* Grolman: Grundsätze der Criminalrechtswissenschaft. Dritte, verbesserte Auflage. *50–52 (§§ 53–54);* Tittmann: Handbuch der Strafrechtswissenschaft. *T. 1. 232–239 (§§ 95–96);* Feuerbach: Lehrbuch des gemeinen in Deutschland gültigen peinlichen Rechts. *87–89 (§ 88). – Der Verweis auf den § 120 ist an dieser Stelle entweder ein Versehen bzw. Druckfehler, und es müßte richtiger auf den § 127, in dem Hegel ausdrücklich auf das Notrecht eingeht, verwiesen werden, oder der Verweis auf den § 120 ist versehentlich falsch plaziert und müßte, da Hegel darin auf Fälle der Unzurechnungsfähigkeit eingeht, hier auf die Aufzählung von Tatbeständen der Unzurechnungsfähigkeit oder der Korrelation von Zurechnung und Strafe folgen. – Zum Begriff des Notrechts s.* Tittmann: Handbuch der Strafrechtswissenschaft. *T. 1. 241–245 (§ 98) (ausführlicher Zitatbeleg s. GW 14,3. 1139f).*

137,26–36 *Eine in dezidiert Wolffischer Begrifflichkeit formulierte Imputationstheorie ließ sich bislang noch nicht nachweisen; vgl. aber* Hufeland: Lehrsätze des Naturrechts. *322 (§ 607).*

138,6–11 *Siehe dazu die entsprechenden Ausführungen etwa bei Kant in* Kant: Critik der practischen Vernunft. *152;* Kant: Werke. *Bd 5. 85; ferner bei Fichte in* Fichte: Grundlage des Naturrechts. *T. 2. 114;* Fichte: Gesamtausgabe. *Bd 4. 69, sowie in* Fichte: System der Sittenlehre. *199, 251;* Fichte: Gesamtausgabe. *Bd 5. 144, 176; in* J. G. Fichte's d. Phil. Doctors und ordentlichen Professors zu Jena Appellation an das Publikum über die durch ein Kurf. Sächs. Confiscationsrescript ihm beigemessenen atheistischen Aeußerungen. Eine Schrift, die man erst zu lesen bittet, ehe man sie confiscirt. *Jena und Leipzig, Tübingen 1799. 26–50, insbesondere 28f;* Fichte: Gesamtausgabe. *Bd 5. [375]–453; 424–431, insbesondere 425, auch in* Fichte: Aus einem PrivatSchreiben (im Jänner 1800.) *In:* Philosophisches Journal einer Gesellschaft Teutscher Gelehrten. Herausgegeben von Johann Gottlieb Fichte und Friedrich Immanuel Niethammer der Philosophie Doctoren, und Professoren zu Jena. Neunten Bandes Viertes Heft. *Jena und Leipzig 1798 [= Bd 4. Jena und Leipzig 1800]. [358]–390, 381;* Fichte: Gesamtausgabe. *Bd 6. 369–389, 382 (ausführliche Zitatbelege s. GW 14,3. 1140f).*

139,1–10 *Siehe* Kant: Grundlegung. *73f, 87f, 95;* Kant: Werk. *Bd 4. 433, 440, 444. Siehe ferner* Kant: Critik der practischen Vernunft. *58f (§ 8) sowie 74* *und 156;* Kant: Werke. *Bd 5. 33, 43, 87. – Zur* Rednerei von der Pflicht um der Pflicht willen *s. die Anm. zu 138,6–11.*

139,23–27 *Siehe* Kant: Rechtslehre. *XXV–XXVII, insbesondere XXV und XXVIf (Zitatbelege s. GW 14,3. 1141f);* Kant: Werke. *Bd 6. 225f; 225, 225f.*

140,9–10 *Siehe* Hegel: Phänomenologie des Geistes. *550–564 (VI. Der Geist. C. Der seiner selbst gewiße Geist. Die Moralität a. Die moralische Weltanschauung.); GW 9. 324–332, und s.* Hegel: Encyklopädie. *266–268 (§§ 420–426); GW 13. 230f.*

145,26–32 *Siehe* Pascal: Les Provinciales. *Bd 1. 124 (*QUATRIEME LETTRE Ecrite à un Provincial par un de ses Amis. De la grace actuelle toujours presente, & des pechez d'ignorance. *119–133): Point de ces pecheurs à demi, qui ont quelque amour pour la vertu. Ils seront tous dannez [sic] ces demi-pecheurs. Mais pour ces francs pecheurs, pecheurs endurcis, pecheurs sans mélange, pleins & achevez, l'enfer ne les tient pas. Ils ont trompé le diable à force de s'y abandonner.*

145,32.146,1–8 *In den vier ersten und den beiden letzten Briefen bezieht Pascal sich auf Probleme der Gnaden- und Freiheitslehre, insbesondere auf gnadentheologische Differenzen zwischen Jesuiten und Jansenisten, und in der zweiten* Lettre *geht er speziell auf die jesuitische Unterscheidung von ›grace suffisante‹ und ›grace efficace‹ ein. Zu den handlungstheoretischen Implikationen der Differenzierung s.* Pascal: Les Provinciales. *Bd 1. 91f (*SECONDE LETTRE Ecrite à un Provincial par un des ses Amis. De la grace suffisante. *90–101. Vgl. noch* Pascal: Les Provinciales. *Bd 3. 308–332 (*DIALOGUE DE GUILLAUME WENDROCK, Pour servir d'éclaircissement à la dix-huitiéme Lettre. *[rechter Kolumnentitel:]* De la grace efficace.*) (ausführliche Zitatbelege s. GW 14,3. 1142f).*

145,33–36.146,24 *Siehe* Pascal: Les Provinciales. *Bd 1. 127:* Ne suffit-il pas de voir par l'Evangile, que ceux qui crucifioient JESUS-CHRIST avoient besoin du pardon qu'il demandoit peur eux, quoi qu'ils ne connussent point la malice de leur action : & qu'ils ne l'eussent jamais faite, selon saint Paul, s'ils en eussent eu la connoissance ? *Zu den biblischen Bezügen s. Lk 23, 34 und 1Kor 2, 8.*

146,24–34 *In der Diskussion über den Begriff der ›grace actuelle‹ (s.* Pascal: Les Provinciales. *Bd 1. 120:* Nous *[sc. die Jesuiten; es spricht der – fiktive – Gesprächsteilnehmer le bon Pere]* appellons grace actuelle, une inspiration de Dieu par laquelle il nous fait connoître sa volonté, & par laquelle il nous excite à la vouloir accomplir.*) und seine Explikation (ebenda 120f:* Nous soutenons donc comme un principe indubitable, qu'une action ne peut être imputée à peché, si Dieu ne nous donne avant que de la | commettre, la connoissance du mal qui y est, & une inspiration qui nous excite à l'eviter ; m'entendez-vous maintenant ?) zieht der bon Pere zur Verteidigung seiner Position ein Aristoteleszitat aus dem Buch des P. Bauny (Étienne Bauny: Somme des péchés qui se commettent en tous états, de leurs conditions et qualités, en quelles occurrences ils sont mortels ou véniels, et de quelle façon le confesseur doit interroger son pénitent. Paris 1630.) heran, das Pascal anschließend in den Gesamtkontext der Darlegungen des Aristoteles stellt, s. ebenda 130–132. Pascal bezieht sich auf Aristoteles: Ethica Nicomachea. Γ 2, 14–17 (1110b24–1111a15); Hegel übersetzt 1110b28–32 (ausführliche Zitatbelege s. GW 14,3. 1143f).

146,34–37 *Die Polemik gilt wohl vornehmlich Fries, vgl. die Anm. zu 12,16–21.*

147,16–21 *Die Briefe V bis XVI der* Provinciales *enthalten Pascals Auseinandersetzung mit moraltheologischen Ansichten bzw. moralcasuistischen Argumentationsweisen der Jesuiten; die fünfte* Lettre *insbesondere ist der Lehre von der Probabilité gewidmet, s.* Pascal: Les Provinciales. Bd 1. 165–179 (CINQUIE'ME LETTRE. Ecrite à un Provincial par un de ses Amis. Dessein des Jesuites en établissant une nouvelle Morale. Deux sortes de Casuistes parmi eux : beaucoup de relâchez, & quelques-uns de severes : raison de cette difference. Explication de la doctrine de la Probabilité. Foule d'Auteurs modernes & inconnus mis à la place des SS. Peres.). *Vgl. auch 179–346 die* Note premiere sur la Cinquieme Lettre, ou Dissertation theologique sur la probabilité *aus der Feder von Pierre Nicole, die fast die Hälfte des Bandes einnimmt.*

148,14 Révérend Père] *Zu ergänzen ist* Jesuite, *vgl. den vollständigen Titel von* Pascal: Les Provinciales.

150,37–151,2 *Siehe Ex 20,13, Dtn 5,17.*

151,30–34 *Hier dürfte sich Hegel wiederum auf Fries beziehen, vgl. die Anm. zu 12,16–21.*

152,35–36.153,27–36 *Siehe* I. Briefe über die Religions-Veränderung des Grafen F. L. zu Stollberg. In: Brennus. Eine Zeitschrift für das nördliche Deutschland. August 1802. Berlin 1802. [111]–123 *(2. F. H. Jacobi an den Grafen Holmer. Eutin, den 5ten August 1800. 116–121), 118:* Daß er sich vollkommen überzeugt fühle, daran zweifele ich nicht im mindesten. Aber wie viele Menschen beginnen nicht aus einer solchen gefühlten Ueberzeugung die ärgsten Frevel? Also, wenn dieser Grund überall entschuldigen mag, so giebt es kein vernünftiges Urtheil mehr über gute und böse, ehrwürdige und verächtliche Entschließungen; der Wahn hat dann gleiche Rechte mit der Vernunft, oder die Vernunft hat dann überhaupt keine Rechte, kein gültiges Ansehen mehr; ihre Stimme ist ein Unding; wer nur nicht zweifelt, der ist in der Wahrheit! / Mir schaudert vor den Folgen einer solchen Toleranz, die eine ausschließende, zum Vortheil der Unvernunft wäre.

153,1–3 *Siehe oben 145f.*

153,10–11 *nicht in … fodert*] Möglicherweise denkt Hegel hier an Joh 14, 6.
155,22–156,1 *Siehe etwa* Platon: Politeia. A 5–B 10. 331c–369a (Platon. Bd 2. 331 C–369 A; Platon. Ed. Bipontina. Bd 6. 154–230).
156,7–13 *Zu Friedrich Schlegels Ironiebegriff s.* Kritische Fragmente. Von Friedrich Schlegel. In: Lyceum der schönen Künste. Ersten Bandes, zweiter Theil. *Berlin 1797. 133–169; 134, 143f, 146 [als 149 fehlpaginiert], 161f;* Kritische-Friedrich-Schlegel-Ausgabe herausgegeben von Ernst Behler unter Mitwirkung von Jean-Jacques Anstett und Hans Eichner. Zweiter Band. Erste Abteilung. Kritische Neuausgabe. Friedrich Schlegel Charakteristiken und Kritiken I (1796–1801). Herausgegeben und eingeleitet von Hans Eichner. *München · Paderborn · Wien 1967. [147]–163; [147]f (Nr 7), 152 (Nr 42), 153 (Nr 48), 160 (Nr 108); ferner* Fragmente. In: Athenaeum. Eine Zeitschrift von August Wilhelm Schlegel und Friedrich Schlegel. Ersten Bandes Zweytes Stück. *Berlin 1798. [3]–146; 14f, 31f, 70, 83f, 140; ebenda [165]–255; 172 (Nr 51), 184f (Nr 121), 208 (Nr 253), 217 (Nr 305), 252 (Nr 431) und* Ideen. [Von Fr. Schlegel.] In: Athenaeum. Eine Zeitschrift von August Wilhelm Schlegel und Friedrich Schlegel. Dritten Bandes Erstes Stück. *Berlin 1800. 4–33; 16; ebenda [156]–272; 263 (Nr 69).*
156,14–18 *Siehe* [Karl Wilhelm Ferdinand] Solger: Art. V. Ueber dramatische Kunst und Literatur, Vorlesungen von August Wilhelm Schlegel. Heidelberg bey Mohr und Zimmer. I. Theil 1809. XII und 378 S. II. Theil, Erste Abtheilung 1809, 300 S., zweyte Abtheilung 1811, VIII und 429 S. 8. *[Rez.]* In: Jahrbücher der Literatur. Siebenter Band. 1819. Herausgegeben von Matthäus v. Collin. July. August. September. *Wien 1819. 80–155. Hegel besaß einen Sonderdruck dieser Rezension: KHB 1047. (Mit leicht abweichender Orthographie wieder abgedruckt unter dem Titel* Beurtheilung der Vorlesungen über dramatische Kunst und Literatur. in: Solger's nachgelassene Schriften und Briefwechsel. Herausgegeben von Ludwig Tieck und Friedrich von Raumer. *2 Bde. Leipzig 1826. (KHB 354–355) Bd 2. [493]–628.)*
156,18–24 *Siehe ebenda 92:* Die wahre Ironie geht von dem Gesichtspunkte aus, daß der Mensch, so lange er in dieser gegenwärtigen Welt lebt, seine Bestimmung, auch im höchsten Sinne des Worts, nur in dieser Welt erfüllen kann. Jenes Streben nach dem Unendlichen führt ihn auch gar nicht wirklich, wie der Verfasser *[sc. Schlegel]* meint, über dieses Leben hinaus, sondern nur in das Unbestimmte und Leere, indem es ja, wie er selbst gesteht, blos durch das Gefühl der irdischen Schranken erregt wird, auf die wir doch Ein für allemal angewiesen sind. Alles, womit wir rein über endliche Zwecke hinauszugehen glauben, ist eitle und leere Einbildung. Auch das Höchste ist für unsere Handeln nur in begrenzter endlicher Gestaltung da. *(Solger's nachgelassene Schriften und Briefwechsel. Bd 2. 514f.)*
156,31–38 *Siehe ebenda 92f (in unmittelbarem Anschluß an das vorangehende*

Zitat): Und eben deßwegen ist es an uns so nichtig wie das Geringste, und geht nothwendig mit uns und unsrem nichtigen Sinne unter, denn in Wahrheit ist es nur da in Gott, und in diesem Untergange verklärt es sich als ein Göttliches, an welchem wir weder als endliche Wesen, noch als solche, die mit ihren Gedanken über das | Endliche scheinbar hinausschweifen können, Theil haben würden, wenn es nicht eine unmittelbare Gegenwart dieses Göttlichen gäbe, die sich eben in dem Verschwinden unserer Wirklichkeit offenbart; die Stimmung aber, welcher dieses unmittelbar in den menschlichen Begebenheiten selbst einleuchtet, ist die tragische Ironie. *(Solger's nachgelassene Schriften und Briefwechsel. Bd 2. 515.)*

157,13–16 *Siehe ebenda 91:* Wir sehen die Helden irre werden an dem Edelsten und Schönsten in ihren Gesinnungen und Gefühlen, nicht blos in Rücksicht des Erfolgs, sondern auch ihrer Quelle und ihres Werthes, ja wir erheben uns an dem Untergange des Besten selbst, und nicht blos, indem wir uns daraus in eine unendliche Hoffnung flüchten. *(Solger's nachgelassene Schriften und Briefwechsel. Bd 2. 513.)*

157,17–21 *Hegel hat hier den Grafen Hugo von Oerindur aus dem sehr erfolgreichen Stück* Die Schuld. Trauerspiel in vier Akten von Adolph Müllner. Zuerst aufgeführt in Wien auf dem Theater nächst der Burg am 27. April 1813. *Leipzig 1816. vor Augen, der einen Mord aus Eifersucht begangen hat. Der Plot des Stückes besteht nun im wesentlichen darin, die ungeheuer komplexen Figurenkonstellationen und die psychologischen Entwicklungen der Protagonisten zur Darstellung zu bringen. (Für detailliertere Angaben zum Stück s. GW 14,3. 1146 f.)*

157,29–32 *Siehe* Hegel: Phänomenologie des Geistes. *403–421 (VI. Der Geist. A. Der wahre Geist, die Sittlichkeit. b. Die sittliche Handlung, das menschliche und göttliche Wissen, die Schuld und das Schicksal.) und 683–693; GW 9. 251–260 und 392–397.*

158,17–26 *Der in der Literatur (gleich welchen Niveaus) der zweiten Hälfte des 18. Jh.s geläufige Begriff, der zum Ende des Jh.s hin schon nicht mehr uneingeschränkt positiv aufgefaßt wird (vgl. die* Bekenntnisse einer schönen Seele *im sechsten Buch von* Wilhelm Meisters Lehrjahre. Ein Roman. Herausgegeben von Goethe. 4 Bde. Berlin 1795. Bd 3. [207]–371; Goethe: Werke. Abt. I. Bd 22. 259–356 *und* Friedrich Schlegel: Über Goethe's Meister. In: Athenaeum. Eine Zeitschrift von August Wilhelm Schlegel und Friedrich Schlegel. Ersten Bandes Zweytes Stück. *Berlin 1798. [145]–178, insbesondere 171 f;* Kritische-Friedrich-Schlegel-Ausgabe herausgegeben von Ernst Behler unter Mitwirkung von Jean-Jacques Anstett und Hans Eichner. Zweiter Band. Erste Abteilung. Kritische Neuausgabe. Friedrich Schlegel Charakteristiken und Kritiken I (1796–1801). Herausgegeben und eingeleitet von Hans Eichner. *München · Paderborn · Wien 1967. [126]–146, 141 f), wird auch von Hegel schon früh ironisiert angewendet (vgl.* Einleitung. Ueber das Wesen der philosophischen Kritik überhaupt, und ihr Verhältniß zum gegenwärtigen Zustand der Philosophie insbesondere. *In:* Kritisches Journal der Philosophie herausgegeben von Fr. Wilh. Joseph Schelling und Ge. Wilhelm Fr. Hegel. Ersten Bandes erstes Stück. *Tübingen 1802. [III]–XXIV, VIIf; GW 4. 119). Als literarische Beispiele dürfte Hegel hier vor allem Rousseau, Goethe (s. oben) und Jacobi vor Augen haben, s.* Julie, ou la Nouvelle Heloïse. *[...] Bd 1–6.* Lettres de deux amans, Habitans d'une petite Ville au pied des Alpes. Recueillies et publiées Par J. J. Rousseau. *[...] T. 1–6. [...] Amsterdam 1761. Bd 1. 80* (LETTRE XIII. De Julie.*), 338 (*LETTRE LVIII. De Julie à Milord Edouard.*), Bd 2. 12 (*LETTRE II. De Milord Edouard à Claire.*), Bd 4. 144f (*LETTRE XII. De Madame de Wolmar à Madame d'Orbe.*);* Rousseau: Œuvres complètes. *Bd 3. 62, 161, 193, 495f und* [Jacobi:] Woldemar. Erster Theil. Zweyter Theil. Neue verbesserte Ausgabe. *Königsberg 1796. (KHB 176) T. 1. 14, T. 2. 48, 86, 168, 221;* Jacobi: Werke. Gesamtausgabe. *Bd 7,1. 216, 360, 376, 41, 434. – Hegel bezieht sich hier näherhin auf* Hegel: Phänomenologie des Geistes. *605–610 und insgesamt auf 581–624 (*VI. Der Geist. C. Der seiner selbst gewiße Geist. Die Moralität. c. Das Gewissen, die schöne Seele, das Böse und seine Verzeyhung.*); GW 9. 353–355 und 340–362. – In der* Phänomenologie *führt der Übergang von der Moralität über das Verzeihen des Bösen in die Religion; in den* Grundlinien *folgt auf die Darstellung der Formen des moralisch Bösen der Übergang in die Sittlichkeit.*

162,11–15 Siehe Sophokles: Antigone. *450–457;* Sophokles: Tragoediae. *206;* Sophokles: Tragoediae (ed. Brunck). *Bd 2. 24:* οὐ γὰρ τί μοι Ζεὺς ἦν ὁ κηρύξας τάδε, / οὐδ᾽ ἡ ξύνοικος τῶν κάτω θεῶν Δίκη, / οἳ τούσδ᾽ ἐν ἀνθρώποισιν ὥρισαν νόμους. / οὐδὲ σθένειν τοσοῦτον ᾠόμην τὰ σὰ / κηρύγμαθ᾽, ὥστ᾽ ἄγραπτα κἀσφαλῆ θεῶν / νόμιμα δύνασθαι θνητὸν ὄνθ᾽ ὑπερδραμεῖν. / οὐ γάρ τι νῦν γε κἀχθές, ἀλλ᾽ ἀεί ποτε / ζῇ ταῦτα, κοὐδεὶς οἶδεν, ἐξ ὅτου φάνη.*;* Sophokles: Dramen. Griechisch und deutsch. Hrsg. und übersetzt von Wilhelm Willige, überarbeitet von Karl Bayer. Mit Anmerkungen und einem Nachwort von Bernhard Zimmermann. *München und Zürich 1985. 223:* Es war ja Zeus nicht, der es mir verkündet hat, / noch hat die Gottheit, die den Toten Recht erteilt, / je für die Menschen solche Satzungen bestimmt. / Auch glaubte ich, so viel vermöchte kein Befehl / von dir, um ungeschriebne, ewige, göttliche / Gesetze zu überrennen als ein Sterblicher. / Denn nicht von heut und gestern, sondern immerdar / bestehn sie: niemand weiß, woher sie kommen sind.

165,32–33 wie denn ... haben.] *Dabei ist wohl zunächst zu denken an die durch Xenophon überlieferte Fabel des Prodikos über die Wahl des Herakles, oder Herakles am Scheideweg, s.* Xenophon: Memorabilia. *II, 1, 21–34. Weiterhin ist weniger bei den griechischen Tragikern etwa als vielmehr bei Seneca (und Pseudo Seneca) häufig die Rede von der Tugend (virtus) des Hercules, vgl.* Seneca: Hercules furens.

und [Seneca:] Hercules Oetaeus. – *Vgl. die Überlieferung speziell unter dem Tugendaspekt zusammenfassend:* Ueber den Mythos des Herakles. Eine Vorlesung gehalten den 25. Januar 1810 an der Gedächtnis-Feier Friedrich des Zweiten in der Königl. Akademie der Wissenschaften von Philipp Buttmann. *Berlin 1810. (KHB 753). Für Buttmann ist der Herakles-Mythos nicht die Heroisierung einer (wie immer zu konkretisierenden) historischen Persönlichkeit, sondern eine rein poetische Erfindung, die ins Übermenschliche gesteigerte Darstellung eines Ideals des vollkommenen Menschen ohne realhistorischen Hintergrund, s. ebenda 7f, 41f.*

166,8–12 *Siehe* Aristoteles: Ethica Nicomachea. *B 9 (1109a20–1109b26);* Aristoteles. *Bd 2. fol. 7ʳ.*

167,28–31 *Vgl.* Diogenes Laërtios. *530b (VIII, 1, 16):* ἔνθα καὶ Ξενόφιλον τὸν Πυθαγορικὸν, ἐρωτηθέντα, πῶς ἂν μάλιστα τὸν υἱὸν παιδεύσειεν, εἰπεῖν, εἰ πόλεως εὐνομουμένης γενηθείη. *Vgl.* Diogenes Laertius: Leben und Meinungen berühmter Philosophen. Buch I–X. *Hamburg 1967.* (Philosophische Bibliothek Band 53/54. Zweite Auflage 1967. Aus dem Griechischen übersetzt von Otto Apelt. Unter Mitarbeit von Hans Günter Zekl neu herausgegeben sowie mit Vorwort, Einleitung und neuen Anmerkungen zu Text und Übersetzung versehen von Klaus Reich.) *[Bd 2]. 118: [...] der Pythagoreer Xenophilos habe auf die Frage eines Vaters, wie er seinen Sohn am besten erziehen könne, geantwortet: wenn er Mitglied eines musterhaft verwalteten Gemeinwesens würde.*

171,4–8 *Siehe* Hegel: Encyklopädie. *116f (§§ 167–168) und 197f (§§ 288–291); GW 13. 102f (§§ 168–169) und 169f (§§ 289–292).*

172,35–173,2 *Siehe* Hegel: Encyclopädie. *70f; GW 13. 65 (§ 97).*

173,29–34 *Vgl. auch* Allgemeines Landrecht. *1794. Bd 3. [3] (T. II. Titel I. Von der Ehe. § 2): Auch zur wechselseitigen Unterstützung allein kann eine gültige Ehe geschlossen werden.;* Allgemeines Landrecht. *1806. Bd 3. [3].*

175,5–9 *Direkte Anspielung bzw. Bezug auf* Lucinde. Ein Roman von Friedrich Schlegel. Erster Theil. *Berlin 1799. Dort findet sich die* Allegorie von der Frechheit. *40–59;* Kritische Friedrich-Schlegel-Ausgabe herausgegeben von Ernst Behler unter Mitwirkung von Jean-Jacques Anstett und Hans Eichner. Fünfter Band. Erste Abteilung. Kritische Neuausgabe. Friedrich Schlegel Dichtungen. Herausgegeben und eingeleitet von Hans Eichner. *München · Paderborn · Wien 1962. 16–25.*

176,4–15 *Siehe die Anm. zu 162,11–15. – Siehe ferner* Hegel: Phänomenologie des Geistes. *383–403 (VI. Der Geist. A. Der wahre Geist, die Sittlichkeit. a. Die sittliche Welt, das menschliche und göttliche Gesetz, der Mann und das Weib.) und 417–420 (b. Die sittliche Handlung, das menschliche und göttliche Wissen, die Schuld und das Schicksal. 403–421); GW 9. 241–251 und 258–260.*

176,27–29 die Stiftung ... aufgeführt.] *Vermutlich denkt Hegel hierbei vor* *allem an die mythischen Erzählungen von Kekrops, dem legendären ersten König Athens, dem die Stiftung einer ganzen Reihe zivilisatorischer Errungenschaften zugeschrieben wurde.*

177,14–23 *Siehe dazu beispielsweise* Hufeland: Lehrsätze des Naturrechts. *183–189; ferner* Grundriß des Naturrechts, für Vorlesungen von Carl Christian Erhard Schmid, Prof. der Philos. zu Iena. *Iena und Leipzig 1797. 111–113 und vgl. noch* Lehrbegriff des Vernunftrechts und der Gesetzgebung von J[ohann] C[hristian] C[hristoph] Rüdiger'n. *[...] Halle 1798. 151–157.* – *Zu Kants Ehekonzeption s. die Anm. zu 93,20–23, zu der Fichtes vgl.* Fichte: Grundlage des Naturrechts. T. 2. *[158]–177 (*Grundriß des Familienrechts (als erster Anhang des Naturrechts.) Erster Abschnitt. Deduktion der Ehe.*), insbesondere 174 (§ 8) und 176 (§ 9);* Fichte: Gesamtausgabe. Bd 4. *95–106, 104–106. – Zur Begründung der Monogamie auf die Bevölkerungsstatistik s.* Q. E. B. V. Dissertatio theologica, de Polygamia simultanea illegitima, inprimis etiam ex numero hominum utriusqve sexus in tellure fere aequali, quam sub umbone viri summe reverandi, excellentissimi, amplissimi, doctissimi Sigism. Iac. Baumgarten, S. S. Theol. Doct. eiusdemque Prof. Publ. Ord. Praeceptoris ac Patroni sui aeternum devenerandi, d. Sept. MDCCXXXIX. Eruditorum examini publice subiiciet auctor Beniamin Christophorus Hermann, Grünebergensis Meso-March. *Halle [1739]. 13–28. Dagegen macht Praetorius (vgl.* Dissertatio inauguralis dubia quædam circa argumenti ex arithmetica politica petiti contra polygamiam adhibiti fidem continens. Quam Amplissimi Philosophorum Ordinis in Academia Vitebergensi consensu et auctoritate pro obtinendo gradu Doctoris philosophiae et Liberalium artium Magistri placido ac indulgenti eruditorum examini submittit auctor Carolus Gotthelf Praetorius Regiae civitatis Thorunensis ab secretis, Societatum Oeconomicae Lipsiensis, Physico-Oeconomicae Heidelbergensis ac Teutonicae Regiomontanae membrum. *Thorn 1790.) geltend, daß im Zuge einer derartigen Argumentation einerseits darauf zu achten sei, wie sich die Zahlenverhältnisse unter Berücksichtigung des geschlechtsspezifischen Heiratsalters und der durch Beruf (Soldaten, Kleriker) und besondere Lebensumstände (Nonnen) von einer Heirat Ausgeschlossenen darstellten, andererseits gibt er zu bedenken, daß gerade von Völkern mit institutionalisierter Polygamie (Osmanisches Reich etwa) keine verläßlichen statistischen Angaben vorlägen. – Mit den dunkle[n] Gefühle[n] spielt Hegel an auf den ›horror naturalis‹, den natürlichen Abscheu vor dem Inzest; s. dazu auch* Michaelis: Mosaisches Recht. T. 2. *223–226 (§ 104) (ausführliche Zitatbelege s.* GW 14,3. *1149–1153).*

178,12–14 *Siehe die Anm. zu 176,27–29.*

180,17–18 *Vgl.* Allgemeines Landrecht. 1794. *Bd 3. 149 (T. II. Titel II. Abschnitt II* Von den Rechten und Pflichten der Aeltern und der aus einer Ehe zur rechten Hand erzeugten Kinder, so lange die letzeren unter väterlicher Gewalt stehen. *§§ 64–69);* Allgemeines Landrecht. 1806. *Bd 3. 149f.*

180,18–21 *Vgl.* Allgemeines Landrecht. 1794. *Bd 3. 156 (T. II. Titel II. Abschnitt II. §§ 121–123);* Allgemeines Landrecht. 1806. *Bd 3. 156.*

180,21–23 *Vgl.* Allgemeines Landrecht. 1794. *Bd 3. 151 (T. II. Titel II. Abschnitt II. § 86);* Allgemeines Landrecht. 1806. *Bd 3. 152.*

181,15–20 *Zur patria potestas, auf die Hegel sich hier bezieht, s.* Heineccius: Syntagma. *136–144 (Lib. I. TIT. IX. DE PATRIA POTESTATE. 136–145); vgl. auch* Heineccius: Elementa. *33–36 (§§ 133–144) und s. noch* Heineccius: Elementa. *51f (Lib. I. TIT. XII. QVIBVS MODIS IVS PATRIÆ POTESTATIS SOLVITVR.) (ausführliche Zitatbelege s. GW 14,3. 1154f).*

181,24–28 *Hegels Kritik zielt auf die Pädagogik des Philanthropi(ni)smus, in der besonderer Wert auf das Spiel und das spielerische Lernen gelegt wurde. Grundlegend dafür war Basedows Höherbewertung des Erwerbs praktischer Kenntnisse in Erziehung und Unterricht gegenüber der theoretisch-mechanischen Wissensaneignung; vgl. etwa* Zur Elementarischen Bibliothek. Das Methodenbuch für Väter und Mütter der Familien und Völker. Von Johann Bernhard Basedow, P. P. in Altona. *Altona [1770]. 199–240. – Eine frühe Darstellung der Lernspiele bietet* [Ulysses von Salis:] Philanthropinischer Erziehungsplan oder vollständige Nachricht von dem ersten wirklichen Philanthropin zu Marschlins. *Frankfurt am Mayn 1776. [313]–372 (XII. Von allen Arten philanthropinischer Spiele.). – Vgl. auch das nachdrückliche Plädoyer für das spielende Lernen in* Vom Unterricht überhaupt. Zweck und Gegenstände desselben für verschiedene Stände. Ob und wie fern man ihn zu erleichtern und angenehm zu machen suchen dürfe? Allgemeine Methoden und Grundsätze. von [Ernst Christian] Trapp. *In:* Allgemeine Revision des gesammten Schul- und Erziehungswesens von einer Gesellschaft praktischer Erzieher. Achter Theil. Herausgegeben von J[oachim] H[einrich] Campe Hochfürstl. Braunschweig-Lüneburgischen und Anhalt-Dessauischen Schul- und Erziehungsrath, Mitglied der Erziehungsgesellschaft in Stockholm. *Wien und Wolfenbüttel 1787. [1]–210; 102–141.*

182,5–15 *Vgl.* Allgemeines Landrecht. 1794. *Bd 3. 87–91 (T. II. Titel I. Abschnitt VIII.* Von der Trennung der Ehe durch richterlichen Ausspruch. *§§ 699–730);* Allgemeines Landrecht. 1806. *Bd 3. 89–93.*

183,7–15 *Hegel bezieht sich hier auf Fichte, bei dem dieser Einfall aber weder im behaupteten Umfang vorkommt noch ihm ursprünglich zugehört; vielmehr handelt es sich um naturrechtliche Annahmen, die Fichte als Voraussetzung seiner Argumentation referiert: Fichte erörtert das Problem, wie es noch zu Eigentumserwerb kommen könne und wer dessen Garant sei, wenn alles bereits in Besitz genommen worden ist, s.* Fichte: Beitrag. *145–148;* Fichte: Gesamtausgabe. *Bd 1. 273f. Fichte bezieht sich hier auf Hegel wohl bekannte (naturrechtliche) Ansichten, wie etwa von Rehberg, s.* Rehberg: Untersuchungen über die Französische Revolution. *T. 1. 59 und von Schmalz, der aus der Miteigentümerschaft der Kinder die natürliche Erbfolge ab-*

leitet, s. Schmalz: Naturrecht. *47–49, ausdrücklich formuliert in* Schmalz: Handbuch der Rechtsphilosophie. *123–124. – Abicht weist diese Theorie des Miteigentümerrechts am Erbe zurück, vgl.* Neues System eines aus der Menschheit entwikelten Naturrechts von Johann Heinrich Abicht Doktor, und Professor der Philosophie an der Universität zu Erlangen. *Bayreuth 1792. 308 f (§ 201). – Vgl. vor allem auch* Hufeland: Lehrsätze des Naturrechts. *170 (§ 329). – An anderer Stelle steht der Bezug auf den* erste*[n]* Besitznehmer *im Kontext einer gewissermaßen lebensweltlichen Verankerung des Erbrechts, s.* Fichte: Grundlage des Naturrechts. *T. 2. 92 f;* Fichte: Gesamtausgabe. *Bd 4. 57 (ausführliche Zitatbelege s.* GW *14,3. 1156–1159). (Zum Eigentumsvertrag vgl.* Fichte: Grundlage des Naturrechts. *T. 2. 7 f;* Fichte: Gesamtausgabe. *Bd 4. 9.)*

184,11–16 *Zum bereits in den Zwölf Tafeln festgesetzten* Recht zu testiren *vgl.* Rhetorica ad Herennium. *I, 23 und* Cicero: De inventione. *II, 148; ferner* Corpus Iuris Civilis Romani. *[T. 1.] 28b; 1009a; [T. 2.] 760b.*

184,26–185,5 *Zum dreimaligen Verkauf des Sohnes s. die Anm. zu 181,15–20. – Zur Rechtsstellung des Sohnes s.* Thibaut: System des Pandekten-Rechts. *Bd 1. 259 f. – Zum peculium castrense s.* Heineccius: Elementa. *128–130; vgl. auch* Thibaut: System des Pandekten-Rechts. *Bd 1. 261–266. – Bezüglich der Erbansprüche des emanzipierten Sohnes s.* Heineccius: Elementa. *161 f (ausführliche Zitatbelege s.* GW *14,3. 1159–1162).*

185,5–13 *Hinsichtlich der Modi und der rechtlichen Folgen der Eheschließung s.* Heineccius: Syntagma. *146–156 (Lib. I. TIT. X. DE NVPTIIS. 145–159) (ausführliche Zitatbelege s.* GW *14,3. 1162–1164).*

185,13–23 *Die von Hegel angeführte Unterscheidung bezieht sich einerseits auf die prätorische Erbrechtsregelung (bonorum possessio) und andererseits auf den Güterbesitz (possessio bonorum) infolge prätorischer Beschlagnahme und Besitzeinweisung des Gläubigers (missio in bona) im Zuge eines Vermögensvollstreckungsverfahrens. Zum Wortgebrauch vgl.* Corpus Iuris Civilis Romani. *[T. 1.] 175a, 430a–b, 811b. – Zur prätorischen Rechtsfiktion s. die Anm. zu 36,19–28.*

185,26–29 *Zum Recht der Willkühr im Testamentmachen s. die Anm. zu 184,11–16. – Hinsichtlich Lukians bezieht Hegel sich wohl auf die fiktive Gerichtsrede* Ἀποκηρυττόμενος *(Abdicatus), s.* ΛΟΥΚΙΑΝΟΣ. Luciani Samosatensis Opera graece et latine ad editionem Tiberii Hemsterhusii et Ioannis Frederici Reitzii accurate expressa cum varietate lectionis et annotationibus studiis Societatis Bipontinae. *10 Bde. Zweibrücken 1789–1793. (9 Bde: KHB 567–575) Bd 5. [1]–37; vgl.* Lucians von Samosata Sämtliche Werke. Aus dem Griechischen übersetzt und mit Anmerkungen und Erläuterungen versehen von C[hristoph] M[artin] Wieland. *T. 1–6. Leipzig 1788–1789. T. 6. 267–302 (*Der enterbte Sohn. Eine Redeübung.*).*

185,37–186,3 *Siehe vor allem* Cicero: De officiis. *I. – Der sechzigjährige Cicero hatte sich nach dreißig Jahren Ehe 47/46 v. Chr. von seiner Gattin Terentia* *scheiden lassen und im Dezember 46 sein fünfzehnjähriges reiches Mündel Publilia geheiratet. Die Ehe dauerte nur sechs Monate bis zum Tode der geliebten Tochter Tullia. Über Ciceros Verhalten und seine möglichen Motive informiert* Plutarch: Vitae parallelae. Cicero. *41, 1–8.*

186,8–29 *Siehe hierzu ausführlich* Runde: Grundsätze des gemeinen deutschen Privatrechts. *648–653; vgl. auch* Schmalz: Lehrbuch des teutschen Privatrechts. *105–109 (§§ 214–222), 117f (§§ 237–238). – Zum Geschichtlichen vgl.* Deutsche Staats- und Rechtsgeschichte. Von Karl Friedrich Eichhorn. Dritter Theil. Zur ersten und zweiten Auflage gehörig. *Göttingen 1819. 395f. – Zum römischen Begriff des fideikommissarischen Erbes s.* Heineccius: Elementa. *179–181; vgl. auch die ausführliche Darstellung in* Thibaut: System des Pandekten-Rechts. *Bd 2. 185–194 (§§ 769–779). – Zur Rechtslage in Preußen vgl. die eingehenden Regelungen in* Allgemeines Landrecht. *1794. Bd 3. 248–273 (T. II. Titel IV. Abschnitte III–V. §§ 47–226);* Allgemeines Landrecht. *1806. Bd 3. 251–275 (ausführliche Zitatbelege s. GW 14,3. 1165–1167).*

187,15–19 *Siehe* Hegel: Encyklopädie. *50–58 (§§ 64–74) und 61f (§§ 81–83); GW 13. 49–55 (§§ 63–73) und 58f (§§ 80–82).*

189,33–190,8 *Vgl.* Platon: Politeia. *Γ 416d–417b (*Platon. *Bd 2. 416 D–417 B;* Platon. Ed. Bipontina. *Bd 6. 322–324) (Privateigentum); E 464a–e (*Platon. *Bd 2. 464 A–E;* Platon. Ed. Bipontina. *Bd 7. 33f) (Privateigentum, Frauengemeinschaft); E 449a–466d (*Platon. *Bd 2. 449 A–466 D;* Platon. Ed. Bipontina. *Bd 7. 2–38) (Frauen- und Kindergemeinschaft); zur Wahl des Standes s. unten die Anm. zu 203,29–31.*

191,2–3 *Zur Unterscheidung von Privatperson und Staatsbürger vgl. etwa* Denis Diderot, Jean Le Rond d'Alembert: Encyclopédie, ou Dictionnaire raisonné des sciences, des arts et des métiers, par une société de gens de lettres. Tome seconde. *Paris 1741. 370 s.v.* BOURGEOIS, CITOYEN, HABITANT *sowie* Diderot, d'Alembert: Encyclopédie [...]. Tome troisieme. *Paris 1753. 488f s.v.* CITOYEN. *und s. auch* Rousseau: Du Contract social. *30f Fußnote (LIVRE I. CHAPITRE VI. Du pacte Social. 26–31);* Rousseau: Œuvres complètes. *Bd 3. 361f.*

194,2 *Die Formel* System des Bedürfnisses *findet sich bereits im* System der Sittlichkeit, *s. GW 5. 350,9.*

194,17–21 *Nach Rosenkranz hatte sich Hegel 1799 mit dem hier nicht genannten staatsökonomischen Werk von James Steuart (*Untersuchung der Grundsätze der Staats-Wirthschaft, oder Versuch über die Wissenschaft der innerlichen Politik in freyen Staaten, worin vornehmlich die Bevölkerung, der Ackerbau, die Handlung, die Indüstrie, Rechnungsmünze, Geld, Interessen, Circulation, Banken, Wechsel, öffentlicher Credit, und Taxen, erwogen werden, von Herrn John [sic] Steuart, Baronet. [...] In zween Bänden, aus dem Englischen übersetzt. *2 Bde. Hamburg 1769–1770. (KHB 1448–1449)) inten-*

siv beschäftigt, s. Georg Wilhelm Friedrich Hegel's Leben beschrieben durch Karl Rosenkranz. Supplement zu Hegel's Werken. Mit Hegel's Bildniß, gestochen von K. Barth. *Berlin 1844. 86.*

194,22–26 *Hegel bezieht sich auf* An Inquiry into the Nature and Causes of the Wealth of Nations. By Adam Smith, L L. D. *[sic; Bd 2–4:* L. L. D.*] and* F. R. S. of London and Edingburgh *[sic; Bd 2–4:* Edinburgh*]:* one of the Commissioners of His Majesty's Customs in Scotland; and formerly Professor of Moral Philosophy in the University of Glasgow. *4 Bde. Basel 1791. (KHB 350–353)* – Traité d'Économie politique, ou simple exposition de la manière dont se forment, se distribuent, et se consomment les richesses; Troisième Édition, à laquelle se trouve joint un épitome des principes fondamentaux de l'économie politique: Par Jean-Baptiste Say, Chevalier de Saint-Wolodimir, membre de l'Académie impériale des Sciences de Saint-Pétersbourg, de celle de Zurich, etc.; Professeur d'Économie politique à l'Athénée de Paris. *2 Bde. Paris 1817. (KHB 1426–1427) (Die erste Auflage erschien 1803.)* – Des Principes de l'Économie politique, et de l'impot, Par M. David Ricardo; traduit de l'Anglais Par F[rancisco] S[olano] Constancio, D. M., etc.; avec des notes explicatives et critiques, Par M. Jean-Baptiste Say, Membre des Académies de St.-Pétersbourg, de Zurich, de Madrid, etc.; Professeur d'Économie politique à l'Athénée de Paris. *2 Bde. Paris 1819. (KHB 1398–1399)* – *Zu Hegels Bemerkungen über die Methode der politischen Ökonomie vgl. die ganz entsprechenden Ausführungen im* DISCOURS PRÉLIMINAIRE *([vij]–lxxix) zum Werk von* Say.

201,19–23 *Mit Recht ... Anm.),] Siehe die Anm. zu 176,27–29.*

202,3–11 *Siehe dazu* Symbolik und Mythologie der alten Völker, besonders der Griechen. In Vorträgen und Entwürfen von Georg Friedrich Creuzer, Hofrath und Professor der alten Literatur zu Heidelberg, des philologischen Seminars daselbst Director. *[Bd 1:* Mit 7 Kupfertafeln. *Bd 3:* Mit sieben Kupfertafeln. *Bd 4:* Mit einem vollständigen Sachregister über das ganze Werk.*] 4 Bde. Leipzig und Darmstadt 1810–1812. Bd 4. 475–573 die Paragraphen (44 und 45) über die Thesmophorien und die Eleusinien, in denen zusammenhängend über die Feste und Kultstätten gehandelt wird; ansonsten finden sich im ganzen Band verstreut kürzere oder weniger kürzere Bemerkungen über den* agronomischen *Charakter der Demeter/Ceres und Persephone/Proserpina gewidmeten Feste (65, 81, 87, 129f, 134ff, 186f, 195f, 226, 320ff).*

203,29–31 *Hegel verweist auf* ΠΛΑΤΩΝ. Platonis Philosophi quae exstant graece ad editionem Henrici Stephani accurate expressa cum Marsilii Ficini interpretatione accedit varietas lectionis studiis Societatis Bipontinae. Volumen Sextum. *Zweibrücken 1784. 320;* Platon: Politeia. *Γ 415b–c (*Platon. *Bd 2. 415 B–C); Platon:* ΠΟΛΙΤΕΙΑ – Der Staat. Bearbeitet von Dietrich Kurz. Griechischer Text von Émile Chambry deutsche Übersetzung von

Friedrich Schleiermacher. *Darmstadt 1971.* (= Platon: Werke in acht Bänden griechisch und deutsch. Vierter Band. Hrsg. von Gunther Eigler.) *271:* Den Befehlshabern also zuerst und vornehmlich gebiete der Gott, über nichts anderes so gute Obhut zu halten, auf irgend etwas so genau achtzuhaben wie auf die Nachkommen, was wohl hiervon ihren Seelen beigemischt sei; und wenn irgend von ihren eigenen Nachkommen einer ehern wäre oder eisenhaltig, sollen sie auf keine Weise Mitleid mit ihm haben, sondern nur die seiner Natur gebührende Stelle ihm anweisend sollen sie ihn zu den Arbeitern oder Ackerbauern hinaustreiben; und so auch, wenn unter diesen einer aufwüchse, in dem sich Gold oder Silber zeigt, einen solchen sollten sie in Ehren halten und ihn nun unter die Herrscher erheben oder unter die Gehilfen, da ein Götterspruch vorhanden sei, daß die Stadt dann untergehen werde, wenn Eisen oder Erz die Aufsicht über sie führe.

208,11–17 *Daß die Kenntnis des sogenannten ungeschriebenen, wiewohl doch schriftlich fixierten und auch gedruckten Gesetzes nur durch intensives und langes Lesen erworben werden kann, hat Hegel einer Rezension in der* Edinburgh Review *(s.* [Sir Samuel Romilly:] Papers relative to Codification, and Public Instruction, including Correspondences with the Russian Emperor, and divers Constituted Authorities in the American United States, Published by Jeremy Bentham. London. Printed by J. M'Creery, 1817. *[Rez.] In:* The Edinburgh Review. Nr LVII. November 1817. Art. X. 217–237.*) entnommen, aus der er ein umfängliches Exzerpt der zum englischen common law einschlägigen Passagen anfertigte, s. GW 22. 11–17 und dort 389–396 die Dokumentation der Quelle.*

208,17–28 *Von den Kenner[n], von denen Hegel hier in der Mehrzahl spricht, ist in erster Linie nur der Rezensent der* Edinburgh Review *(s. die vorangehende Anm. zu 208,11–17) faßbar, denn diese Kritik an der englischen Rechtspflege geht mit deutlichen wörtlichen Anklängen auf Hegels Exzerpt und damit auf die in der vorangehenden Anm. genannte Rezension zurück (s. GW 22. 12f).*

208,29–37 *Siehe* Hugo: Lehrbuch. *516–518 (*Vierter Zeitraum, Von Alexander Sever bis auf Justinian. Geschichte der Quellen. *506–566) (ausführlicher Zitatbeleg s. GW 14,3. 1171f).*

208,37–209,8 *Die Bemerkung zielt auf Savigny und seine Schrift* Vom Beruf unsrer Zeit für Gesetzgebung und Rechtswissenschaft.*, s. insbesondere 47–52 (*6. Unser Beruf zur Gesetzgebung. *45–53) (ausführlicher Zitatbeleg s. GW 14,3. 1172–1174).*

209,23–25 *Hegel wiederholt hier seine Kritik an zeitgenössischen Kriminalrechts- und Straftheorien, s. dazu die Anm. zu 109,3–6, 109,7–12, 109,12–17 und 109,19–30.*

210,23 gegen eines andern Qualitativen] *Der Kasus ist zu verstehen als veralteter Dativ bei ›gegen‹, vgl.* Deutsches Wörterbuch. *Bd 5. Sp. 2205ff s.v.* GEGEN.

211,1–3 eine Leibesstrafe ... eins,] *Siehe Dtn 25, 3:* Wenn man ihm vierzig Schläge gegeben hat, soll man nicht mehr schlagen, auf daß nicht, so man mehr Schläge gibt, er zuviel geschlagen werde und dein Bruder verächtlich vor deinen Augen sei. *und 2Kor 11, 24:* von den Juden habe ich fünfmal empfangen vierzig Streiche weniger eins.

211,22 die Zahl Vierzig weniger Eins] *Siehe die Anm. zu 211,1–3.*

212,7–8 *Gemeint ist Dionysios I. von Syrakus, von dem freilich eine solche Maßnahme nicht überliefert zu sein scheint. Hingegen wird etwas ähnliches von Sueton über Caligula (C. Caesar Germanicus) berichtet, s.* C. Suetonius Tranquillus: De vita duodecim Caesarum libri XII. *IV, 41 (vgl. GW 14,3. 1174f die Überlegungen zur Verschiebung der Tyrannenhandlung).*

212,14–20 *Gemeint sind das nach einer Verordnung Iustinianus' I. geschaffene und später so genannte* Corpus Iuris Civilis *und das auf Veranlassung Friedrichs II. begonnene, aber erst unter Friedrich Wilhelm II. fertiggestellte* Allgemeine Landrecht für die Preußischen Staaten.

213,23 *Sprachlich richtig wäre* le Mieux *statt* le Meilleur. *Für diese sprichwörtliche Wendung ließ sich bislang keine Quelle ausmachen, vgl. GW 10, die Anm. zu 493,16.*

216,7–16 *In der ausführlichen Auseinandersetzung mit Haller in der Fußnote zur Anmerkung des Paragraphen 258 geht Hegel auch auf diese Ansicht ein, s. die Anm. zu 242,12–38.243,3–4.*

218,7–13 *Hegel nimmt hier zunächst Stellung gegen Kants Ausführungen zum Begriff der Billigkeit und zum* Gerichtshof der Billigkeit *(XL), s.* Kant: Rechtslehre. *XXXIXf (*Einleitung in die Metaphysik der Sitten. Anhang zur Einleitung in die Rechtslehre. Vom zweydeutigen Recht. (Ius aequivocum.) I. Die Billigkeit. (Aequitas.)*);* Kant: Werke. *Bd 6. 234f. – Weiterhin bezieht er sich auf eine Institution, wie sie sich besonders im englischen Recht herausgebildet hat. Zur Geschichte der institutionellen Ausdifferenzierung s.* Blackstone: Commentaries on the Laws of England. *Bd 3. 44–50 (*Book III. Chapter the fourth. Of the Public Courts of Common Law and Equity. *30–59*) und 50–56 für weitere historische Ausführungen. – Zur juristischen Praxis des Billigkeitsprinzips s. ausführlich* Blackstone: Commentaries on the Laws of England. *Bd 3. 429–440 (*Book III. Chapter the twenty-seventh. Of Proceedings in the Courts of Equity. *426–455) (ausführliche Zitatbelege s. GW 14,3. 1177–1179).*

219,10–14 *Vgl. dazu* Heineccius: Syntagma. *Pars II. 223f (*Lib. IV. TIT. VI. DE ACTIONIBVS.*) (Zitatbelege s. GW 14,3. 1180).*

219,14–19 *Welcher Quelle Hegel an dieser Stelle folgt, hat sich noch nicht feststellen lassen; vgl. zur Sache aber* Blackstone: Commentaries on the Laws of England. *Bd 4. 360:* When the evidence on both sides *[sc. der Anklage und der Verteidigung]* is closed, and indeed when any evidence hath been given, the jury cannot be discharged (unless in cases of evident necessity *[Fußnote: ...])*

till they have given in their verdict; but are to consider of it, and deliver it in, with the same forms, as upon civil causes: only they cannot, in a criminal case which touches life or member, give a privy verdict *[Fußnote: ...]*. But the judges may adjourn, while the jury are withdrawn to confer, and return to receive the verdict in open court *[Fußnote: ...]*. And such public or open verdict my be either general, guilty, or not guilty; or special, setting forth all the circumstances of the case, and praying the judgment of the court, whether, for instance, on the facts stated, it be murder, manslaughter, or no crime at all. This is where they doubt the matter of law, and therefore chuse to leave it to the determination of the court; though they have an unquestionable right of determining upon all the circumstances, and finding a general verdict, if they think proper so to hazard a breach of their oaths; *[...]*.

220,9 animi sententia] *Lateinische Eides- und Bekräftigungsformel (ex animi mei (tui, sui) sententia) vgl. etwa* Sallust: Bellum Iughurthinum. *85, 27;* Quintilian: Institutio oratoria. *VIII, 5, 1;* Cicero: De oratore. *II, 260;* Gellius: Noctes Atticae. *109 (IV, 20, 1–6)*.

220,26–33 *Zum Begriff des halben Beweises s.* Hals- oder Peinliche Gerichts-Ordnung Kaiser Carls V. und des H. Röm. Reichs nach der Original-Ausgabe vom J. 1533. auf das genaueste abgedrukt und mit der zweiten Ausgabe v. J. 1534. verglichen nebst dem Horixischen Programma: wahre Veranlassung der P. H. G. O. und einer Vorrede worin der Werth und Nutzen dieser Ausgabe gezeigt, und zu der gelehrten Geschichte des teutschen peinlichen Rechts zuverlässige Nachrichten mitgetheilt werden von D. Johann Christoph Koch als seiner Instit. iuris criminalis 2ter Theil. *Giessen 1769. [jeweils eigene Paginierung] 25:* Wie die gnugsam anzeygung eyner mißthat, bewisen werden sollen. / xxiij. Item eyn jede gnugsame anzeygung darauff man peinlichen fragen mag, soll mit zweyen guten zeugen, bewisen werden, wie dann inn etlichen articklen darnach von gnugsamer beweisung geschrieben steht. Aber so die hauptsach der missethat mit eynem guten zeugen bewiesen würd, die selb, als eyn halb beweisung, macht eyn gnugsam anzeygung als hernach inn dem dreissigsten artickel anfahend. Item eyn halb beweisung, als so eyner inn der hauptsach &c. funden wirdt. *und 30:* xxx. Item eyn halbe beweisung, als so eyner inn der hauptsach die missethat gründtlich mit eynem eyntzigen guten tugentlichen zeuge (als hernach von guten zeugen vnd weisungen gesagt ist) beweiset, das heyst vnd ist eyn halb beweisung, vnd solche halbe beweisung, macht auch eyn redliche anzeygung, argkwon oder verdacht der missethat. Aber so eyner etlich vmbstende, warzeychen, anzeygung, argkwon, oder verdacht beweisen will, Das soll er zum allerwenigsten mit zweyen guten tüglichen vnuerwürfflichen zeugen thun.*; vgl. auch den Abdruck der Peinlichen Gerichtsordnung Kaiser Karls V. (bzw. Constitutio Criminalis Carolina) in* Meister: Principia Iuris Criminalis Germaniae Communis. *[eigene Paginierung] 31f, 35f. – Ausführlich zur Begrifflichkeit s.* Tittmann: Handbuch der Strafrechtswissenschaft. *T. 4. 588f (§ 807); vgl. auch* Quistorp: Grundsätze des deutschen Peinlichen Rechts. *T. 2. 236–238 (§ 676 (Vom Beweise in Criminalsachen und dessen Eintheilungen.)). – Die Einführung einer poena extraordinaria (bzw. Verdachtsstrafe) in das sächsische Strafprozeßrecht geht auf Carpzov zurück (s.* Carpzov: Practica nova. *P. II. 105f und 109; P. III. 13; P. III. 85 und 88; P. III. 166; P. III. 344–352), der damit einen richterlichen Ermessensspielraum bei der Strafzumessung schuf. Nach der seit 1740 (und 1754) einsetzenden sukzessiven Aufhebung der Folter (zunächst in Preußen) erhielten die außerordentlichen Strafen eine besondere Bedeutung im Hinblick auf das veränderte Beweiserhebungsverfahren in Strafprozessen: Da nun nicht mehr gegebenenfalls durch Folter ein Geständnis erlangt werden konnte, fehlte ein gesetzlich vorgeschriebenes Beweismittel, so daß kein vollständiger Beweis erhoben werden konnte, auf dem die Strafzumessung zu beruhen hatte. Einer unvollständigen Beweislage, bei der keine ordentliche Strafe ausgesprochen werden konnte, sollte dann eine außerordentliche Strafe entsprechen, als Surrogat der Tortur gewissermaßen und als Verdachtsstrafe oder als Sicherungsmittel (in Ausübung eines präventionistischen Staatszweckes). (Zur ausführlichen Dokumentation der juristischen Diskussion dieser Problematik s. GW 14,3. 1182–1187.)*

221,19–222,21 *Hegel kondensiert hier eine breit geführte (die* Literatur der Jurisprudenz und Politik, mit Einschluss der Cameral-Wissenschaften seit der Mitte des achtzehnten Jahrhunderts bis auf die neueste Zeit, systematisch bearbeitet und mit den nöthigen Registern versehen von Johann Samuel Ersch Professor u. Ober-Bibliothekar auf der Universität zu Halle. Neue fortgesetzte Ausgabe von Johann Christian Koppe, Dr. der Rechte u. bisher. zweit. Univers. Bibl. zu Rostock. Aus der neuen Ausgabe des Handbuchs der Deutschen Literatur besonders abgedruckt. *Leipzig 1823. Sp. 453–455 listet für den Zeitraum von 1812 bis 1822 31 selbständige Publikationen zum Thema Öffentlichkeit bzw. Mündlichkeit des Verfahrens und Geschworenengerichte auf), vor allem rechtspolitische Debatte um die Einführung von Geschworenengerichten in die deutsche Justizpraxis. Während das Institut des Geschworenengerichts in England traditionell bestand, waren in Deutschland entsprechende Einrichtungen des frühen deutschen Rechts im Zuge der fortschreitenden Professionalisierung der Justiz außer Gebrauch gekommen. Öffentliche mündliche Gerichtsverhandlungen waren durch geheime, schriftliche Prozeßführung, gesetzliche Beweistheorie und Aktenversand (d. h. das Einholen von Rechtgutachten bei Richtern und Gerichten, die ebenfalls weder den Angeklagten noch die Zeugen je zu Gesicht bekommen hatten) verdrängt worden. Mit der Constitution von 1791 wurden in Frankreich nach englischem Vorbild nicht nur die Institution des Geschworenengerichts (petit jury, jury de jugement), sondern auch das Institut der (eigentlich des) jury d'accusation (nach der englischen Grand Jury, die über die Zulässigkeit der Anklageerhebung auf Grundlage der Beweislage* *befindet, vgl.* On the Powers and Duties of Juries, and on the criminal laws of England. By Sir Richard Phillips. *London 1811. 71–108) eingeführt und beide in der Folge mehrmals modifiziert. Letztere wurde unter Napoléon mit dem Erlaß des Code d'instruction criminelle von 1808 durch die Einführung des Amtes des Untersuchungsrichters (juge d'instruction) ersetzt, und die Ernennung der Geschworenen wurde auf den jeweiligen Präfekten übertragen (vgl.* LES CINQ CODES DE L'EMPIRE FRANÇAIS. 1°. CODE NAPOLÉON. 2°. CODE DE PROCÉDURE. 3°. CODE DE COMMERCE. 4°. CODE CRIMINEL. 5°. CODE PÉNAL. RÉUNIS EN UN SEUL VOLUME, SUIVIS DE LA TAXE DES FRAIS ET DÉPENS, Pour l'utilité des Gens de loi, Propriétaires, Négocians et Employés des Administrations. ORNÉS DU PORTRAIT DE S. M. L'EMPEREUR ET ROI. Edition conforme à celles de l'Imprimerie impériale. *Paris 1812. [mit durchgehender Paginierung] 504–515 (Code d'Instruction Criminelle. [495]–589; Livre I. Chapitre VI–IX. Art. 55–136) und 548–550 (Livre II. Titre II. Chapitre V. Art. 381–392)). Die Charte Constitutionelle von 1814 bestätigte im Art. 65 die Institution (allerdings auch als veränderungsbedürftige, s.* Constitutions of the World from the late 18th Century to the Middle of the 19th Century. Sources on the Rise of Modern Constitutionalism. Editor in Chief Horst Dippel. Europe: Volume 11. Verfassungen der Welt vom späten 18. Jahrhundert bis Mitte des 19. Jahrhunderts. Quellen zur Herausbildung des modernen Konstitutionalismus. Herausgegeben von Horst Dippel. Europa: Band 11. Documents constitutionnels de la France, de la Corse et de Monaco 1789–1848. Edité par Stéphane Caporal Jörg Luther Olivier Vernier. Constitutional Documents of France, Corsica and Monaco 1789–1848. Edited by Stéphane Caporal Jörg Luther Olivier Vernier. *Berlin · New York 2010. 181 (Charte constitutionnelle (1814) 177–182), vgl. dazu* Réflexions sur l'état actuel du Jury, de la liberté individuelle, et des prisons. Par M. C. ... *[d.i. Charles Cottu]*, Conseiller à la Cour Royale de Paris. *Paris 1818.), sie stand aber in der Restaurationszeit mehrfach zur Diskussion (vgl. zu den Gemeinsamkeiten und Differenzen der französischen und englischen Gerichtsverfassung* Essai sur l'organisation du jury de jugement et sur l'instruction criminelle. Par. M. Oudart. [...] *Paris 1819. [1]–112). Einen besonderen Anstoß erhielt die Debatte, als die von Frankreich besetzten links- und rechtsrheinischen Gebiete, in denen die französischen Justiz- und Gerichtsordnungen galten, nach der Niederlage Napoléons wieder an Deutschland, insbesondere Preußen und Bayern, fielen und die vor allem in den preußischen Rheinprovinzen ansässigen Juristen im Interesse des wirtschaftlich einflußreichen Bürgertums für die Beibehaltung des französischen Rechts plädierten. So wurde zwar in den altpreußischen rechtsrheinischen Gebieten (nicht aber im linksrheinischen Kleve) das Allgemeine Preußische Landrecht zum 1. Januar 1815 wieder in Geltung gesetzt, in den übrigen Gebieten blieb das französische Recht, von Friedrich Wilhelm III. aufgrund der Empfehlungen der Immediat-Justiz-Commission (vgl.* etwa Gutachten der Immediat-Justiz-Commission über das öffentliche Verfahren in Civil-Sachen. Berlin 1818. *und* Gutachten der Königlich Preußischen Immediat-Justiz-Commission über das Geschwornengericht. *[...] [Berlin] 1819.) bestätigt, weiterhin in Kraft. Zum Geltungsbereich vgl.* Die Gerichtsverfassung und das gerichtliche Verfahren in den Königlich-Preußischen Rhein-Provinzen. Aus authentischer Quelle. Berlin 1820. *[1]–10; und 36–38 sowie 54–59 zum Geschworenengericht. — Es wäre recht unwahrscheinlich, wenn Hegel zum Zeitpunkt der Fertigstellung der Grundlinien nicht bereits die von Feuerbach verfaßte, für Jahrzehnte einflußreichste Stellungnahme zur Institution der Geschworenengerichte zur Kenntnis gelangt wäre:* Betrachtungen über das Geschwornen-Gericht von Paul Johann Anselm Feuerbach Königl. Baierischem wirkl. frequentirendem Geheimen Rathe, geheimen Referendär in Justiz-Sachen, Commandeur des Ordens der Baierischen Krone, Ritter des Russisch-Kaiserl. Ordens der heil. Anna II Cl., Mitglied der Gesez-Commission, der Russisch-Kaiserl. Reichs-Gesez-Commission zu St. Petersburg Correspondenten, Ehrenmitglied der Akademie der Wissenschaften zu München. Landshut 1813 *(vgl. auch die zugehörige* Erklärung des Präsidenten von Feuerbach über seine angeblich geänderte Ueberzeugung in Ansehung der Geschwornen-Gerichte. (Aus dem Neuen Rheinischen Mercur besonders abgedruckt.) Jena 1819*). Feuerbach differenziert zunächst zwischen Geschworenengerichten als politischen und juristischen Institutionen. Als politische Einrichtungen seien sie ein Bestandteil der Verfassung und gebunden an Verfassungen mit Gewaltenteilung (ebenda [47]–80). Das politische Programm der Parität, daß Gleiche über Gleiche zu Gericht sitzen sollen, sei in einer ständisch stark ausdifferenzierten und sozial hierarchisierten Gesellschaft kaum zu verwirklichen und führe, konsequent angewandt, zu Ungerechtigkeit: Standesgleichheit bedeute auch Parteilichkeit und — umgekehrt — Ungleichheit der Stände ebenso (ebenda [81]–111). Als Organ der Rechtspflege betrachtet, würde das Geschworenengericht dem Zweck der Strafgesetzbarkeit, Gerechtigkeit durch Erkenntnis der Wahrheit zu erlangen, nicht genügen, weil die Geschworenen, zumal in einer öffentlichen mündlichen Verhandlung, mit ihrem Spruch nur beschränkten subjektiven Eindrükken, Gefühlen, Stimmungen und Ansichten des gemeinen Menschenverstandes Ausdruck verleihen könnten und keineswegs die Objektivität einer gesetzlicher Beweistheorie folgenden richterlichen Erkenntnis erreichen könnten (ebenda [112]–166). Schließlich sei die Kernaufgabe der Geschworenengerichte, die Beantwortung der Tatfrage, gar nicht mit dem gesunden Menschenverstand allein zu leisten, sondern es sei, weil eine Vielzahl reinrechtlicher Fragen (Vorsatz, Imputabilität etwa) hier bereits hereinspielten, dafür juristischer Sachverstand vonnöten, und zwar so deutlich oft, daß, im Falle die Geschworenen der Fallauslegung des Richters folgten, sie sich überflüssig machten (ebenda [167]–200). Auch der in die französische Gerichtspraxis eingeführte, die Tatfrage aufteilende und mit juristischen Differenzierungen belastende Frageka-*

talog für die Jury habe zu keinen besseren Ergebnissen in der Rechtspflege geführt, ebensowenig wie die restriktiven Wahlkriterien für die von den Präfekten zu berufenden Jurymitglieder (ebenda [201]-242). Die im Grundlinien-*Text konzedierte Möglichkeit, daß auch eine rein juristisch-professionelle Rechtspflege gut sein könne, könnte als – wenn auch schwacher – Reflex der Auseinandersetzung Hegels mit Feuerbach gelten, denn es ist das offensichtliche Anliegen Feuerbachs aufzuweisen, daß Geschworenengerichte als juristische Institutionen der Rechtspflege Richterkollegien im Hinblick auf Wahrheitsfindung, Unparteilichkeit und Gerechtigkeitsausübung unterlegen seien, und Hegel könnte folgende Stelle im Auge haben (ebenda 76–78):* Wie Geschworen-Gerichte einem republikanischen Staate angemessen sind, so sind es Richter-Collegien einer constitutionellen Monarchie. Sind diese Collegien mit Männern besezt, welche auf Lebenslang ihre Stellen bekleiden; hängt ihre Entsezung nicht blos von dem Willen | des Monarchen, sondern selbst wieder von einem collegialischen Richterspruche ab; ist ihr Lebensunterhalt durch hinreichende Besoldung gesichert und hat der Regent die Verpflichtung übernommen, hieran eigenmächtig nichts zu schmälern; werden dieselben nicht blos aus einer dem Throne nahe stehenden bevorrechteten Classe, sondern der Mehrheit nach aus den Gelehrten des bürgerlichen Standes gewählt; sind diese Richter wegen des Inhaltes ihrer Richtersprüche dem Regenten nicht verantwortlich und legt ihnen ihr Eid die Verpflichtung auf, nur nach Gesez und eigenem Gewissen ihre Urtheile zu bestimmen und unparteiisch die Gerechtigkeit für und wider jedermann zu handhaben: so ist durch ein solches Collegium nicht nur (wie die nachfolgenden Betrachtungen zeigen werden) weit besser für die kräftige consequente Vollziehung der Geseze gesorgt als bei einer Jury je geschehen kann, sondern auch die persönliche Freiheit wenigstens eben so sehr in den Schuz der Gerechtigkeit gestellt, als es bei einer Jury unter einer solchen Verfassung je geschehen kann. Diejenigen, welche, um die Nothwendigkeit einer Jury zu erweisen, von der Knechtschaft sprechen, in welcher der Regent seine Justizbeamten gefangen halte, und von der Bereitwilligkeit der lezten, sich als Werkzeuge des Unrechts gebrauchen zu lassen, mögen an die Kadis in dem Oriente gedacht haben, nicht aber an Richter-Collegien, wie sie mehr oder minder vollkommen | sich fast in allen constitutionellen Monarchieen finden. Solche Collegia sind zwar abhängig von dem Oberherrn in ihrem Entstehen; aber sie werden unabhängig und selbstständig in ihrem Wirken, sobald sie entstanden sind. Ein solches ständiges Collegium zum Bewahrer der Gerechtigkeit im Staate erhoben, gewinnt in dieser Eigenschaft die allgemeine Ehrfurcht der Nation, und wird in der öffentlichen Meinung ein Heiligthum, wie das Palladium selbst, das seiner Pflege vertraut worden ist. – *Daß Hegel das erwähnte Gutachten der Immediat-Justiz-Commission über das Geschworenengericht zur Kenntnis genommen habe und vermutlich auch die dagegen gerichtete Schrift* Ueber das Geschwornen-Gericht in Beziehung auf das Gutachten der Königlich Preußischen Immediat-Justiz-Commission am Rhein, vom Criminalrath [Friedrich Wilhelm von] Mosqva zu Berlin. Berlin *1820, erhellt unmittelbar aus der anonymen Nachschrift der Rechtsphilosophievorlesung von 1821/22, wo sie belegt, daß Hegel über den gesetzlichen Zusammenhang zwischen fehlendem Schuldgeständnis und außerordentlichen Strafen gesprochen und sich damit auf eine der wesentlichen Argumentationslinien des Gutachtens bezogen hat, s.* GW 26,2. 746. *Im Gutachten sind dem Plädoyer für die Beibehaltung der Geschworenengerichte zwei Erörterungen vorgeschaltet (ebenda [1]):* I. Ob die Entscheidung der Thatsache von bestimmten Beweisregeln oder lediglich von der subjektiven Ueberzeugung der Urtheiler abhängig zu machen sey? und II. Ob außerordentliche Strafen Statt finden dürfen?, *in denen sowohl die Möglichkeit einer gesetzlichen Beweistheorie verneint und die Unvereinbarkeit von Beweistheorie und öffentlichem mündlichem Verfahren festgestellt (ebenda [1]–27) wie auch vehement die Rechtlichkeit der Verhängung von außerordentlichen Strafen bei unvollständigem Beweis bestritten wird (ebenda 28–56). Beidemale richtet sich die Argumentation also gegen geltende Einrichtungen der preußischen Justizordnung (vgl.* Allgemeines Criminalrecht für die Preußischen Staaten. Erster Theil. Criminal-Ordnung. Berlin 1806. 137–151 (Zweiter Titel. Sechster Abschnitt. Von den Wirkungen der Beweise und Vermuthungen in peinlichen Sachen. §§ 361–414), *wo sowohl die Beweistheorie dargelegt ist wie auch die Modalitäten für die Anwendung außerordentlicher Strafen festgelegt sind), und natürlich sind die binären Entscheidungsmöglichkeiten eines Geschworenengerichts mit der Anwendung von Verdachtsstrafen unvereinbar. – In der zweiten Auflage der* Encyclopädie *ist der Bezug auf die extraordinären Strafen dann in der Anmerkung des Paragraphen 531 wörtlich enthalten und der Bezug auf Feuerbach deutlicher, vgl.* GW 19. 371f.

222,18 in judicio stare] *Zu dieser Formel vgl.* PLAVTI QVEROLVS, siue AVLVLARIA; Ad Camerarii codicem veterem denuo collata. Eadem a Vitale Blesensi Elegiaco carmine reddita, & nunc primum publicata. Additæ P. Danielis, C. Rittershvsii, I. Grvteri notae. *[Heidelberg] 1595.* 49: QVER. Remoue paulisper inania: putemus nos paululum in iudicio stare: *[...]. und* CORPUS JURIS CANONICI ACADEMICUM, emendatum et notis P. Lancellotti illustratum, in suos *[sic]* tomos distributum, usuique moderno Ad Modum Christoph. Henr. Freiesleben/ aliàs Ferromontani, J. U. D. Consil. Camer. et Min. Saxo-Goth. et Altenb. ita accommodatum, ut nunc studiosorum quivis, etiam tyro, una quasi intuitu, omnes canones, causas et capitula invenire possit. Accesserunt Loci Communes uberrimi et Indices Titulorum Canonumque omnium summa diligentia ac nova methodo concinnati. Tomus primus. Cum Privilegiis Cæsareis & Saxonicis *[Bd 2:]* Gregorii Papæ IX. Decretales, una cum Libro Sexto, Clementinis et Extravagantibus, ad veteres codices restitutæ et notis illustratæ. Quibus accedunt Septimus Decretalium et Jo. Pauli Lancelotti *[sic]* Institutiones Juris Canonici, cum indicibus necessariis. Tomus secundus. Cum Sac. Cæs. ac Cathol. Majestatis & Potentissimi Electoris Saxoniæ Privilegiis. *Basel [Colonia Munatiana] 1746. Bd 1. Sp. 637 (*Decreti Secunda Pars. Causa XIV. Quæstio I.*) sowie Bd 2. Sp. 193 (*Decretalium Epistolarum Gregorii Liber Secundus. Titulus I. De Judiciis. Cap. VII.*). – Für das Corpus Iuris Civilis Romani scheint die Formel noch nicht belegbar zu sein.*

230,3–13 *Informationen über die Armengesetzgebung und die Armenpflege in England und Schottland dürfte Hegel vornehmlich den von ihm gelesenen und gelegentlich exzerpierten englischsprachigen Zeitschriften entnommen haben, so etwa den Artikeln* Report from the Select Committee on the Poor-Laws, with the Minutes of Evidence taken before the Committee. Ordered by the House of Commons to be printed, July 4, 1817. *In:* The Edinburgh Review. *Nr LVIII. February 1818. Art. I. [261]–302 (Kolumnentitel:* Causes and Cure of Pauperism.*) und* Report on the Management of the Poor of Glasgow. By James Ewing, Esq. Glasgow. *[Rez.]* Supplementary Report of the Select Committee of the House of Commons appointed to consider the Poor Laws. Folio. 1818. *In:* The Edinburgh Review. *Nr LVIII. February 1818. Art. XI. 498–501 (Kolumnentitel:* Reports on the State of the Poor.*). Von beiden Artikeln erschien eine kurze deutsche Zusammenfassung* Berichte der Brittischen Parlaments-Committee, niedergesetzt zur Untersuchung der Gesetze über das Armenwesen, nebst den von der Committee aufgenommenen Zeugenverhören. Auf Befehl des Hauses der Gemeinen zum Druck befördert in den Jahren 1817 und 1818. (Report from the Select Committee on the Poor-Laws with the Minutes of Evidence taken before the Committee. Ordered by the House of Commons to be printed July 4. 1817. Supplementary Report of the Select Committee of the House of Commons appointed to consider the Poor-Laws. 1818.) (Edinburgh Review No. 59.) *In:* Hermes oder kritisches Jahrbuch der Literatur. Erstes Stück für das Jahr 1819. *[…] Leipzig 1819. XXXII–XXXVI (ausführliche Zitatbelege s. GW 14,3. 1191–1193). – Möglicherweise hatte Hegel sogar eine direkte Kenntnis des Berichts der Parlamentskommission (*The Report from the Select Committee of the House of Commons, on The Poor Laws; with The Minutes of Evidence taken before the Committee; and An Appendix: to which is added, The Report of the Lords' Committees on the Subject; containing An Avowal of the alarming and increasing Amount of Poor's Rates, with a Suggestion of various Remedies for the Evil; rating extra-prochial Places, and Owners instead of Occupiers; Annual Appointments by Parishioners of Select Vestries, whose Proceedings and Accounts are to be submitted to the General Vestries Half-yearly, for Consideration and Approval; Propriety of the Appointment of a Permanent Officer to assist the Overseers, whose Office, being Annual, makes the liable to many Impositions; Observations on the «embarrassing Litigation" arising from the Present Laws relating to The Settlement of the Poor; and «A General Revision of the whole System of our Poor Laws;" also the Expediency of Saving Banks, &c. &c. &c. *London 1817.). – Vgl. auch noch die einschlägigen Ausführungen in* An Inquiry into the Nature and Causes of the Wealth of Nations. By Adam Smith, L L. D. *[sic; Bd 2–4:* L. L. D.*]* and F. R. S. of London and Edingburgh *[sic; Bd 2–4:* Edinburgh*]*: one of the Commissioners of His Majesty's Customs in Scotland; and formerly Professor of Moral Philosophy in the University of Glasgow. *4 Bde. Basel 1791. (KHB 350–353) Bd 1. 211–222 (I, 10).*

231,3–10 *Vgl. dazu* Der geschloßne Handelsstaat. Ein philosophischer Entwurf als Anhang zur Rechtslehre, und Probe einer künftig zu liefernden Politik von Johann Gottlieb Fichte. *Tübingen Im Spät-Jahre 1800. 213f;* Fichte: Gesamtausgabe. *Bd 7. 117 (für den Zitatbeleg s.* GW 14,3. 1193f). – Zum Horazzitat s. Q. Horatius Flaccus: Carminum liber primus. *III, 21–24;* Q. Horatii Flacci Eclogae cum scholiis veteribus castigavit et notis illustravit Gulielmus Baxterus. Varias lectiones et observationes addidit Io. Matthias Gesnerus. Editio secunda emendatior. *Leipzig 1772. (KHB 544) 10:* Necquicquam deus abscidit / Prudens Oceano dissociabili / Terras, si tamen impiæ / Non tangenda rates transiliunt vada.*;* Quintus Horatius Flaccus: Oden und Epoden. Lateinisch / Deutsch. Übersetzt und herausgegeben von Bernhard Kytzler. *Stuttgart 1984. 11:* Vergebens, daß ein Gott hat geschieden / einsichtsvoll vom Ozean, dem ungastlichen, / die Lande, wenn dennoch ruchlose / Schiffe wagen den Sprung hin über zu berührende Wasser.

237,27–238,5 *Vgl. als Beispiel dazu etwa* Schmalz: Naturrecht. *78 (§ 125 Anm.):* Der Zweck des Staats ist keiner als der einzige: Sicherheit unserer äußern vollkommnen Rechte. Wollen nicht wirklich alle diese Sicherheit? So wollen bey jeder Gesellschaft alle Glieder den Zweck derselben. *und ausführlicher* Schmalz: Handbuch der Rechtsphilosophie. *201f (*Zweyter Theil. Angewandtes Naturrecht. A. Staatsrecht. Erstes Buch. Vom Begriffe des Staats. Erstes Kapitel. Vom Zwecke des Staats. *[195]–203):* Der Zweck des Staats kann aber doch kein andrer seyn, als der, den er erreichen kann und soll, und der, den Alle in ihm von ihm fordern, also als | ihren Zweck bey dem Staate erkennen. Kein Mensch auf der weiten Erde lebt im Staate, der nicht Sicherheit wollte, der sie nicht von ihm forderte. Daß der Staat sie gewähren solle und könne, zweifelt niemand. Was der Allmächtige in die unsichtbare Verkettung seiner Schöpfung für Plane gewebt, und in sie verborgen hat, die bleiben wohl überall uns verborgen. Aber auf den Zweck der Gesellschaft hat jedes Mitglied ein Recht. [...] / So muß hier also der Staat als Anstalt der Sicherheit aller unsrer Rechte gedacht werden, nicht aber als das, was er im Plane der Weltregierung seyn soll. Und was er da sey, ob bestimmt zur Entwicklung der Menschheit, als eines Ganzen, in welchem alle Individualität erstirbt, oder grade als aller Individuen, in denen das Ganze lebt? – (Wahrlich, das Wahre, Schöne und Gute kann im letztern nur seyn.) wer entscheidet das? *Und s. ferner 203–205 (Zweytes Kapitel. Von der Natur des Staats. 203–213):* Der Staat also ist eine Gesellschaft, vereint für Sicherheit ihrer Mitglieder gegen alle Gefahren, welche ihren Rechten drohen, sey es von Bosheit der Menschen, sey es von Uebeln der Natur. Auch hat wohl Kant nichts anders gewollt, als er den Staat darstellte, als einen Verein zur Handhabung des Rechts. – Aber nicht jede Gesellschaft ist ein Staat, welche zur Sicherheit des Rechts vereinigt ist. Die Karavane, das Deichband, die Ammiralschaft haben den nemlichen Zweck. / Es leuchtet ein, daß die Gesellschaft für Sicherheit sowohl in Ansehung der Zeit ihrer Dauer, als in Ansehung ihres Umfanges verschieden seyn können. Sie können auf eine bestimmte Zeit, wie die Karavane und die Ammiralschaft, sie können ohne Beschrän- | kung auf eine bestimmte Zeit, wie das Deichband und der Staat; sie können zur Sicherheit nur bestimmter Rechte, wie das Deichband, sie können zur Sicherheit aller Rechte eingegangen werden, wie der Staat. / Eine Gesellschaft nun ohne Beschränkung auf Zeit zur Sicherung aller Rechte eingegangen möchte ich politische Gesellschaft nennen, und unter diesem Namen Horde und Staat umfassen und unterscheiden. / Einige, nach Schlözers Vorgange, haben zwischen bürgerlicher Gesellschaft und Staat einen Unterschied aufgestellt, dessen Sinn und Zweck ich gleich wenig einsehe. Ein Staat soll die bürgerliche Gesellschaft mit einer Verfassung seyn. Aber wie kann man dann eine bürgerliche Gesellschaft ohne Verfassung denken? Irgend eine, wenn auch noch so unvollkommene Verfassung, hat doch jede Gesellschaft. Eine Horde Wilder mag keine Oberhäupter haben; aber darum hat sie doch immer eine Verfassung. Und welche nützliche Folge, welcher irgend fruchtbare Satz flösse aus diesem Unterschiede? (So wunderlicher Seltsamkeiten, als Herrn Hufelands Definition des Staats, mag ich nicht erwähnen. Der Staat ist nach ihm, »diejenige Einrichtung einer größern (?) Gesellschaft, nach welcher es ihr möglich ist, ihren Zweck zu erreichen!«) / | Nicht solchen Unterschied meine ich, wenn ich politische Gesellschaft und Staat unterscheide, sondern einen Unterschied als zwischen Obergattung und Untergattung. Zwar ist meine Unterscheidung des Staats und der Horde, als der beyden Untergattungen der Obergattung: politische Gesellschaft, viel bestritten worden, so klar sie doch am Tage liegt. / Horde nenne ich nemlich die politische Gesellschaft eines Volks, welches noch nicht durch Ackerbau irgend einen Grund und Boden sich angeeignet hat. Staat die politische Gesellschaft eines Ackerbauenden Volks.

239,2–17 *Zum Begriff der volonté générale bei Rousseau s. insbesondere*

Rousseau: Du Contract social. *56–58 (LIVRE II. CHAPITRE III. Si la volonté générale peut errer. 56–59);* Rousseau: Œuvres complètes. *Bd 3. 371f. Vgl. noch die Anm. zu 54,28–55,2. – Zum Begriff des gemeinschaftlichen Willen s. auch* Collection des Ecrits d'Emmanuel Sieyes. *[...]* Edition revue et augmenteé par l'auteur. Premier volume. Editeur Charles Frédéric Cramer, Imprimeur-Libraire Allemand. Paris, Berlin *[ca. 1797]. (KHB 1443) 25–28 (Vues sur les moyens d'exécution / Dont les Représentans de la france pourront disposer en 1789. [3]–198) (ausführliche Zitatbelege s. GW 14,3. 1195f); vgl.* Emmanuel Sieyes Politische Schriften vollständig gesammelt von dem deutschen Uebersezer nebst zwei Vorreden über Sieyes Lebensgeschichte, seine politische Rolle, seinen Charakter, seine Schriften &c. *[...]* Mit dem Bildnisse Emmanuel Sieyes. *2 Bde. [Paris] 1796. Bd 1. 206–208 (III.* Uebersicht der Vollziehungs-Mittel zum beliebigen Gebrauche der Stellvertreter Frankreichs im Jahre 1789. zur Wiederherstellung der Finanzen und zur Gründung einer Staatsverfassung. *[189]–324). – Und vergleiche noch* Fichte: Grundlage des Naturrechts. *T. 1. 179–188 (*Drittes Kapitel der Rechtslehre. Vom Staatsrechte, oder dem Rechte in einem gemeinen Wesen. *179–229) und* Fichte: Grundlage des Naturrechts. *T. 2. [1]–11 (*Erster Abschnitt der Staatsrechtslehre. Vom Staatsbürgervertrage. *[1]–26);* Fichte: Gesamtausgabe. *Bd 3. 432–438 (432–460); Bd 4. 5–11 (5–20).*

240,22–24 *Bei der Anspielung auf die Versicherung der ausgebreiteten Wirkung seiner Grundsätze dürfte Hegel sich auf Hallers Darstellung seiner publizistischen Aktivitäten seit der Berufung auf den Berner Lehrstuhl der Staaten-Kunde und des allgemeinen Staats-Rechts (XXX) beziehen, s.* Haller: Restauration der Staats-Wissenschaft. *Bd 1. XXXII–XXXIV, und s. auch XXXIV–XL (ausführliche Zitatbelege s. GW 14,3. 1196f).*

241,5–8 *Siehe oben 239f und die Anm. zu 239,2–17.*

241,13 Schibboleth] *Siehe die Anm. zu 14,27–30.*

241,16–18 *Hegel hat, vermutlich im Hinblick auf eine polemische Auseinandersetzung, umfangreich aus den ersten drei, 1816, 1817 und 1818 erscheinenen Bänden von Hallers Werk exzerpiert (Ms in Privatbesitz), vgl. GW 22. 37–45.*

241,18–39.242,5–12 *Hegel bezieht sich hier insgesamt auf das dreizehnte Kapitel in* Haller: Restauration der Staats-Wissenschaft. *Bd 1. 342–374, mit folgender Überschrift und Inhaltsangabe (342):* Dreyzehntes Capitel. / Von dem Ursprung aller Herrschaft nach einem allgemeinen Naturgesez. / I. Hinleitung auf das allgemeine Naturgesez: daß der Mächtigere herrsche. Wahrer Sinn desselben. Natürliche Ueberlegenheit ist der Grund aller Herrschaft, Bedürfnisse der Grund aller Abhängigkeit und Dienstbarkeit. / II. Allgemeine Herrschaft dieses Gesezes durch die ganze Schöpfung hindurch. / III. Correspondirender Hang aller Menschen sich freywillig dem Mächtigeren anzuschliessen und seiner Leitung gern zu folgen, bewiesen: / a. Aus allen möglichen Dienstverhältnissen. / b. Aus allen Spielen der Menschen. / c. Aus den freyen Wahlen und Verträgen selbst. / IV. Einfachheit, Weisheit und Wohlthätigkeit dieses Gesezes. / a. Es macht wechselseitige Freundschaft und Hülfleistung möglich, begünstiget Ordnung und Frieden; / b. schonet das Selbstgefühl der Untergebenen auf die zarteste Weise. / c. Ueberlegenheit veredelt das Gemüth, vermindert den Reiz und die Veranlassung zum Mißbrauch der Gewalt. / V. Schluß. *Im einzelnen zitiert Hegel aus 348f, 361 und 365–368 (ausführliche Zitatbelege s. GW 14,3. 1198–1200).*

242,12–38.243,3–5 *Die erste, von Hegel in Anführungszeichen gesetzte Äußerung ist wörtlich so nicht belegbar, sondern wohl eine eigene zusammengezogene Formulierung, vgl.* Haller: Restauration der Staats-Wissenschaft. *Bd 1. 176f. Der Nachweis* 1. B. S. 297. *bezieht sich auf zwei Fußnoten, s.* Haller: Restauration der Staats-Wissenschaft. *Bd 1. 297 Fußnote:* 42) Hülfe von einem Mächtigeren unparteyisch zuerkennt [sic] und kraftvoll geleistet, heißt die Gerichtsbarkeit. Das werden wir ausführlich beweisen. Sie ist aber weder das einzige noch das vollkommenste Mittel zur Handhabung des Rechts, sondern bloß suppletorisch. *und 297f Fußnote:* 44) Oder weiß jemand andere Mittel zur Handhabung der Gerechtigkeit als 1) eigene Befolgung und Einschärfung des | natürlichen Gesezes, 2) Widerstand, 3) Hülfsanrufung, 4) Flucht! Unsere neuen Rechtslehrer rauben uns das erste, das zweyte, das vierte, gerade diejenigen die am schnellsten und sichersten zum Zwek führen. Fremde Hülfe die ihrer Natur nach unsicher, ungewiß, gewöhnlich zu spät und oft ganz unmöglich ist, soll unser einzige [sic] Trost seyn und das nennt man Realisirung des Rechts!!! Ja! sie haben es durch ihre Subtilitäten und Cavillationen dahin gebracht, daß auch diese höhere, an sich freundliche gerichtliche Hülfe wegen den vielen Formalitäten, Schreibereyen und Kosten meist nur eine Calamität mehr und ärger als das Unrecht selbst geworden ist. Ich meines Orts liebe die Ordnung Gottes mehr als die der Advokaten, und werde auch beweisen daß die erstere existirt. *Der andere Nachweis* 1. Th. S. 254. *bezieht sich auf den zweiten Band des Hallerschen Werkes, dessen Titel vollständig lautet:* Restauration der Staats-Wissenschaft oder Theorie des natürlich-geselligen Zustands der Chimäre des künstlich-bürgerlichen entgegengesezt von Carl Ludwig von Haller, des souverainen wie auch des geheimen Raths der Republik Bern, der Königl. Gesellschaft der Wissenschaften zu Göttingen correspondirendem Mitglied &c. Zweyter Band. Erster Theil. Von den Fürstenthümern oder Monarchien. Erstes Hauptstück. Von den unabhängigen Grundherren oder den Patrimonial-Fürsten. [...] Winterthur 1817. *Die Bezeichnung* Erster Theil. *ist nicht auf eine Aufteilung des zweiten Bandes gemünzt, sondern auf die des Gesamtwerks, dessen erster Band gewissermaßen die Prolegomena liefert (*Darstellung, Geschichte und Critik der bisherigen falschen Systeme. Allgemeine Grundsäze der entgegengesezten

Ordnung Gottes und der Natur. *so der Untertitel des ersten Bandes) und dessen sechster, 1825 erschienener Band den zweiten Teil des Gesamtwerks enthält (der erst 1834 veröffentlichte fünfte Band* Restauration der Staats-Wissenschaft *[...]* Fünfter Band. Makrobiotik der geistlichen Herrschaften oder Priester-Staaten. *[...] Ausgabe für die Besitzer der ersten Auflage. Winterthur 1834. bildet den Abschluß des ersten Teils):* Restauration der Staats-Wissenschaft *[...]* Sechster Band. Zweyter Theil. Von den Republiken oder freyen Communitäten. *[...] Winterthur 1825. – Siehe* Haller: Restauration der Staats-Wissenschaft. *Bd 2. 254f. – Das und allerwärts könnte sich etwa beziehen auf* Haller: Restauration der Staats-Wissenschaft. *Bd 1. XXIf. – Für das anschließende Zitat s.* Haller: Restauration der Staats-Wissenschaft. *Bd 1. 291f (ausführliche Zitatbelege s. GW 14,3. 1200–1202).*

243,7–22 *Siehe* Haller: Restauration der Staats-Wissenschaft. *Bd 3. 362–364 (ausführliche Zitatbelege s. GW 14,3. 1202–1204).*

243,22–36 *Siehe* Haller: Restauration der Staats-Wissenschaft. *Bd 1. 185–192 (ausführliche Zitatbelege s. GW 14,3. 1204–1208). – Hegel hat sich bei seiner Bezugnahme auf die* unphilosophischen Irrtümer *(243,24) erlaubt, vom exakten Wortlaut der Quelle abzuweichen; in seinen Exzerpten hatte er jedoch den korrekten Text ausgeschrieben, s. GW 22. 41,12–14:* diß Gesezbuch ist der auffallendste Beweis von dem unglaublichen Einfluß den die neuphilosophischen Irrthümer in unsern Tagen auch auf die Fürsten oder ihre Umgebungen usurpirt haben.

243,37–39.244,4–18 *Siehe* Haller: Restauration der Staats-Wissenschaft. *Bd 1. XXIII–XXV (s. den ausführlichen Zitatbeleg GW 14,3. 1209f).*

246,1–8 *Siehe die Anm. zu 30,29–31,1.*

251,23–31 *Mit dieser recht vage gehaltenen Bemerkung bezieht Hegel sich mit einiger Wahrscheinlichkeit auf die Repräsentanten einer reaktionären Revolutionskritik, für die die Religion die Grundlage von Staat und Gesellschaft bildete: Joseph-Marie Comte de Maistre, Louis-Gabriel-Ambroise de Bonald, vermutlich auch François-René de Chateaubriand, Jean Pierre Louis de Fontanes und Edmund Burke, allerdings ohne faßbaren Bezug auf bestimmte Publikationen. Der Versteigerungskatalog verzeichnet lediglich die 1824–1825 erschienene deutsche Ausgabe von de Maistres* LES SOIRÉES DE SAINT-PÉTERSBOURG, OU ENTRETIENS SUR LE GOUVERNEMENT TEMPOREL DE LA PROVIDENCE: SUIVIS D'UN TRAITÉ SUR LES SACRIFICES; PAR. M. LE COMTE JOSEPH DE MAISTRE, *[...]. 2 Bde. Paris 1821:* Abendstunden zu St. Petersburg, oder Gespräche über das Walten der göttlichen Vorsicht in zeitlichen Dingen, mit einem Anhang über die Opfer. Aus dem Französischen des Grafen Joseph von Maistre, ehemaligen Ministers Sr. Majestät des Königs von Sardinien am Russischen Hofe, Staatsministers, Direktors der großen Kanzlei, Mitglieds der Königlichen Akademie der Wissenschaften zu Turin, Großkreuzes des geistlichen und Militär-Ordens vom heil. Mauritius und vom heil. Lazarus. Uebersetzt von Moriz Lieber, und mit Beilagen begleitet von Dr. Carl Joseph Hieronymus Windischmann, Königl. Preuß. Medicinalrath und Professor der Philosophie und Medicin an der K. Rheinuniversität zu Bonn.*[...] T. 1–2. Frankfurt a. M. 1824–1825. (KHB 221–222).* – *In Deutschland vertritt etwa Wendt diese Position, vgl.* *[1. Titelblatt:]* Die Religion an sich, und in ihrem Verhältnisse zu Wissenschaft, Kunst, Leben und zu den positiven Formen derselben, in einer Reihe von Vorträgen an Gebildete dargestellt von [Johann] Amadeus Wendt, ausserordentlichem Professor der Philosophie auf der Universität Leipzig. *Sulzbach, im Regenkreise Baierns 1814. [2. Titelblatt:]* Reden über die Religion. Für Gebildete, namentlich diejenigen, welche sich den Wissenschaften widmen, gehalten von [Johann] Amadeus Wendt, ausserordentlichem Professor der Philosophie auf der Universität Leipzig. *Sulzbach, im Regenkreise Baierns 1814. 145f:* Indem nämlich die Staaten in Raum und Zeit verbreitete Verbindungen sind, in welchen die Menschen die Idee der Humanität gemeinschaftlich darzustellen streben, die höchste Humanität selbst aber zu Gott führt und durch Gott begründet ist, so kann auch nur durch diese Grundlage, die Religion, der Staat und seine Verfassung bestehn, und wie Form und Geist in steter Wechselwirkung sind, so erhält auch nur der Geist die Form, die Form aber ist nothwendig Ausdruck des Geistes, der ohne den Geist todt und leblos, wie die | verdorrte Blume dahinfällt. Aber nur die Religion flößt Ehrfurcht ein vor Gesetz und Sitte, die den Staat erhält, und dem Religiösen erscheint das Oberhaupt desselben ein Sinnbild und Stellvertreter der Gottheit in dem Vereine zur Humanität. – *Zu erwähnen ist noch, daß Hegel sich hier möglicherweise auch auf Warburton (und die Kritik an seinen Schriften) beziehe, vgl.* [William Warburton:] The Alliance between Church and State, or, the Necessity and Equity of an Established Religion and a Test-Law Demonstrated, From the Essence and End of Civil Society, upon the fundamental Principles of the Law of Nature and Nations. In Three Parts. The First, treating of a Civil and a Religious Society: The Second, of an Established Church: and The Third, of a Test-Law. *[...] London 1736 und die einflußreiche Übersetzung* Willhelm Warburtons, Sr. Königl. Hoheit des Prinzen von Wales Hofpredigers, Göttliche Sendung Mosis, Aus den Grundsätzen der Deisten bewiesen. Der erste *bis* dritte Theil. In die Sprache der Deutschen übersetzt, und mit verschiedenen Anmerkungen versehen, von Johann Christian Schmidt, Hochfürstl. Brandenb. Culmbachischen Consistorialrath, Hochfürstl. Beichtvater und Hofpredigern. *[...] T. 1–3. [T. 3:* Nebst vollständigen Registern über alle drey Theile.*] Frankfurt und Leipzig 1751–1753 der dritten englischen Ausgabe von* The Divine Legation of Moses Demonstrated. *2 Bde. London 1742 (erste Ausgabe 1738–1741).*

253,2–5 *Siehe* Hegel: Encyclopädie. *279; GW 13. 240.*

254,12–13 *Siehe 1Tim 1, 9.*

255,1–11 *Die Rede von denen, die den* Herrn suchen, *geht zurück auf Äußerungen, die bei der Selbstauflösung (mit gewaltsamem Ende) des sogenannten Parliament of Saints (auch Barebone's Parliament, nach dem Londoner Abgeordneten Praise-God Barebone) durch Oliver Cromwell am 12. Dezember 1653 gefallen sein sollen und die in anekdotischer Form und häufig variiert in sehr vielen Darstellungen der englischen Geschichte fortleben und zurückgehen dürften auf* [James Heath:] Flagellum: or The LIFE and DEATH, BIRTH and BURIAL OF O. Cromwell the late USURPER: Faithfully Described. WITH An Exact Account of His Policies and Successes: Not heretofore Published or discovered. The Third EDITION with Additions. – – – – Furto lætatus inani Distulit in seram commissa piacula mortem. Virg.Æneid. *London 1665. [erste Ausg. 1663] 142 ff. Siehe dazu GW 26,1. 520,6–24 und die Anm. zu 520,8–10 in GW 26,4 mit ausführlicheren Zitatbelegen. – Nicht auszuschließen ist, daß Hegel hier einmal mehr auf Fries (s. die Anm. zu 12,16–21) und daneben vermutlich auch auf Carl Ludwig Sand ziele (s. dazu die Ausführungen in GW 14,3. 1271f).*

255,17–21 *Möglicherweise denkt Hegel hierbei auch an* [Friedrich Daniel Ernst Schleiermacher:] Über die Religion. Reden an die Gebildeten unter ihren Verächtern. *Berlin 1799. 293–296:* Dieses, daß das Christenthum in seiner eigentlichsten Grundanschauung am meisten und liebsten das Universum in der Religion und ihrer Geschichte anschaut, daß es die Religion selbst als Stoff für die Religion verarbeitet, und so gleichsam | eine höhere Potenz derselben ist, das macht das unterscheidendste seines Charakters, das bestimmt seine ganze Form. Eben weil es ein irreligiöses Princip als überall verbreitet voraussezt, weil dies einen wesentlichen Theil der Anschauung ausmacht auf welche Alles übrige bezogen wird, ist es durch und durch polemisch. – Polemisch in seiner Mittheilung nach außen, denn um sein innerstes Wesen klar zu machen, muß es jedes Verderben, es liege in den Sitten oder in der Denkungsart, vor allen Dingen aber das irreligiöse Princip selbst überall aufdeken. Ohne Schonung entlarvt es daher jede falsche Moral, jede schlechte Religion, jede unglükliche Vermischung von beiden wodurch ihre beiderseitige Blöße bedekt werden soll, in die innersten Geheimniße des verdorbten Herzens dringt es ein und erleuchtet mit der heiligen Fakel eigner Erfahrung jedes Übel das im Finstern schleicht. [. | ..] Polemisch ist aber auch das Christenthum, und das eben so scharf und schneidend, innerhalb seiner eignen Grenzen, und in seiner innersten Gemeinschaft der Heiligen. Nirgends ist die Religion so vollkommen idealisirt, als im Christenthum und durch die ursprüngliche Voraussezung deßelben; und eben damit zugleich ist immerwährendes Polemisiren | gegen Alles Wirkliche in der Religion als eine Aufgabe hingestellt, der nie völlig Genüge geleistet werden kann. Eben weil überall das irreligiöse Princip ist und wirkt, und weil alles Wirkliche zugleich als unheilig erscheint, ist eine unendliche Heiligkeit das Ziel des Christenthums. Nie zufrieden mit dem Erlangten sucht es auch in seinen reinsten Anschauungen, auch in seinen heiligsten Gefühlen noch die Spuren des Irreligiösen, und der dem Universum entgegengesezten und von ihm abgewandten Tendenz alles Endlichen.; Friedrich Daniel Ernst Schleiermacher: Kritische Gesamtausgabe. Herausgegeben von Hans-Joachim Birkner und Gerhard Ebeling, Hermann Fischer, Heinz Kimmerle, Kurt-Victor Selge. Erste Abteilung. Schriften und Entwürfe. Band 2. Schriften aus der Berliner Zeit 1796–1799. Herausgegeben von Günter Meckenstock. Berlin · New York 1984. 317f.

256,26–32 *Zu den* Quäkern *siehe die folgende Anm. zu 256,35–37.257,17–18. – Mit den* Wiedertäufern *(Anabaptisten) sind hier alle protestantischen separatistischen Täuferbewegungen gemeint, für die die Schleitheimer Artikel (auch als Schleitheimer Bekenntnis bezeichnet) von 1527 mit der Forderung nach Gläubigentaufe, Trennung von Kirche und Staat und der Ablehnung von Schwert und Eid (Kriegsdienst und Eidesleistung) Glaubensgrundlage geworden sind. – Siehe dazu* Das Schleitheimer Bekenntnis 1527. Einleitung, Faksimile, Übersetzung und Kommentar *herausgegeben von Urs B. Leu und Christian Scheidegger. Zug [2004].*

256,35–37.257,17–18 *Für diese Anekdote hat sich bislang noch keine literarische Quelle nachweisen lassen. – Zum Hintergrund: Schon 1688 wurde in einem von Daniel F. Pastorius verfaßten Schreiben der deutschen Mennoniten aus Germantown an die jährliche Versammlung der Quäker in Burlington die Forderung nach Abschaffung der Sklaverei erhoben, die allerdings nicht weiter behandelt wurde. 1711 erließ der Staat Pennsylvania ein Verbot des Handels mit Negersklaven, das jedoch von der britischen Krone annulliert wurde. Im Verlaufe des 18. Jh.s waren es dann immer wieder die Quäker, die auf eine Abschaffung der Sklaverei drangen, vor allem im Anschluß an den Unabhängigkeitskrieg. 1780 wurde dann in Pennsylvania ein Gesetz über die schrittweise Abschaffung der Sklaverei beschlossen. – Ihrer pazifistischen Haltung gemäß hatten die Quäker an den etwas vor und dann in die Zeit des Siebenjährigen Krieges fallenden kriegerischen Auseinandersetzungen zwischen Franzosen und Briten auf dem nordamerikanischen Territorium (French and Indian Wars) nicht teilgenommen und sich, Kollisionen zwischen ihren religiös-ethischen Grundüberzeugungen und notwendigem politischen Handeln befürchtend, seit dieser Zeit auch zunehmend und nachhaltig von der bis dahin geübten politischen Partizipation zurückgezogen.*

257,22–38 *Mit der allgemeinen Städteordnung vom 19. November 1808 hatten die Juden im Bereich des damaligen preußischen Staates (ein nicht völlig uneingeschränktes) kommunales Bürgerrecht erhalten, s.* Ordnung für sämmtliche Städte der Preußischen Monarchie. Königsberg [1808]. *7f (§ 19). S. auch* Tabellarische Uebersicht aller Vorschriften der Preußischen Städte-Ordnung vom 19.

November 1808. Ein Leitfaden für Alle, die mit der Stadt-Verwaltung beschäftigt werden. Zum Besten des hiesigen Louisen-Stifts. (Preis 4 Gr. Courant.) *Berlin 1809. 5 und vgl. ferner* Die allgemeine Städte-Ordnung für die Preußische Monarchie, nach ihrem wesentlichen Innhalte, mit den erfolgten Erläuterungen und näheren Bestimmungen derselben; imgleichen mit den gesetzlichen Vorschriften über die bürgerlichen Verhältnisse der Gewerbe, u. s. w. von J. W. Schunken. *Elberfeld 1816. 51f. – In einem Edikt vom März 1812 wurde die staatsbürgerrechtliche Stellung der Juden in Preußen neu geordnet und erweitert, s.* Edikt, betreffend die bürgerlichen Verhältnisse der Juden in dem Preußischen Staate. Vom 11ten März 1812. *In:* Gesetz-Sammlung für die Königlich-Preußische Staaten. 1812. Enthält die Königlichen Verordnungen vom 13ten Januar 1812. bis zum 19ten December 1812. mit Inbegriff von 6 Verordnungen aus dem Jahre 1811. (Von No. 67. bis No. 147.) No. 1. bis incl. 26. *Berlin [1813]. 17–22, insbesondere 17–19, 20f. – Bei den Gegnern der (bürger-)rechtlichen Integration der Juden dürfte Hegel wohl insbesondere Rühs und Fries im Auge haben. In dem christlich-nationalistisch motivierten Pamphlet von Rühs (*Ueber die Ansprüche der Juden an das deutsche Bürgerrecht. Zweiter, verbesserter und erweiterter Abdruck. Mit einem Anhange über die Geschichte der Juden in Spanien. Von Fridrich Rühs. *Berlin 1816.) sind auf wenigen Seiten fast alle der über die Jahrhunderte hin zusammengekommenen antijüdischen Klischees versammelt. Vordergründig richtet sich sein Judenhaß mit Unschädlichmachungs- und Untergangsrhetorik (vgl. ebenda 33, 39) nicht gegen Individuen, sondern gegen das (als religiös-politische Einheit verstandene) jüdische Volk (s. ebenda 39):* Das Verhältniß, worin die Juden als geduldetes Volk zu den Christen stehen sollen, muß bestimmt festgesetzt und ausgesprochen werden; es muß alles geschehen, um sie auf dem Wege der Milde zum Christenthum und dadurch zur wirklichen Aneignung der deutschen Volkseigenthümlichkeit zu veranlassen, um auf diese Art den Untergang des jüdischen Volks mit der Zeit zu bewirken. *In seiner Rezension dieser Schrift (s.* Ueber die Gefährdung des Wohlstandes und Charakters der Deutschen durch die Juden. Eine aus den Heidelberger Jahrbüchern der Litteratur besonders abgedruckte Recension der Schrift des Professors Rühs in Berlin: »Ueber die Ansprüche der Juden an das deutsche Bürgerrecht. Zweyter verbesserter Abdruck &c.« Von J[acob] F[riedrich] Fries, D. d. Philos. u. Medicin, ord. öffentl. Professor d. Philos. u. Physik in Heidelberg, corresp. Mitgl. der königl. Acad. d. Wissensch. zu Berlin und München. *Heidelberg 1816.) nimmt Fries diesen Ton verschärfend auf (vgl. ebenda 10:* Nicht den Juden, unsern Brüdern, sondern der Judenschaft erklären wir den Krieg. [...] Die bürgerliche Lage der Juden verbessern heißt eben das Judenthum ausrotten, die Gesellschaft prellsüchtiger Trödler und Händler zerstören*.), um ihn in einer Haß- und Hetzrede gegen die* Gesellschaft der Juden*, die in sich vier sehr verschiedene Elemente vereinige, die Juden seien* *nämlich* 1. eine eigne Nation, 2. eine politische Verbindung, 3. eine Religionsparthey, 4. eine Mäkler- und Trödlerkaste *(ebenda 12), zu überbieten und darin insbesondere die Religion zu schmähen (vgl. ebenda 13–15), hauptsächlich aber die wirtschaftliche Lage und die ökonomischen Betätigungen der Juden anzuprangern (vgl. ebenda 15–21) und Maßnahmen dagegen vorzuschlagen (vgl. ebenda 22–24) (ausführlichere Zitatbelege s. GW 14,3.1211–1213).*

259,26–32 *Siehe die Anm. zu 237,27–238,5.*

261,27–37.262,13–38 *Siehe* Darstellung des Weltsystems durch Peter Simon LaPlace Mitglied des Französischen Nationalinstituts und der Commission wegen der Meereslänge. Aus dem Französischen übersetzt *[T. 2:* übersezt*]* von Johann Karl Friedrich Hauff. *T. 1–2. Frankfurt am Mayn 1797. (K 1380–1381) T. 2. 272–275 (*Fünftes Buch. Uebersicht der Geschichte der Astronomie. *215–340,* Viertes Kapitel. Von der Astronomie im neueren Europa. *265–300) (Zitatbeleg s. GW 14,3. 1214f).*

263,6–9 wie die ... kann.] *Das darf als kleiner Seitenhieb auf Newtons Farbenlehre bzw. seine Zerlegung des weißen Lichts angesehen werden, vgl.* Optice: sive de Reflexionibus, Refractionibus, Inflexionibus & Coloribus Lucis, Libri tres. Authore Isaaco Newtono, Equite Aurato. Latine reddidit Samuel Clarke. Editio Secunda, auctior. *London 1719. (KHB 1720) 203f (*Optices Liber secundus. Pars I. Obs. 14.*).*

263,23–25 *Diese Formulierung ist zu pauschal gehalten, um eine Bezugnahme auf eine bestimmte Quelle erkennen zu lassen. Siehe dazu die Überlegungen hinsichtlich möglicher Bezüge in GW 14,3. 1215f.*

266,3–13 *Vgl. dazu etwa* Montesquieu: De l'Esprit des Loix. *Bd 1. 244– 261 (*LIVRE ONZIEME. DES LOIX QUI FORMENT LA LIBERTE POLITIQUE DANS SON RAPPORT AVEC LA CONSTITUTION. CHAPITRE VI. De la Constitution d'Angleterre.*), besonders 244f (Zitatbeleg s. GW 14,3.1216f). – Mit denen, welche aus Begeisterung und Liebe zu sprechen meynen, dürfte sich Hegel wiederum vor allem auf Fries beziehen, s. die Anm. zu 12,16–21.*

268,1–6 *Siehe* Platon: Politikos. *291c–303e (*Platon. Bd 2. *291 C–303 E;* Platon. Ed. Bipontina. *Bd 6. 76–102) und* Aristoteles: Politica. *Γ 7 (1279a22– 1279b10);* Aristoteles. *Bd 2. fol. 86ᵛ.*

268,11–12 *Siehe* Hegel: Encyklopädie. *62; GW 13. 58 (§ 81).*

268,25–30 *Hegel bezieht sich hier vermutlich auf Hobbes, s.* Leviathan, or The Matter, Forme, & Power of a Common-Wealth Ecclesiasticall and Civill. By Thomas Hobbes of Malmesbury. *London 1651. 85–101 (II, 17–19);* The English Works of Thomas Hobbes of Malmesbury; now first collected and edited by Sir William Molesworth, Bart. Vol *[sic]* III. *London 1839. [153]– 184; vgl.* Leviathan, sive De Materia, Forma, & Potestate Civitatis Ecclesiasticæ et Civilis. Authore Thoma Hobbes, Malmesburiensi. *Amsterdam 1670.*

83–98, insbesondere 85 (157f; vgl. 85), und 94 (II, 19) (171; vgl. 92): The difference of Common-wealths, consisteth in the difference of the Soveraign, or the person representative of all and every one of the Multitude. And because the Soveraignty is either in one Man, or in an Assembly of more than one; and into that Assembly either Every man hath right to enter, or not every one, but Certain men distinguished from the rest; it is manifest, there can be but Three kinds of Common-wealth. For the Representative must needs be One man, or More: and if more, then it is the Asembly of All, or but of a Part. When the Representative is One man, then is the Common-wealth a MONARCHY: when an Assembly of All that will come to gether, then it is a DEMOCRACY, or Popular Common-wealth: when an Assembly of a Part onely; then it is called an ARISTOCRACY. Other kind of Common-wealth there can be none: for either One, or More, or All, must have the Soveraign Power (which I have shewn to be indivisible) entire.; Thomas Hobbes: Leviathan. Aus dem Englischen übertragen von Jutta Schlösser. Mit einer Einführung und herausgeben von Hermann Klenner. *Hamburg 1996. (=* Philosophische Bibliothek Band 491*) [141]–168; 145, 156f. Und möglicherweise bezieht er sich auch schon auf Fichte, vgl.* Fichte: Grundlage des Naturrechts. T. 1. 195–197; Fichte: Gesamtausgabe. Bd 3. 441–443; *vgl. die folgende Anm. zu 268,30–35.*

268,30–35 *Siehe* Fichte: Grundlage des Naturrechts. T. 1. 196f: Alle diese Formen *[sc. der Repräsentation]* werden rechtskräftig durch das Gesez, d.i. durch den ursprünglichen Willen der Gemeine, die sich eine Constitution giebt. Alle sind, wenn nun ein Ephorat vorhanden ist, rechtsgemäß, | und können, wenn nur dieses gehörig organisirt, und wirksam ist, allgemeines Recht im Staate hervorbringen, und erhalten.; Fichte: Gesamtausgabe. Bd 3. 442.

268,37–269,7 *Zum sog. Königsgesetz s.* Dtn 17, 14–20. *Vgl.* Michaelis: Mosaisches Recht. T. 1. 262–284 *(§ 54).*

269,18–23 *Siehe dazu* Montesquieu: De l'Esprit des Loix. Bd 1. 29–45 (LIVRE TROISIEME. DES PRINCIPES DES TROIS GOUVERNEMENS.).

269,23–270,14 *Siehe* Montesquieu: De l'Esprit des Loix. Bd 1. 30–34 (Livre III. CHAPITRE III. Du PRINCIPE de la DÉMOCRATIE.). *Hegel paraphrasiert 31:* Ce fut un assez beau spectacle dans le siécle passé, de voir les effort impuissans des Anglois pour établir parmi eux la Démocratie. Comme ceux qui avoient part aux Affaires n'avoient point de vertu, que leur ambition étoit irritée par le succès de celui qui avoit le plus osé *[Fußnote:* * Cromwel.*]*, que l'esprit d'une faction n'étoit réprimé que par l'esprit d'une autre ; le Gouvernement changeoit sans-cesse ; le Peuple étonné cherchoit la Démocratie & ne la trouvoit nulle part. Enfin, après bien des mouvemens, des chocs & des secousses, il falut se reposer dans le Gouvernement même qu'on avoit proscrit. *und 32:* Lorsque cette Vertu cesse, l'ambition entre dans les cœurs qui peuvent la recevoir, & l'avarice entre dans tous. Les desirs changent d'objets ; ce qu'on aimoit on ne l'aime plus ; on étoit libre avec les Loix, on veut être libre contr'elles ; chaque Citoyen est comme un Esclave échapé de la maison de son Maître ; ce qui étoit maxime, on l'appelle rigueur ; ce qui étoit régle, on l'appelle gêne ; ce qui étoit attention, on l'appelle crainte. C'est la frugalité qui y est l'avarice, & non pas le desir d'avoir. Autrefois le bien des Particuliers faisoit le Trésor public ; mais pour lors le Trésor public devient le patrimoine des Particuliers. La République est une dépouille ; & sa force n'est plus que le Pouvoir de quelques Citoyens & la licence de tous.

270,15–21   *Siehe* Montesquieu: De l'Esprit des Loix. *Bd 1. 34f (Livre III.* CHAPITRE IV. Du Principe de l'Aristocratie.) *(Zitatbeleg s. GW 14,3. 1218).*

270,21–28   *Siehe* Montesquieu: De l'Esprit des Loix. *Bd 1. 38–40 (Livre III.* CHAPITRE VI. Comment on supplée à la Vertu dans le Gouvernement Monarchique. CHAPITRE VII. Du Principe de la Monarchie.) *(Zitatbeleg s. GW 14,3. 1218f).*

273,11   s. unten] *Siehe 315–327.*

273,21–26   *Siehe* Hegel: Encyklopädie. *200; GW 13. 172 (§ 294).*

276,30–33   *Möglicherweise hat Hegel hier die in der Zeit der englischen Reformation und Revolution anhebende Auseinandersetzung um die Legitimität königlicher Herrschaft durch göttliches Recht im Blick. Ein maßgeblicher Theoretiker der iure divino Abkunft der monarchischen Gewalt war James VI and I (1566–1625; seit 1567 als James VI König von Schottland, seit 1603 als James I auch König von England und Irland) mit seinen Schriften* The Trew Law of Free Monarchies *(1598) und* Basilikon Doron *(1599, 1603 in großer Auflage in London neu gedruckt). Vgl. die Schriften von Filmer, Locke und Sidney, namentlich* Patriarcha; or the Natural Power of Kings. By the Learned Sir Robert Filmer Baronet. [...] London 1680, *ferner* Two Treatises of Government: In the Former, The False Principle and Faundation of Sir Robert Filmer, And His Followers, are Detected and Overthrown. The Latter is an Essay Concerning The True Original, Extent, and End of Civil-Government. London 1698 *(1. Auflage 1690) sowie* Discourses Concerning Government, by Algernon Sidney, Son to Robert Earl of Leicester, and Ambassador from the Commonwealth of England to Charles Gustavus King of Sweden. Published from an Original Manuscript of the Author. London 1698 *bzw.* Discours sur le Gouvernement Par Algernon Sidney, Fils de Robert Comte de Leicester, Et Ambassadeur de la République d'Angleterre prés de Charles Gustave Roi de Suéde. Publiez sur l'Original Manuscrit de l'Auteur. Traduits de l'Anglois, Par P[eter] A. Samson. T. 1–3. Den Haag 1702.

277,7–14   *Vgl.* Rousseau: Du Contract social. *32–36 (LIVRE I. CHAPITRE VII. Du Souverain.);* Rousseau: Œuvres complètes. *Bd 3. 362–364.*

277,29 Siehe 268–271.

277,34 Siehe 268–271.

278,29–30 Dämon (beim Sokrates)] *Vgl.* Xenophon: Memorabilia. *I, 1, 9; IV, 8, 5;* Xenophon. *413,15–23, 475,34–36;* Platon: Apologia. *24 b–c, 40a–b (Platon. Bd 1. 24 B–C, 40 A–B);* Theaitetos. *151a (Platon. Bd 1. 151 A).*

278,37–279,1 Siehe die vorangehende Anm. zu 278,29–30.

280,1–9 *Zur Behauptung der Unmöglichkeit der Erkenntnis Gottes, worauf Hegel hier anspielt,* s. Kant: Critik der reinen Vernunft. B 595–732 und Jacobi an Fichte. *[…] Hamburg 1799. (KHB 171) IX (Vorbericht.);* Jacobi: Werke. Gesamtausgabe. *Bd 2, 1. 193.*

281,20–22 und es … sind.] *Gemeint ist an dieser Stelle, daß salut du peuple die generelle Rechtfertigungsklausel und Legitimationsformel allen radikalen revolutionären Handelns während der französischen Revolution, insbesondere in der Zeit des Terrors, darstellte. Die Formel geht zurück auf* Cicero: De legibus. *III, 3, 8: […]* ollis salus populi suprema lex esto.

282,30 §. 270. Anm.[1]] *Siehe 253 die erste Fußnote zur Anmerkung des § 270.*

284,24–25 wie vorhin bemerkt] *Siehe 267–270.*

285,23 wie gezeigt] *Siehe 281.*

287,9–10 *Das dürfte als ironisch gemeinte Anspielung auf Hobbes zu verstehen sein,* s. Hobbes: De Cive. *14 (Libertas. Caput I. XII.);* Hobbes: Opera latina. *Bd 2. 165 f;* Hobbes: Philosophical Works. *Bd 2. 96;* Thomas Hobbes: Vom Bürger. Dritte Abteilung der Elemente der Philosophie. Vom Menschen. Zweite Abteilung der Elemente der Philosophie. Neu übersetzt, mit einer Einleitung und Anmerkungen herausgegeben von Lothar R. Waas. *Hamburg 2017. (= Philosophische Bibliothek Band 665) 38:* Nimmt man zu dem Hang der Menschen, einander gegenseitig herauszufordern, der von Natur besteht und eine Neigung ist, die sich aus den Leidenschaften ergibt, besonders aus ihrer selbstgefälligen Selbsteinschätzung, noch dieses Recht aller auf alles hinzu, wonach der eine mit Recht angreift und der andere mit Recht Widerstand leistet, so daß nach allen Seiten hin stets Argwohn und Kampfbereitschaft bestehen, und erwägt man zudem, wie schwer es ist, sich gegen Feinde vorzusehen, die mit der Absicht, uns zuvorzukommen und uns zu überwältigen, überfallen, selbst wenn sie von geringer Zahl sind und nicht besonders ausgerüstet, so läßt sich nicht leugnen, daß die natürlichen Verhältnisse der Menschen, bevor sie sich zu einer Gesellschaft vereinigten, der Krieg war, und zwar nicht einfach nur ein Krieg, sondern ein Krieg aller gegen alle.

289,20–27 *Vgl. hierzu die ausführlichen, wenngleich wenig systematischen beamtenrechtlichen Regelungen in* Allgemeines Landrecht. *1794. Bd 4. 711, 719–728 (T. II. Titel X. Von den Rechten und Pflichten der Diener des Staats.*

711–728, §§ 1–3, 68–145); Allgemeines Landrecht. 1806. Bd 4. 15, 23–32. (Die nicht angegebenen Paragraphen betreffen die Militairpersonen als Staatsdiener.)

291,28–29 *Hegel bezieht sich hier auf das Eingreifen Friedrichs II. in die Rechtstreitigkeiten/Prozesse des Müllers Christian Arnold (s. hierzu die Ausführungen in GW 14,3. 1220f). – Zur Darstellung der Sachverhalte und zur juristischen Bewertung vgl.* Historisch-rechtliche Würdigung der Einmischung Friedrichs des Großen in die bekannte Rechtssache des Müllers Arnold, auch für Nichtjuristen. Von [Christian Johann Andreas oder Eduard Ferdinand] Sengebusch, Dr. *Altona 1829.* – Ausübung oberstrichterlicher Gewalt des Staats und Cabinets-Justiz in wesentlicher Differenz dargestellt von Karl Friedrich Ferdinand Sietze. *Potsdam 1835.* – Beiträge zum preußischen Rechte für Studierende und Referendare von Dr. Karl Dickel, Amtsrichter in Berlin und Lehrer an der Forstakademie in Eberswalde. [...] 1. Heft. Friedrich der Große und die Prozesse des Müllers Arnold. *Marburg an der Lahn 1891.* – Malte Dießelhorst: Die Prozesse des Müllers Arnold und das Eingreifen Friedrichs des Großen. *Göttingen 1984.* (= Göttinger rechtswissenschaftliche Studien. Hrsg. von der Juristischen Fakultät der Georg-August-Universität Göttingen. *Bd 129.)*

294,27–29 *Siehe* Platon. Politeia. *Γ 415b–c (*Platon. *Bd 2. 415 B–C;* Platon. Ed. Bipontina. *Bd 6. 320); vgl. die Anm. zu 189,33–190,8.*

296,4 Konkurrenz von Ständen] *Der Ausdruck bezeichnet hier als feststehende Wendung das Zusammentreten, das Zusammenkommen der Stände in einer Versammlung als politisches (bzw. Verfassungs-)Organ (und ist nicht – in der modernen Einschränkung – gleichbedeutend mit Wettbewerb).*

301,11–22 *Siehe dazu* Runde: Grundsätze des gemeinen deutschen Privatrechts. *622–628. – Vgl. auch* Ioannis Stephani Pütteri I. U. D. Consiliarii Reg. Aul. et Iuris Publici in Georgia Augusta Professoris Ordinarii Primae lineae iuris privati principum speciatim Germaniae. *Göttingen 1768. 13–22, 78–93 und* Iohannis Stephani Pütteri I. U. D. a Consiliis Regis Iustitiae Intimis Antecessoris Iuris in Georgia Augusta Primarii, Ordinarii Facultatis Iuridicae, Iurisque Publici P. P. O. Societatis Regiae Scientiarum Berolinensis Sodalis Institutiones iuris publici Germanici. Editio VI. Passim auctior et emendatior. *Göttingen 1802. 526–537 (ausführliche Zitatbelege s. GW 14,3. 1222–1224).*

309,5 Vox populi, vox dei] *Der – nach derzeitigem Kenntnisstand – älteste Beleg für diese Wendung findet sich in einem Brief des Flaccus Albinus Alcuinus an Karl den Großen, s.* Beati Flacci Albini seu Alcuini abbatis, Caroli Magni Regis ac Imperatoris, Magistri Opera post primam editionem, a viro clarissimo D. Andrea Quercetano curatam, de novo collecta, multis locis emendata, et opusculis primum repertis plurimum aucta, variisque modis illustrata cura ac studio Frobenii, S. R. I. Principis et Abbatis ad S. Emmeramum Ratisbonae. *2 Bde in 4 T. Regensburg 1777. Bd 1,1. 191 (*Epistola CXXVII. Seu Capitulare admonitionis Ad eundem Karolum.*); vgl.* B. Flacci Albini seu Alcuini Abbatis et Caroli Magni Imperatoris Magistri Opera Omnia juxta editionem Frobenii, abbatis ad Sanctum Emmeramum Ratisbonæ, novissime ad prelum revocata et variis monumentis aucta. Accurante J.-P. Migne, Bibliothecæ Cleri universæ, sive cursuum completorum in singulos scientiæ ecclesiasticæ ramos editore. Tomus primus. Veneunt 2 volumina 15 francis gallicis. *Paris 1863.* (= Patrologiæ Latinæ tomus C.) *Sp. 438 A. – Die* Patrologia Latina *enthält noch mindestens ein halbes Dutzend weiterer Belege für diese Wendung.*

309,6–8 *Es sind vier Venezianische Drucke des* Orlando furioso *aus dem Jahre 1570 bibliographisch nachgewiesen und zwei davon in deutschen öffentlichen Bibliotheken; welchen von diesen Hegel besessen hat (KHB 727), ist nicht mehr zu entscheiden. (Eingesehen wurden sowohl das Exemplar der Niedersächsischen Staats- und Universitätsbibliothek Göttingen:* Orlando Fvrioso di M. Lodovico Ariosto, Con gli argomenti in ottaua rima di M. Lodouico Dolce, & Con le allegorie, & l'annotationi à ciascun Canto di Thomaso Porcacchi da Castiglione Arretino. *Venedig 1570. [nicht paginiert, zweispaltig gedruckt] wie auch das der Staats- und Universitätsbibliothek Carl von Ossietzky in Hamburg, aus dem zitiert wird.) Hegel zitiert aus der ersten Stanze des XXVIII. Canto, s.* Orlando Fvrioso di M. Lodovico Ariosto. Tvtto di nvovo con Figure adornato, & riueduto con ogni diligenza. Con nvova Givnta di Annotationi a ciascun Canto, con gli Argomenti in Stanze di M. Liuio Coraldo. Con i cinque Canti che ne gli altri non erano. *Venedig 1570. 177:* DONNE, E VOI che le donne hauete in pregio, / PER DIO non date a questa historia orecchia; / A questa, che l'Hostier dire in dispregio, / E in uostra infamia, e biasmo s'apparecchia / Benche nè macchia ui puo dar, nè fregio / Lingua sì uile; e sia l'usanza uecchia; / CHe'l uolgare ignorante ogn'un riprenda, / E parli più di quel, che meno intenda.*;* Ludovico Ariosto. Sämtliche Poetischen Werke übertragen von Alfons Kissner. Erster *bis* vierter Band. *[...] Berlin 1922. Bd 2. [403]:* 1. Ihr Fraun, und wer die Frauen weiß zu schätzen, / Ich bitt' euch, leiht der Märe nicht das Ohr, / Die jener Wirt, um euch herabzusetzen, / Sich anschickt zu erzählen vor dem Mohr, / Kann euch auch nicht berühren und verletzen / So niedre Zunge: kommt's doch immer vor, / Man weiß es längst, daß dumme Leute schmähen, / Und um so mehr, wovon sie nichts verstehen.

309,24–26 *Gemeint ist hier Friedrich II., der durch Cabinetsordre vom 16. Oktober 1777 die Berliner Akademie der Wissenschaften anwies, eine Preisaufgabe zu stellen* S'il peut être utile de tromper le peuple? *Die von der Akademie dann veröffentlichte Formulierung der für 1780 ausgeschriebenen Aufgabe lautete:* Est-il utile au peuple d'être trompé, soit qu'on l'induise dans de nouvelles erreurs, ou qu'on l'entretienne dans celles où il est? *Siehe dazu* Geschichte der Königlich Preussischen Akademie der Wissenschaften zu Berlin. Im Auftrage der Akademie bearbeitet von Adolf Harnack. *Bd 1–3. Berlin 1900. Bd 1,1. 416–421 und Bd 2. 308f.*

309,32–35 Siehe Goethe's Werke. Zweyter Band. *Stuttgart und Tübingen 1815. 239 (*Sprichwörtlich. *[217]–250):* Was ich mir gefallen lasse? / Zuschlagen muß die Masse, / Dann ist sie respectabel / Urtheilen gelingt ihr miserabel.*; Goethe: Werke. Abt. I. Bd 2.* Sprichwörtlich. *221–251, 241.*

317,23–30 *Hegel zitiert hier, mit leichten Abwandlungen des Wortlauts, aus seinem Aufsatz* Ueber die wissenschaftlichen Behandlungsarten des Naturrechts, seine Stelle in der praktischen Philosophie, und sein Verhältniß zu den positiven Rechtswissenschaften. *In:* Kritisches Journal der Philosophie herausgegeben von Fr. Wilh. Joseph Schelling und Ge. Wilhelm Fr. Hegel. Zweyten Bandes zweytes Stück. *Tübingen 1802. [1]–88,* Zweyten Bandes drittes Stück. *Tübingen 1803. [1]–34; GW 4. 417–485; Bd 2. Stück 2. 62; GW 4. 450:* Es ist durch diese zweyte Seite der Beziehung für Gestalt und Individualität der sittlichen Totalität die Nothwendigkeit des Krieges gesetzt, der, weil in ihm die freye Möglichkeit ist, daß nicht nur einzelne Bestimmtheiten, sondern die Vollständigkeit derselben als Leben vernichtet wird, und zwar für das Absolute selbst oder für das Volk, eben so die sittliche Gesundheit der Völker in ihrer Indifferenz gegen die Bestimmtheiten und gegen das Angewöhnen und festwerden derselben erhält, als die Bewegung der Winde die Seen vor der Fäulniß bewahrt, in welche sie eine dauernde Stille, wie die Völker ein dauernder, oder gar ein ewiger Frieden versetzen würde. *(Zur Metaphorik der Stelle vgl. die Angaben in GW 14,3. 1225f.)*

324,5–13 *Siehe* Kant: Zum ewigen Frieden. *30–39 (*Zweyter Definitivartikel zum ewigen Frieden. Das Völkerrecht soll auf einen Föderalism freyer Staaten gegründet seyn.*);* Kant: Werke. *Bd 8. 354–357.*

325,26–28 *Siehe dazu etwa* Kant: Zum ewigen Frieden. *71–97 (*Anhang. I. Ueber die Mishelligkeit zwischen der Moral und der Politik, in Absicht auf den ewigen Frieden.*);* Kant: Werke. *Bd 8. 370–380. – Auch an so einen prominenten Beitrag zur Auseinandersetzung um das Verhältnis von Moral und Politik wie* [Friedrich II. von Preußen:] *[Vortitelblatt:] L'ANTIMACHIAVEL* OU EXAMEN DU PRINCE DE MACHIAVEL. *[Titelblatt:]* EXAMEN DU PRINCE DE MACHIAVEL, AVEC DES NOTES *Historiques & Politiques. Den Haag 1741. könnte Hegel hier denken.*

327,17–18 *Die Wendung von der Weltgeschichte als dem Weltgerichte ist dem Gedicht* Resignation *von Schiller entnommen, zuerst in:* Thalia. Herausgegeben von Schiller. *Bd 1. H. 2. Leipzig 1787. 64–69, 68f:* »Mit gleicher Liebe lieb ich meine Kinder, / rief unsichtbar ein Genius. / Zwei Blumen, rief er – hört es Menschenkinder – / Zwei Blumen blühen für den weisen Finder,

/ sie heißen Hofnung und Genuß. // »Wer dieser Blumen Eine brach, / begehre die andre Schwester nicht. / Genieße wer nicht glauben kann. Die Lehre / ist ewig wie die Welt. Wer glauben kann, entbehre. / Die Weltgeschichte ist das Weltgericht. | // »Du hast gehoft, dein Lohn ist abgetragen, / dein Glaube war dein zugewognes Glük. / Du konntest deine Weisen fragen, / was man von der Minute ausgeschlagen / gibt keine Ewigkeit zurück.; Schiller: Werke. Nationalausgabe. *Bd 1. 168f.*

329,5–6 *Hegel bezieht sich hier in erster Linie auf Rousseau und Lessing, vgl.* Discours sur l'origine et les fondemens de l'inegalité parmi les hommes. Par Jean Jaques Rousseau Citoyen de Genève. [...] *Amsterdam 1755, insbesondere 32f, 44, 91f, 227, 229;* Rousseau: Œuvres complètes. *Bd 3. 142, 146, 162, 210, 211; und* Die Erziehung des Menschengeschlechts. [...] *Herausgegeben von Gotthold Ephraim Lessing. Berlin 1780.*

329,8 Γνῶθι σεαυτὸν] *Anspielung Hegels auf die Inschrift am Delphischen Apollontempel. Vgl.* Platon: Alkibiades. *I 124b (*Platon. *Bd 2. 124 B),* Protagoras. *343a–b (*Platon. *Bd 1. 343 A–B) und* Philebos. *48c (*Platon. *Bd 2. 48 C) und* Xenophon: Memorabilia. *IV, 2, 24.*

335,4–12 *In seiner polemisch gegen Niebuhr gerichteten Schrift* Der Untergang der Naturstaaten dargestellt in Briefen über Niebuhr's Römische Geschichte *von Feodor Eggo [d.i. Peter Feddersen Stuhr]. Berlin 1812. (KHB 370) versucht Stuhr auf der Grundlage der von Niebuhr kritisch als Geschichtsquellen verworfenen mythischen und volkspoetischen Überlieferungen, deren substanziellen historischen Wahrheitsgehalt als dichterischen Ausdruck der vorbewußten Geschichte eines Volkes er nicht in Zweifel gezogen sehen will (vgl. 4f:* So wenig jedoch irgend einem Menschen, ihm mag nun je nach dem Maaße der Tiefe seines Gemüthes, das eigne frühere Leben mehr oder weniger in dichterischem Gewande erscheinen, statt der Erinnerung des wirklich Durchlebten, eine falsche und lügenhafte Geschichte der Kindheit im Gedächtnisse bleibt, eben so wenig kann dieses angenommen werden von dem Gemüthe eines gesammten Volkes, in dem doch gewiß mehr Vernunft und dichtender Geist, demnach auch Trieb der Wahrheit ist, wie in einem einzelnen Menschen. Hiezu kommt, daß alle ächte Dichtung, die nicht bloß durch die Form täuschen will, eine Selbstempfindung des eigenen Lebens ist, und daraus hervorgehen muß, nie aber in reiner Empfindung, wie aus dem Nichts, erwachsen kann, hauptsächlich jedoch, daß überhaupt ihrem Wesen nach von aller Willkühr am reinsten die Volkspoesie ist. Von dieser kann wohl mit Recht behauptet werden, | daß eigentlich sie dem Eindringen der Willkühr gänzlich und durchaus verschlossen sey, eben weil sie solcher Art ist, daß sie nicht nur mit dem höchsten Grade der Unbewußtheit über sich selber schafft, sondern auch ursprunglich keineswegs in dem Gemüthe eines einzigen Individuums sich gestaltet, wohl aber in dem eines gesammten Volkes.*), die vorgeschichtlich* *naturstaatliche Entwicklung und Verfassung der Völker in einer sentimentalischen und romantischen Argumentation zu rekonstruieren, aber nicht, wie Hegel es zu sehen scheint, daraus eine genuin geschichtsphilosophische Gegenposition zu Niebuhr zu entwerfen.*

335,12–20 *Vgl. etwa ebenda 258–260 (ausführliche Zitatbelege s. GW 14,3. 1228f).*

337,9–12 *Dies ist eine Anspielung Hegels auf die von Stuhr vertretene antikontraktualistische These, daß die Freundschaft die Grundlage der germanischen Dienstverhältnisse und feudaler Beziehungen sowie der fränkischen Verfassung gewesen sei; vgl. ebenda 65–67, ferner 74, 76, 82, 88 sowie 90–96, besonders 95f (ausführliche Zitatbelege s. GW 14,3. 1228f).*

PERSONENVERZEICHNIS

Dies Verzeichnis gilt nur für den Textteil und nur für historische Personen. Stellen, die ausdrücklich auf eine bestimmte Person anspielen, ohne sie namentlich zu nennen, sowie Hinweise auf Werke, deren Autor Hegel nicht nennt, sind in ( ) aufgeführt. Wendungen wie z.B. Spinozismus, kantisch *usw. sind bei den betreffenden Namen (*Spinoza, Kant *usw.) mitverzeichnet.*

Ariosto, Lodovico 309
Aristoteles 146, 166
Arnold, Christian *(Müller Arnold)* 291

Beccaria, Cesare 110
Bruno, Giordano 261

S. Caecilius Africanus 33 ff
M. Tullius Cicero 33, 185
Copernicus, Nicolaus 261
Creuzer, Georg Friedrich 202

Diogenes Laërtios 70
Dionysios I. von Syrakus 212
Drakon 107

Eggo, Feodor *siehe* Stuhr
Epikur 13, 70

Favorinus 33 f
Ferdinando II de' Medici *(Großherzog von Toskana)* (262)
Fichte, Johann Gottlieb 19, 40, 96, 239, 268
Friedrich II. *(König von Preußen)* 291
Fries, Jakob Friedrich 12, 47

Galilei, Galileo 261 f

Gellius, Aulus 33
Goethe, Johann Wolfgang 13, 309

Haller, Carl Ludwig von 216, 240–244
Hegel (7 f), (12), (37), (41 f), (51), (62), (71), (78), (95), (103), (106), (129), (131), (140), (156 f), (171), (173), (176), (187), (253), (268), (273)
Heineccius, Johann Gottlieb 36, 64
Holmer, Friedrich Levin Freiherr *(seit 1777* Reichsgraf) von 153
Horaz (Q. Horatius Flaccus) 231
Hugo, Gustav 33–36, 208

Jacobi, Friedrich Heinrich 153
Jesus von Nazareth (Christus) 145, 153
Justinian I. *(Flavius Petrus Sabbatius Iustinianus)* 212

Kant, Immanuel 36, 40, 47, 54, 59, 64 f, 93, 98, 131, 139, 243, 324
Klein, Ernst Ferdinand 109, 113
Kroisos 129

Laplace, Pierre-Simon 261
Leibniz, Gottfried Wilhelm 36

C. Licinius Stolo 33
Lukian von Samosata 185
Luther, Martin 21

Montesquieu, Charles Louis de Secondat Baron de La Brède et de 30, 35, 246, 269f
Moses 269
Müller, Johannes von 16
Müllner, Adolph (157)

Pascal, Blaise 145
Platon 15, 18f, 47, 56, 70, 155f, 173, 189, 203, 294
Ptolemaeus, Claudius 262
Publilia *(kurzfristig zweite Ehefrau Ciceros)* (186)

Ricardo, David 194
Rousseau, Jean-Jacques 54, 239, 241
Say, Jean-Baptiste 194
Schiller, Friedrich (130)

Schlegel, August Wilhelm 156
Schlegel, Friedrich 156
Shakespeare, William 34
Smith, Adam 194
Sokrates 142, 155, 278f
Solger, Karl Wilhelm Ferdinand 156
Solon 129
Sophokles 176
Spinoza, Baruch de 85
Stolberg-Stolberg, Friedrich Leopold Graf zu 153
Stuhr, Peter Feddersen *(Pseudonym Feodor Eggo)* 335

Terentia *(erste Gattin Ciceros)* (186)

Flavius Placidus Valentinianus III. (208)
Q. Voconius Saxa 33

Wolff, Christian 46, 137

Der Schlüssel zum Verständnis:

Pirmin Stekeler / G.W.F. Hegel
**Hegels Phänomenologie des Geistes
Ein dialogischer Kommentar**

In der *Phänomenologie des Geistes* (1807) zeigt Hegel, wie das einzelne Individuum sich aus dem Status der sinnlichen Gewissheit zum selbstbewussten Ich entwickelt, das dann im Wir des Geistes, also eines gesellschaftlichen Miteinanderseins, seine reale und in der Religion seine ideelle Bestätigung findet, die schließlich – im aufgeklärten Bewusstsein – nicht mehr benötigt wird, um den richtigen Stand des Einzelnen im Kontext des staatlich organisierten Gemeinwesens zu bestimmen.

Hauptschwerpunkte in Pirmin Stekelers Kommentar zu Hegels frühem Meisterwerk bilden die Erläuterungen der schwierigsten methodischen Lehrstücke zum ›an sich‹, ›für sich‹, zum Absoluten und zum Verhältnis von Leiblichkeit und Geistigkeit in hochstufig-spekulativen Reflexionen auf ein generisches Wir, das uns nur durch Teilnahme zu einem Ich oder personalen Subjekt macht. – Mit den zwei Bänden erhält man:
1) eine durchgängig und für sich lesbare Abhandlung über Hegels Phänomenologie,
2) das gesamte Textkorpus der *Phänomenologie des Geistes*
3) dessen inhaltliche Einbettung in die bis heute zentralen Debatten der Philosophie.

Band 1: Gewissheit und Vernunft
PhB 660a. 2014. 1.253 Seiten. 978-3-7873-2713-3. Kart.
Band 2: Geist und Religion
PhB 660b. 2014. 1.080 Seiten. 978-3-7873-2714-0. Kart.

*Auch zusammen sowie
als eBook erhältlich!* **meiner.de**

Georg Wilhelm Friedrich Hegel

Studienausgaben in der Philosophischen Bibliothek
auf der Grundlage / nach dem Text der Akademieausgabe
»G.W.F. Hegel Gesammelte Werke«

Jenaer Kritische Schriften (I)
PhB 319a (GW 4)

Jenaer Kritische Schriften (II)
PhB 319b (GW 4)

Jenaer Kritische Schriften (III)
PhB 319c (GW 4)

Über die Reichsverfassung
PhB 557 (GW 5)

System der Sittlichkeit
PhB 457 (GW 5)

Jenaer Systementwürfe I
PhB 331 (GW 6)

Jenaer Systementwürfe II
PhB 332 (GW 7)

Jenaer Systementwürfe III
PhB 333 (GW 8)

Phänomenologie des Geistes
PhB 414 (GW 9)

Wissenschaft der Logik
Erster Band. Die objektive Logik
Erstes Buch. Das Sein (1812)
PhB 375 (GW 11)

Wissenschaft der Logik
Erster Band. Die objektive Logik
Zweites Buch
Die Lehre vom Wesen (1813)
PhB 376 (GW 11)

Wissenschaft der Logik
Zweiter Band. Die subjektive
Logik. Die Lehre vom Begriff
(1816)
PhB 377 (GW 12)

Grundlinien der Philosophie
des Rechts
PhB 700 (GW 14)

Berliner Schriften (1818–1831)
Voran gehen: Heidelberger
Schriften (1816–1818)
PhB 504 (GW 18)

Wissenschaft der Logik
Erster Teil. Die objektive Logik
Erster Band. Die Lehre vom Sein
(1832)
PhB 385 (GW 21)

meiner.de